Sören Petermann

Persönliche Netzwerke
in Stadt und Land

Sören Petermann

Persönliche Netzwerke in Stadt und Land

Siedlungsstruktur und soziale Unterstützungsnetzwerke im Raum Halle/Saale

Westdeutscher Verlag

Die Deutsche Bibliothek – CIP-Einheitsaufnahme
Ein Titeldatensatz für diese Publikation ist bei
Der Deutschen Bibliothek erhältlich

Gedruckt mit Unterstützung der Deutschen Forschungsgemeinschaft.

1. Auflage Januar 2002
Alle Rechte vorbehalten
© Westdeutscher Verlag GmbH, Wiesbaden 2002

Lektorat: Nadine Kinne

Der Westdeutsche Verlag ist ein Unternehmen der Fachverlagsgruppe BertelsmannSpringer.
www.westdeutschervlg.de

Das Werk einschließlich aller seiner Teile ist urheberrechtlich geschützt. Jede Verwertung außerhalb der engen Grenzen des Urheberrechtsgesetzes ist ohne Zustimmung des Verlags unzulässig und strafbar. Das gilt insbesondere für Vervielfältigungen, Übersetzungen, Mikroverfilmungen und die Einspeicherung und Verarbeitung in elektronischen Systemen.

Die Wiedergabe von Gebrauchsnamen, Handelsnamen, Warenbezeichnungen usw. in diesem Werk berechtigt auch ohne besondere Kennzeichnung nicht zu der Annahme, dass solche Namen im Sinne der Warenzeichen- und Markenschutz-Gesetzgebung als frei zu betrachten wären und daher von jedermann benutzt werden dürften.

Umschlaggestaltung: Horst Dieter Bürkle, Darmstadt
Druck und buchbinderische Verarbeitung: Rosch-Buch, Scheßlitz
Gedruckt auf säurefreiem und chlorfrei gebleichtem Papier
Printed in Germany

ISBN 3-531-13750-6

Dankwort

Für konstruktive Anregungen, Hinweise und Diskussionen zu den verschiedenen Kapiteln dieser Arbeit möchte ich meinen Kollegen und Freunden danken. Ihre Unterstützung und das günstige Arbeitsumfeld am halleschen Institut für Soziologie trugen maßgeblich zum Zustandekommen der Arbeit bei.

An erster Stelle gilt mein Dank meinem Betreuer Heinz Sahner. Er unterstützte mich nicht nur bei der Auswahl und Eingrenzung des Themas, sondern förderte auch nachdrücklich das riskante Unterfangen einer eigenen Datenerhebung. Er vermochte es, ein für die Durchführung der Studie und die Bearbeitung der Dissertation sehr günstiges Arbeitsklima zu schaffen. Für seine Unterstützung bei der Finanzierung der Studie, für sein Interesse am Fortschritt der Arbeit, für seine Kommentare zu den verschiedenen Kapiteln der Arbeit und für sein Vertrauen in das Gelingen des Dissertationsvorhabens bin ich ihm dankbar.

Meinen Kollegen in Halle, allen voran Michael Bayer und Wolfgang Langer, bin ich dankbar, die Höhen und Tiefen des Forschungsalltags mit mir geteilt zu haben. Sie hatten immer ein offenes Ohr für meine spezifischen Probleme und Fragestellungen und waren stets bemüht, eine entsprechende Lösung zu finden.

Thomas Voss, Bernhard Prosch, Per Kropp und Martin Abraham wiesen mir frühzeitig theoretische Perspektiven auf, die sich fruchtbar auf verschiedene soziologische Themen anwenden lassen. Diese Arbeit soll dafür Zeugnis sein. Bernhard Prosch sei in ganz besonderer Weise gedankt. Nicht nur, weil er wichtige Teile der Arbeit kritisch kommentierte und diskutierte, sondern auch, weil ich unsere gemeinsamen Projekte und unsere Freundschaft stets als Vergnügen und gewinnbringende Abwechslung vom Arbeitsalltag zugleich empfand.

Für die Schulungen und intensiven Diskussionen über die Feinheiten der sozialen Netzwerkanalyse und der Mehrebenenmodelle möchte ich mich bei Martin Everett, Kelvyn Jones und vor allem Wolfgang Langer bedanken. Wolfgang Langer führte mir stets die Fallstricke der statistischen Datenanalysen vor Augen, die in keinem Lehrbuch benannt werden.

Diese Arbeit basiert auf einer empirischen Studie, deren Feldarbeit finanziell durch die Deutsche Forschungsgemeinschaft unterstützt wurde. Dafür sei der DFG gedankt. Den unentgeltlich teilnehmenden Befragten möchte ich für ihre Mitarbeit ebenso Dank aussprechen, wie den zahlreichen Interviewerinnen.

Schließlich profitierte ich von der Unterstützung durch meine Familie und meine Freunde. Die gemeinsamen Erlebnisse und guten Erfahrungen führten mir vor Augen, dass ein persönliches Netzwerk tatsächlich viel mehr ist als graue Theorie und nüchterne empirische Analyse.

Sören Petermann

Inhaltsverzeichnis

Einleitung **11**
  Die Community Question 11
  Kritische Betrachtung der Community-Diskussion 13
  Übersicht 16

Teil I Siedlungsstruktur und soziales Kapital

1 Community Lost: der Niedergang traditioneller sozialer Beziehungen ... **21**
  1.1 Definition der Stadt 23
  1.2 Verlust der sozialen Gemeinschaft 25
  1.3 Verlust der Verwandtschaftsbeziehungen 25
  1.4 Verlust der Nachbarschaftsbeziehungen 26

2 Community Liberated: die Bedeutung moderner sozialer Beziehungen ... **28**
  2.1 Kritik an der Definition der Stadt 29
  2.2 Allgemeine Entwicklungen 30
  2.3 Kritik am Verlust der sozialen Gemeinschaft 31
  2.4 Stadt-Land-Differenzen 33
  2.5 Kritik am Verlust der Verwandtschaftsbeziehungen 34
  2.6 Kritik am Verlust der Nachbarschaftsbeziehungen 35

3 Soziales Kapital **38**
  3.1 Konzeptionen des sozialen Kapitals 39
  3.2 Kapitalbegriff 41
  3.3 Formen sozialen Kapitals 42
  3.4 Community Question und soziales Kapital 43
  3.5 Persönliche Netzwerke als soziale Strukturen 45
  3.6 Informelle soziale Unterstützung als sozialer Austausch .. 47

Teil II Die Form des sozialen Kapitals: persönliche Netzwerke

4 Soziale Netzwerkanalyse 51
   4.1 Der Begriff des sozialen Netzwerks 52
   4.2 Vorteile sozialer Netzwerkanalysen 53
   4.3 Erhebung sozialer Netzwerke 54
   4.4 Aufbau sozialer Netzwerke 56
   4.5 Formalistische Netzwerkanalyse 58
   4.6 Strukturalistische Netzwerkanalyse 61

5 Ein Constrained-Choice-Modell persönlicher Netzwerke 64

6 Hypothesen zu Unterschieden zwischen persönlichen Netzwerken 73
   6.1 Netzwerkgröße 73
   6.2 Netzwerkdichte 76
   6.3 Netzwerkzusammensetzung 78

Teil III Der Inhalt des sozialen Kapitals: informelle soziale Unterstützung

7 Soziale Unterstützungsanalyse 85
   7.1 Unterstützungsarten und Unterstützungsdimensionen 87
   7.2 Multiplexität der informellen sozialen Unterstützung 90

8 Ein Austauschmodell informeller sozialer Unterstützung 92
   8.1 Das Angebot informeller sozialer Unterstützung 98
   8.2 Nutzen- und Kostenaspekte informeller sozialer Unterstützung 101
   8.3 Kooperationsabsicherung informeller sozialer Unterstützung 103
      8.3.1 Lösungen des Vertrauensproblems 106
      8.3.2 Zeitliche Einbettung 109
      8.3.3 Netzwerkeinbettung 111
      8.3.4 Institutionelle Einbettung 112
      8.3.5. Kooperationsabsichernde Effekte 113

9 Hypothesen zu Unterschieden innerhalb persönlicher Netzwerke 117
   9.1 Emotionale Unterstützung 117
   9.2 Instrumentelle Unterstützung 120
   9.3 Geselligkeitsunterstützung 123
   9.4 Multiplexe Unterstützung 125

Teil IV Empirische Überprüfung: soziale Unterstützungsnetzwerke im Raum Halle/Saale

10 Forschungsdesign **133**
   10.1 Die Erhebungsmethode 133
   10.2 Das Erhebungsinstrument 134
   10.3 Die Stichprobenziehung 135
   10.4 Der Rücklauf 138

11 Datenbasis **141**
   11.1 Beschreibung der Sozialstruktur Egos 141
   11.2 Beschreibung der persönlichen Netzwerke 149
   11.3 Beschreibung der informellen sozialen Unterstützung 158

12 Hypothesenprüfung der drei Netzwerkmodelle **161**
   12.1 Netzwerkgröße 161
   12.2 Netzwerkdichte 164
   12.3 Netzwerkzusammensetzung 167

13 Hypothesenprüfung der vier Unterstützungsmodelle **172**
   13.1 Exkurs zur Mehrebenenanalyse 172
   13.2 Emotionale Unterstützung 176
   13.3 Instrumentelle Unterstützung 179
   13.4 Geselligkeitsunterstützung 183
   13.5 Multiplexe Unterstützung 186

14 Ergebnisdiskussion **192**
   14.1 Die Form des sozialen Kapitals: persönliche Netzwerke 192
   14.2 Der Inhalt des sozialen Kapitals: informelle soziale Unterstützung 197

Fazit **203**

Methodischer Anhang **205**
   A. Auszug aus dem Fragebogen mit den verwendeten Variablen 205
   B. Missing-Value-Analyse 212

Literaturverzeichnis **215**

Personenverzeichnis **227**

Stichwortverzeichnis **231**

Einleitung

Die Community Question

Soziale Unterstützungsnetzwerke sind soziale Strukturen privater sozialer Beziehungen, durch die einzelne Personen in die Gesellschaft integriert sind. Diese persönlichen Netzwerke bilden die Menge von Interaktions- und Kommunikationsbeziehungen, die eine Person zu anderen Personen, wie Verwandte, Freunde, Nachbarn usw., unterhält. Die Gesamtheit der privaten sozialen Beziehungen - oft als persönliches Netzwerk beschrieben - stellt den sozialen Kontext dar, über den eine Person in die Gesellschaft integriert ist (Fischer 1982a: 2). Vor dem Hintergrund zunehmender Verstädterung scheint es, als würde sich die soziale Integration über die persönlichen Netzwerke auflösen, zumindest aber verändern.

Die Erforschung dieses Verlusts beziehungsweise Wandels wird durch die Community Studies betrieben. Einen Schwerpunkt dieser Arbeiten bildet der Zusammenhang zwischen Siedlungsstruktur und dem Sozialgefüge persönlicher Netzwerke. Jahrzehntelang war dieser soziologische Forschungszweig durch die Debatte über Art und Richtung des Zusammenhangs geprägt. Eine erste systematische Übersicht legte Wellman 1979 vor, indem er drei verschiedene Argumentationslinien der Community Question unterscheidet: die Community-Lost-These, die Community-Saved-These und die Community-Liberated-These (Wellman 1979, Wellman/Leighton 1979, Wellman 1988).

In der Diskussion um den Einfluss städtischer Strukturen auf die sozialen Beziehungen setzt die Community-Lost-These den chronologisch ersten Schwerpunkt. Der Community-Lost-Ansatz beinhaltet einen Verlust sozialer Gemeinschaften und sozialer Beziehungen in modernen Gesellschaften im Allgemeinen und in Städten im Besonderen. Aufgrund zunehmender Arbeitsteilung und Spezialisierung werden diese Formen sozialer Beziehungen ausgedünnt. Stadtbewohner leben nicht mehr in traditionellen sozialen Gemeinschaften. Sie sind eher locker verbundene Mitglieder multipler und loser Netzwerke (Wellman 1979: 1204). Dieser Argumentationsschwerpunkt kritisiert die städtischen Lebensformen und sozialen Beziehungen. Die Community-Lost-These betont, dass die starken, lokal begrenzten sozialen Gemeinschaften, bestehend aus Beziehungen zu Familienmitgliedern, Verwandten und Nachbarn, verloren gehen beziehungsweise teilweise durch spezialisierte, oberflächliche Beziehungen ersetzt werden. An die Stelle starker emotionaler Beziehungen treten sachliche Motivationen. Dieser Verlust enger Bindungen führt in die soziale Isolation. Informelle Netzwerke und damit der soziale Rückhalt der einzelnen Individuen sind weggebrochen. Vertreter dieser Großstadtkritik sind unter anderen Riehl (1908), Spengler (1922), Park (1925), Mitgau (1941), Wirth (1974) und Simmel (1993).

Die Community-Saved-Theorie entwickelte sich zeitlich später als der Community-Lost-Ansatz. Sie bildet den Gegenpol zur Community-Lost-These. Die Vertreter des Community-Saved-Ansatzes argumentieren nicht nur, sondern belegen auch empirisch, dass trotz der Arbeitsteilung die aus nachbarschaftlichen und verwandtschaftlichen Beziehungen bestehenden starken sozialen Gemeinschaften auch in modernen Gesellschaften bestehen (Whyte 1955, Young/Willmott 1957, Gans 1962, 1967, Liebow 1967, Bien 1994). Diese Gemeinschaften können weiterhin bestehen, weil sie eine hohe Effizienz hinsichtlich der Verfügbarkeit von Unterstützung und Geselligkeit sowie informeller sozialer Kontrolle besitzen. Der Community-Saved-Ansatz sieht die soziale Integration der Stadtbewohner durch den Fortbestand sozialer Beziehungen aus primären Kontexten und deren soziale Unterstützung gewährleistet. Es konnte nachgewiesen werden, dass es keinen Zusammenhang zwischen Desintegration und Armut gibt, denn gerade in den ärmeren, von Minderheiten bewohnten Teilen nordamerikanischer Großstädte bestehen dichte Solidaritätsnetze. Wellman (1979: 1205f.) räumt jedoch einen wesentlichen Nachteil des Community-Saved-Ansatzes ein. Das Problem liegt darin, dass man überwiegend nach sozialen Beziehungen und sozialen Gemeinschaften in primären Kontexten, das heißt in Nachbarschaften und unter Verwandten, gesucht hat, die für sich nur Segmente der sozialen Beziehungsstruktur darstellen und somit nicht repräsentativ alle sozialen Beziehungen einer Person nachbilden.

Der Community-Liberated-Ansatz bewegt sich zwischen den beiden Extrempolen der Community-Lost- und der Community-Saved-Thesen. Die befreite Gemeinschaft betont die Bedeutung der primären Kontexte, aber weist gleichzeitig darauf hin, dass die meisten sozialen Beziehungen nicht in dicht geknüpften sozialen Gemeinschaften organisiert sind. Kernpunkte der Community-Liberated-Argumentation sind einerseits die größere Zahl an Interaktionsmöglichkeiten in städtischen Siedlungsstrukturen und andererseits die Lösung der lokalen Bindung. In modernen Gesellschaften wird aufgrund der Größe und Dichte der Städte im Zusammenhang mit einem breiten Fächer an Interaktionsmöglichkeiten ein größerer Zugang zu lose abgegrenzten sozialen Netzwerken möglich. Die multiplen sozialen Netzwerke weisen nur schwache solidarische Komponenten auf, da die Netzwerkmitglieder über einen größeren Raum verteilt sind. Die wichtigen sozialen Beziehungen formen ein kaum verknüpftes, räumlich verteiltes, weit verzweigtes soziales Netzwerk, statt aus einer einzigen dichtverknüpften sozialen Gemeinschaft zu bestehen (Wellman 1979: 1207). Diese Netzwerke bieten eine große Auswahl an direkten und indirekten Beziehungen zu unterschiedlichen und dispersen sozialen Ressourcen. Mit dieser Argumentation erreicht die Diskussion um die soziale Integration der Stadt- und Landbewohner eine neue Qualität. Aufgrund der gewonnenen Flexibilität in der Gestaltung sozialer Beziehungen sei ein Überleben in der Stadt möglich. Die soziale Integration der Stadtbewohner sei gesichert, weil die soziale Unterstützung von Beziehungen aus primären und aus sekundären Kontexten übernommen wird. Die Community-Liberated-These hat die Community Question von der lokalen Verankerung einer geschlossenen sozialen Gemeinschaft befreit (vgl. vor allem die Arbeiten von Laumann 1973, Fischer u.a. 1977, Verbrugge 1977, Wellman 1979, Fischer 1982a, Burt 1984, Campbell/ Marsden/Hurlbert 1986, Marsden 1987, Willmott 1987, Pappi/Melbeck 1988 und Wellman/Carrington/Hall 1988).

Kritische Betrachtung der Community-Diskussion

Setzt man sich jedoch kritisch mit diesen drei Community-Positionen auseinander, treten Mängel zutage, die sich sowohl auf einzelne Positionen beziehen, als auch die Community-Diskussion insgesamt betreffen. In der kritischen Auseinandersetzung mit den Arbeiten der Community Question wird oft eine mangelnde theoretische Anbindung konstatiert. Sind die ersten Publikationen der Großstadtkritiker noch stark ideologiegeleitet, so sind spätere Arbeiten vom Unvermögen gezeichnet, die makrosoziologischen Merkmale der Stadt mit den mikrosoziologischen Merkmalen sozialer Integration und sozialer Beziehungen zu verknüpfen (vgl. die kritischen Arbeiten von Bahrdt 1961, Dewey 1974, König 1977).

Wurde zunächst gegen die städtische Lebensweise polemisiert, stützen sich spätere Arbeiten auf die theoretische Annahme, dass Variablen der Siedlungsstruktur ursächlich die Variationen sozialer Beziehungen bewirken, ohne zu erklären, wie die Beziehungen überhaupt strukturiert sind beziehungsweise die soziale Integration ermöglichen. Von entscheidender Bedeutung ist deshalb die Feststellung Fischers (1982a), dass die Siedlungsstruktur nicht direkt die sozialen Beziehungen und Interaktionen beeinflusst, sondern nur indirekt Einfluss auf die Gestaltungsmöglichkeiten sozialer Netzwerke nimmt. Eine Lösung der mangelnden theoretischen Fundierung ist meiner Meinung nach in der theoretischen Verbindung makrosoziologischer Merkmale der Sozialstruktur mit mikrosoziologischen Merkmalen der individuellen Netzwerkgestaltung zu suchen (vgl. Serbser 1997).

Eine solche Verbindung leistet die auf dem struktur-individualistischen Programm basierende Konzeption des sozialen Kapitals (vgl. Coleman 1995a: 1. Kapitel, 1995b: 22. Kapitel, Haug 1997, Flap 1999). Soziales Kapital ist eine produktive Ressource. Es verknüpft makrosoziale mit mikrosozialen Merkmalen durch zwei wesentliche Elemente: *Soziale Strukturen*, zum Beispiel persönliche Netzwerke, die *soziale Austauschhandlungen*, zum Beispiel der Austausch informeller sozialer Unterstützung, ermöglichen. Ich gehe davon aus, dass sowohl die persönlichen Netzwerke als auch der Austausch informeller sozialer Unterstützung durch individuelle Entscheidungen geprägt sind.

Soziale Beziehungen kommen durch bewusste Investitionsentscheidungen zustande. Es wird angenommen, dass diese Entscheidungen auf einem Abwägen von Nutzen und Kosten einer sozialen Beziehung beruhen (Busschbach 1996). Daneben ist wichtig, dass Personen in der Gestaltung ihrer Netzwerke durch Merkmale der Sozialstruktur mehr oder weniger eingeschränkt sind (Fischer 1982a). Von besonderem Interesse ist dabei die Siedlungsstruktur als eine Dimension der Sozialstruktur, weil in Städten mehr Menschen aus vielfältigeren sozialen Kontexten zur Verfügung stehen. Städtische

Siedlungsstrukturen gewährleisten vor allem einen einfachen Zugang zu heterogenen Gruppen und freiwilligen Assoziationen (Schenk 1983: 97).

Die sozialen Austauschhandlungen und insbesondere der Fluss sozialer Unterstützungen innerhalb der persönlichen Netzwerke werden neben der Sozialstruktur durch die individuellen Beziehungen bedingt. Das Unterstützungsniveau einer sozialen Beziehung basiert auf Nutzen- und Kostenargumenten sowie Möglichkeiten der Spezialisierung und Kooperationsabsicherung durch vertrauensvolle Beziehungen und Netzwerke. Soziales Kapital wird einerseits durch effizient gestaltete soziale Netzwerke und andererseits durch effiziente soziale Unterstützung innerhalb dieser sozialen Netzwerke akkumuliert. Personen mit hohem sozialen Kapital sind entsprechend gut in die Gesellschaft integriert.

Ein weiterer Kritikpunkt bezieht sich auf die mangelhafte konzeptionelle Trennung von persönlichen Netzwerken und sozialer Unterstützung als Bestandteile sozialer Integration (vgl. Laireiter 1993). Laireiter unterscheidet drei Ebenen des Begriffsfeldes Netzwerk- und Unterstützungsforschung: die soziale Integration, das soziale Netzwerk und die soziale Unterstützung (Laireiter 1993: 15). Soziale Integration vereint als Oberbegriff die beiden anderen Aspekte der Netzwerk- und Unterstützungsforschung. Unter sozialer Integration versteht er die Einbindung in soziale Gruppen, Vereinigungen und das öffentliche Leben einer Gemeinde oder eines Stadtteils, den Besitz informeller Beziehungen, die Verfügbarkeit und den Zugang zu sozialen und interpersonalen Ressourcen sowie den Besitz und die Übernahme von Werten, Normen und Rollen einer Gesellschaft (Laireiter 1993: 16).[1] Oftmals wird ein Mangel sozialer Beziehungen mit einem Verlust sozialer Integration in die Gesellschaft gleichgesetzt. Doch persönliche Netzwerke bilden lediglich die formale Struktur für den Austausch von Ressourcen, die soziale Integration erst ermöglicht.

Zum überwiegenden Teil basieren diese Austauschverhältnisse auf informeller sozialer Unterstützung. Für die unterschiedlichen Unterstützungsarten sind jedoch jeweils spezielle Netzwerkeigenschaften von Vorteil. Die effiziente Wirkung der sozialen Netzwerke ist deshalb situations- beziehungsweise ressourcenabhängig. Will man den Zusammenhang zwischen Siedlungsstruktur und sozialer Integration untersuchen, sollten nicht nur die sozialen Netzwerke beachtet werden, in die eine Person eingebunden ist, sondern auch die Effizienz der sozialen Netzwerke hinsichtlich der Bereitstellung von Unterstützungsressourcen.

Während in der Literatur sozialer Unterstützung diese konzeptionelle Trennung breite Anwendung findet, spielt die Erforschung von sozialer Unterstützung in den Community Studies nur eine geringe Rolle. Insofern in der Literatur der Community Question neben den unterschiedlichen persönlichen Netzwerken von Stadt- und Landbewohnern auch informelle soziale Unterstützung analysiert wird, wird selten eine explizite Trennung beider Integrationsaspekte vorgenommen. Die Theorie des sozialen Kapitals besagt, dass der Wert sozialer Beziehungen nicht der Beziehung an sich zugeschrieben wird, sondern den Ressourcen, die durch die Interaktionen vermittelt

---

[1] Allerdings weist er darauf hin, dass es kein methodisch ausgereiftes Verfahren zur Erhebung sozialer Integration gibt (Laireiter 1993).

zugeschrieben wird, sondern den Ressourcen, die durch die Interaktionen vermittelt werden können. Dabei ist zu beachten, dass unterschiedliche Netzwerke für die verschiedenen Arten sozialer Unterstützung hilfreich oder hindernd wirken können. Des Weiteren werden in vielen Community-Untersuchungen lediglich Netzwerksegmente thematisiert. Im Vordergrund stehen zumeist Nachbarschaftsbeziehungen (z.B. Keller 1968, Klages 1968, Wireman 1984, Campbell/Lee 1992, Völker/Flap 1997) oder Familien- beziehungsweise Verwandtschaftsbeziehungen (Diewald 1991, 1995, Bien 1994, Neyer 1994, Bertram 1995, 1996, Diaz-Bone 1997). Durch den einseitigen Bezug auf einzelne Netzwerksegmente ist jedoch die Bestimmung der sozialen Integration nur teilweise möglich, weil wichtige Beziehungen etwa zu Freunden oder Arbeitskollegen fehlen. Andererseits geben Untersuchungen bestimmter Bevölkerungsgruppen zwar ein genaues Bild der Zustände innerhalb dieser Gruppen ab, für einen Vergleich von Stadt- und Landbewohnern sind sie aber nur bedingt geeignet.

Diese Kritik richtet sich vor allem gegen die empirischen Arbeiten des Community-Saved-Ansatzes. In diesen Arbeiten ist zumeist die soziale Integration benachteiligter Gruppen, wie Einwanderer oder ethnische Minderheiten, untersucht worden. Der Status der Gruppen trägt zu einer erhöhten Binnengruppenintegration bei. Ein Grund für diese Annahme liegt darin begründet, dass sich außerhalb dieser untersuchten Gruppen kaum hohe soziale Integration andeutet. Die hohe soziale Integration innerhalb dieser Bevölkerungsgruppen lässt sich deshalb nicht schlüssig auf die städtische Lebensweise zurückführen. Da in der vorliegenden Arbeit die Stadt-Land-Unterschiede der sozialen Integration untersucht werden, erscheint es sinnvoll, durch ein entsprechendes Auswahlverfahren alle Bevölkerungsteile einzubeziehen beziehungsweise keine sozialen Gruppen zu bevorzugen. Daneben sind von den Untersuchungspersonen alle Netzwerksegmente zu erheben, um möglichst genau die persönlichen Netzwerke in ihrer Gesamtheit abbilden zu können.

Neben den vorgenannten theoretischen und inhaltlichen Kritikpunkten möchte ich an dieser Stelle auf empirische Kritikpunkte eingehen, die trotz der zahlreichen empirischen Arbeiten zum Forschungsgegenstand vorhanden sind. Unter der allgemeinen Annahme, dass die Siedlungsstruktur in irgendeiner Art und Weise die sozialen Beziehungen beeinflusst, wird häufig nur empirische Deskription städtischer Lebensverhältnisse betrieben. Mehr oder weniger wahlweise werden verschiedene Aspekte sozialer Beziehungen vor dem Stadt-Land-Hintergrund analysiert. Erst seit etwa zwei Jahrzehnten werden Konzepte und Messmodelle der sozialen Netzwerk- und Unterstützungsanalyse in Untersuchungen zum Forschungsgegenstand einbezogen. Viel zu selten wird jedoch auf die unterschiedlichen Analyseebenen eingegangen. Die sozialstrukturelle Ebene, die Netzwerke als Einheiten beschreibt und analysiert, ist von der Ebene der Paarbeziehungen zu trennen. Während die Netzwerkparameter der sozialstrukturellen Ebene Analysen zwischen verschiedenen Netzwerken ermöglichen, sind mit den Parametern der Beziehungsebene Analysen innerhalb der Netzwerke möglich. Eine adäquate Analysemethode stellt die Mehrebenenanalyse dar, die in der netzwerkanalytischen Forschung nur selten zum Einsatz kommt (z.B. Snijders u.a. 1995, Völker 1995, Busschbach 1996).

Merkwürdigerweise sind direkte empirische Stadt-Land-Vergleiche der sozialen Beziehungen nur selten zu finden. Relativ wenige Studien haben Personen in Städten mit denen in Landgemeinden verglichen, noch weniger haben versucht, den Effekt der Siedlungsstruktur von anderen Effekten zu isolieren, und noch weniger haben sich dem systematischen Vergleich persönlicher Beziehungen von Stadt- und Landbewohnern verschrieben (vgl. House u.a. 1988: 312). Ausnahmen sind zum Beispiel die Arbeiten von Fischer (1982a) und landesweite Surveys (Burt 1984, Marsden 1987, Pappi/Melbeck 1988, Hofferth/Iceland 1998). Stattdessen werden oft nur Städte untersucht, um deren Bewohnern eine mehr oder weniger gelungene soziale Integration zu bescheinigen (zum Beispiel Baldassare 1977, Wellman 1979).

Neben dem Mangel an Stadt-Land-Vergleichen sind auch empirische Arbeiten zu den ostdeutschen Verhältnissen rar. Entweder beziehen sich die Arbeiten auf einzelne Netzwerksegmente (Bertram 1995, 1996, Völker/Flap 1997) oder sie beinhalten keinen expliziten Stadt-Land-Vergleich (Diewald 1995, Völker/Flap 1997, Kropp 1998).

Übersicht

Das Ziel dieser Arbeit ist es, zur Community Question, insbesondere zum Zusammenhang zwischen Siedlungsstruktur und sozialer Integration, unter Berücksichtigung der theoretischen und empirischen Kritikpunkte beizutragen. Zu diesem Zweck ist die Arbeit in vier Teile gegliedert.

Der erste Teil ist den gegensätzlichen Positionen der Community-Lost- und Community-Liberated-Ansätze gewidmet. Zunächst wird dargestellt, wie sich im historischen Zusammenhang die Argumentationsstränge der Community Question entwickelt haben. Dabei werden die Community-Lost-Thesen des Rückgangs sozialer Beziehungen aus primären beziehungsweise traditionellen Kontexten im ersten Kapitel vorgestellt. Insbesondere der Verlust sozialer Integration und die sinkende Bedeutung verwandtschaftlicher und nachbarschaftlicher Beziehungen werden in diesem Kapitel erörtert. Im darauffolgenden Kapitel wird die Position des Community-Liberated-Ansatzes erläutert. Diese These hebt die Bedeutung der primären und sekundären Kontexte für die soziale Integration hervor und betont gleichzeitig die Spezialisierung einzelner sozialer Beziehungen.

Im anschließenden dritten Kapitel wird die soziale Integration im Lichte des sozialen Kapitals betrachtet. Die Sozial-Kapital-Theorie ist als theoretisches Fundament und gleichzeitiges Bindeglied zwischen makrosoziologischer Netzwerkebene und mikrosoziologischer Unterstützungsebene ganz besonders für die Beschreibung und Erklärung soziale Integration geeignet. In diesem Kapitel werden verschiedene Konzepte des sozialen Kapitals, die zwei Elemente des sozialen Kapitals sowie deren Adaption an das Forschungsproblem dieser Arbeit vorgestellt. Den methodologischen Rahmen der Arbeit bildet die Trennung von sozialstruktureller, netzwerkanalytischer Systemebene und individueller Handlungsebene. Diese Sichtweise zweier Ebenen ist nicht nur aus theoretischen Gesichtspunkten sinnvoll, sondern ist auch für die empirische Überprüfung der Thesen praktikabel. Das dritte Kapitel stützt sich insbesondere auf die beiden theoretischen Kritikpunkte der mangelnden theoretischen Anbindung der Community Question und der mangelnden Trennung von persönlichem Netzwerk und sozialer Unterstützung.

Der zweite Teil ist dem ersten Aspekt des sozialen Kapitals, nämlich dem persönlichen Netzwerk als Form des sozialen Kapitals gewidmet. Zunächst wird im vierten Kapitel in die Grundlagen der sozialen Netzwerkanalyse eingeführt. Die soziale Netzwerkanalyse befasst sich mit der Untersuchung zwischenmenschlicher Beziehungen, um sowohl Vergleiche zwischen verschiedenen Netzwerken aber auch zwischen den Personen eines Netzwerks zu ermöglichen. Einen Schwerpunkt bilden die Strukturparameter persönlicher Netzwerke, die in der empirischen Überprüfung zum Einsatz kommen. Das vierte Kapitel schließt an die Kritik des Einsatzes zeitgemäßer Analysetechniken zur Bestimmung der sozialen Integration von Stadt- und Landbewohnern an.

Auf der Grundlage eines Constrained-Choice-Modells wird im fünften Kapitel die Gestaltung von persönlichen Netzwerken beschrieben. Unterschiede zwischen den Netzwerken ergeben sich durch Interaktionsgelegenheiten, wie sie zum Beispiel in urbanen Gemeinden geboten werden, und durch allgemeine Restriktionen zum Knüpfen von Beziehungen. Die sozialen Netzwerke werden durch verschiedene Netzwerkparameter beschrieben. Die Beeinflussung dieser Netzwerkparameter durch die Constraints wird im Kapitel sechs thematisiert. Entsprechende Netzwerkmodelle untermauern die theoretische Argumentation dieses zweiten Teils.

Im dritten Teil werden die Zusammenhänge der Mikroebene dargestellt, wobei die Austauschverhältnisse informeller sozialer Unterstützung den Schwerpunkt bilden. Zunächst werden im siebten Kapitel Begriff und Dimensionen sozialer Unterstützung erläutert. Der Einsatz der sozialpsychologischen Unterstützungsanalyse trägt zum Abbau des Defizits moderner Analysetechniken in der Community Question bei. Im anschließenden achten Kapitel wird anhand von Austauschmodellen dargestellt, wie durch die persönlichen Netzwerke soziale Unterstützungen bereitgestellt werden. Dieses Kapitel ist den sozialen Beziehungen eines Netzwerks vorbehalten, die kooperative Unterstützung ermöglichen und absichern. Dazu werden Hypothesen über das Ausmaß sozialer Unterstützung aufgestellt.

Den spezifischen Anforderungen verschiedener Unterstützungsdimensionen an die persönlichen Netzwerke wird im Kapitel neun Rechnung getragen. Dabei werden die jeweiligen Besonderheiten der emotionalen und instrumentellen Unterstützung sowie der Geselligkeitsunterstützung hervorgehoben. Jede Unterstützungsdimension stellt aufgrund der spezifischen Besonderheiten unterschiedliche Anforderungen an das Hilfenetzwerk. In diesem Kapitel werden verschiedene Unterstützungsmodelle entworfen, die einen Überblick über die Zusammenhänge zwischen Siedlungsstruktur, persönlichen Netzwerk und Unterstützungshandlungen gewähren.

Der vierte Teil beinhaltet die empirische Überprüfung der theoretischen Hypothesen anhand eines Datensatzes über persönliche Unterstützungsnetzwerke im Raum Halle/Saale. Dieser Datensatz ist auf die Überwindung gleich mehrerer empirischer Kritikpunkte der Community Question ausgerichtet. So wurden umfangreiche persönliche Unterstützungsnetzwerke erhoben, die nicht nur einzelne Netzwerksegmente wie Familien- oder Nachbarschaftsbeziehungen beleuchten, sondern ein großes Spektrum sozialer Kontexte abdecken, indem die bedeutenden sozialen Beziehungen pro befragter Person erhoben wurden. Zweitens ist die Stichprobe derart ausgerichtet, dass nicht nur ein Vergleich von Stadt- und Landbewohnern, sondern auch eine Differenzierung zwischen mehreren Siedlungsstrukturen möglich ist. Drittens wird mit der Datenerhebung in Sachsen-Anhalt ein Beitrag zum Abbau des Forschungsdefizits der Community Question in den neuen Bundesländern geleistet.

Zunächst wird im zehnten Kapitel das Forschungsdesign vorgestellt. In diesem Kapitel werden die Erhebungsmethode, die Auswahlkriterien und die Rücklaufanalyse ebenso vorgestellt wie die wichtigsten Daten über die Zusammensetzung der Stichprobe. Nach dieser Einführung in den Datensatz werden im elften Kapitel die befragten Personen und deren Unterstützungsnetzwerke beschrieben. Ferner werden die theoretischen Variablenkonstrukte zu Sozialstruktur, persönlichem Netzwerk sowie zur informellen sozialen Unterstützung operationalisiert. Eine Übersicht der univariaten Statistiken dieser Variablenkonstrukte ist ebenfalls Bestandteil des elften Kapitels.

Die Hypothesentestung mittels multivariater Zusammenhangsanalysen schließt sich im zwölften und dreizehnten Kapitel an. Dafür wird auf die lineare Regressionsanalyse im Fall der Netzwerkmodelle zurückgegriffen. Die Unterstützungsmodelle werden dagegen durch Mehrebenen-Regressionsanalysen untersucht. In der Verwendung der Mehrebenenanalyse ist ein weiterer Beitrag dieser Arbeit zum Abbau des Analysedefizits der Community Question zu sehen. Schließlich werden im Kapitel 14 die empirischen Ergebnisse vor dem Hintergrund der theoretischen Erwartungen diskutiert und Empfehlungen für die zukünftige Forschung gegeben. Die Arbeit schließt mit einem Fazit zu den Ergebnissen der Community-Thesen ab.

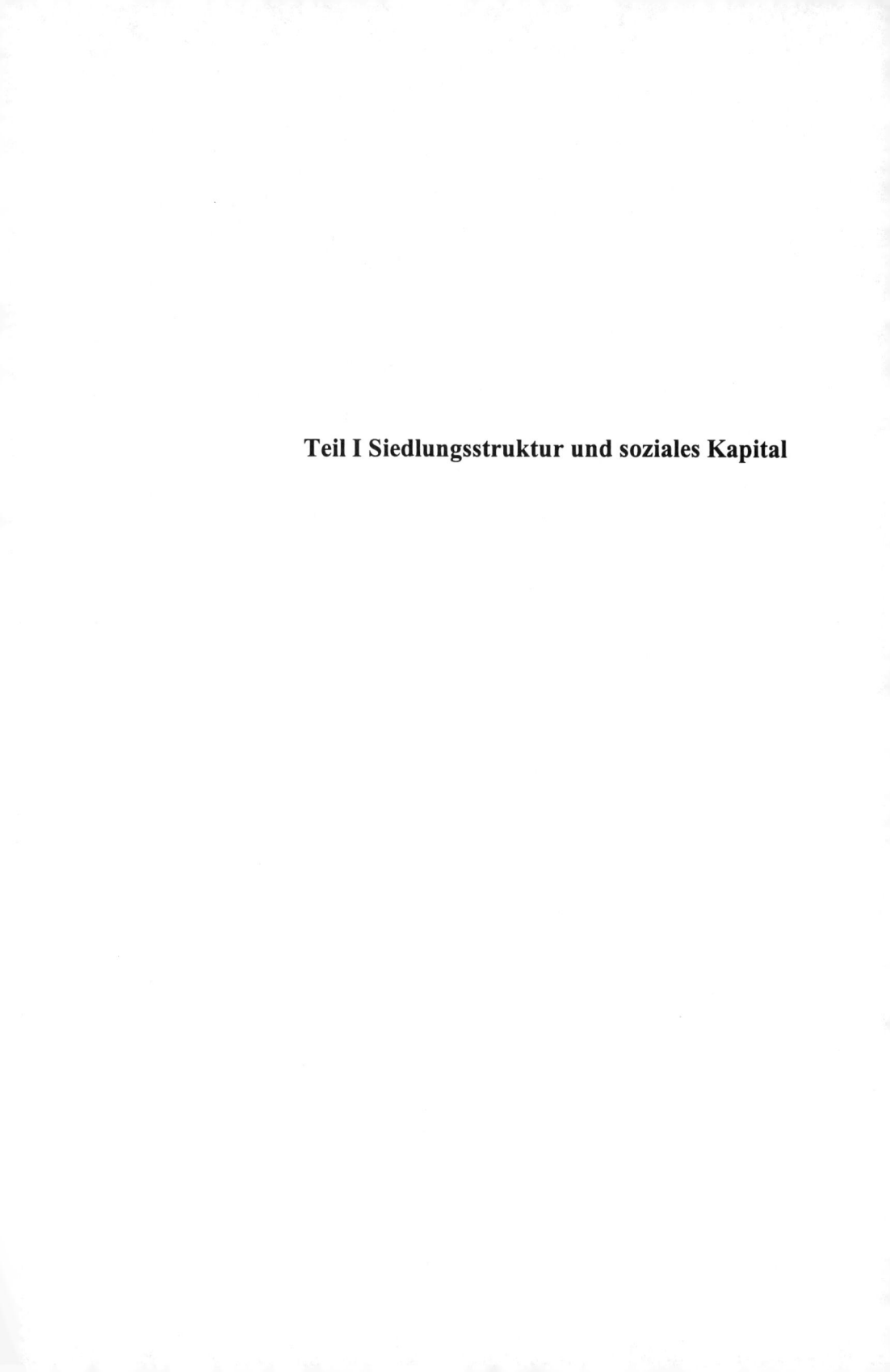

Teil I Siedlungsstruktur und soziales Kapital

1 Community Lost: der Niedergang traditioneller sozialer Beziehungen

Die Entwicklung moderner Industriestaaten zu Städte-Gesellschaften geht mit einem tiefgreifenden Wandel ökonomischer, politischer, kultureller und insbesondere sozialer Strukturen einher. Während aus wirtschaftlicher und infrastruktureller Sicht die Entwicklung der Städte begrüßt wird, werden die sozialen und kulturellen Folgen durchaus kritisch betrachtet. Ein Kritikpunkt liegt auf der sozialen Integration, die vor allem die Einbindung von Einzelpersonen in lokale soziale Gemeinschaften insbesondere durch Verwandtschafts- und Nachbarschaftsbeziehungen beinhaltet. Schwerpunkte der kritischen Diskussionen sind der Verlust sozialer Gemeinschaften und die durch die städtische Lebensweise veränderten sozialen Beziehungen. Der Begriff der sozialen Beziehung richtet sich auf eine Verbindung zweier Personen mit sozialen Inhalten, wobei sie mehrere Interaktionen zwischen diesen beiden Personen überdauert. Die Großstadtkritik richtet sich aber nicht nur auf die sozialen Beziehungen, sondern auch auf eine zulasten der Landbevölkerung gehende demographische Entwicklung[2] sowie auf den Städtebau[3].

Misst man den Umfang der Literatur, die Veränderungen sozialer Beziehungen als Folge der Verstädterung großer Teile der Bevölkerung zum Gegenstand hat, dann stellen die Unterschiede der sozialen Beziehungen zwischen Stadt- und Landbevölkerung ein zentrales Thema der Stadtsoziologie dar. In den Erklärungen der Stadt-Land-Unterschiede spielt die in der soziologischen Tradition wichtige Unterscheidung zwischen traditionellen beziehungsweise vormodernen Gesellschaften einerseits und modernen Gesellschaften andererseits eine Rolle (z.B. Durkheim 1988 [1883], Tönnies 1991 [1887]). Klassiker der Soziologie, wie Emile Durkheim (1988 [1883]), Max

---

2 Zu den Kritikpunkten zählen vor allem Einwohnerschwund unter der Landbevölkerung, Begabtenschwund, Geburtenrückgang und Vergreisung der Bevölkerung. So ist die Großstadt nicht in der Lage, ihre Einwohnerzahl aus eigener Kraft zu erhalten. Nur durch stete Zuwanderung aus dem Land erzielen die Großstädte ihr Wachstum (Riehl 1908). Diese Zuwanderung ist zudem stark selektiv. Nur die besten und begabtesten Personen aus der Landbevölkerung finden den Weg in die Stadt. Da sich deren Talente jedoch nicht in der Großstadt entfalten können, trägt diese Entwicklung ebenfalls zum Begabtenschwund bei. Der ungünstige Bevölkerungsaufbau setzt sich zudem durch Geburtenrückgang und damit einsetzender Vergreisung fort (vgl. Bahrdt 1961: 17ff.).

3 Aus städtebaulicher Sicht wird besonders die Architektur der Mietskasernen beklagt. Diese Architektur führt zu einer Vermassung der Stadtbewohner, in deren Folge sich kaum Individualität ausbreiten kann (Mitgau 1941). Auch wenn die Häusermeere und Steinwüsten als Wohngebäude unter Gesichtspunkten ökonomischer Zweckmäßigkeit errichtet werden, bleibt ihnen städtebauliche Kritik nicht erspart (vgl. Bergmann 1970: 20).

Weber (1990 [1922]) und Georg Simmel (1993 [1903]) setzen sich mit der Verstädterung sowie den daraus resultierenden veränderten sozialen Beziehungen auseinander. Das soziale Leben in vormodernen Gesellschaften ist gemeinschaftlich organisiert und durch mechanische Solidarität geprägt. Die Arbeitsteilung ist nur gering ausgeprägt. Dagegen sind moderne Gesellschaften durch Arbeitsteilung, organische Solidarität und gesellschaftliche Organisation gekennzeichnet.

Weber (1990) beschäftigt sich ebenfalls mit den veränderten Inhalten der sozialen Beziehungen von Stadt- und Landbevölkerung. Er betont den Marktcharakter einer Stadt. Die Stadt ist überwiegend durch das wirtschaftliche Handeln und weniger durch die Produktion landwirtschaftlicher Güter geprägt. Dieser grundlegende Unterschied beinhaltet, dass durch den ökonomischen Austausch formale Beziehungen in der Stadt charakteristisch sind. Demgegenüber trägt der hauswirtschaftliche Produktionscharakter der Familienbetriebe in ländlichen Gemeinden zur Förderung informeller Beziehungen bei.

Simmel (1993) betont den ökonomischen Hintergrund der sozialen Beziehungen der Großstädter. Die Geldwirtschaft, die hauptsächlich in der Großstadt angesiedelt ist, leistet den so genannten Verstandesbeziehungen Vorschub (Simmel 1993:193ff.). Verstandesbeziehungen begründen sich im Gegensatz zu Gemütsbeziehungen nicht auf Individualität. Neben der Geldwirtschaft führt Simmel psychologische Ursachen für die veränderten sozialen Beziehungen eines Großstädters an. Er betont die „Steigerung des Nervenlebens, die aus dem raschen und ununterbrochenen Wechsel äußerer und innerer Eindrücke hervorgeht" (Simmel 1993: 192). Um sich vor einer Reizüberflutung des großstädtischen Lebens zu schützen, geht der Großstädter nur flüchtige, oberflächliche Beziehungen ein und verhält sich gleichgültig gegenüber seinen Mitmenschen. Simmel betrachtet den Zusammenhang zwischen der Verstandesherrschaft und deren psychologischen Grundlagen in der Stadt einerseits sowie die Lockerung der sozialen Gemeinschaft andererseits als einen Sonderfall der Evolution sozialer Gruppen.

Die sozialen Gemeinschaften sind ihrer Struktur nach Kleingruppen, die sich durch einen starken inneren Zusammenhalt sowie durch eine deutliche Abgrenzung gegenüber Nicht-Mitgliedern auszeichnen. Je mehr Mitglieder der Gruppe oder Gemeinschaft angehören, desto schwieriger gestaltet sich der Erhalt sowohl der inneren Einheit als auch der äußeren Abgrenzung. Das einzelne Mitglied gewinnt dadurch eine größere Freiheit (Simmel 1993: 198f.). Diese Freiheit lässt sich bei Simmel dahingehend interpretieren, dass dem Einzelnen eine größer Selektivität seiner sozialen Beziehungen ermöglicht wird. Das Individuum hat die Möglichkeit, soziale Beziehungen nach eigenen Notwendigkeiten und Interessen aufzunehmen.

Mit dem längerfristigen Prozess der Verstädterung in modernen Gesellschaften ergibt sich eine nachhaltige Veränderung der sozialen Beziehungen. Der Aufschwung der Städte im 19. Jahrhundert hat tiefgreifende Veränderungen im traditionellen Gefüge sozialer Beziehungen zur Folge. Parallel zum Dualismus von vormoderner Gemeinschaft und moderner Gesellschaft gibt es einen Dualismus in der Lebensweise und dem Beziehungsgefüge von Stadt- und Landbevölkerungen. Während traditionelle Lebensweisen vormoderner Gemeinschaften mit dem Leben der Landbevölkerung gleichgesetzt werden, bilden sich in der modernen Stadtgesellschaft neue Lebensweisen und soziale Beziehungen aus, die sich wesentlich von den ländlichen Lebensweisen unterscheiden. Durch die veränderten Lebensweisen und Sozialgefüge tritt eine Reihe von sozialen Problemen, wie Arbeitslosigkeit, Armut, Verelendung und Kriminalität, verstärkt auf. All diese Veränderungen der bisherigen Zustände rufen Kritiker auf den Plan, die den Verlust der sozialen Gemeinschaft beklagen und die sich vehement gegen die fortschreitende Verstädterung einsetzen.

Das Leben in der ländlichen Gemeinde ist geprägt durch überwiegend landwirtschaftliche Tätigkeiten. Es gibt nur geringe residenzielle und soziale Mobilität. Starke persönliche und informelle Beziehungen bestimmen das soziale Zusammenleben. Die lokale Gemeinschaft ist der soziale Mittelpunkt eines jeden Landbewohners. Durch die intensiven, engen und häufigen Interaktionen ist der Landbewohner in die soziale Gemeinschaft integriert, hat aber andererseits kaum Möglichkeiten, sich dieser Gemeinschaft zu entziehen. Im Gegensatz zur ländlichen Gemeinschaft gehen Stadtbewohner überwiegend nicht landwirtschaftlichen Tätigkeiten nach. Max Weber kennzeichnet den wirtschaftlichen Handel als ausschlaggebende Tätigkeit der städtischen Bevölkerung. Die Stadt ist ein Ort heterogener und hochmobiler Bevölkerungsgruppen. Formale Beziehungen überwiegen ebenso wie eine ausgeprägte soziale Schichtung der Bevölkerung (Hahn u.a. 1979: 45). Diese Veränderungen von starken, intensiven, eng miteinander verflochten Gemeinschaftsbeziehungen der Landbevölkerung hin zu schwachen, lose verknüpften, kaum noch einen sozialen Rückhalt darstellenden Beziehungsgebilden der Stadtbevölkerung haben ihre Ursachen im Prozess der Verstädterung.

Auch wenn die Großstadtkritik ideologisch überfrachtet ist und die ländliche Lebensweise romantisierend darstellt, gibt sie doch wichtige Anhaltspunkte, inwieweit die sozialen Beziehungsgefüge verändert werden. Im Folgenden werden diese Veränderungen, die sich auf den Zusammenhang von Siedlungsstruktur und sozialer Integration beziehen, ausführlich dargestellt.

1.1 Definition der Stadt

Um die Zusammenhänge zwischen dem Prozess der Verstädterung und den Veränderungen in den sozialen Beziehungen der Stadtbewohner zu verstehen, ist es notwendig mit einem soziologischen Stadtbegriff zu arbeiten. Einen solchen Stadtbegriff legt Louis Wirth (1974) vor. In seinem soziologischen Stadtkonzept nehmen drei Komponenten eine zentrale Position ein. Zunächst definiert sich Stadt durch ihre Bevölkerungsgröße, das heißt durch ihre Einwohnerzahl. Je größer die Bevölkerungszahl einer Gemeinde, desto wahrscheinlicher ist diese Gemeinde eine Stadt. Auf die Größe als wichtiges Merkmal einer Stadt machen ebenfalls Georg Simmel (1993) und Max Weber (1990) aufmerksam. Die zweite Komponente in der Definition der Stadt ist die Bevölkerungsdichte. In der Stadt wohnen die Menschen dichter beieinander als auf dem Land. Dieses Merkmal der Stadt ist neben der Bevölkerungsgröße entscheidend für die Stadt-Land-Differenzen in den sozialen Beziehungen. Schließlich hob Wirth noch die Bevölkerungsheterogenität hervor, die in der Stadt vorhanden ist. Diese Bevölkerungsheterogenität kann sich dabei auf verschiedene Merkmale, etwa Schichtung, Lebensstile, Migration oder Ethnizität beziehen. Fasst man diese drei Komponenten zusammen, so kann man eine Stadt „als eine relativ große, dicht besiedelte und dauerhafte Niederlassung gesellschaftlich heterogener Individuen" definieren (Wirth 1974: 48).

Diese drei Merkmale bestimmen die Siedlungsstruktur einer Gemeinde. Sie wirken sich auf die sozialen Beziehungen aus. Bereits Max Weber (1990) weist darauf hin, dass die Größe einer Stadt kaum persönliche Beziehungen aller Einwohner untereinander zulässt. Die Bevölkerungsgröße macht es ab einer gewissen Zahl unmöglich, dass alle Einwohner gegenseitige persönliche Beziehungen unterhalten. Die Größe einer Stadt macht es erforderlich, dass durch Medien kommuniziert wird und individuelle Interessen delegiert werden (Wirth 1974: 53).

Simmel (1993) weist darauf hin, dass in der Großstadt die physischen Kontakte zwar eng, die sozialen Kontakte jedoch lose sind. Die losen sozialen Kontakte rühren von einer Differenzierung und Spezialisierung der Individuen, die durch die zunehmende Bevölkerungsdichte gefördert wird (Durkheim 1988). Wirth (1974) sieht in der Folge steigender Bevölkerungsdichte eine Absonderung der Bevölkerungselemente. Diese Tendenz wird einerseits durch die Unvereinbarkeit der vielfältigen Lebensbedürfnisse und Lebensweisen, andererseits durch die Präferenz, in relativer Nähe zu Personen mit homogenem Status, Lebenswandel und Bedürfnissen zu wohnen, gefördert. In der Differenzierung der Personengruppen über das gesamte Stadtgebiet gleicht die Stadt einem Mosaik sozialer Welten (Wirth 1974: 55).

Zweifellos lebt in der Stadt eine größere Anzahl von Personen als auf dem Land, die sich durch soziale, ökonomische und kulturelle Andersartigkeit von der Landbevölkerung unterscheiden. Die Stadt bietet verschiedenen Lebensbedürfnissen und Lebensweisen einen Platz zur Entfaltung, wie es in ländlichen Gemeinden wohl nicht möglich ist. Ein sozialer Druck zur Anpassung besteht aufgrund dieser Heterogenität von Bevölkerungsgruppen in der Stadt nicht. Die Heterogenität der Personengruppen fördert informelle Beziehungen zwischen den Angehörigen einer Gruppe, schränkt jedoch die Außenbeziehungen der Gruppenangehörigen ein.

Bevölkerungsgröße, Bevölkerungsdichte und Bevölkerungsheterogenität wirken sich in vielfältiger Weise auf die Lebensweise und die sozialen Beziehungen aus. Zentrale Lebensbereiche werden durch die veränderten sozialen Beziehungen in der Stadt beeinflusst. Im Folgenden werden die Folgen der urbanen Lebensweise hinsichtlich der sozialen Gemeinschaft, den Familien- und Verwandtschaftsbeziehungen sowie den Nachbarschaftsbeziehungen beschrieben, wie sie von Vertretern der Community-Lost-These wahrgenommen wurden.

1.2 Verlust der sozialen Gemeinschaft

Die soziale Gemeinschaft umfasst die engen sozialen Beziehungen einer Kleingruppe, die oft den sozialen Kontexten der Verwandtschaft und Nachbarschaft entspringen. Aufgrund der starken gegenseitigen Bindung der sozialen Beziehungen innerhalb sozialer Gemeinschaften, werden die Verwandtschafts- und Nachbarschaftskontexte auch primäre Kontexte genannt. Wirth kennzeichnet Beziehungen primärer Kontexte durch eine große gegenseitige Abhängigkeit in vielen Teilbereichen. Sie sind dauerhafte Beziehungen, die sich durch Intimität und Intensität begründen (Wirth 1974: 52). Die sozialen Beziehungen der Stadtmenschen laufen insgesamt auf eine Vereinzelung und Loslösung aus der sozialen Gemeinschaft hinaus (Riehl 1908, Mitgau 1941). Losgelöst vom ländlichen, lokalen Verband, der Nachbarschaft und Großfamilie, ist der Einzelne auf sich selbst angewiesen, die Stadt gibt ihm keine echten Bindungen. Ein Individuum wird nicht mehr in ein gefestigtes Sozialgebilde hineingeboren, dem es sein ganzes Leben lang angehören wird. Es wächst vielmehr in einer Kleinfamilie auf, die neben Tausenden anderen isolierten Kleinfamilien existiert. Soziale Bindung findet nur in künstlichen Gruppen statt, die jeder Einzelne ohne weiteres wechseln kann, wodurch keine dauerhaften Bindungen entstehen.

Den sozialen Beziehungen der primären Kontexte stehen Beziehungen der sekundären Kontexte gegenüber. Beziehungen sekundärer Kontexte sind „unpersönlich, oberflächlich, transitorisch und segmentär" (Wirth 1974: 52). Die sozialen Beziehungen des Stadtbewohners sind nicht mehr durch eine gemeinsame Bande gekennzeichnet, vielmehr spielt ein Auswahlkalkül beim Eingehen sozialer Beziehung eine Rolle. Aufgrund der Masse an Mitmenschen in der Stadt ist es für den Einzelnen möglich, soziale Beziehungen nach der Brauchbarkeit oder Nützlichkeit aufzubauen. Gegenseitige Verpflichtungen, die sich durch dauerhafte Bindung an eine soziale Gemeinschaft ergeben, werden dadurch umgangen. Aufgrund dieses Brauchbarkeitskalküls überwiegen sachliche Beziehungen unter den Stadtbewohnern. Simmel (1993) hebt den Rückzug ins Private als Folge der Reizüberflutung in der Großstadt hervor. Der einzelne Stadtbewohner lebt sozial desintegriert inmitten einer Masse desintegrierter Mitmenschen. Isolation und Desintegration ergeben sich durch den Verlust der Sicherheit und Geborgenheit vermittelnden ländlichen sozialen Gemeinschaft.

1.3 Verlust der Verwandtschaftsbeziehungen

Die ländliche Großfamilie, die sich über mindestens drei Generationen erstreckt, löst sich in der sozialen Lebensweise der Stadtbewohner auf. Als neue Form familiären Zusammenlebens kann die Kleinfamilie, die aus zwei Generationen besteht, angesehen werden (Mitgau 1941). Zu den übrigen Verwandten bestehen nur noch Besuchsverhältnisse. Durch die Verringerung der Mitgliederzahl der Familie und durch die nur lose verbundenen Verwandten erleiden verwandtschaftliche Beziehungen einen Verlust in der Bindekraft und werden freundschaftlichen Beziehungen gleichgestellt (vgl. Bahrdt

1961: 23). Die Familie hat nicht nur eine Reduktion ihrer Größe erlitten, sie ist in der Stadt auch nicht mehr allgegenwärtige Form des Zusammenlebens. Ein großer Teil der Stadtbewohner ist nicht in einen Familienverband integriert, sondern lebt allein (Riehl 1908).

Neben dieser Wandlung von der Großfamilie zur Kleinfamilie nimmt die inhaltliche Vielfältigkeit der familiären Beziehungen ab. Zahlreiche produktive Funktionen der Familie werden nur noch außerhalb des Familienbundes erledigt. „Die Übertragung wirtschaftlicher, erzieherischer und freizeitgestaltender Tätigkeiten auf spezialisierte Einrichtungen außerhalb des Heimes hat die Familie einiger ihrer charakteristischsten Funktionen beraubt" (Wirth 1974: 61). Die Stadtfamilie besitzt kaum noch soziale Funktionen, sondern stellt lediglich eine Wohn- und Konsumgemeinschaft dar.

1.4 Verlust der Nachbarschaftsbeziehungen

Die soziale Desintegration ist keineswegs auf familiäre Beziehungen beschränkt. Auch der traditionell starke Nachbarschaftsverband der ländlichen Gemeinde hat keinen Bestand in der Stadt. Eine intakte Nachbarschaft, wie sie in ländlichen Gemeinden zu finden ist, gibt es in der beziehungslosen Stadt nicht (Mitgau 1941). Auch Max Weber stellt fest, dass in der Stadt „dem Nachbarschaftsverband spezifische, persönliche gegenseitige Bekanntschaft der Einwohner miteinander f e h l t" (Weber 1990: 727, Hervorhebung im Original). Der Mangel nachbarschaftlicher Integration ist auf die vermehrte residenzielle Mobilität zurückzuführen. Durch häufigen Wohnortwechsel werden weniger soziale Bindungen aufgebaut (Mitgau 1941, Wirth 1974). „Die überwiegende Mehrheit der Stadtbewohner besitzt kein eigenes Heim, und da eine vorübergehende Bleibe keine bindenden Traditionen und Gefühle erzeugt, sind sie nur selten wirkliche Nachbarn" (Wirth 1974: 56). Diese fluktuierende Bevölkerung verleiht der Stadt ihren monströsen Charakter (Riehl 1908).

Kropotkin (1920: 282) sieht die Ursache für den Rückgang der gegenseitigen nachbarschaftlichen Unterstützung in der Stadt in den Institutionalisierungs- und Formalisierungsversuchen seitens des Staates: „Unter der Herrschaft des gegenwärtigen Systems sind alle einigenden Bande zwischen den Einwohnern derselben Straße oder Gegend zerrissen worden". Die Kritik an der Nachbarschaft und den Nachbarschaftsbeziehungen in der Großstadt fasst Hamm (1973: 31) mit den Worten zusammen: „Nachbarschaft und Dorf werden flugs zu Idealen erhoben, die all das leisten, was das negative Zerrbild der Großstadt nicht zu leisten in der Lage ist: Nachbarschaft und Dorf sind natürlich im Gegensatz zur künstlichen Stadt; sie weisen höhere Geburtenziffern auf als Städte; sie liefern Gemeinschaft und soziale Kontrolle, die sozialen Beziehungen sind menschlich, nicht sachlich motiviert, an die Stelle eines nivellierten Mittelstandes tritt die natürliche hierarchische Ordnung der Gesellschaft".

1 Community Lost: der Niedergang traditioneller sozialer Beziehungen

Siedlungsstruktur:	Verlust sozialer Integration als:
Bevölkerungsgröße	- Verlust sozialer Gemeinschaft
Bevölkerungsdichte	- Verlust sozialer Beziehungen aus
Bevölkerungsheterogenität	primären Kontexten

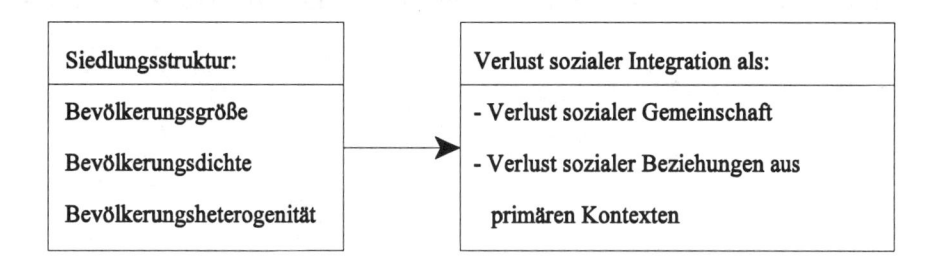

Abbildung 1.1: Die Community-Lost-These

Zusammenfassend lässt sich über den Community-Lost-Ansatz sagen, dass die Kritik an der sozialen Integration in der Stadt vor allem auf einen Verlust der sozialen Gemeinschaft und der sozialen Beziehungen aus primären Kontexten der Verwandtschaft und Nachbarschaft abzielt. Insbesondere die drei Bevölkerungsmerkmale Größe, Dichte und Heterogenität fördern die urbane Lebensweise, die als Weg in die Sackgasse der Isolation und sozialen Desintegration gesehen wird. Diese Schlussfolgerung der Community-Lost-These zieht Wirth, wenn er schreibt, dass man „Die spezifischen Züge der urbanen Lebensform... oft dahingehend beschrieben [hat], dass in ihr die primären durch sekundäre Kontakte ersetzt werden, dass verwandtschaftliche Bande geschwächt sind und die gesellschaftliche Bedeutung der Familie sinkt, dass es keine echte Nachbarschaft mehr gibt und die traditionelle Basis gesellschaftlicher Solidarität untergraben ist" (Wirth 1974: 60). Der Prozess der Verstädterung trägt zum Verlust der sozialen Integration und insbesondere zum Verlust der sozialen Gemeinschaft, des Familienverbandes und der Nachbarschaft bei (siehe Abbildung 1.1).

2 Community Liberated: die Bedeutung moderner sozialer Beziehungen

Neben den Arbeiten der Community-Lost-These gibt es auf dem Gebiet der Stadt-Land-Unterschiede jedoch zahlreiche theoretische und empirische Beiträge, die im Verstädterungsprozess neue Möglichkeiten für die sozialen Beziehungen der Stadtbewohner sehen. Eingangs wurden die Arbeiten des Community-Saved-Ansatzes angesprochen. Vertreter dieser Argumentationslinie sehen in der städtischen Lebensweise keine Ursache sinkender sozialer Integration und keinen Verlust sozialer Beziehungen aus primären Kontexten. Allerdings weist der Community-Saved-Ansatz, der die Gegenposition zur Community-Lost-These einnimmt, einige Schwachpunkte[4] auf. Von weitaus größerem Einfluss auf die stadtsoziologische Debatte sind die Arbeiten der Community-Liberated-These (vgl. Diewald 1991: 19). Durch deren Argumentation werden die Thesen der Großstadtkritiker relativiert oder verworfen, in einigen Punkten jedoch untermauert.

Zunächst gilt es, den ideologischen Ballast abzulegen, der in der bisherigen Diskussion um die Stadt mitgeführt wird. Denn während eine großstadtkritische Debatte in verschiedenen Industriestaaten geführt wird, nimmt diese Debatte in Deutschland großstadtfeindliche Züge an (König 1977: 42, Engeli 1999: 34, Zimmermann/Reulecke 1999: 12f.). So weist Bahrdt (1961) darauf hin, dass oftmals Begründungen oder Kommentierungen zu den Behauptungen der Großstadtkritiker fehlen. Er kann Hauptkritikpunkte, wie soziale Desintegration, Verlust von Familien- und Nachbarschaftsbeziehungen, argumentativ und durch Daten sozialer und demographischer Entwicklungen entkräften. König (1977) wendet sich ebenso wie Bahrdt gegen die ideologischen Verklärungen der Großstadtkritik. Er schließt sich der Kritik Bahrdts an und fordert nachdrücklich eine Ideologiekritik des Stadtbegriffs (König 1977: 42). König sieht zwei Arten der Kritik an der Großstadt. Zum einen die ideologisch geführte Kritik, die nur abwertet. Er nennt sie den anti-großstädtischen Affekt. Zum anderen untersuchen großstadtkritische Ansätze Zusammenhänge zwischen der Arbeitsteilung, der sozialen Struktur und dem geographischen Raum beziehungsweise der Verstädterung. Diese Kritik scheint König erfolgversprechender.

---

4   Erstens werden überwiegend Bevölkerungsgruppen analysiert, die sich durch ein besonderes soziales Merkmal (Einwanderer, ethnische Minderheiten) auszeichnen. Zweitens haben diese Gruppen im Vergleich zur gesamten Stadtbevölkerung nur einen vergleichsweise geringen Anteil. Drittens werden lediglich bestimmte Teilaspekte des Gefüges sozialer Beziehungen (nur Familienbeziehungen oder nur Nachbarschaftsbeziehungen) untersucht.

2.1 Kritik an der Definition der Stadt

Wirths Definition der Stadt durch Bevölkerungsgröße, Bevölkerungsdichte und Bevölkerungsheterogenität lässt die Beschreibung eines Ortes als eher städtisch oder eher ländlich zu. Aufgrund unterschiedlicher Ausprägungen der Dimensionen des Stadtbegriffs stellt sich das Spannungsverhältnis zwischen Stadt und Land nicht als eine Dichotomie, sondern als ein Kontinuum dar, dessen Extrempole die Großstadt und die Landgemeinde sind. Dewey (1974: 50ff.) weist darauf hin, dass das Stadt-Land-Kontinuum verschiedene Dimensionen hat. Die Gegenüberstellung verschiedener Definitionen städtischer Lebensweise, in der bis zu 40 Definitionsmerkmale genannt werden, lässt ihn den Schluss ziehen, „dass viele Dinge, die unkritisch als Teil von Urbanismus angesehen werden, nicht wesentlich von Städten abhängen" (Dewey 1974: 49). Der Stadtbegriff ist gegen eine Reihe von Merkmalen abzugrenzen, die nicht typisch städtisch sind, sondern die sich auf eine allgemeine gesellschaftliche Komponente zurückführen lassen. Er sieht vor allem eine kulturelle Komponente in vielen Merkmalen des Stadtbegriffs. Es wäre also zu trennen, „was wirklich kulturellen Ursprungs ist und nicht eigentlich zum Stadtleben oder Urbanismus gehört" (Dewey 1974: 49). Mit der Abtrennung einer kulturellen Komponente von der Stadt-Definition verweist Dewey auf allgemeine Entwicklungen, die zwar zuerst in den Städten beobachtet werden, die aber die gesamte Gesellschaft erfassen. Er fordert eine Unterscheidung, in welcher Weise die Einflüsse der beiden Faktoren zur Geltung kommen. Die allgemeingültige Regel, wonach „eine signifikante Veränderung von Zahl und Dichte von Objekten gleich signifikante Veränderungen in der Art der Objektbeziehungen hervorruft" ist auch auf das soziale Zusammenleben übertragbar, wenn sie von der allgemeinen Entwicklung isoliert wird (Dewey 1974: 50).[5] Diese allgemeinen Entwicklungen haben ebenfalls Einfluss auf die sozialen Beziehungen.

König (1977) geht nicht auf das Stadt-Land-Kontinuum ein, sondern ist am Standpunkt der Großstadt „im Entfaltungsprozess globaler gesellschaftlicher Gebilde" interessiert (König 1977: 42). Die soziologische Untersuchung der Großstadt muss demnach im Kontext allgemeiner Entwicklung gesehen werden. Insbesondere die romantisierenden und ideologisch verklärten frühen Großstadtkritiker des Community-Lost-Ansatzes unterliegen dem Fehler, die vorangeschrittenen Großstädte mit dem in der Entwicklung zurückgebliebenem Land zu vergleichen. Viele Argumente der Debatte über die Großstadt müssen auf allgemeinere Entwicklungen zurückgeführt werden. Vor allem die Institutionalisierung, die erhöhte residenzielle Mobilität, und moderne Kommunikations- und Transportmittel verändern nachhaltig die sozialen Beziehungen nicht nur der Stadtbewohner, sondern aller Gesellschaftsmitglieder.

---

5   Veränderungen in Größe und Dichte der Bevölkerung bewirken Veränderungen in den Merkmalen Anonymität, Arbeitsteilung, Heterogenität, Art der Beziehungen und Statussymbole (Dewey 1974: 50ff.). Je größer die Anonymität, die Arbeitsteilung, die Heterogenität, die unpersönlichen und formalen Beziehungen sind und je mehr Statussymbole verwendet werden, desto eher entspricht die untersuchte Gemeinde einer Stadt.

2.2 Allgemeine Entwicklungen

Hahn u.a. (1979: 46) isolieren den Stadtbegriff von der allgemeinen Entwicklung sozialer Institutionen in einer Gesellschaft. Kropotkin (1920) sieht in der neuen Institutionenstruktur ebenfalls ein wichtiges Merkmal, das die sozialen Beziehungen nicht nur der Stadtbevölkerung nachhaltig beeinflusst. Er sieht die Institutionalisierung des Staates als Ursache geringer informeller Hilfeleistung. Mit der „Usurpation aller sozialen Funktionen durch den Staat" (Kropotkin 1920: 230), wie der Armen- und Krankenpflege oder der Aufrechterhaltung der Ordnung, wird eine Form des Individualismus gefördert, der die bisher bestehenden Formen gegenseitiger Hilfe unter der Bevölkerung untergräbt. Es ist im modernen Staat nicht mehr notwendig, auf die soziale Unterstützung seiner Mitmenschen zu hoffen, man muss nur die entsprechenden Unterstützungsinstitutionen des Staates informieren (Kropotkin 1920: 230ff.). Sowie sich der Staat an den Hilfssystemen der Bevölkerung beteiligt und eigene soziale Institutionen errichtet, werden die entsprechenden traditionellen Hilfeeinrichtungen aufgelöst.

Die Institutionenstruktur übt eine Angleichung der verschiedenen Personentypen aus. Dieser Angleich wird einerseits durch den nivellierenden Charakter des Geldes erreicht, andererseits durch die Konzipierung gemeinsam genutzter Anlagen und Einrichtungen für den Durchschnittsmenschen (Wirth 1974: 57). Diese Ausrichtung auf den Durchschnittsmenschen bringt einen hohen Grad an Formalisierung mit sich und erschwert gleichzeitig den informellen Umgang der Angehörigen einer Gruppe.

Gleichwohl erläutert Kropotkin (1920) die „ungeheure Rolle der Gegenseitigkeit und Hilfeleistung" in den Alltagsbeziehungen. Kropotkin nennt eine Vielzahl von Beispielen fortbestehender gegenseitiger Hilfe unter der Landbevölkerung und neue Formen der gegenseitigen Hilfe unter den Stadtbewohner. Das trifft vor allem für die in der Industrie tätige Bevölkerung zu. Hier nennt er die Streikkommittees, die Gewerkschaften und politische Vereinigungen der Arbeiter (Kropotkin 1920: 266ff.).

Einen direkten Zusammenhang zwischen der Siedlungsstruktur und sozialer Unterstützung erläutert Kropotkin nicht. Indirekt ist allerdings eine Unterscheidung und Trennung von Siedlungsstruktur und allgemeiner Entwicklung vorhanden. In einem Kapitel erörtert er anhand vieler Beispiele die gegenseitige Unterstützung unter der ländlichen Bevölkerung. All diese Beispiele entspringen nicht einer bestimmten Organisation oder Institution, sondern können als traditionelle Unterstützungsbräuche und -sitten beschrieben werden. Im Gegensatz zu diesen informellen Unterstützungen unter der ländlichen Bevölkerung beschreibt Kropotkin Beispiele gegenseitiger Unterstützung der Stadtbevölkerung, die meistens auf formaler Zugehörigkeit zu sozialen Organisationen und Institutionen, wie Gewerkschaftsverbände oder Parteien, beruhen. Daraus kann man schlussfolgern, dass die soziale Unterstützung hinsichtlich der Siedlungsstruktur unterschiedlich organisiert ist. Die soziale Unterstützung und gegenseitige Hilfe der Stadtbewohner weisen im Gegensatz zur Unterstützung und Hilfe der Landbewohner eher formale, eben auf den Durchschnittsmenschen ausgerichtete Organisationsstrukturen auf. Die zunehmende Institutionalisierung organisiert soziale Beziehungen, indem Inhalte ehemals informeller sozialer

Unterstützungen als Staatsaufgaben angesehen werden. Mit der Institutionalisierung der Gesundheitsvorsorge, der Bildung, der Erholung, der Kultur sowie der Absicherung persönlicher und sozialer Härten wird den informell organisierten sozialen Hilfestrukturen die Grundlage entzogen. Wie Wirth (1974) und Kropotkin (1920) festhalten, ist diese Entwicklung in der gesamten Gesellschaft, also nicht nur in den großen Städten, zu beobachten.

Neben der Institutionalisierung beeinflussen noch andere allgemeine Entwicklungen die sozialen Beziehungen. So spielt die erhöhte residenzielle Mobilität eine wesentliche Rolle. Getrieben von den Notwendigkeiten des Erwerbslebens sind „nicht nur für die Belegschaften sondern auch für die Bevölkerung der Industriestädte ... deshalb außerordentlich hohe Fluktuationsquoten charakteristisch ..." (Bahrdt 1961: 25). Mit der Industrialisierung setzte gleichsam eine Wanderungswelle vom Land in die Stadt beziehungsweise innerhalb der Städte ein. Residenzielle Mobilität löst einen großen Teil der Bevölkerung aus der lokalen Verankerung und behindert damit einen dauerhaften Bestand an lokalen sozialen Beziehungen. Trotz der Lösung lokaler Bindungen bestehen weiterhin soziale Beziehungen, die durch moderne Kommunikations- und Transportmittel ermöglicht werden.

2.3 Kritik am Verlust der sozialen Gemeinschaft

Die Kritik an der sozialen Integration richtet sich vor allem auf den Verlust der sozialen Gemeinschaft und auf den Verlust sozialer Beziehungen zu Verwandten und Nachbarn. Die Großstadtkritik des Community-Lost-Ansatzes weist darauf hin, dass diese Phänomene in Städten zu beobachten und deshalb eine Folge der städtischen Lebensweise sind. Die Vertreter der Community-Liberated-These hingegen sehen allgemeine Entwicklungen, wie die Institutionalisierung, die Reduktion zur Kleinfamilie und die größeren Wahlmöglichkeiten für soziale Beziehungen durch moderne Kommunikations- und Transportmittel als Ursachen für den Wandel von geschlossenen, lokalen sozialen Gemeinschaften zu offenen sozialen Strukturen aus frei gewählten Beziehungen primärer und sekundärer Kontexte (Craven/Wellman 1973: 74ff.).

Schenk (1983: 97) beschreibt den Verlust sozialer Gemeinschaften vor dem Hintergrund allgemeiner Entwicklungen: „So wurde zum einem - vor allem in der Chicago-Schule der Stadtsoziologie - behauptet, dass die gesellschaftliche Entwicklung, gekennzeichnet durch Industrialisierung, funktionale Differenzierung, räumliche und soziale Mobilität usw., zu einem Verlust der ‚inneren Verbundenheit' der Gesellschaftsmitglieder, wie sie einmal für eine sich am ‚Allgemeinwillen' und der ‚Brüderlichkeitsethik' orientierenden Solidargemeinschaft von Verwandten, Nachbarn und Kultgenossen typisch war, geführt habe". Eine gleichstarke soziale Integration in die Gesellschaft scheint es nach Bergmann (1970: 21) nicht zu geben, denn „aus der Dislozierung ergibt sich eine Dissoziierung und schließlich eine Desorientierung, die die persönliche Integration in die Industriegesellschaft erschwerte".

Gleichwohl wird dieser Verlust durch soziale Beziehungen aus modernen sekundären Kontexten ausgeglichen. Craven und Wellman (1973: 75) deuten an, dass sich die starke soziale und lokal fixierte Gemeinschaft zugunsten multipler, nicht ortsgebundener Gemeinschaften auflöst. Da es jedoch relativ leicht ist, Beziehungen aus sekundären Kontexten abzubrechen und neue Beziehungen einzugehen, weisen diese persönlichen Bekanntschaften oft utilitaristische Züge auf, das heißt soziale Beziehungen werden unter dem Aspekt der Zielverfolgung aufrechterhalten (Wirth 1974: 52). Solche Beziehungen sekundärer Kontexte werden beispielsweise durch die Institutionalisierung von Beziehungen gegenseitiger Hilfe und Unterstützung möglich. Es bildet sich eine Vielzahl von Gruppen, Vereinen, Parteien und anderen Organisationen, die es dem einzelnen Individuum ermöglichen, seine Ziele und Interessen durchzusetzen (Wirth 1974: 61ff.).

Mit der Institutionalisierung findet demnach ein Übergang von ausschließlich informellen Hilfebeziehungen zu teils formalisierten, teils informellen Hilfestrukturen statt. Einen starken Verlust an Integration erleidet der Einzelne dadurch nicht. Die Vereinzelungsthese, wonach soziale Beziehungen gelockert werden oder sich gar auflösen, kann nur teilweise bestätigt werden. Neben den traditionellen Beziehungen zu Verwandten und Nachbarn werden verstärkt Beziehungen aus modernen sekundären Kontexten zu Arbeitskollegen, Organisationsmitgliedern, Bekannten und Freunden gewählt. Durch diese Veränderung in der Struktur sozialer Beziehungen werden die lokalen geschlossenen Gemeinschaften aufgelöst, ohne dass es zum Verlust der sozialen Integration kommt. Der Wandel von geschlossenen lokalen sozialen Gemeinschaften mit sozialen Beziehungen aus vorrangig primären Kontexten zu offenen sozialen Strukturen mit sozialen Beziehungen aus primären und sekundären Kontexten vollzieht sich als allgemeine Entwicklung in Stadt und Land.

In der lokalen Gemeinschaft ist die Anzahl der sozialen Beziehungen eingeschränkt. Die Begrenzung auf soziale Beziehungen innerhalb der lokalen Gemeinschaft macht die Mitglieder gegenseitig abhängig. Durch diese Abhängigkeit und die Begrenzung auf die Gemeinschaft fällt es dem Individuum schwer, Beziehungen außerhalb der Gruppe zu knüpfen. Vollständige Teilnahme an den Aktivitäten der lokalen sozialen Gemeinschaft ist in diesem Fall die beste Wahl für jedes Gemeinschaftsmitglied. Diese Begrenzung auf Binnengruppenbeziehungen, die Beziehungsdauer und Kontakthäufigkeit und die materielle Interdependenz der Mitglieder fördert die sozialen Beziehungen in primären Kontexten.

Im Zuge der allgemeinen Entwicklung können jedoch immer größere Entfernungen überwunden werden. Durch die residenzielle Mobilität, extensive tägliche Reisen, die Möglichkeit durch Telefon, Radio, Post oder persönliche Besuche Beziehungen außerhalb der lokalen sozialen Gemeinschaft aufzunehmen, und durch die Möglichkeit, Beziehungen zu anderen Interessengemeinschaften aufzunehmen, wird die lokale Gemeinschaft geschwächt. Der Wandel in der Technologie, der Wirtschaft und der Ideologie hat die Einschränkungen der individuellen Wahl sozialer Beziehungen entspannt. Die Menschen haben den Vorteil dieser Freiheit erkannt und unterhalten weitverbreitete soziale Beziehungen, die über die Grenzen der lokalen Gemeinschaft hinausgehen.

Dennoch kann nicht vom Verlust sozialer Beziehungen aus primären Kontexten gesprochen werden, denn trotz der vielfältigen neuen sozialen Strukturen können sich die starken Bindungen zu Familie, Verwandtschaft und Nachbarschaft erhalten. Hradil (1995: 12) betont, dass „anders als die derzeit gängige Kulturkritik wissen will, [...] den Defiziten an Kohäsion, Gemeinsinn, Sinn und personaler Identität in den ‚postindustriellen Gesellschaften'" durchaus soziokulturelle Strukturen gegenüberstehen, die „gerade nicht den funktional spezialisierten, formell organisierten, standardisierten Strukturformen herkömmlicher Industriegesellschaften" entsprechen.

2.4 Stadt-Land-Differenzen

Dennoch spielt ein Effekt der Gemeindegröße eine Rolle. Zweifelsohne ermöglichen Bevölkerungsgröße und Bevölkerungsdichte einer Stadt in viel größerem Umfang soziale Begegnungen und Beziehungen herzustellen, als das in einer Kleinstadt oder einer Landgemeinde der Fall ist. Allerdings wird der Stadtbewohner in aller Regel nur zu einem kleinen Kreis seiner täglichen sozialen Begegnungen und Interaktionen eine persönliche Beziehung aufbauen. Der Stadtbewohner wird zwar mehr Gelegenheiten haben, soziale Beziehungen einzugehen, er wird aber kaum größere Möglichkeiten haben, die sozialen Beziehungen aufrechtzuerhalten. Die häufigeren und vielfältigeren Gelegenheiten eines Stadtbewohners ermöglichen eine effizientere Beziehungsstruktur und damit eine größere Unabhängigkeit von einzelnen Beziehungen. Die Stadtbewohner sind „zur Befriedigung ihrer Lebensbedürfnisse von mehr Menschen abhängig als der Landbewohner, und so sind sie mit einer größeren Anzahl organisierter Gruppen assoziiert; doch sind sie weniger abhängig von einzelnen Personen, und ihre Abhängigkeit von anderen Menschen beschränkt sich auf einen kleinen Teilaspekt des Tätigkeitsbereiches des anderen" (Wirth 1974: 52).
  Eine andere Vorstellung von dem Zusammenspiel von Größe, Dichte und Heterogenität der Bevölkerung vermittelt Fischer (1982a: 11ff.). Nach Fischer sind Bevölkerungsgröße und Bevölkerungsdichte einer Gemeinde die kausal vorrangigen Größen, die Heterogenität unter der Bevölkerung verursachen.[6] Aufgrund der komplexen Differenzierung der Stadt gibt es eine größere Vielfalt sozialer Kontexte im Sinne einer Pluralität von Lebenskulturen und sozialen Welten. Außenseiter, Minderheiten und hochspezialisierte Individuen werden von der Stadt angezogen, weil durch die Bevölkerungsgröße eine für die Gruppenbildung kritische Masse erreicht werden kann. Die Gruppen gestalten ihre eigenen Szenen und Subkulturen, die in der Stadt aufgrund ihrer Vielfalt kaum zu überschauen sind. Der Unterschied der sozialen Beziehungen zwischen Stadtbewohnern und Landbewohnern liegt einerseits in der größeren Wahlfreiheit der persönlichen Beziehungen (vgl. Fischer 1982a: 11ff.) und andererseits in der geringeren Abhängigkeit aufgrund der größeren Anzahl sozialer Beziehungen aus sekundären Kontexten (vgl. Wirth 1974: 52).
  Zwar sind die sozialen Beziehungen lockerer, aber es gibt in der Stadt sehr viel

---

6 Vergleiche den Stadtbegriff bei Dewey (1974: 50 ff.).

mehr soziale Beziehungen unter den Bewohnern als angenommen wird. Bahrdt (1961: 34) stellt fest, dass „der Großstädter mehr sucht und im Allgemeinen auch mehr findet als ein soziales Existenzminimum".[7] Städtische Siedlungsstrukturen sind weder mit sozialer Isolation verbunden noch verursachen sie diese. Die Beziehungen der Großstadtbewohner sind mindestens genauso intim und involviert wie die Beziehungen der Kleinstadtbewohner (Bergmann 1970: 362, Fischer 1982a: 120). Die Community-Liberated-These sieht Stadt- und Landbewohner gleichermaßen in die Gesellschaft integriert.

2.5 Kritik am Verlust der Verwandtschaftsbeziehungen

Die These des Verlustes verwandtschaftlicher Beziehungen ist nicht uneingeschränkt haltbar, wenn man den Modernisierungseffekt vom Einfluss der Siedlungsstruktur trennt. Bahrdt (1961: 23) bestreitet nicht, dass die reduzierte Kleinfamilie einen Funktionsverlust erleidet. Allerdings handelt es sich dabei um eine allgemeine gesellschaftliche Entwicklung und nicht um einen besondere Trend in den Städten. Er räumt ein, dass in den Städten diese allgemeinen gesellschaftlichen Entwicklungen nur sehr deutlich hervortreten (Bahrdt 1961: 23). Die Kleinfamilie ist in ländlichen Gemeinden ebenfalls zur beherrschenden Familienform geworden. Mit dem Wandel in der Familienstruktur werden nicht mehr zu allen Verwandten gleichermaßen soziale Beziehungen aufrechterhalten. Vielmehr sind verwandtschaftliche Beziehungen das Ergebnis eines Entscheidungsprozesses (König 1977: 91).

Mit der Verbreitung der Kleinfamilie wird es notwendig, die Familienstruktur über die Wohnung der Kernfamilie hinaus zu betrachten. „Im Haus oder im Stadtviertel bilden sich wirtschaftlich kooperierende Familienverbände, ... die größer sind als die nur aus den Eltern und den nichterwachsenen Kindern bestehenden Kleinfamilien" (Bahrdt 1961: 33). Solche Familienverbände sind in der Stadtforschung mit Hilfe der sozialen Netzwerkanalyse nachgewiesen worden. Demnach gibt es eine empirische Evidenz intakter Familienstrukturen. Zwar gibt es einen Trend zu losen Beziehungen zwischen Verwandten, allerdings sollte der Familienverband nicht unterschätzt werden. Die Familie hat nach wie vor eine große Bedeutung für die persönlichen Beziehungen (Piel 1987: 115). Trotz der Reduktion zur Kernfamilie spielt die informelle wirtschaftliche Kooperation im Verwandtenkreis eine wichtige Rolle. Ohne diesen Zusammenhalt der Verwandtschaft würde die städtische Familie über ein geringeres soziales Ressourcenpotenzial verfügen.

---

7 Eine Erklärung für die Annahme, dass Landbewohner mehr soziale Beziehungen haben als Stadtbewohner, liegt in der Differenz zwischen dem sichtbaren öffentlichen Verhalten und den unsichtbaren privaten Beziehungen. Der Smalltalk mit Bekannten in der Öffentlichkeit findet häufiger in kleinen Gemeinden statt, während öffentliche Unpersönlichkeit und Argwohn gewöhnlich in Städten anzutreffen ist. Der freundlich Grüßende auf der Straße mag aber nur wenige Freunde haben, während der reservierte U-Bahn-Fahrer ein blühendes Sozialeben führt (vgl. Fischer 1982a).

2.6 Kritik am Verlust der Nachbarschaftsbeziehungen

Ein dritter Schwerpunkt des Community-Lost-Ansatzes ist der Verlust der Nachbarschaftsbeziehungen. Nachbarschaftsbeziehungen und Nachbarschaftshilfe hängen nach Kropotkin eher mit der sozialen Schichtung als mit der Siedlungsstruktur zusammen. Die Ursache sucht er in der persönlichen Zuneigung unter der ärmeren Bevölkerung, die in stärkerem Maße gegenseitige Hilfe benötigt und praktiziert. In Vierteln der reicheren Stadtbevölkerung kommt keine persönliche Zuneigung zustande (Kropotkin 1920: 282).

Neben solchen sozialromantischen Vorstellungen betrachtet König (1977) das Problem der Nachbarschaft als einen wichtigen strukturellen Wandel in der Stadt. Dieser Wandel ist jedoch stark vom Verschwinden des Nachbarschaftsverbandes abzugrenzen, wie es die ideologische Großstadtkritik behauptet. Für König liegt „der entscheidende Gesichtspunkt darin, dass man 'Nahe-bei-Wohnen' nicht mit Nachbarschaft verwechseln darf, letztere impliziert immer soziale Interaktion, erstere ist in dieser Hinsicht neutral" (König 1977: 90). Nachbarschaft ist das Ergebnis eines Auswahlprozesses eines Verkehrskreises aus dem Kreis der Nahe-bei-Wohnenden aufgrund verschiedener Gesichtspunkte. König (1977: 91) nennt soziale Klasse, kulturelle und politische Interessen sowie Freizeitaktivitäten. Homogene Wohngebiete wirken dabei intervenierend. Durch den Zuzug in ein solches Gebiet ist bereits eine Vorauswahl getroffen. In der Folge können soziale Beziehungen leichter geknüpft werden und die Integration in Verkehrskreise fällt leichter. Hinsichtlich der sozialen Beziehungen in der Nachbarschaft weist König auf die Ergebnisse älterer soziometrischer Studien hin. Oftmals ergab sich ein Zusammenhang zwischen den unmittelbaren Nachbarschaftsbeziehungen und der Wohndauer (König 1977: 91f.).

Nach Klages (1968) ergeben sich Unterschiede in der Art nachbarschaftlicher Beziehungen nicht vordergründig durch die Siedlungsstruktur, sondern durch den Familienzyklus. Mit steigender Kinderzahl steigen auch die nachbarschaftlichen Beziehungen. Dabei werden die informellen nachbarschaftlichen Beziehungen vor allem von den verheirateten Hausfrauen aufrechterhalten. Männer pflegen eher familiäre und übernachbarschaftliche Beziehungen. Nach Hahn u.a. (1979) ist oft zu beobachten, dass die sozialen Beziehungen bei ähnlichem Alter, gleicher Generation und Situation im Familienzyklus aufrechterhalten und intensiviert werden. Nachbarschaftsbeziehungen erklären sich wahrscheinlich stärker durch andere Faktoren als durch die Siedlungsstruktur. Der Community-Liberated-Ansatz richtet sich vor allem auf Ursachen von Nachbarschaftsunterschieden jenseits der Siedlungsstruktur. Hamm (1973) greift die ideologische Verklärung der Großstadtkritik an den Nachbarschaftsbeziehungen an: „Ganz sicher kann vom Dorf als von einer Gemeinschaft keine Rede sein. Die Nachbarschaftsideologie orientiert sich an einer Fiktion, die wohl kaum jemals Wirklichkeit gewesen ist" (Hamm 1973: 47).

Fasst man die Hauptargumente des Community-Liberated-Ansatzes zusammen, kann man sagen, dass die Hauptkritik der Community-Lost-These an der sozialen Integration in der Stadt - Verlust der lokalen Gemeinschaft, Verlust von Familien- und Nachbarschaftsbeziehungen - durch die Trennung der Einflüsse einer allgemeinen

Entwicklung einerseits und der Siedlungsstruktur andererseits entschärft wird. Den ersten Siedlungssoziologen der Nachkriegszeit ist es gelungen, beide Einflüsse auf die sozialen Beziehungen der Stadtbewohner zu trennen. Ihnen erscheint es wichtig, die Stadt nicht aus ideologischen Gründen zu verdammen, sondern sich mit den Ursachen der Stadt-Land-Unterschiede auseinanderzusetzen.

Eine Trennung nach allgemeinem gesellschaftlichen Wandel, der nicht nur die Lebensweise in der Stadt, sondern auch auf dem Land beeinflusst, war ein erster Schritt. Schon ein historischer Vergleich der Auseinandersetzung mit der Stadt zeigt, dass die geübte Großstadtkritik ein Phänomen moderner Gesellschaften ist, das mit der Institutionalisierung und anderen gesellschaftlichen Entwicklungen einhergeht. Denn Städte gab es schon im Mittelalter und in der Antike, ohne das aus dieser Zeit Kritiken der sozialen Lebensweise der Stadtbewohner in der Art der Großstadtkritik bekannt sind (vgl. König 1977, Weber 1990). Der Verlust sozialer Integration, lokaler Gemeinschaften und sozialer Beziehungen primärer Kontexte ist nicht auf einen ursächlichen Einfluss der Siedlungsstruktur, sondern auf die allgemeine Entwicklung zurückzuführen (vgl. Abbildung 2.1).

allgemeine Entwicklung:		Community-Liberated-Ansatz:
Institutionalisierung Kommunikationswege Transportwege	→	größerer Entscheidungsspielraum für soziale Beziehungen führt zu: Verlust der lokalen Gemeinschaft
Siedlungsstruktur: Bevölkerungsgröße Bevölkerungsdichte	→ Bevölkerungs- heterogenität →	kein Verlust sozialer Beziehungen aus primären Kontexten Gewinn sozialer Beziehungen aus sekundären Kontexten

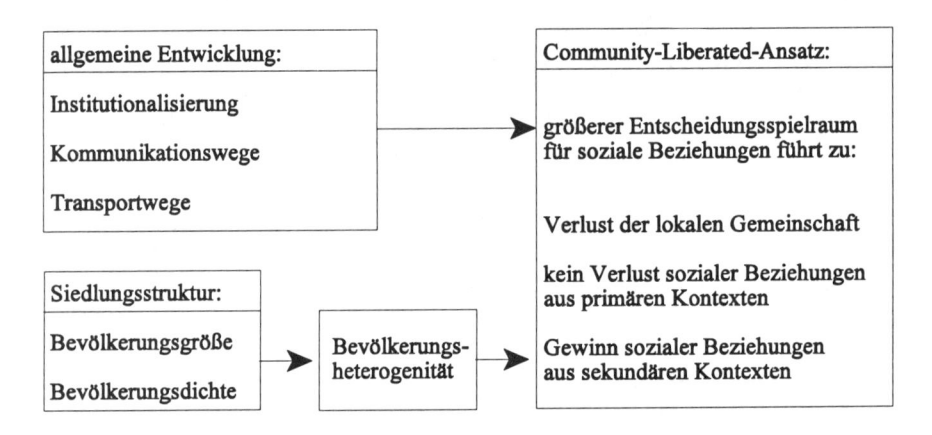

Abbildung 2.1: Die Community-Liberated-These

Städte unterscheiden sich von ländlichen Gemeinden in der Zusammensetzung der Beziehungen aus primären und sekundären Kontexten. Beziehungen primärer Kontexte werden durch Beziehungen sekundärer Kontexte ergänzt. Dieser Effekt ist unter den Stadtbewohnern größer als unter den Landbewohnern, weil die Siedlungsstruktur für pluralistische Lebensformen und für einen größeren Entscheidungsspielraum sozialer Beziehungen verantwortlich ist.

Heute kann man sagen, dass viele Erscheinungen der Stadt durch allgemeine Entwicklungen zu erklären sind. Verständlich wird die Großstadtkritik des Community-Lost-Ansatzes, wenn man sich vor Augen hält, dass viele der Kritikpunkte (zum Beispiel soziale Desintegration, Reduktion zur Kleinfamilie und lokaler Bindungsverlust) zuerst in der Stadt zu beobachten waren und zeitlich versetzt in ländlichen

2 Community Liberated: die Bedeutung moderner sozialer Beziehungen

Gemeinden Einzug hielten. Wurde in den früheren Jahren der Prozess der Verstädterung als Ursache für den Niedergang der Gemeinschaft und die Zunahme von Beziehungen sekundärer Kontexte angesehen, so muss konstatiert werden, dass dies unter der Community-Liberated-These nicht mehr der Fall ist.

Die moderne Welt ist längst in jeden Bauernhof eingezogen, die meisten Landbewohner besitzen Telefon und Auto, mit denen größere Distanzen überwunden werden können. Die ökonomische, politische und institutionelle Entwicklung hat sich in Stadt und Land angeglichen, sodass der Stadt-Land-Unterschied heute nicht mehr auf einem Entwicklungsvorteil der Stadt beruht (Häußermann 1989: 641, Engeli 1999: 21, Zimmermann/Reulecke 1999: 7f.). Die moderne Welt ist bis in den letzten Winkel vorgedrungen, sodass eine vergleichende Analyse von städtischer und ländlicher Lebensweise in einem geringeren Maße Gefahr läuft, von allgemeinen Entwicklungen beeinflusst zu werden. Die Forderung Königs nach einer Untersuchung der Verortung der Stadt im Entfaltungsprozess globaler gesellschaftlicher Gebilde stellt eine Wende in der Debatte über die Großstadt dar (König 1977: 42). Was von der Kritik der Großstadt bleibt, sind Differenzen im sozialen Umgang der Bewohner miteinander (Häußermann 1989).

Als ein erstes Ergebnis kann man festhalten, dass durch die allgemeine Entwicklung die sozialen Beziehungen aller Menschen nachhaltig verändert werden. Die Community-Liberated-Vertreter argumentieren, dass im Zuge der gesellschaftlichen Entwicklung lokale Gemeinschaften an Bedeutung verlieren. Deren soziale Beziehungen aus primären Kontexten werden durch Beziehungen aus sekundären Kontexten ergänzt. Durch die Lockerung der Sozialgefüge können die Personen in starkem Maße ihre sozialen Beziehungen frei wählen. Diese Veränderungen der sozialen Beziehungen sind in allen Bevölkerungsteilen zu beobachten.

Gleichwohl kommt es mit dem Prozess der Verstädterung zu einer Stadt-Land-Differenzierung in den sozialen Beziehungen. Die Veränderungen treten unter der Stadtbevölkerung stärker hervor, weil aufgrund der Bevölkerungsgröße, der Bevölkerungsdichte und der Bevölkerungsheterogenität die Auswahlmöglichkeiten für soziale Beziehungen größer sind. Daraus ergeben sich zwei Thesen des Community-Liberated-Ansatzes. Erstens gibt es keinen direkten Zusammenhang zwischen der Siedlungsstruktur und den Veränderungen der sozialen Integration. Diese Veränderungen ergeben sich durch allgemeine Entwicklungen, wie Institutionalisierung, Kommunikations- und Transportwege. Zweitens gibt es einen indirekten Zusammenhang zwischen der Siedlungsstruktur und den sozialen Beziehungen. Hohe Bevölkerungsgröße und Bevölkerungsdichte fördern die Heterogenität einer Gemeinde. Diese Heterogenität bewirkt ein größeres und vielfältigeres Potenzial für soziale Beziehungen. Dies gilt insbesondere für die Beziehungen der modernen sekundären Kontexte, die die Beziehungen aus den traditionellen primären Kontexten in ehemals lokalen sozialen Gemeinschaft ergänzen. Durch die vielfältigen Möglichkeiten und Gelegenheiten ist es den Stadtbewohnern gegeben, durch vielfältigere und effizientere Beziehungen ihre Bedürfnisse besser zu befriedigen.

3 Soziales Kapital

In den beiden vorangehenden Kapiteln wurde deutlich, dass es zwischen der Siedlungsstruktur und der sozialen Integration einen Zusammenhang gibt. Der Begriff der sozialen Integration wird dabei vieldeutig verwendet. Er bezieht sich auf die lokale soziale Gemeinschaft, auf verschiedene Arten von sozialen Beziehungen, beispielsweise Verwandtschafts-, Nachbarschafts- oder Freundschaftsbeziehungen, aber auch auf den Charakter der einzelnen Beziehungen, wobei ein Funktions- beziehungsweise Bedeutungsverlust der Beziehungen aus primären Kontexten durch Beziehungen aus sekundären Kontexten teilweise kompensiert (Community-Lost-These) bzw. ergänzt (Community-Liberated-These) wird.

In diesem dritten Kapitel sollen die verschiedenen Aspekte sozialer Integration anhand des Sozial-Kapital-Ansatzes erläutert werden. Die Übertragung des Integrationsbegriffs in die Terminologie des Sozial-Kapital-Ansatzes ermöglicht die Trennung der makrosoziologischen Struktur von den mikrosoziologischen Handlungsabläufen, zum Beispiel die Trennung sozialer Unterstützungshandlungen innerhalb von Strukturen sozialer Beziehungen. Damit werden zwei Stränge der soziologischen Integrationsforschung, nämlich einerseits die These steigender Individualisierung und andererseits die Bedingungen für kooperatives Handeln, verbunden (vgl. Friedrichs/ Jagodzinski 1999). Beides - Struktur und Handeln - fördert die soziale Integration einer Person in die Gesellschaft. Mit dieser Arbeit soll gezeigt werden, dass beide Bestandteile sozialer Integration (Friedrichs/Jagodzinski 1999: 20) durch das Konzept des sozialen Kapitals untrennbar miteinander verbunden sind.

Die Erklärung individueller Unterstützungshandlungen innerhalb von Strukturen sozialer Beziehungen durch strukturelle Merkmale der Siedlungsstruktur und individuelle Merkmale folgt dem struktur-individualistischen Programm.[8] Die vorliegende Arbeit orientiert sich an der Zielstellung, den Zusammenhang von Siedlungsstruktur und sozialer Integration derart zu erklären, dass „(a) Hypothesen und Theorien über individuelles Verhalten und Handeln und seine kognitiven, motivationalen u.a. Grundlagen explizit verwendet und (b) die sozialen Bedingungen individueller Handlungen und kollektiver Folgen dieser Handlungen berücksichtigt werden" (Raub/Voss 1981: 9). Nach diesem methodologischen Prinzip wird soziales

---

8 Noch 1977 sah Fischer die Stadtsoziologie durch eine zentrale konzeptuelle Schwierigkeit behindert: Das Verstehen der Prozesse, bei denen makrosoziologische ökologische Variablen, wie Bevölkerungsgröße, Bevölkerungsdichte und strukturelle Differenzierung von Wohnorten, mikrosoziologische Variablen, wie physische und psychische Gesundheit, normgerechtes Verhalten oder soziale Unterstützung, kausal beeinflussen (vgl. Fischer 1977b).

Handeln sowohl durch die Absichten und Beweggründe der handelnden Akteure[9] als auch durch das soziale Umfeld und die relevanten Interaktionsbeziehungen erklärt. Dabei werden mehr oder weniger stabile Rahmenbedingungen menschlichen Handelns, die sich durch situationsbezogene Gegebenheiten, Interaktionsbeziehungen, institutionelle Regelungen sowie persönlichkeitsspezifische Faktoren ergeben, mit den Zielen der handelnden Akteure verbunden (Büschges u.a. 1996: 83ff.).

Elster (1987) betrachtet Handeln als Resultat zweier aufeinander folgender Filterprozesse. „Der erste bewirkt, dass die Menge der abstrakt möglichen Handlungen auf die realisierbare Menge beschränkt wird, das heißt diejenige Menge von Handlungen, die gleichzeitig mit einer Reihe von physischen, technischen, ökonomischen und rechtlich-politischen Rahmenbedingungen vereinbar sind. Der zweite bewirkt, dass eine Möglichkeit aus der realisierbaren Menge als auszuführende Handlung ausgewählt wird" (Elster 1987: 106f.). Es fallen demnach zunächst die Handlungsoptionen aus, die aufgrund sozialer, ökonomischer oder institutioneller Restriktionen nicht ausgeführt werden können. Damit wird der Handlungsrahmen beziehungsweise die Menge der möglichen Handlungsoptionen festgelegt. Im zweiten Schritt wird aus der verbleibenden Menge aufgrund einer bestimmten Handlungsregel die auszuführende Handlung ausgewählt. Es wird vorausgesetzt, dass die Individuen unter Beachtung der gegebenen Mittel und Umstände versuchen, ihre persönlichen Ziele zu erreichen. Dabei entscheiden sie sich „für diejenigen Handlungen, deren Folgen sie gegenüber den Folgen jeder anderen realisierbaren Handlung bevorzugen" (Elster 1987: 22).

Eine geeignete Theorie, die sowohl den methodologischen Grundsätzen des struktur-individualistischen Programms verpflichtet ist, als auch zur Lösung des Forschungsproblems beiträgt, ist die Theorie des sozialen Kapitals.

3.1 Konzeptionen des sozialen Kapitals

Der allgemeine Kapitalbegriff umfasst Ressourcen, die zur Produktion von Gütern und Dienstleistungen eingesetzt werden und seinem Eigentümer Einkommen und/oder Einfluss verschaffen. Konzeptionen des sozialen Kapitals basieren auf der Idee, dass bestehende Interaktionsbeziehungen zwischen Akteuren eine solche Kapital-Ressource darstellen. Die vielfältigen Konzeptionen basieren im Wesentlichen auf den Definitionen sozialen Kapitals von Bourdieu (1983, 1985) und Coleman (1988, 1995a).

Bourdieu wendet im Rahmen einer „wirklich allgemeinen Wissenschaft von der ökonomischen Praxis" den Kapitalbegriff auf die Gesamtheit der gesellschaftlichen

---

9 In der Terminologie des struktur-individualistischen Programms werden Akteure als die relevanten Handelnden bezeichnet. Es werden individuelle und korporative Akteure unterschieden. Individuelle Akteure sind einzelne Personen. Korporative Akteure umfassen immer mehrere Individuen, wie Familien, Wirtschaftsunternehmen oder Staaten. Korporative Akteure werden in Analysen einbezogen, wenn die Annahme gerechtfertigt ist, dass die Korporation wie ein Akteur handelt, wenn also die korporationsinternen Handlungen ausgeblendet werden können. Gleichwohl nur Individuen tatsächlich handeln können, wird vereinfachend auch den korporativen Akteuren Handlungsfähigkeit unterstellt. Die vorliegende Arbeit bezieht sich jedoch ausschließlich auf einzelne Personen, das heißt korporative Akteure spielen keine Rolle.

Austauschverhältnisse an (Bourdieu 1983: 184). Neben dem ökonomischen Kapital, das sich auf den bloßen ökonomischen Warenaustausch bezieht, unterscheidet er das kulturelle und soziale Kapital. Ökonomisches Kapital ist die grundlegende Kapitalart, die nötig ist, um kulturelles und soziales Kapital zu erwerben. Ökonomisches Kapital ist vor allem mit Arbeit verknüpft. Kulturelles Kapital ist die an den Besitzer geknüpfte erworbene Bildung. Der Umfang des kulturellen Kapitals wird durch die Dauer des Bildungserwerbs gemessen. Soziales Kapital stellt eine Ressource dar, über die ein Angehöriger einer Gruppe verfügt. Die Beziehungen unter den Gruppenmitgliedern basieren auf gegenseitigem Kennen und Anerkennen. Das gesamte soziale Kapital ergibt sich aus den mobilisierbaren Beziehungen der Gruppe und dem ökonomischen und kulturellen Kapital der erreichbaren Gruppenmitglieder.

Das soziale Kapital innerhalb einer Gruppe dient als Sicherheit und Kreditwürdigkeit allen Mitgliedern. Soziales Kapital hat einen selbstverstärkenden Effekt, denn hohes soziales Kapital verstärkt die Möglichkeit, weiteres soziales Kapital zu beschaffen. Die Gruppe unterliegt ständigen Veränderungen, wodurch jede Person notwendige Beziehungsarbeit leisten muss, wenn sie ihr soziales Kapital erhalten will. Der Erwerb bestimmter Güter oder Dienstleistungen ist mit Hilfe sozialen Kapitals möglich. Daraus erwachsende Verpflichtungen münden mit der Zeit in eine allgemeine und diffuse Schuldanerkenntnis.

Seinen Kapitalbegriff bezieht Bourdieu (1983) in eine allgemeine Theorie der sozialen Stratifikation ein. Die Zugehörigkeit zu einer Gruppe ergibt sich durch die soziale Schichtung einer Gesellschaft. Kapital entfaltet seine Wirkung erst auf der Grundlage ungleich verteilten Kapitals. Bourdieu (1983) stellt anhand seiner Beispiele und seines Bezuges auf eine allgemeine Theorie ungleicher Verteilungen und sozialer Stratifikation fest, dass nur gesellschaftliche Eliten aus sozialem Kapital Nutzen schlagen können.

Neben den beiden wichtigen Ressourcen des physischen Kapitals und des Humankapitals (vgl. Becker 1975) gibt es nach Coleman (1988, 1995a) eine weitere Kapitalart: soziales Kapital. In Anlehnung an Loury (1977) spielt soziales Kapital insbesondere für den Erwerb des Humankapitals eine Rolle. Allen drei Kapitalformen ist gemein, dass durch reichliche Kapitalausstattung eine Situation erreicht wird, die kooperative Handlungen ermöglicht. Soziales Kapital wird durch Veränderungen der Beziehungen unter einer Anzahl von Akteuren geschaffen, wodurch bestimmte Handlungen erst ermöglicht werden. Ausgehend von seinem Handlungsmodell definiert Coleman (1988: 98) soziales Kapital durch seine Funktion als eine

„variety of entities with two elements in common: They all consist of some aspect of social structures, and they facilitate certain action of actors - whether persons or corporate actors - within the structure".

Soziales Kapital tritt in verschiedenen Formen auf und kann in den unterschiedlichsten Situationen zum Einsatz kommen, wobei sowohl positive wie negative kollektive Effekte hervorgerufen werden. Es spielen aber immer zwei Merkmale eine Rolle: *soziale Strukturen* und bestimmte *Austauschhandlungen* von Akteuren.

Das Vorhandensein einer sozialen Struktur stellt nur eine notwendige, aber keine hinreichende Bedingung für soziales Kapital dar. Die soziale Struktur muss weitere

Merkmale aufweisen. So entfaltet sich in einer geschlossenen sozialen Struktur soziales Kapital eher als in einer offenen sozialen Struktur. In einem geschlossenen Netzwerk ist das Verhalten der Akteure gegenseitig beobachtbar. Normwidriges Verhalten von Akteur A kann durch einen kollektiven Akt mehrerer Akteure B, C, D ... usw., die sowohl untereinander als auch mit dem Akteur A verbunden sind, sanktioniert werden. Dies ist in offenen sozialen Strukturen nicht möglich. Durch die dichten sozialen Interaktionsbeziehungen entsteht ein Vertrauenspotenzial, das insbesondere stark risikobehaftete Handlungen erst ermöglicht.

Riskante Handlungen ergeben sich durch die Unsicherheit der Kooperation eines Handlungspartners. Innerhalb einer dichten sozialen Struktur wird die Vorleistung eines Akteurs A durch die Erwartung in die Vertrauenswürdigkeit des Akteurs B rechtfertigt. Die Erwartung einer Gegenleistung erzeugt eine Verpflichtung gegenüber dem Akteur A, die als dessen soziales Kapital bezeichnet werden kann. Ohne soziales Kapital haben Akteure einen erhöhten Anreiz, nicht zu kooperieren.

Soziales Kapital nimmt verschiedene Formen an. Coleman (1988, 1995a) hebt neben Verpflichtungen und Vertrauen in sozialen Strukturen, auch das Informationspotenzial sozialer Beziehungen und Normen mit effektiven Sanktionen als Formen des sozialen Kapitals hervor. All diese Formen des sozialen Kapitals bestehen immer aus einer sozialen Struktur und sie ermöglichen bestimmte Handlungen der Akteure innerhalb der sozialen Struktur (Coleman 1988: 98).

3.2 Kapitalbegriff

Trotz mancher Differenzen in Inhalt und Terminologie ergeben sich in den Arbeiten von Bourdieu (1983, 1985) und Coleman (1988, 1995a) Gemeinsamkeiten in der Darstellung des sozialen Kapitals. Das Konzept des sozialen Kapitals entstammt dem Kapitalbegriff. Es kann in drei grundlegenden Arten auftreten: als ökonomisches oder physisches Kapital, als kulturelles oder Humankapital und als soziales Kapital. Alle Arten unterliegen dabei einer gewissen Verteilungsstruktur in einer Gesellschaft. Kapital stellt in der jeweiligen Art Gelegenheiten oder Restriktionen für soziales Handeln dar. Aufgrund der ungleichen Verteilung von Kapital in der Gesellschaft und der gelegenheitsschaffenden Eigenschaft des Kapitals, können sich in sonst gleichen Handlungssituationen unterschiedliche Handlungsresultate ergeben.

Ökonomisches Kapital bezieht sich auf den wirtschaftlichen Aspekt des Warenaustausches und der Produktion von Gütern und Dienstleistungen. Akteure können ökonomisches Kapital durch Investitionen in die wirtschaftliche Produktion und den Warenaustausch erwerben. Humankapital bezieht sich auf die Ausbildung von Kenntnissen und Fähigkeiten einzelner Personen. Akteure können Humankapital durch Investitionen in ihre Ausbildung, in ihren Erfahrungsschatz und in ihre sonstige Bildung erwerben.

Soziales Kapital bezieht sich auf Ressourcen, die sich aus sozialen Beziehungen einer bestimmten sozialen Struktur ergeben. Es ist produktiv, indem es das Erreichen bestimmter Zielzustände ermöglicht, die ohne soziales Kapital nicht erreichbar wären.

Soziales Kapital ist produktiv, wenn auf die durch Beziehungen verfügbaren Ressourcen dritter Personen, wie Kenntnisse, soziale Unterstützung, Fertigkeiten und Einfluss, zurückgegriffen werden kann. Anders als physisches Kapital und Humankapital, die immer an den Akteur geknüpft sind, wird soziales Kapital nicht den einzelnen Akteuren zugeschrieben, sondern den Beziehungen zwischen den Akteuren (Coleman 1988: 100, Burt 1992: 9). Soziales Kapital kann nicht einem einzelnen Akteur zugeschrieben werden, in dem Sinne, dass er es in jeder beliebigen Austauschsituation zum Erreichen seiner Ziele einsetzen kann. Wohl aber ist soziales Kapital innerhalb der betrachteten sozialen Struktur eine Ressource der handelnden Akteure. Mit anderen Worten, soziales Kapital erhält seinen Wert nur innerhalb einer gegebenen Struktur, es ist nicht in beliebige Handlungssituationen konvertierbar.

Der Aufbau des sozialen Kapitals innerhalb einer sozialen Struktur erfolgt durch Investitionen der Akteure in vertrauensvolle Beziehungen. Während Coleman (1988) verschiedene soziale Strukturen (Familienbeziehungen, Mitgliedschaften in Organisationen, soziale Netzwerke) anführt, bezieht sich Bourdieu auf eine Gruppenzugehörigkeit, die sich an sozialer Schichtung orientiert. Ein Akteur investiert in soziales Kapital, wenn er für die Bereitstellung einer Ressource, die er kontrolliert, nur einen diffusen Gegenwert oder das Versprechen, in zukünftigen Situationen den Gegenwert einzulösen, erhält. In einem derartigen Ressourcenaustausch erhält der Investor eine Art Kredit, den er zu einem späteren Zeitpunkt einlösen kann. Für die Sozial-Kapital-Analyse einer Austauschhandlung sind deshalb drei Aspekte stets zu trennen (Portes 1998: 6). Erstens der Nutzer des sozialen Kapitals. Das ist der Akteur, der das soziale Kapital in einer sozialen Handlung einsetzen will. Zweitens die Quelle des sozialen Kapitals. Das sind die Beziehungen und sozialen Strukturen, auf deren Ressourcen der Nutzer in einer Handlungssituation zurückgreifen kann. Drittens die Ressourcen selbst, ohne die die auszuführende Handlung nicht oder nur eingeschränkt ausgeführt wird.

3.3 Formen sozialen Kapitals

Das soziale Kapital tritt in verschiedenen Formen auf. Coleman (1988) hebt verschiedene Formen hervor: Verpflichtungen, Vertrauen, Informationspotenzial und Normen mit effektiven Sanktionen. Akteure bauen durch Handlungsvorleistungen Verpflichtungen auf, die im geeigneten Moment eingelöst werden. Oftmals werden solche Verpflichtungen nicht durch formale Verträge, sondern durch Vertrauen abgesichert. Beispielsweise ermöglicht die Einbettung in ein Netzwerk vertrauensvoller sozialer Beziehungen den Austausch informeller sozialer Unterstützungen, wie emotionale oder finanzielle Unterstützung.

Bestehende Beziehungsstrukturen können zur Informationsverbreitung genutzt werden, auch wenn sie ursprünglich für andere Zwecke aufgebaut wurden. Beispielsweise entstehen aufgrund von Bürgerinitiativen Informationsnetzwerke, die auch nach Erfüllung ihres eigentlichen Zwecks weiterhin bestehen bleiben und als informelle nachbarschaftliche Informationskanäle dienen. Wenn innerhalb einer sozialen Struktur eine Norm existiert, die effektiv kontrolliert und sanktioniert werden kann, dann ist das eine Form sozialen Kapitals. Portes (1998: 8) nennt eine vierte Form: begrenzte Solidarität. Personen verhalten sich aufgrund gemeinsamer Hintergründe solidarisch. Diese Solidarität ist jedoch durch die Gemeinschaftsstruktur begrenzt. Identifikation mit einer Gruppe, Sekte oder Gemeinschaft kann eine mächtige motivationale Kraft sein und zur Erstellung von Kollektivgütern beitragen.

In den meisten Konzeptionen des sozialen Kapitals werden positive Effekte (soziale Unterstützung, soziale Kontrolle, Informationsverbreitung, sozialer Aufstieg, Einfluss, generalisiertes Vertrauen in der Gesellschaft usw.) des sozialen Kapitals auf die Handlungen der untersuchten Akteure unterstellt. Allerdings hat soziales Kapital nicht per se einen Nutzen für die Erreichung der verschiedenen Handlungsziele. Es kann auch negative Folgen haben (Portes 1998, Sandefur/Laumann 1998). Die Beziehungen, die Handlungen innerhalb einer sozialen Struktur ermöglichen, schließen Akteure außerhalb dieser Struktur vom Genuss der vergünstigten Handlungsressourcen aus. Beispielsweise ist die soziale oder ethnische Segregation von Wohngebieten ein solcher diskriminatorischer Effekt (vgl. Schelling 1971, Massey/Denton 1994). Die Kehrseite dieses Effekts stellt die Gruppenisolation dar. Soziale Gemeinschaften erzielen suboptimale Ergebnisse, wenn weniger fähige Mitglieder ständig über die Ressourcen anderer Mitglieder verfügen, und wenn dies aufgrund der gemeinsam getragenen normativen Struktur legitimiert ist (Portes 1998: 16). Des Weiteren entsteht durch Gruppenzugehörigkeit und soziale Gemeinschaften ein Konformitätsdruck. Dieser Konformitätsdruck beschneidet unter gewissen Umständen die persönliche Freiheit der einzelnen Akteure. Beispielsweise ist das Niveau sozialer Kontrolle in ländlichen Gemeinden sehr hoch und wirkt sich demzufolge sehr restriktiv auf die persönliche Freiheit der Bewohner aus (vgl. Boissevain 1974). Schließlich kann eine starke Gruppensolidarität in Gemeinschaften bestehen, deren Bestand negative Effekte auf die soziale Ordnung der Gesellschaft hat. Beispiele sind kriminelle Vereinigungen und Mafia-Familien.

Zusammenfassend lässt sich sagen, dass soziales Kapital eine Ressource darstellt. Diese Ressource tritt in verschiedenen Formen auf und ergibt sich durch soziale Strukturen. Soziales Kapital wirkt sich positiv auf bestimmte (zumeist die untersuchten) Handlungen aus, kann aber in anderen Handlungszusammenhängen negative Effekte haben.

3.4 Community Question und soziales Kapital

Nach der Community Question sind Stadt- und Landbewohner in eine Beziehungsstruktur eingebettet und dadurch in die Gesellschaft integriert. Diese Beziehungsstruktur, die als das persönliche Netzwerk bezeichnet wird, bietet sich zur Untersuchung der sozialen Strukturen, auf denen sich soziales Kapital gründet, an (Blau 1982: 275ff., Marsden/Lin 1982, Wellman 1988: 86ff.). Persönliche Netzwerke sind definiert als die Struktur sozialer Beziehungen einer zentralen Person, welche die hier untersuchten Stadt- und Landbewohner sind. Daraus ergibt sich der Vorteil, dass gleichzeitig die

Wirkung des sozialen Kapitals von mehreren sozialen Kreisen (Verwandtschaft, Nachbarschaft, Freundschaft usw.) erschlossen wird. Da aufgrund der Community-Debatte davon auszugehen ist, dass jeder dieser sozialen Kontexte in unterschiedlicher Weise soziale Handlungen begünstigt oder behindert, können neben positiven Effekten auch negative Effekte des sozialen Kapitals betrachtet werden.

Zu beachten ist, dass die gewählte soziale Struktur über den lokalen Kontext hinausgehen kann. Persönliche Netzwerke bestehen nicht nur aus lokalen, also räumlich begrenzten Beziehungen, sondern involvieren auch Beziehungen zu entfernten Verwandten und Freunden. Sie sind deshalb eher als lokale Gemeinschafts- oder Gruppenstrukturen für die Untersuchung sozialer Strukturen geeignet, auf denen das soziale Kapital basiert.

Die Festlegung auf persönliche Netzwerke determiniert die Untersuchung der Form sozialen Kapitals. Es werden insbesondere vertrauensvolle Verpflichtungsbeziehungen von Stadt- und Landbewohnern untersucht, nicht aber soziale Normen oder soziale Solidarität wie sie für Gruppen- und Gemeinschaftsstrukturen üblich sind. Diese Verpflichtungsbeziehungen persönlicher Netzwerke ermöglichen soziale Integration vor allem über informelle soziale Unterstützung. Informelle soziale Unterstützung bezieht sich auf den sozialen Austausch von Ressourcen, wie persönlicher Beistand in Krisenzeiten, materielle oder finanzielle Hilfe aber auch gemeinsame Freizeitgestaltung. Informell ist soziale Unterstützung, wenn kein formal-rechtlicher Anspruch auf die Unterstützung besteht. Vertrauenswürdige Beziehungen sind notwendig, weil oftmals die Privatsphäre der Stadt- und Landbewohner berührt wird.

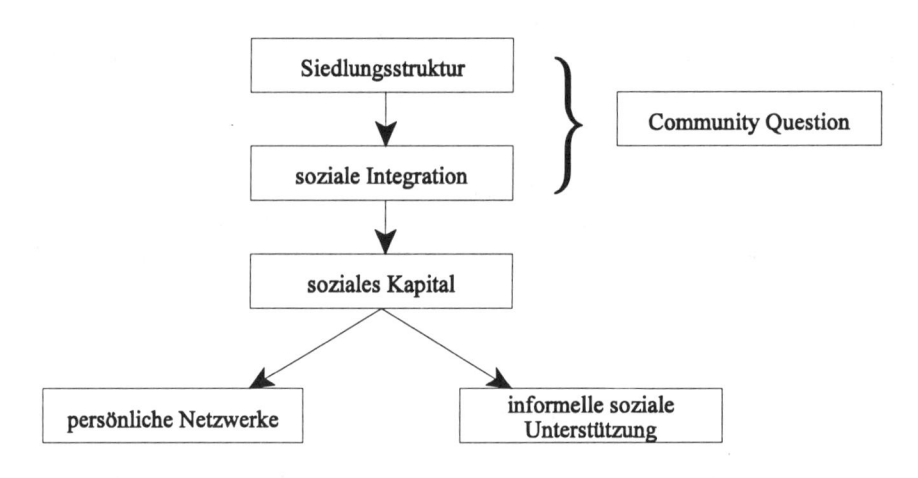

Abbildung 3.1: Analysedesign von Community Question und sozialem Kapital

Das Konzept des sozialen Kapitals bietet die Möglichkeit, die Zusammenhänge zwischen Siedlungsstruktur, persönlichem Netzwerk und informeller sozialer Unterstützung und damit die soziale Integration von Stadt- und Landbewohnern zu untersuchen. Soziales Kapital wird effektiv genutzt, wenn in Situationen sozialer

Unterstützung auf das persönliche Netzwerk zurückgegriffen werden kann. Es wird untersucht, wie diese Zielstellung vor dem Hintergrund der Siedlungsstruktur und anderen unabhängigen Merkmalen erreicht wird. Daraus ergibt sich, dass das Konzept des sozialen Kapitals für die Erklärung der sozialen Integration von Stadt- und Landbevölkerung geeignet ist (vgl. House u.a. 1988: 302ff.). Das Analysedesign von Community Question und sozialem Kapital ist in Abbildung 3.1 zusammengefasst.

Wie bereits weiter oben (S. 42) erläutert, betont Portes (1998: 6) die analytische Trennung von Nutzer und Quelle des sozialen Kapitals sowie den Ressourcen, die durch das soziale Kapital zur Verfügung stehen. Die Nutzer sind die Stadt- und Landbewohner. Die Quellen sind deren persönliche Netzwerke, die sich aus Verpflichtungsbeziehungen zusammensetzen. Die Ressourcen beziehen sich auf die informelle soziale Unterstützung, die durch die persönlichen Netzwerke bereitgestellt werden. Während die persönlichen Netzwerke die Form des sozialen Kapitals darstellen, sind die Ressourcen der Inhalt des sozialen Kapitals. Sowohl die Form als auch der Inhalt bedingen die Produktivität des sozialen Kapitals (Sandefur/Laumann 1998: 482). Im Folgenden wird das Konzept des sozialen Kapitals auf die Fragestellung nach dem Zusammenhang von Siedlungsstruktur, persönlichem Netzwerk und informeller sozialer Unterstützung angepasst. Dabei stütze ich mich auf zwei wesentliche Elemente des Sozial-Kapital-Konzeptes nach Coleman (1988: 98): soziale Strukturen und sozialer Austausch.

3.5 Persönliche Netzwerke als soziale Strukturen

Einen auf persönliche Netzwerke und Unterstützungsressourcen abgestellten Begriff des sozialen Kapitals vermittelt die Netzwerkforschung (Lin u.a. 1981, Granovetter 1985, 1992, Flap/Graaf 1986, Flap 1987, 1999, Burt 1992, Portes 1998). Das Ziel ist die Überwindung des Theory Gap der Netzwerkanalyse (Granovetter 1979). Unter dem Dach der Sozial-Kapital-Theorie werden neo-strukturalistische (Netzwerkeinbettung) und nutzentheoretische (Zielerreichung) Ansätze vereint. Flap (Flap/Graaf 1986, Flap 1987, 1999) bezieht sein Konzept des sozialen Kapitals in einen handlungstheoretischen Zusammenhang ein. Ihn interessiert der zielgerichtete Einsatz sozialen Kapitals insbesondere zur Erreichung einer höheren Lebensqualität, wie die Erreichung physischen Wohlbefindens und sozialer Anerkennung. Die Verteilungsprozesse von Berufschancen werden nicht nur aus dem Vorhandensein sozialen Kapitals, sondern durch die motivierte Nutzung dieser sozialen Ressource erklärt. Flap sieht im persönlichen Netzwerk eines Individuums und den Ressourcen, welche das Individuum durch dieses Netzwerk mobilisiert, dessen soziales Kapital.

Durch Investitionen in soziale Beziehungen wird die Entstehung der Netzwerke erklärt. Soziales Kapital wird aufgebaut, indem sich Akteure zum Ressourcenaustausch mit zukünftiger Gegenleistung gegenseitig verpflichten beziehungsweise verschulden. Das Ausmaß der Investitionen oder Schuldverschreibungen ist nach Flap abhängig vom Zukunftspotenzial der sozialen Beziehung beziehungsweise dem Bestand der sozialen Struktur. Die Produktivität des sozialen Kapitals ergibt sich aus dem erwarteten Wert zukünftiger Unterstützung. Soziales Kapital ist das Resultat dreier Faktoren, nämlich der Anzahl der Personen, die ihre Hilfe anbieten werden, dem Ausmaß, in dem die Personen zur Hilfe verpflichtet sind, und den Ressourcen, die durch diese Personen zur Verfügung stehen (Flap/Graaf 1986: 146). Flap betont, dass sich durch Veränderungen in der Situation (Anzahl der Personen, Verpflichtungsausmaß, Ressourcenverfügbarkeit) auch der Wert des sozialen Kapitals verändern kann. Das Netzwerk sozialer Beziehungen stellt die Quantität des sozialen Kapitals dar, während die verfügbaren Ressourcen die Qualität des sozialen Kapitals darstellen (Flap/Graaf 1986, Flap 1987, 1999).

Das Vorhandensein einer sozialen Struktur ist grundlegend für die Anwendung des Sozial-Kapital-Konzeptes. Während Coleman (1988) die Art der sozialen Struktur offen lässt, gehen Flap (Flap/Graaf 1986, Flap 1987) und Burt (1992) ausschließlich auf soziale Netzwerke als soziale Strukturen ein. Allerdings ist der Aufbau sozialen Kapitals von verschiedenen Eigenschaften des sozialen Netzwerks sowie den einzelnen Beziehungen abhängig.

Coleman (1988) betont besonders eine Eigenschaft sozialer Strukturen hinsichtlich der Wirkung von sozialem Kapital. Die Geschlossenheit der sozialen Struktur beziehungsweise des sozialen Netzwerks garantiert vertrauenswürdige Beziehungen (Coleman 1988: 105ff., Raub/Weesie 1990). Reputationseffekte ergeben sich nicht in offenen Strukturen und effektive Sanktionen, die vertrauensbrüchiges Verhalten strafen, wären nicht möglich. Soziales Kapital entsteht vor allem in geschlossenen sozialen Netzwerken, in denen viele soziale Beziehungen innerhalb des Netzwerks, aber nur wenige Beziehungen nach außen über die Grenzen des Netzwerks hinweg bestehen. Eine entgegengesetzte Position nimmt Burt (1992) ein. Er betont gerade die Effizienz struktureller Löcher im sozialen Netzwerk. Redundante Beziehungen, die Zugang zu gleichen Ressourcen schaffen, können abgebrochen werden. Effizienz wird erreicht, wenn ein Netzwerk ausschließlich aus nicht redundanten Beziehungen besteht, das heißt, wenn durch die vorhandenen Beziehungen eines Netzwerks eine maximale Diversität der Ressourcenzugänge möglich ist.

Eine weitere Struktureigenschaft hebt Flap (Flap/Graaf 1986, Flap 1987) mit der Anzahl der Personen eines persönlichen Netzwerks hervor. Die sozialen Beziehungen des Nutzers zu anderen Personen (Quellen) sind Bestandteil des sozialen Kapitals in diesem Netzwerk. Durch diese Beziehungen stehen dem Nutzer materielle und immaterielle Ressourcen der anderen Personen zur Verfügung. Das Ausmaß des sozialen Kapitals ist wesentlich von der direkten und indirekten Erreichbarkeit dieser Ressourcen abhängig. In eine soziale Beziehung kann investiert werden, um diese zu erhalten, oder deinvestiert werden, um die Beziehung zu beenden. Das soziale Kapital kann dadurch bewusst gesteuert werden.

3.6 Informelle soziale Unterstützung als sozialer Austausch

Für eine effiziente Wirkung sozialen Kapitals ist neben der sozialen Struktur der Fluss von Ressourcen durch diese Struktur ebenso wichtig. Soziales Kapitel gewinnt seine Produktivität durch den Austausch von Ressourcen innerhalb sozialer Strukturen. Ressourcen stellen verschiedene Arten von Gütern oder Informationen dar. In dieser Arbeit sind die informellen sozialen Unterstützungen, wie Hilfen im Haushalt, Besprechen persönlicher Angelegenheiten oder gemeinsame Freizeitgestaltung, als soziale Ressourcen von besonderer Bedeutung. Grundlegend für den Ressourcenfluss ist der soziale Austausch zwischen den Mitgliedern des persönlichen Netzwerks. Auch wenn die Austauschperspektive den ökonomischen Austauschbeziehungen entlehnt ist, so gibt es doch Unterschiede zwischen sozialem und ökonomischem Austausch. Beim sozialen Austausch wird der sozialen Komplexität des Austauschs hinsichtlich des Interaktionssystems und der Handlungseinbettung in soziale Strukturen eher Rechnung getragen. Der soziale Austausch in sozialen Strukturen unterliegt, anders als der freie ökonomische Austausch, bestimmten sozialen Handlungsbeschränkungen.

Eine Besonderheit des sozialen Austauschs liegt darin, dass man für die ausgetauschten Güter und Dienstleistungen keinen monetären Gegenwert erhält, welcher mit Bezug des Gutes oder der Leistung fällig wird. Vielmehr wird beim sozialen Austausch das Reziprozitätsprinzip angewandt, das heißt es werden unmittelbar Ressourcen gegen Ressourcen ausgetauscht oder Ressourcen werden gegen eine Verpflichtung, eine zukünftige Gegenleistung zu gewähren, erbracht. Der soziale Austausch unterliegt dabei einem Kontinuum zwischen direkter Reziprozität und diffuser Verpflichtung. Direkte Reziprozität ist nicht an eine soziale Struktur gebunden, sondern auch in offenen Marktstrukturen möglich. Sie beinhaltet einen wechselseitigen Austausch, bei dem feststeht, welche Ressourcen die Akteure dem Tauschpartner überlassen. Beim reziproken Austausch ist jeder Akteur freier in der Kontrolle über die eigenen materiellen Ressourcen. Diffuse Verpflichtungen sind im Gegensatz zu direkter Reziprozität an eine soziale Struktur gebunden. Eine diffuse Verpflichtung beinhaltet die Erwartung einer zukünftigen Gegenleistung, die nicht präzise spezifiziert ist. Die Natur der Gegenleistung kann nicht verhandelt werden. Der ressourcenbeziehende Akteur geht die Verpflichtung ein, dem ressourcengebenden Akteur zukünftig eine Gegenleistung zu erbringen. Die abgegebenen Verpflichtungen zur zukünftigen Gegenleistung nennt Coleman Credit Slips (Coleman 1995a: 397). Die Credit Slips erhalten ihren Gegenwert durch Reziprozität innerhalb einer sozialen Beziehung und durch Reputation innerhalb eines sozialen Netzwerks. Sie besitzen damit nur einen Wert innerhalb einer relativ geschlossenen sozialen Struktur. In einem sozialen Netzwerk mit zahlreichen Beziehungen zwischen den Mitgliedern können sich durch zahlreiche Verpflichtungen Credit-Slip-Systeme entwickeln, die innerhalb des Netzwerks handelbar sind. Gewöhnlich wird die zweite Möglichkeit gewählt, das heißt im Normalfall findet der Austausch von Ressourcen gegen ein Verpflichtungsversprechen statt.

Da beim diffusen Austausch der Zeitpunkt und die Art der Gegenleistung nicht exakt festgelegt ist, ist soziales Kapital anfällig gegenüber Kooperationsproblemen.

Investitionen in soziale Beziehungen bedürfen gegenseitigen Vertrauens beider Personen. Wird dieses Vertrauen missbraucht, wird die getätigte Investition hinfällig. So müssen nicht nur Verpflichtungen durch die Bereitstellung von eigenen Ressourcen gesichert werden, es ist darüber hinaus darauf zu achten, dass nur in vertrauenswürdige Personen investiert wird. Diffuser Austausch findet in intensiven, starken, dichten Beziehungen statt, weil dort das Verhalten gut beobachtet und vertrauensunwürdiges Verhalten sanktioniert werden kann.

Eine weitere Besonderheit des sozialen Austauschs liegt in der Art der zu übertragenden Ressourcen. Oftmals erhalten die Ressourcen ihren spezifischen Wert erst durch einen bestimmten Ressourcenträger. Beispielsweise hat der Austausch sozialer Unterstützung zwischen Familienangehörigen oder engen Freunden einen ganz anderen Wert als zwischen entfernten Bekannten oder gar fremden Personen.

Das soziale Kapital hängt von der aktuellen Anzahl der Verpflichtungen ab und von der Vertrauenswürdigkeit, dass diese Verpflichtungen in Zukunft eingelöst werden. Soziales Kapital lebt damit von der Vergangenheit der sozialen Beziehung und baut auf die Zukunft der Beziehung. Es entwickelt sich vor allem in langfristigen sozialen Beziehungen. Je mehr in die sozialen Beziehungen investiert wird, desto größer ist das nutzbare soziale Kapital.

Wenn diese Terminologie auf die zu untersuchenden Zusammenhänge adaptiert wird, so ist deutlich, dass die Stadt- und Landbewohner sowie deren Beziehungspartner die Akteure der sozialen Strukturen darstellen. Die Ressourcen, die durch diese sozialen Strukturen fließen, sind informelle soziale Unterstützungen. Der Unterstützungssuchende ist diejenige Person, die der Ressource bedürftig ist. Der Unterstützungsgebende ist diejenige Person, die diese Ressource bereitstellt. Die untersuchten Stadt- und Landbewohner sind die Unterstützungssuchenden und deren jeweiligen Beziehungspartner die Unterstützungsgebenden. Unterschiede der sozialen Integration zwischen Stadt- und Landbewohnern beziehen sich dann auf die Wahrscheinlichkeit sozialer Unterstützung durch die Beziehungspartner.

Unterschiede im Bedarf an sozialer Unterstützung ergeben sich durch das Vorhandensein verschiedener Hilfsquellen, durch den Wohlstand, durch die Geschlossenheit des sozialen Netzwerks, durch kulturelle Unterschiede im Geben und Annehmen von Hilfe und durch andere Faktoren (Coleman 1988: 103). Daraus ergibt sich die Frage, welche Netzwerke beziehungsweise welche Eigenschaften von Netzwerken besonders vorteilhaft für die Bereitstellung von sozialen Unterstützungsressourcen sind. In Abhängigkeit von der jeweiligen Unterstützungshandlung sind verschiedene Netzwerkformen von Vorteil. Soziales Kapital und damit auch soziale Integration wird nicht nur durch die Einbindung eines Akteurs in ein soziales Netzwerk bestimmt, sondern auch durch das Ausmaß sozialer Unterstützung, das dem Akteur durch diese Netzwerkeinbettung zur Verfügung steht. Deshalb werden nicht nur die persönlichen Netzwerke (Teil II) einer eingehenden Betrachtung unterzogen, sondern auch die Austauschhandlungen informeller sozialer Unterstützung innerhalb dieser Netzwerke (Teil III).

Teil II Die Form des sozialen Kapitals: persönliche Netzwerke

4 Soziale Netzwerkanalyse

In diesem Kapitel werden die Grundlagen für die empirische Überprüfung der theoretischen Aussagen über den Zusammenhang der Siedlungsstruktur und dem persönlichen Netzwerk als ein Bestandteil des sozialen Kapitals beschrieben. Die soziale Netzwerkanalyse wird eingesetzt, um den Begriff der sozialen Struktur aus dem Konzept des sozialen Kapitals zu operationalisieren. Sie erlaubt, empirisch prüfbare Ableitungen aus den theoretischen Vorgaben und ist damit Bindeglied zwischen Theorie und Empirie.

Zur Lösung des Erklärungsproblems, welchen Einfluss die Siedlungsstruktur auf die soziale Integration hat, erweist sich die soziale Netzwerkanalyse als geeignetes analytisches Verfahren zur Darstellung der sozialen Beziehungen und deren strukturelle Verknüpfung untereinander. Die Wurzeln der sozialen Netzwerkanalyse liegen in der soziometrischen Analyse persönlicher Beziehungen, deren Hauptvertreter Moreno (1954) ist. Die ersten Analysen persönlicher Netzwerke führten Barnes (1954) und Bott (1957) durch. Barnes hebt das soziale Feld hervor, eine Struktur aus Verwandtschafts-, Freundschafts- und Arbeitsbeziehungen. Bott untersucht den Zusammenhang zwischen der Rollenverteilung in einer Familie und dem Ausmaß der Verbundenheit der Netzwerke von Mann und Frau. Beide beschäftigen sich mit dem Einfluss von sozialen Beziehungen und persönlichen Netzwerken auf das tägliche Leben. In Arbeiten zur Community Question (z.B. Craven/Wellman 1973, Wellman 1979, Fischer 1982a) wird die soziale Netzwerkanalyse seit den 70er Jahren erfolgreich eingesetzt.

In diesem Kapitel werden die unterschiedlichen Aspekte sozialer Netzwerke näher erläutert und auf ihre Brauchbarkeit hinsichtlich der Fragestellungen geprüft. Es soll ein kurzer Einblick in die soziale Netzwerkanalyse gegeben werden, wobei ich mich auf die Erläuterung für die Fragestellung geeigneter Analyseparameter stütze. Eine umfassende Einführung in die soziale Netzwerkanalyse geben Wasserman und Faust (1994).[10]

---

10 Weitere Einführungen in die soziale Netzwerkanalyse sind Burt (1982), Schenk (1983, 1984), Wellman (1983), Pappi (1987) und Scott (1991). Zur Einführung der sozialen Netzwerkanalyse in der Stadtsoziologie empfiehlt sich Fischer (1977b). Einen Überblick zum Bereich persönlicher Netzwerke und Datenanalyse gibt Marsden (1990).

4.1 Der Begriff des sozialen Netzwerks

Der Begriff des sozialen Netzwerks entstammt der sozialanthropologischen Forschungstradition der 50er und 60er Jahre. Die Sozialanthropologie hatte sich zum Ziel gesetzt, die soziale Struktur hinter den formalen und hierarchischen Strukturen sozialer Kategorien und Gruppen zu erforschen. Barnes (1954: 43) entdeckte, dass Netzwerke persönlicher, informeller Beziehungen starre, institutionalisierte Grenzen kreuzen. Soziale Netzwerkanalysen haben neben formalen Strukturen vor allem informelle Strukturen zum Gegenstand. Dadurch unterscheiden sie sich von Gruppen- oder hierarchischen Studien (Kadushin 1966, Barnes 1972: 4). Der Sozialanthropologe Mitchell (1969: 2) definiert ein soziales Netzwerk als:

„a specific set of linkages among a defined set of persons, with the additional property that the characteristics of these linkages as a whole may be used to interpret the social behavior of the persons involved".

Er gibt damit eine eher formale Definition, die sich an den Verbindungen mehrerer Personen orientiert. Die Definition gibt nicht an, welcher Art die Verbindungen sein müssen. Sie sind damit unabhängig von den Ressourcen, die im Netzwerk ausgetauscht werden, und gehen über Gruppen-, Kategorien- oder Klassengrenzen hinweg. Die Menge der Personen bei Mitchell lässt sich allgemein auf eine Menge von Akteuren ausdehnen. Soziale Netzwerkanalysen werden nicht nur zur Erforschung der Verbindungen zwischen individuellen Akteuren, sondern auch zwischen korporativen Akteuren, wie Familien, Organisationen, Parteien, Verbänden, Wirtschaftsunternehmen oder gar Staaten, eingesetzt (Wellman 1983: 175).

Barnes hebt die Unterscheidung zwischen einem metaphorischen Gebrauch der Netzwerke im Sinne von besonderer sozialer Struktur und einem präzise definierten analytischen Konzept der Netzwerkanalyse hervor (Barnes 1972: 1). Die Idee hinter dem metaphorischen Gebrauch des Netzwerkbegriffs ergibt sich dadurch, dass „Every individual in society is seen as linked to several other social bonds that partly reinforce and partly conflict with one another; the orderliness, or disorderliness of social life results from the constraints these bonds impose on the actions of individuals" (Barnes 1972: 1f.). Der analytische Gebrauch stützt sich auf die gleiche Idee, verwendet aber analytische und methodologische Werkzeuge, um das Konzept umzusetzen.

Auch wenn die soziale Netzwerkanalyse ein geeignetes Verfahren zur Beschreibung sozialer Strukturen ist, so ist sie doch keine soziologische Theorie. Es gibt lediglich die Grundannahme, dass die Form der Verbindungen zwischen Akteuren in einem unspezifischen Weg kausal mit den Handlungen der Akteure und mit den sozialen Institutionen der Gesellschaft verbunden ist (Barnes 1972: 2). Ziel der sozialen Netzwerkanalyse ist es, die Beeinflussung der sozialen Struktur auf einzelne Akteure zu untersuchen. Mit der Netzwerkanalyse ist es möglich geworden, den sozialen Kontext eines Akteurs zu beschreiben, um unterschiedliche Erfolgschancen bezüglich des Erreichens gewisser Ziele zu erklären (vgl. Wellman 1981: 178). Die soziale Netzwerkanalyse ermöglicht die theoretische Anbindung an Modelle des sozialen Austauschs, die im dritten Teil erörtert werden.

Diese Analyseform sozialer Strukturen verbreitete sich in vielen sozialwissenschaftlichen Forschungsrichtungen, wie Soziologie, Politologie oder Kommunikationswissenschaften (vgl. Wellman 1981: 174ff.). Soziale Netzwerke sind für die meisten Lebensbereiche wichtig, etwa bei der Suche nach einer Arbeitsstelle, wenn man Hilfe im Haushalt benötigt oder einfach zur Gesellschaftsunterstützung. Aber persönliche Netzwerke unterstützen uns nicht nur, sie beeinflussen auch unsere Werte, Einstellungen und Entscheidungen. Die soziale Netzwerkanalyse wird zum Beispiel für die Verbreitung von Innovationen, Beeinflussung des Wahlverhaltens, Beeinflussung politischer und sozialer Einstellungen zu Parteien, in Kleingruppenstudien und in der Stadtanthropologie eingesetzt.

Bott (1957) untersucht die ehelichen Rollen verheirateter Paare, indem sie Freundschafts- und Verwandtschaftsbeziehungen in die Analyse einbezieht. Breiger (1976) stellt fest, dass Forschungsausrichtung und Produktivität von Wissenschaftlern teilweise aus den Verbindungen zwischen den Forschern resultieren. Andere Forschungen belegen, dass individuelles psychologisches Wohlbefinden mit der sozialen Unterstützung verbunden ist, die durch das Netzwerk bereitgestellt wird (vgl. Barrera 1986, Keupp/Röhrle 1987, Ludwig-Mayerhofer/Greil 1993, Ningel/Funke 1995, Röhrle 1994). Persönliche Netzwerke schützen Individuen vor den Unbeständigkeiten des Lebens. Viele Studien belegen, dass Personen mit unterstützenden Netzwerken gesünder leben als Personen ohne solche Netzwerke (vgl. Fischer 1982a, Hunter/Riger 1986). Granovetter (1973) kann belegen, dass man die besten Arbeitsangebote erhält, wenn man weitverbreitete Netzwerke hat. Bernard und Killworth (1979) untersuchen, wie über die Verbindungen eines persönlichen Netzwerks Informationen beschafft werden. Persönliche Netzwerke beeinflussen nachweislich die Chancen auf dem Arbeitsmarkt (Lin 1982, Graaf/Flap 1988, Kropp 1998), das allgemeine Wohlbefinden von Personen (Cohen/Wills 1985, Barrera 1986), Wanderungsentscheidungen (Bührer 1997) oder die soziale Integration von Stadt- und Landbewohnern (Fischer u.a. 1977, Fischer 1982a, Sampson 1988, 1991). Bestimmte Netzwerkkonfigurationen sorgen dafür, dass Akteure Einfluss auf die Handlungen anderer Netzwerkpersonen ausüben können (Burt 1992). Ferner ergeben sich durch die gegenseitigen Verknüpfungen zahlreicher Netzwerke größere Konfliktlösungspotenziale, wodurch insbesondere die friedliche Beilegung von Konflikten ermöglicht wird (Flap 1988).

4.2 Vorteile sozialer Netzwerkanalysen

Die Analyse sozialer Netzwerke bietet zahlreiche Vorteile gegenüber einem Individualismus, der die soziale Struktur und die sozialen Beziehungen zwischen den Akteuren ignoriert. Die Akteure werden nicht mehr astruktural und unabhängig voneinander betrachtet. Die soziale Netzwerkanalyse legt die Struktur der Verbindungen zwischen Akteuren offen. Damit ist es möglich, Interdependenzen zu erkennen, die einen Einfluss auf die Ergebnisse haben, die die Akteure durch ihr Handeln erreichen. Werden Akteure unabhängig voneinander betrachtet, bezieht sich die Analyse nur auf die Attribute der Individuen. Mit der sozialen Netzwerkanalyse ist es darüber hinaus möglich, Eigenschaften sozialer Beziehungen zu erforschen. Dadurch ergibt sich zwar ein komplexeres, aber exakteres Bild der sozialen Wirklichkeit.

Oftmals wird erwartet, dass sich Angehörige einer bestimmten Gruppe, Schicht, Klasse oder sonstigen sozialen Kategorie in gleichen Situationen ähnlich verhalten. Unterschiede im Verhalten und Handeln innerhalb der Gruppen- beziehungsweise Kategoriengrenzen lassen sich mit der Wirkung sozialer Netzwerke erklären. Der entscheidende Vorteil sozialer Netzwerke liegt darin, vorgegebene oder formale Kategorien- und Gruppeneinteilungen nicht als die einzig relevanten Organisationseinheiten der sozialen Struktur anzusehen (vgl. Kadushin 1966, Barnes 1972). Vielmehr eröffnet die soziale Netzwerkanalyse die Möglichkeit, soziale Beziehungen über die bekannten Organisationseinheiten hinweg zu analysieren.

Dieses Überschreiten von Grenzen gewisser Organisationseinheiten weist gleichzeitig darauf hin, dass die soziale Netzwerkanalyse nicht für normative Interpretationen geeignet ist, weil diese an Mitglieder eines bestimmten Kategoriensystems gebunden sind. Ferner ist es den Analysen, die sich ausschließlich auf Systemverhalten beziehen und mit Verteilungen und Zusammenhängen aggregierter Kategorien arbeiten, nicht möglich, Informationen über soziale Beziehungen zu verwerten. Der Aggregationsprozess von Individualdaten ist oftmals so angelegt, dass wertvolle Informationen über informelle soziale Strukturen zwischen den Akteuren außer Acht gelassen werden.

Zusammenfassend lässt sich sagen, dass die Stärke der sozialen Netzwerkanalyse im fundamentalen Studium der sozialen Struktur liegt. Netzwerkanalytiker suchen nach tieferen Strukturen, die neben den formalen Strukturen existieren. Informelle Netzwerke werden analysiert, weil sie soziales Handeln und sozialen Wandel bedingen.

4.3 Erhebung sozialer Netzwerke

Die soziale Netzwerkanalyse hat in den Sozialwissenschaften keine programmatische grundlegende Aussage und sie ist keine einheitliche Methode zur Untersuchung der Sozialstruktur persönlicher Beziehungen. Vielmehr gibt es verschiedene Forschungstraditionen, die sich mit Netzwerkanalysen befassen (vgl. Wellman 1981: 174ff.). Je nach Forschungsinteresse, Arbeitsgebiet und Forschungstradition werden verschiedene Analysen, Messkonzepte und Netzwerkparameter zum Einsatz kommen.

Die wohl wichtigste Unterscheidung ist zwischen der Analyse eines Gesamtnetzwerks und einem egozentrierten Netzwerk[11] zu treffen. Bei der Analyse eines Gesamtnetzwerks liegt der Fokus auf einem einzelnen Netzwerk, wobei die Abläufe innerhalb dieses Netzwerks von Interesse sind. Ist man an den Abläufen innerhalb einer bestimmten Struktur interessiert, steht also nicht der einzelne Akteur im Vordergrund, ist die Analyse von Gesamtnetzwerken am sinnvollsten.

---

11 Einen deutschsprachigen Überblick egozentrierter Netzwerkanalyse liefert Diaz-Bone (1997: 39ff.)

Gesamtnetzwerke untersuchen beispielsweise die sozialen Beziehungen in Schulklassen, kommunalen Eliten (Laumann/Pappi 1973) oder Unternehmensvorständen. Die Daten zu Gesamtnetzwerken werden zumeist von allen Akteuren des Netzwerks erhoben.[12] Egozentrierte Netzwerke werden erhoben, um unverbundene Akteure in ihrer Netzwerkeinbettung vergleichen zu können. Dabei wird eine große Anzahl von Netzwerken erhoben. Im Mittelpunkt des Interesses steht das Netzwerk des zentralen Akteurs, der Ego genannt wird. Die weiteren Akteure eines egozentrierten Netzwerks werden mit Alter bezeichnet.[13] Ego ist zugleich einziger Informant über die weiteren Akteure und Verbindungen zwischen den Akteuren in seinem Netzwerk.[14] Bezieht sich die soziale Netzwerkanalyse auf individuelle Akteure, werden egozentrierte Netzwerke auch als persönliche Netzwerke bezeichnet. Im Folgenden werden die Begriffe persönliches Netzwerk für die egozentrierten Netzwerke, Ego für den zentralen Akteur und Netzwerkperson für Akteure, zu denen Ego eine Verbindung hat, verwendet.

Persönliche Netzwerke werden über so genannte Generatoren erhoben. Generatoren sind Fragen, woraufhin der Respondent Netzwerkpersonen nennt (vgl. Hoffmeyer-Zlotnik 1987). Zur Erhebung persönlicher Netzwerke stehen hauptsächlich drei Ansätze zur Verfügung. Netzwerkpersonen können nach sozialen Rollen, wie Freunde, Verwandte oder Nachbarn (Role-Approach), nach wichtigen und bedeutsamen Bezugspersonen (Affective-Approach) und Personen mit realen Unterstützungsfunktionen (Exchange-Approach) erhoben werden (vgl. McCallister/Fischer 1978: 135f., Sonderen u.a. 1990: 101, Reisenzein u.a. 1993: 68). Der Role-Approach identifiziert Netzwerkpersonen über deren Rollenbeziehungen. Oftmals werden daher nicht reale Netzwerkpersonen, sondern Beziehungen zu Rollengruppen erhoben. Ein exaktes Personennetzwerk wird dagegen durch den Affective-Approach und Exchange-Approach erhoben.

Namensgeneratoren des Affective-Approachs und des Exchange-Approachs haben gegenüber dem Role-Approach den Vorteil, von den Einstellungen Egos unabhängiger zu sein (vgl. Hill 1987: 55). Stehen im Affektive-Approach im Allgemeinen nahe, intime und starke Beziehungen zu einigen wenigen Personen zentral, werden über den Exchange-Approach Netzwerkpersonen ermittelt, mit denen Ego Ressourcen, wie Güter, Informationen oder soziale Unterstützung, austauscht. Im Affective-Approach und Exchange-Approach werden nicht alle vorhandenen sozialen Beziehungen von Ego erfasst, sondern in Abhängigkeit der Generatoren immer nur ein Ausschnitt des Netzwerks (Laireiter 1993: 18). Unterstützungsnetzwerke (Exchange-Approach) stellen

---

12 Sind die Netzwerke zu groß, um Daten von allen Netzwerkpersonen erheben zu können, bietet Klovdahl (1989) eine auf Zufallsauswahlen basierende Netzwerkerhebung an.

13 Werden Triaden untersucht, wird der dritte Akteur als Tertius bezeichnet.

14 Auf datenanalytische Probleme der Reliabilität und Validität weisen diesbezüglich Laireiter und Baumann (1989), Reisenzein u.a. (1989), Broese van Groenou u.a. (1990), Schenk u.a. (1992) und Pfenning (1995) hin. Zu beachten ist insbesondere, dass man durch den Informanten nicht die tatsächlichen persönlichen Netzwerke, sondern die Perzeption der sozialen Umwelt des Ego-Akteurs erhält (Pappi/Wolf 1984).

nur den Teil der interpersonalen Beziehungsstruktur dar, der in den Austausch von Hilfeleistungen involviert ist. Willmott (1987: 2) gibt zu Bedenken, dass soziale Austauschbeziehungen nicht alle Freunde erfassen. Eine vergleichende Untersuchung von Sonderen u.a. (1990: 116) kommt jedoch zu dem Schluss, dass der Exchange-Approach mehr Namen generiert als der Affective-Approach. Namensgeneratoren, die auf der Basis von Austauschsituationen arbeiten, sind zuverlässig und schließen am Sozial-Kapital-Ansatz an (Busschbach 1996: 72). Um ein persönliches Netzwerk möglichst exakt zu erfassen, sollten Generatoren des Exchange-Approachs und des Affektive-Approachs kombiniert werden (vgl. Pfenning/Pfenning 1987, Pfenning 1995).

Ein Vergleich verschiedener Netzwerkstudien wird durch die recht unterschiedlichen Forschungsdesigns erschwert. Insbesondere lassen die Art der erhobenen Netzwerke (egozentrierte Netzwerke oder Gesamtnetzwerke; die Abfrage von Akteuren, Akteursgruppen oder Rollen), die Art und Anzahl der Namensgeneratoren (von einem bis weit über 20!), die Höchstgrenze der zu nennenden Personen pro Namensgenerator und die Art der erhobenen Netzwerke (Unterstützungsnetzwerke, Freundschaftsnetzwerke, Diskussionsnetzwerke) Vergleiche kaum zu (Campbell/Lee 1991, Laireiter/Baumann 1989: 217, Laireiter 1993: 20). Ferner spielt das geographische Erhebungsgebiet eine Rolle. So spielen die sozialen Beziehungen der DDR-Bürger eine herausragende Rolle. Begriffe wie Kollektiv, Vitamin B oder Nische standen sowohl für Geborgenheit, gemeinschaftliches Denken, instrumentelle Hilfe bei der Beschaffung knapper Güter aber auch verstärkter sozialer Kontrolle von staatlicher Seite (vgl. Diewald 1995: 223ff.). Beachtet man diese Faktoren, ist ein Vergleich der eigenen empirischen Resultate mit anderen Publikationen kaum möglich. Dennoch sollten die robusten Resultate, die unabhängig vom Forschungsdesign in den vielfältigen empirischen Arbeiten wiederkehren, nicht außer Acht gelassen werden.

4.4 Aufbau sozialer Netzwerke

Als Startpunkt der Beschreibung persönlicher Netzwerke wird gewöhnlich das Individuum ausgewählt, dessen Verhalten der Forscher interpretieren und erklären möchte. Egozentrierte Netzwerke werden in graduell abgestufte Bereiche oder Zonen eingeteilt (vgl. Abbildung 4.1). Verbindungen sind sowohl direkt als auch indirekt (Wellman 1983: 173). Alle direkten Verbindungen Egos zu anderen Akteuren, beispielsweise zu seinen Freunden, Nachbarn, Arbeitskollegen oder Familienangehörigen, gehören zum erstklassigen Bereich oder zur ersten Zone. Alle direkten Verbindungen Egos zu seinen Netzwerkpersonen bilden einen Stern. Die Verbindungen eines Sterns beschreiben noch kein soziales Netzwerk. Henry (1958) bezeichnet diese direkten Verbindungen die personal community eines Befragten.

Erst die Querverbindungen zwischen diesen Netzwerkpersonen komplettieren die erste Zone. Während der Stern also noch kein Netzwerk im eigentlichen Sinn darstellt, ist innerhalb der ersten Zone schon eine Netzwerkanalyse möglich. Ein Stern stellt nur die direkten Verbindungen eines Individuums ohne Querverbindungen (indirekte

4 Soziale Netzwerkanalyse

Verbindungen) dar. Eine einzelne Verbindung zwischen Ego und einer Netzwerkperson ist der einfachste Stern. Eine Zone ist ein Stern plus alle Verbindungen zwischen den involvierten Personen. Die einfachste, nicht triviale Zone ist die Triade beziehungsweise das Triplett. Eine Netzwerkanalyse untersucht entweder die Querverbindungen der Netzwerkpersonen in der ersten Zone oder indirekte Verbindungen höherer Zonen oder beides (Barnes 1972: 9).

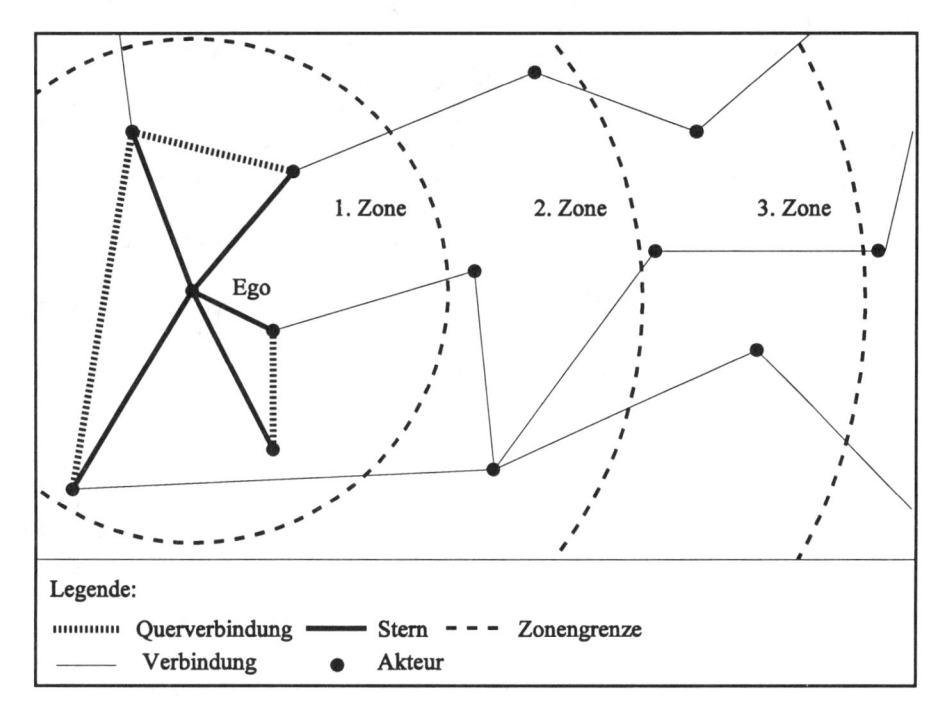

Abbildung 4.1: Aufbau eines egozentrierten Netzwerks

Zur zweiten Zone zählen alle Personen, die Ego nur indirekt über eine Person der ersten Zone erreichen kann, beispielsweise der Arbeitskollege eines Freundes. Je mehr Personen zwischen Ego und dem zu erreichenden Alter liegen, desto entfernter wird die Zone, zu der Alter gehört. Das soziale Netzwerk setzt sich in diesen Zonen fort. Akteure verschiedener Zonen werden derart verbunden, dass Verbindungsketten von Ego zu einem zweiten Akteur innerhalb eines Netzwerks untersucht werden können. Die Erforschung solcher Ketten ist mit dem Small-world-Problem verbunden (Milgram 1967, Kochen 1989). Untersuchungen zu Verbindungen über verschiedene Zonen hinweg sind vor allem für den Fluss von Informationen innerhalb eines persönlichen Netzwerks von Interesse.

Durch diese Definition wird deutlich, dass es praktisch keine Begrenzung der persönlichen Netzwerke gibt, weil jede Person durch eine beliebig lange Kette von Akteuren mit einer anderen Person verbunden ist. Daraus resultiert allerdings ein praktisches Problem vieler Netzwerkanalysen: das Problem der Abgrenzung eines sozialen Netzwerks (vgl. Laumann u.a. 1983). Dieses Problem kann nach Barnes (1972: 15) dadurch gelöst werden, dass der Wandel in der Qualität der Verbindungen innerhalb und außerhalb des Netzwerks als Trennung herangezogen wird. Burt (1980: 81f.) zeigt, dass die Abgrenzung durch eine geschlossene soziale Struktur, zum Beispiel eine Schulklasse, oder durch die empirische Begrenzung der erhobenen Daten erfolgen kann.

In der vorliegenden Arbeit werden vor allem Unterstützungsnetzwerke untersucht. Unterstützungs- und Hilfeleistungen fließen aber nur auf kurzen Wegen durch das Netzwerk. Wenn es Transferkosten (Brokerage Costs) gibt, sodass jeder Akteur in einer Kette etwas von der Ressource, die durch die Kette fließt, konsumiert, finden es Akteure aus Effizienzgründen vorteilhaft, direkte Verbindungen zu nutzen (Wellman 1983: 174). Für die Unterstützungsnetzwerke sind direkte Verbindungen zwischen zwei Akteuren von größerem Interesse als lange Informationsketten in einem ausgedehnten Netzwerk. Deshalb werden in der vorliegenden Arbeit nur persönliche Netzwerke der ersten Zone untersucht. Die egozentrierten Netzwerke unterliegen damit einer strikten Abgrenzung: Es werden nur direkte Verbindungen Egos zu den Netzwerkpersonen sowie Verbindungen zwischen diesen Netzwerkpersonen untersucht.[15]

4.5 Formalistische Netzwerkanalyse

Neben der Trennung zwischen Gesamt- und egozentrierten Netzwerken gibt es zwei Hauptströmungen der sozialen Netzwerkanalyse, die Wellman (1983) als formalistische und strukturalistische Richtungen bezeichnet. Die Formalisten sind primär an Formen, Mustern und Strukturen sozialer Netzwerke interessiert. Formalisten entwickeln Messkonzepte, um Netzwerkmuster zu erkennen, zu beschreiben und zu vergleichen. Sie gehen davon aus, dass ähnliche Formen ähnliches soziales Verhalten hervorrufen.

Sie untersuchen soziale Netzwerke in Form von Graphen und Matrizen. Dabei wird die aus der Mathematik stammende Graphentheorie genutzt. Ein Netzwerk wird als Graph beschrieben, wobei die Akteure Knoten und die Verbindungen Kanten genannt werden. Kanten geben dabei nicht nur die Verbindung zwischen zwei Knoten an, sondern auch die Symmetrie (ungerichtete Kante) oder Asymmetrie (gerichtete Kante) der Verbindung. Symmetrie liegt zum Beispiel in verwandtschaftlichen Beziehungen vor. Wenn Akteur A mit Akteur B verwandt ist, dann ist auch gleichzeitig Akteur B mit Akteur A verwandt. Asymmetrische Verbindungen bestehen beispielsweise als Freundschaftsbeziehungen, wobei Person A der Freund von Person B ist, aber nicht notwendigerweise Person B auch Freund von Person A ist. Zusätzlich können Kanten gewichtet werden, wenn beispielsweise das Ausmaß des Vertrauens zwischen beiden Akteuren bestimmt werden soll.

---

15 Diese Abgrenzung entspricht der Definition egozentrierter Netzwerke bei Kapferer (1969: 182): „The direct links radiating from a particular Ego to other individuals in a situation, and the links which connect those individuals who are directly tied to Ego, to one another".

4 Soziale Netzwerkanalyse

Diese Graphen können in Matrizen übertragen werden, wobei jeder Akteur in einer Spalte und einer Zeile eingetragen wird. Die Zellen enthalten Informationen über die Verbindungen. Besteht das Netzwerk nur aus ungerichteten Kanten, wird nur eine Hälfte der Matrix über der Diagonalen benötigt. Eine 1 gibt an, dass die Verbindung zwischen zwei Akteuren besteht, während eine 0 darauf verweist, dass keine Verbindung vorhanden ist. Für ungerichtete Kanten wird die gesamte Matrix benötigt. Der Gewichtung von Verbindungen wird durch die Verwendung von Zahlenbereichen, zum Beispiel von 0 bis 5, Rechnung getragen. Zur Untersuchung des Zusammenhangs zwischen Siedlungsstruktur und sozialer Integration beschäftige ich mich mit den direkten, gerichteten und ungerichteten, gewichteten Verbindungen zwischen Ego und seinen Netzwerkpersonen der ersten Zone eines persönlichen Netzwerks.

Die starke Abgrenzung auf Verbindungen der ersten Zone ermöglicht nur die Anwendung einer kleinen Anzahl von Netzwerkparametern (vgl. Pfenning 1995: 34). Indizes, wie Zentralität oder Prestige eines Akteurs oder strukturelle Äquivalenz können aufgrund fehlender Informationen nicht berechnet werden, oder stellen Forschungsartefakte dar. Aufgrund der Einschränkungen stehen mir drei Netzwerkparameter zur Analyse zur Verfügung: Netzwerkgröße (Degree), Netzwerkdichte und Netzwerkzusammensetzung. Die Netzwerkgröße bezieht sich dabei auf die Akteure eines Netzwerks, die Netzwerkdichte auf die Verbindungen eines Netzwerks und die Netzwerkzusammensetzung auf beide Netzwerkelemente.

Der wohl bekannteste Netzwerkparameter ist die Größe des Netzwerks. Die Netzwerkgröße wird durch die Anzahl der Akteure beziehungsweise Knoten im Netzwerk bestimmt. Da nur Netzwerke der ersten Zone untersucht werden, ergibt sich die Netzwerkgröße aus Ego und den Netzwerkpersonen, zu denen Ego direkte Verbindungen unterhält. Dabei ist es belanglos, wie viele Verbindungen im Netzwerk beziehungsweise zwischen welchen Personen Verbindungen bestehen. Die Netzwerkgröße wird mit g angegeben. Da in dieser Arbeit nur persönliche Netzwerke der ersten Zone untersucht werden, kann die Netzwerkgröße auch durch den Degree angegeben werden. Der Degree (d_{ego}) ist die Menge aller Akteure, zu denen Ego eine direkte Verbindung unterhält. In egozentrierten Netzwerken der ersten Zone gilt:

$$d_{ego} = g - 1$$

mit d_{ego} = Degree Egos
g = Netzwerkgröße.

Der Unterschied wird zwischen der Netzwerkgröße und dem Degree wird in Abbildung 4.1 deutlich. Das dargestellte Netzwerk besteht aus 13 Akteuren, wovon sechs Akteure der ersten Zone, jeweils drei Akteure der zweiten und dritten Zone und ein Akteur der vierten Zone angehören. Der Degree Egos wird aber durch seine direkten Verbindungen bestimmt. Die direkten Verbindungen gehören per Definition der ersten Zone an. In der Abbildung 4.1 verfügt Ego über fünf direkte Verbindungen zu Netzwerkpersonen. Netzwerkgröße (g = 13) und Ego-Degree (d_{ego} = 5) stimmen nicht überein. Grenzt man das Netzwerk aber derart ab, dass nur Beziehungen der ersten

Zone zum Netzwerk gehören (g = 6), kann das Verhältnis zwischen Netzwerkgröße und Degree nach der obigen Gleichung angegeben werden. Aus formaler Sicht werde ich mich im Folgenden auf den Degree Egos beziehen, zum besseren Verständnis jedoch den Begriff Netzwerkgröße gebrauchen.

Der zweite wichtige Parameter ist die Dichte des Netzwerks. Sie gibt das Ausmaß der Vernetzung an. Während sich die Netzwerkgröße auf die Akteure beziehungsweise Knoten innerhalb eines Netzwerks bezieht, stützt sich die Berechnung der Netzwerkdichte auf die Verbindungen beziehungsweise Kanten zwischen den Akteuren. Die Netzwerkdichte gibt das Verhältnis der vorhandenen Verbindungen zu den maximal möglichen Verbindungen an. In egozentrierten Netzwerken ist zu beachten, dass alle vorhandenen Verbindungen Egos nicht in die Berechnung eingehen, da jede Netzwerkperson der ersten Zone per Definition mit Ego verbunden ist. Die Dichte (Δ) bemisst sich mit

$$\Delta = 200 * L / (g-1) * (g-2)$$

mit L = Anzahl der vorhandenen Verbindungen ohne Verbindungen zu Ego
g = Netzwerkgröße.

Die Dichte des egozentrierten Netzwerks der ersten Zone in der Abbildung 4.1 beträgt Δ = 30 Prozent.

Ein dritter Parameter bezieht sich auf Akteure und Verbindungen gleichermaßen. Eine Verknüpfung beider Elemente wird durch die Betrachtung der Zusammensetzung persönlicher Netzwerke anhand der sozialen Kontexte möglich. Ein persönliches Netzwerk kann bis zu sieben verschiedene soziale Kontexte enthalten. Die Auswahl dieser sieben Kontexte richtet sich zum einen nach der Primär-Sekundär-Unterscheidung, wie sie Wirth (1974) vorgenommen hat. Zum anderen spielen die verschiedenen Grade der Wahlfreiheit einer Netzwerkperson eine Rolle (vgl. Fischer 1982a). Ausgehend vom Kontext der nahen Verwandtschaft nehmen mit den primären Kontexten entfernte Verwandtschaft und Nachbarschaft sowie den sekundären Kontexten Arbeitsplatz, Organisationsmitgliedschaft, Bekanntschaft und Freundschaft die Wahlfreiheit zu und der Traditionalismus des sozialen Kontextes ab. Da eine soziale Beziehung mehreren Kontexten zugeordnet werden kann, beispielsweise können Verwandte auch Arbeitskollegen sein, werden die Beziehungen dem wahrscheinlichen Ursprungskontext zugeordnet, wobei die geringere Wahlfreiheit für die Zuordnung ausschlaggebend ist (Fischer 1982a: 39ff.). Bezogen auf das Beispiel wird die soziale Beziehung dem sozialen Kontext der Verwandtschaft und nicht dem Arbeitsplatz-Kontext zugeordnet, weil der Ursprung der Beziehung in der Verwandtschaft zu vermuten ist. Eine hierarchische Regel ordnet die Kontexte nach deren wahrscheinlichen Ursprung, nach der traditionellen Bedeutung der Beziehung und nach der Freiwilligkeit des Zusammenschlusses der beiden Personen. Nach dieser Regel werden folgende Kontexte einer Rangreihe zugeordnet: nahe Verwandtschaft (Familienmitglieder und Verwandte 1. Grades), entfernte Verwandtschaft, Nachbarschaft, Arbeitsplatz, Organisationsmitgliedschaft, Bekanntschaft und

Freundschaft[16]. Nach dieser Rangreihe nimmt der Traditionalismus der Beziehung ab, die Freiwilligkeit des Zusammenschlusses jedoch zu. Damit ist nicht nur gewährleistet, dass die soziale Beziehung nach dem wahrscheinlichen Ursprung klassifiziert wird, sondern dass sie primären und sekundären sozialen Kontexten zugeordnet werden kann.

4.6 Strukturalistische Netzwerkanalyse

Die Strukturalisten nutzen netzwerkanalytische Konzepte, um ihre substanziellen Forschungsfragen zu beantworten. Vertreter dieser zweiten Hauptströmung beschäftigen sich vor allem mit der Beeinflussung des Wohlbefindens, Verhaltens und Handelns durch soziale Netzwerke. Daraus entwickelt sich die Frage nach der Kohäsion zwischen Menschen, den individuellen persönlichen Beziehungen und der sozialen Unterstützung, die darin stattfindet (Shulman 1975, Wellman 1979, 1981, Fischer 1982a, Litwak 1985, Wellman/Wortley 1989, 1990, Laireiter 1993). Neben zahlreichen anderen Studien zählen zu dieser Strömung die Community Studies (Young/Willmott 1957, Litwak/Szelenyi 1969, Laumann 1969, 1973, Babchuck/Booth 1969, Sampson 1988, 1991). Im Vorgehen der Strukturalisten sind hauptsächlich zwei Strömungen erkennbar: der positionale und der relationale Ansatz.

Der positionale Ansatz richtet sein Interesse auf die Akteure und deren Position, Zentralität und Prestige innerhalb des Netzwerks. Die Positionsanalyse beschreibt das Netzwerk durch einen Vergleich der einzelnen Akteure. Diese Netzwerkmodelle beschreiben die Muster der Beziehungen, die die Position eines Akteurs definieren. Dabei stehen strukturelle Äquivalenzen der einzelnen Akteure im Vordergrund. Bezugnehmend auf die Verbindungen zu strukturell ähnlichen Netzwerkpersonen, werden Akteure typisiert. Wegen ihrer strukturellen Position innerhalb eines Netzwerks unterscheiden sich Mitglieder in großem Maße in ihrem Zugriff auf Ressourcen. Viele Akteure profitieren von ihrer Position als Gatekeeper oder Makler (vgl. Marsden 1982). Ein Gatekeeper kontrolliert den Zugriff auf einen Organisationsführer, genießt oft Wohlstand, Einfluss und kann am besten Organisationsressourcen für seine Interessen ausnutzen. Ein Makler, der zwei Netzwerkklumpen verbindet, nutzt teilweise die Ressourcen, die seine Position passieren (Wellman 1983: 176f.). Der positionale Ansatz ist für die in dieser Arbeit untersuchten persönlichen Netzwerke nicht geeignet, da die Akteure nicht aus einem Netzwerk stammen, sondern vielen verschiedenen Netzwerken zugeordnet sind. Ferner sind für die Bestimmung der Netzwerkposition nicht nur die Verbindungen eines Akteurs zu anderen Netzwerkpersonen wichtig, sondern auch nichtexistierende Verbindungen. Eine solche Analyse kann aber nicht durch egozentrierte Netzwerke geleistet werden (vgl. Burt 1980: 91).

Im Gegensatz zum stark akteursorientierten positionalen Ansatz bezieht sich der

---

16 Zu beachten ist, dass der Kontext Freundschaft eine Restkategorie darstellt, denn ein großer Teil der Freundschaftsbeziehungen bestehen zu Verwandten, Nachbarn, Arbeitskollegen und Organisationsmitgliedern. Mit Freunden sind nur die Freundschaften gekennzeichnet, die keinem anderen Kontext zugeordnet werden konnten (vgl. zur Diskussion von Freundschaft Fischer 1982a: 142 und Fischer 1982b).

relationale Ansatz auf die dyadischen Verbindungen und den Austausch von Ressourcen zwischen diesen Verbindungen. Die Netzwerkmodelle dieses Ansatzes beschreiben den Inhalt und die Intensität der Beziehungen zwischen Paaren von Netzwerkpersonen. Das Netzwerk wird unter dem relationalen Ansatz durch die typischen Beziehungen beschrieben, in die ein Akteur einbezogen ist. Ferner spielt es eine Rolle, in welchem Ausmaß die Netzwerkpersonen untereinander Beziehungen unterhalten (Burt 1980: 98f.).

Der relationale Ansatz bietet sich für die Analyse egozentrierter Netzwerkdaten an. Denn gerade egozentrierte Netzwerke verfügen über Daten zahlreicher Verbindungen und sozialer Beziehungen eines Akteurs. Egozentrierte Netzwerke informieren über direkte Verbindungen eines einzelnen Akteurs, das heißt über die Netzwerkeinbettung des zentralen Akteurs (vgl. Granovetter 1985). Der relationale Ansatz stützt sich vor allem auf die Analyse der Dyaden (Paarbeziehungen) im egozentrierten Netzwerk.[17]

Neben Akteuren sind Verbindungen die Basisbestandteile sozialer Netzwerke. Bereits vor Herausbildung der sozialen Netzwerkanalyse wurden soziale Beziehungen zwischen zwei Akteuren als bedeutende Einflussfaktoren für das Handeln angesehen. Dyaden bilden die grundlegende relationale Einheit der Netzwerkanalyse, denn eine Verbindung zwischen zwei Akteuren sorgt für den Fluss von Ressourcen verschiedenen Inhalts. Die relationale Netzwerkanalyse profitiert von den sozialen Beziehungen als grundlegendes Element der sozialen Struktur, weil anders als in herkömmlichen Analysen die Annahme der statistischen Unabhängigkeit der Individuen umgangen wird, indem nicht die Akteure, sondern die Beziehungen die Einheiten der Analyse sind. Durch eine relationale Netzwerkanalyse werden die Individuen nicht von der sozialen Struktur gelöst und als unverbundene Masse behandelt (vgl. Wellman 1983: 169). Die Verbindungen eines persönlichen Netzwerks unterliegen verschiedenen Arten sozialer Beziehungen.

Eine Beziehung kann emotional sein in dem Sinn, dass man sich um eine Person sorgt, für sie bestimmte Gefühle und Sympathien hegt und sich ihr nahe oder besonders verbunden fühlt. Morenos klassische soziometrische Studie (1954) beschränkt sich auf die sentiment relations also auf Sympathien und Gefühle. Eine Beziehung kann aber auch formal sein, nämlich genau dann, wenn es um sozial anerkannte Rollen geht und die beiden Akteure der Beziehung Rolleninhaber beziehungsweise Mitglied der Bezugsgruppe sind. Die Abläufe in der Beziehung werden durch die Rechte und Pflichten, die mit der Rolle verbunden sind, bestimmt. Formale Beziehungen spielen zum Beispiel dann eine Rolle, wenn die Menge sozialer Positionen und Rollen in Organisationen wie Haushalten, Parteien, Verbänden, wirtschaftlichen oder

---

17 Um terminologische Schwierigkeiten zu vermeiden, sei darauf hingewiesen, dass eine Dyadenanalyse nicht mit der Netzwerkanalyse gleichzusetzen ist. Die Dyadenanalyse bezieht sich auf die einzelne Paarbeziehung, während die Netzwerkanalyse, auf eine Menge von Verbindungen mehrerer Akteure gerichtet ist. Die Netzwerkanalyse rückt also die sozialen Beziehungen in ihrer Gesamtheit in den Mittelpunkt. Diesen Unterschied stellte bereits Nadel (1957: 16), einer der Pioniere der sozialen Netzwerkanalyse, heraus: „I dont merely wish to indicate the 'links' between persons; that is adequately done by the word relationship. Rather, I wish to indicate the further linkage of the links themselves and the important consequence that, what happens so-to-speak between other adjacent ones".

bürokratischen Organisationen analysiert werden soll. Von den formalen Beziehungen trennt Mitchell (1969) die kategorialen Beziehungen. Diese hängen von sozialen Kategorien wie Schichten, Klassen oder Ethnien ab. Diese Beziehungen werden durch die Zugehörigkeit der Akteure zu sozialen Stereotypen bestimmt. Schließlich kann eine Beziehung als Austauschverhältnis definiert werden in den Sinn, dass man mit einer Person Aktivitäten gemeinsam durchführt, materielle oder emotionale Unterstützung bereitstellt oder diese Dinge selbst empfängt. Akteure sind in dem Maße miteinander verbunden, in dem sie sich gegenseitig materiell, sozial oder emotional unterstützen.

Formale und kategoriale Beziehungen eignen sich kaum für eine soziale Netzwerkanalyse, weil sie Beziehungen im Rahmen institutionalisierter Strukturen beziehungsweise sozial definierter Gruppen, Schichten oder Klassen untersuchen. Austauschbeziehungen können sowohl im Rahmen formaler sozialer Strukturen, wie Gruppen, Hierarchien oder Organisationen, untersucht werden. Sie sind aber ebenso für die Analyse informeller Verbindungen, die quer zu den Grenzen formaler sozialer Strukturen existieren, geeignet. Aufgrund dieser Flexibilität, die es ermöglicht, soziale Integration von Stadt- und Landbewohnern in formalen und informellen sozialen Strukturen zu analysieren, werden in dieser Arbeit soziale Beziehungen untersucht, die auf einem sozialen Austausch der Unterstützungsressourcen beruhen.

5 Ein Constrained-Choice-Modell persönlicher Netzwerke

Jeder Mensch ist aufgrund seiner sozialen Beziehungen in ein persönliches Netzwerk eingebettet, das sein Verhalten und Handeln beeinflusst. Um seine persönlichen Ziele zu erreichen und die eigenen Bedürfnisse zu befriedigen, ist jeder Akteur daran interessiert, dass die Netzwerkeinbettung sein Verhalten und Handeln derart beeinflusst, dass Ziele schneller und effizienter erreicht beziehungsweise Bedürfnisse in geeigneter Weise befriedigt werden. Dafür ist ein effizientes persönliches Netzwerk maßgebend. Jeder Akteur sollte deshalb ein Interesse daran haben, sein Netzwerk in der Weise selbst zu gestalten, dass durch die Struktur der Netzwerkpersonen ein optimaler Fluss sozialer Unterstützungsressourcen gewährleistet ist. Die Gestaltung eines effizienten persönlichen Netzwerks liegt damit im Interesse eines jeden Akteurs.

Die Basis für die persönlichen Netzwerke stellen die täglichen Interaktionen dar. Aus diesen Interaktionen entwickeln sich mehr oder weniger dauerhafte soziale Beziehungen, die das persönliche Netzwerk bilden. Bereits Mitchell (1969: 36ff.) stellt fest, dass persönliche Netzwerke in einem zweistufigen Prozess entstehen. Er unterscheidet den Communication-Set und den Action-Set. Der Communication-Set enthält die Menge der Kommunikations- und Interaktionspartner, mit denen man täglich in Berührung kommt. Dieses Beziehungspotenzial ergibt sich gewöhnlich durch soziale Handlungen, die in der Regel nicht darauf abzielen, persönliche Netzwerke aufzubauen. Der Action-Set ist die Menge der sozialen Beziehungen, die aktiviert wird, um bestimmte Handlungen zu ermöglichen, die Ego ohne Hilfe und Unterstützung seiner Netzwerkperson nicht ausführen könnte. Beziehungen im Action-Set erfordern höhere soziale Kosten als Kommunikationsbeziehungen (Mitchell 1969). Der Action-Set stellt den kleinen Kreis der sozialen Beziehungen eines Unterstützungsnetzwerks dar.

Warum aus den täglichen Interaktionen ein Beziehungspotenzial erwächst, beschreibt Feld (1981) in seiner Fokustheorie. Nach der Fokustheorie werden soziale Kontakte häufig durch soziale Kontexte, wie Familie, Nachbarschaft, Arbeitsplatz, Freundschaft usw., bestimmt. Das heißt die täglichen Interaktionen spielen sich im Rahmen sozialer Kontexte ab. Feld (1981: 1016) definiert einen Fokus als eine soziale, psychologische, juristische oder physische Entität, in welcher soziale Aktivitäten organisiert sind. Fokusse schaffen aufgrund häufiger Interaktionen ein Beziehungspotenzial, aber nicht alle sozialen Beziehungen entstehen aufgrund eines gemeinsamen Fokus. Sie können ebenso durch Zufall oder Ähnlichkeiten individueller Eigenschaften zustande kommen. Die meisten sozialen Beziehungen beruhen jedoch auf einem gemeinsamen Fokus.

Der wohl wichtigste soziale Kontext stellt die Familie und Verwandtschaft dar. Familienbeziehungen sind zweifellos immer die ersten sozialen Beziehungen, die ein Mensch knüpft. Zunächst werden enge Beziehungen zu den Familienmitgliedern aufgebaut, später zu den entfernteren Verwandten. Mit zunehmendem Alter werden weitere soziale Kontexte erschlossen. Die Nachbarschaft spielt dabei eine ebenso große Rolle wie die ersten Freundschaftsbeziehungen. Nachbarschaftsbeziehungen ergeben sich durch die gemeinsame unmittelbare Wohnumgebung. Später rückt der Fokus Schule in den Mittelpunkt. Für Jugendliche konzentriert sich ein Großteil der sozialen Kontakte um diesen sozialen Kontext. Im Übergang zum Erwachsenenalter findet ein Fokuswechsel statt. Der Arbeitsplatz bietet nun als sozialer Kontext Möglichkeiten, soziale Beziehungen zu Arbeitskollegen aufzubauen. Parallel dazu bietet die Mitgliedschaft in sozialen Organisationen, wie Vereine, Parteien, soziale Einrichtungen, Kirchen, Verbände, Gewerkschaften, Abendschulen und andere Interessenvertretungen, Gelegenheiten für soziale Beziehungen.

Zahlreiche Freundschaftsbeziehungen basieren auf einem gemeinsamen Fokus, der oftmals weit in die Vergangenheit zurückreicht. Willmott (1987) nennt eine Reihe von Ursprungskontexten für Freundschaftsbeziehungen. Dazu gehören Beziehungen, die bereits in der Schulzeit oder während der Kindheit geknüpft wurden, Beziehungen zu ehemaligen Kommilitonen einer Fachhochschule oder Hochschule, Beziehungen, die auf einer früheren Tätigkeit oder früheren Tätigkeitsinteressen beruhen, Beziehungen, die auf gemeinsamen kulturellen oder Freizeitinteressen sowie auf den Besuch kultureller oder Freizeiteinrichtungen beruhen, oder Beziehungen zu ehemaligen Nachbarn.

Die Fokustheorie geht davon aus, dass die Wahrscheinlichkeit einer sozialen Beziehung zwischen zwei Menschen größer ist, wenn sie demselben Fokus angehören. Da ein Fokus eine Entität ist, um die soziale Aktivitäten organisiert werden, ist die Wahrscheinlichkeit, dass zwei Menschen des gleichen sozialen Kontextes miteinander verbunden sind, um so höher, je größer das Ausmaß festgelegter Interaktionen innerhalb des Fokus beziehungsweise sozialen Kontextes ist. In großen Fokussen, mit einer großen Zahl von Personen, beispielsweise die sozialen Kontexte Schule oder soziale Organisationen, sind die gemeinsamen Aktivitäten weniger begrenzt und festgelegt als in kleinen Fokussen, wie zum Beispiel Familie oder Verwandtschaft.

Vielfach bestimmen die sozialen Kontexte der täglichen Begegnungen und Interaktionen das Potenzial für dauerhafte soziale Beziehungen. Gehören zwei Personen einem gemeinsamen Kontext an, stammen sie zum Beispiel aus der gleichen Nachbarschaft, besuchen sie die gleiche Schule oder sind sie gemeinsam Mitglied in einer Organisation, dann ist die Wahrscheinlichkeit einer sozialen Beziehung größer als ohne einen solchen gemeinsamen sozialen Kontext.

Die Fokustheorie betont damit die Entstehung von sozialen Beziehungen aufgrund von gemeinsamen Aktivitäten innerhalb eines Fokus. Während Feld (1981) erklärt, wie aus alltäglichen Interaktionen um einen bestimmten Fokus ein Potenzial für soziale Beziehungen entsteht, wird nicht deutlich, warum aus diesen Interaktionen tatsächlich dauerhafte soziale Beziehungen entstehen sollen, und warum aus anderen Interaktionen keine Beziehungen entstehen. Insbesondere wird nicht deutlich, wie dauerhafte

Beziehungen aufgebaut werden, die über die Dauer der gemeinsamen Fokuszugehörigkeit hinausgehen. Es entsteht der Eindruck, dass der gemeinsame Fokus der alleinige Verknüpfungspunkt zwischen zwei Personen ist. Wird der Fokus nicht mehr von beiden Personen benutzt, verfällt die Chance einer sozialen Beziehung. Die Zufälligkeit einer sozialen Beziehung wird bei Feld (1981) nicht durch eine Entscheidung beider Personen für den bewussten Fortbestand der sozialen Beziehung ergänzt.

Man kann dennoch festhalten, dass soziale Beziehungen auf gemeinsamen Interaktionen innerhalb eines sozialen Kontextes beruhen. Wann immer man mit anderen Menschen kommuniziert und interagiert, ergibt sich die Möglichkeit, eine soziale Beziehung aufzubauen. Gelegenheiten für soziale Beziehungen ergeben sich oft als nicht intendierte Nebenprodukte sozialer Handlungen. Der erste Schritt zu einer sozialen Beziehung ist damit ein Nebeneffekt sozialer Interaktionen, der eher unbewusst zustande kommt.

Aus diesem Beziehungspotenzial werden die Personen ausgewählt, die für eine dauerhafte soziale Beziehung bestimmt sind. Diese Auswahl einer Netzwerkperson ist eine Handlung, die nach Willmott (1987) für Freundschaftsbeziehungen auf einer Gemeinsamkeit, gegenseitiger Anziehung und Sympathie basiert. Fischer (1977a, 1982a) beschreibt diese bewusste Entscheidung für eine Netzwerkperson als rationale Wahlhandlung, Rusbult (1980) und Busschbach (1996) als eine Investitionsentscheidung.

Bereits der Sozialanthropologe Boissevain betrachtet die Akteure als Manipulatoren, die ihre sozialen Beziehungen so ausrichten, dass sie ihre Ziele leicht erreichen können (Boissevain 1974: 3). Mit seiner Arbeit wendet er sich einer akteursbezogenen Anschauungsweise zu, die von einem rationalen Handlungskalkül geprägt ist. Er betont bereits die Bedeutung von Restriktionen und schiebt unterschiedliche Präferenzen in den Hintergrund, wenn er sagt, dass Menschen ähnliche Entscheidungen treffen, wenn sie sich in ähnlichen Situationen befinden (Boissevain 1974: 6). Die Wahlfreiheit der sozialen Beziehungen sehen Hahn u.a. (1979: 43) als eine Offenheit. Menschen begegnen sich und es bleibt ihnen überlassen, mit wem, auf welche Weise und wie lange sie soziale Beziehungen aufnehmen. Soziale Beziehungen entstehen damit in zwei Stufen. Erstens steht durch Interaktionen in sozialen Kontexten ein Beziehungspotenzial zur Verfügung. Zweitens treffen Individuen Entscheidungen, ob diese Kontakte in dauerhafte soziale Beziehungen münden.

Der Prozess der Freundschaft nach Willmott (1987:85ff.) verläuft in drei Stufen. Erstens benötigt man Gelegenheiten, Interaktionen durchzuführen. Zweitens müssen zwei Personen etwas Gemeinsames haben, worauf eine nähere Beziehung beruhen kann. Schließlich ist gegenseitige Anziehung und Sympathie nötig, um Freunde zu werden. Der letzte Schritt hängt stark von der Persönlichkeit der beiden Personen ab. In den ersten beiden Stufen kann man eine Entsprechung zu den feldschen Fokussen sehen. Beide Autoren gehen davon aus, dass soziale Beziehungen aufgrund von sozialen Aktivitäten entstehen, die die beiden Personen verbindet. Willmott geht aber noch einen Schritt weiter als Feld, in dem er darauf hinweist, dass Sympathie notwendig ist, um eine soziale Beziehung zu vertiefen. Ferner haben Freundschaftsbeziehungen nur dann einen dauerhaften Bestand, wenn die Beziehung wechselseitig in Anspruch genommen wird. Willmott (1987) fügt dem mehr oder weniger unbewussten Schritt des Eingehens sozialer Beziehungen aufgrund von Gelegenheiten und gemeinsamen Fokussen eine Phase des bewussten Beziehungsaufbaus hinzu. Freundschaften gründen sich auf gegenseitiger Sympathie und einem wechselseitigen sozialen Austausch.[18]

Anders als bei Feld (1981) und Willmott (1987) steht bei Fischer (1977a, 1982a: 4f.) eine rationale Entscheidung im Mittelpunkt der Netzwerkgestaltung. Fischers Perspektive stützt sich auf ein Handlungskonzept, das Verhalten und Handeln als Zielverfolgung interpretiert. Netzwerke sind für Fischer (1982) das Resultat strukturierter Wahlhandlungen. Jeder Akteur gestaltet sein eigenes Netzwerk durch bewusste Auswahlentscheidungen. Die Startbeziehungen zu den Eltern und weiteren Familienangehörigen sind zwar vorgegeben und oft sind weitere soziale Beziehungen zum Beispiel zu Arbeitskollegen oder zur Schwägerschaft festgelegt. Aber auch in solchen festgelegten Beziehungen kann man noch wählen, mit wem man intime soziale Beziehungen eingeht. Die meisten Personen können ihre Nachbarn nicht bestimmen und die meisten Beschäftigten können sich ihre Arbeitskollegen nicht aussuchen, aber oftmals kann man festlegen, mit welchen Nachbarn oder Arbeitskollegen enge soziale Beziehungen geknüpft werden. Ein größerer Entscheidungsspielraum ergibt sich für soziale Beziehungen anderer sozialer Kontexte. Man kann wählen, in welchen Organisationen man Mitglied wird, und wie stark man in die Organisation eingebunden ist. Freunde und Bekannte, die weder Verwandte, Nachbarn, Arbeitskollegen oder Organisationsmitglieder sind, können ebenfalls frei ausgewählt werden (Fischer 1982a: 108). Der soziale Kontext einer Beziehung hat demnach Auswirkungen auf die Freiwilligkeit der Beziehung, wobei Freundschaftsbeziehungen den größten Entscheidungsspielraum haben, und damit am stärksten den persönlichen Geschmack reflektieren (Fischer 1982a: 115).

Allerdings sind die sozialen Kontexte nicht die einzigen Merkmale, die die Entscheidung für soziale Beziehungen und damit das persönliche Netzwerk beeinflussen. Neben den sozialen Kontexten gibt es sowohl eine Vielzahl von Gelegenheiten als auch zahlreiche Einschränkungen, die die Handlungsoptionen hinsichtlich der persönlichen Netzwerke tangieren. Die Handlungsoptionen werden durch strukturelle Gelegenheiten und Restriktionen, soziale Merkmale sowie persönliche Eigenschaften bestimmt. Diese Constraints sind in einer Gesellschaft unterschiedlich verteilt. Sie führen dazu, dass die persönlichen Netzwerke unterschiedliche Strukturen aufweisen.

Sozialstrukturelle Gelegenheiten kommen durch die sozialen Kontexte oder Fokusse zustande, in denen sich die Person normalerweise bewegt. Die meisten Erwachsenen lernen ihre Netzwerkpersonen durch ihre Familie, ihre Verwandtschaft, ihren Arbeitsplatz, ihre Nachbarschaft, ihre Mitgliedschaften in Organisationen, ihre

---

18 Seine Prozessbeschreibung bezieht sich allerdings auf Freundschaften und nicht allgemein auf soziale Beziehungen. Er trennt Freundschaftsverhältnisse strikt von anderen sozialen Beziehungen, wie Verwandtschafts- und Nachbarschaftsverhältnisse, in dem er distinktive Eigenschaften von Freundschaften herausarbeitet (vgl. Willmott 1987: 91 ff.).

Freundschaften und ihre Bekanntschaften kennen (Fischer 1982a: 4). Ferner bestimmen sozialstrukturelle Eigenschaften, wie die Siedlungsstruktur, die Handlungsoptionen für soziale Beziehungen. Stadtbewohner haben demnach einen größeren Entscheidungsspielraum, weil in der Stadt sowohl mehr als auch stärker differenzierte Handlungsoptionen bestehen. Die sozialstrukturelle Umgebung eines Akteurs beeinflusst die Menge der verfügbaren Interaktionspartner und die verfügbaren Informationen über die Interaktionspartner. Weiterhin schränken gesellschaftliche Regeln, Normen und sozialer Druck die Entscheidungen für soziale Beziehungen ein. So ist es für Mitarbeiter unterschiedlicher hierarchischer Ebenen eines Betriebes kaum möglich, eine Freundschaftsbeziehung zu unterhalten (Fischer 1982a: 4).

Neben den sozialstrukturellen Restriktionen beeinflussen auch soziale Merkmale und persönliche Eigenschaften die Entscheidungen für sozialen Beziehungen. Die Entscheidungen für eine soziale Beziehung unterliegt vielen Restriktionen, wie den finanziellen Ressourcen, dem physischen Wohlbefinden, sozialen Aktivitäten, familiären und beruflichen Verpflichtungen und anderen Umständen (Fischer 1982a: 90). Erwerbstätige haben zum Beispiel allein durch ihre Tätigkeit mehr Interaktionsmöglichkeiten als Nicht-Erwerbstätige. Menschen, die noch immer in der Gemeinde wohnen, in der sie aufgewachsen sind, haben leichteren Zugang zu Verwandten und alten Schulfreunden als Personen, die umgezogen sind. Die gut Situierten können soziale Beziehungen zu räumlich entfernten Personen leichter unterhalten als Personen, deren Reisekosten durch einen engen finanziellen Spielraum eingeschränkt sind. Kinderlose Erwachsene haben mehr Zeit, um Freundschaftsbeziehungen zu pflegen, als Eltern. Ob man am Fließband oder im Büro arbeitet, ob man jung und vital oder alt und immobil ist, ob man Kinder hat oder allein lebt, ob man viel oder wenig Geld hat, ob man schüchtern ist oder ein explosives Temperament hat, diese Umstände beeinflussen die Art und Anzahl sozialer Beziehungen (Fischer 1982a: 4f., 90). Die sozialstrukturellen und persönlichen Merkmale strukturieren nicht unmittelbar die sozialen Beziehungen, sondern die Handlungsoptionen von Akteuren (Fischer 1982a: 5).

Neu an Fischers Erklärung ist der Hinweis auf eine bewusste und rationale Entscheidung. Ähnlich wie Feld (1981) betont er die soziale Determination persönlicher Netzwerke. Er fügt jedoch noch andere Aspekte sozialer und persönlicher Restriktionen hinzu. Allerdings wird in seiner Argumentation nicht deutlich, welche Akteure unter den gegebenen Restriktionen welche Netzwerkpersonen präferieren. Worauf beruht denn nun die Auswahl eines Arbeitskollegen aus dem Mitarbeiterkreis oder die Auswahl eines Nachbars aus der Nachbarschaft? An dieser Stelle bleibt die Erklärung Fischers unvollständig.

Die Ansätze von Feld (1981), Fischer (1977a, 1982a) und Willmott (1987) enthalten trotz ihrer unterschiedlichen theoretischen Zugänge wichtige Aspekte für die Erklärung persönlicher Netzwerke. Betont wird, dass sozialstrukturelle Gelegenheiten und Restriktionen, einschließlich sozialer Kontexte und sozialer Fokusse, sowie persönliche Eigenschaften einen entscheidenden Einfluss auf persönliche Netzwerke haben (vgl. auch Jackson 1977, Poel 1993, Wolf 1996). Daneben sind individuelle Präferenzen bedeutend für die Wahl einer Netzwerkperson. Eine solche Erklärung persönlicher Netzwerke basiert auf einem Constrained-Choice-Modell (vgl. Fischer u.a. 1977, Jackson 1977, Verbrugge 1977, Franz 1986, Wolf 1996). Zunächst entwickelt sich aus der grauen Masse aller möglichen individuellen Akteure ein Beziehungspotenzial durch alltägliche soziale Handlungen und Interaktionen, die in Fokussen organisiert sind (Abbildung 5.1). Dieses Beziehungspotenzial bildet sich nicht oder nur selten aufgrund willentlicher Entscheidungen für den Netzwerkaufbau.

```
┌─────────────┐
│ graue Masse │
└──────┬──────┘
       │    ◄──────── Gelegenheiten und Restriktionen
       ▼
┌──────────────────┐
│ Beziehungspotenzial │
│ (Communication-Set) │
└──────┬───────────┘
       │    ◄──────── Investitionsentscheidung für Netzwerkpersonen
       ▼                mit dem Ziel des Ressourcenzugangs
┌──────────────────┐
│ persönliches Netzwerk │
│ (Action-Set)     │
└──────────────────┘
```

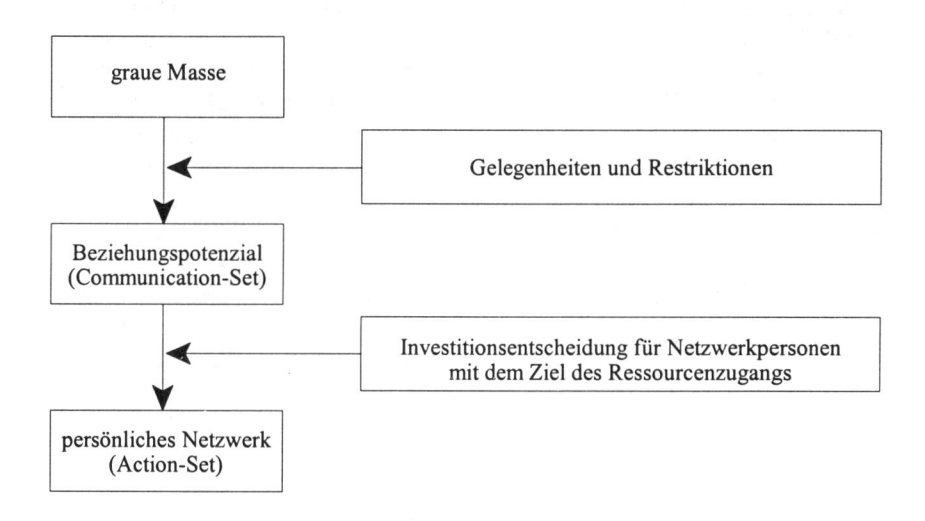

Abbildung 5.1: Ein Constrained-Choice-Modell persönlicher Netzwerke

Der Entscheidungsspielraum des Akteurs unterliegt einer Vielzahl von Constraints. Diese Constraints umfassen sozialstrukturelle Einschränkungen, zum Beispiel die Siedlungsstruktur, soziale Merkmale, wie die Ausstattung mit ökonomischem Kapital beziehungsweise Humankapital, und persönliche Eigenschaften, wie Introversion oder Immobilität. Diese Constraints wirken sich allgemein auf die Handlungsoptionen und damit auf die persönlichen Netzwerke insgesamt aus. Durch die bewusste Auswahl von Netzwerkpersonen aus diesem Beziehungspotenzial strukturiert ein Akteur sein persönliches Netzwerk. Inwieweit aus dem Beziehungspotenzial alltäglicher Zusammenkünfte eine soziale Beziehung entsteht, hängt von den Zielen und Präferenzen der Akteure ab.[19]

In dieser Arbeit werden die persönlichen Netzwerke als *Resultat* von Auswahlprozess und Investitionsentscheidungen betrachtet. Im Mittelpunkt steht nicht der Ablauf der Auswahl einer Reihe von sozialen Beziehungen Egos, sondern die

---

19 Die persönlichen Netzwerke bestehen zwar aus einer Anzahl dauerhafter sozialer Beziehungen. Allerdings unterliegen diese Netzwerke einen steten Wandel. Lohnt es sich nicht mehr, in eine bestehende Beziehung zu investieren, kommt sie zum Erliegen.

Erklärung vorhandener persönlicher Netzwerke anhand eines Constrained-Choice-Modells. Dabei werden in Anlehnung an Fischers Ausarbeitung vor allem die Gelegenheiten und Restriktionen und nicht die individuellen Präferenzen als Erklärungsfaktoren herangezogen, weil sich diese Erweiterungen und Einschränkungen des Entscheidungsspielraumes eines Akteurs auf alle soziale Beziehungen gleichermaßen auswirken, und weil sie nicht nur die Investitionsentscheidung für eine Netzwerkperson, sondern auch das Beziehungspotenzial selbst beeinflussen.

Wenn man davon ausgeht, dass persönliche Netzwerke aufgrund von Investitionsentscheidungen für Netzwerkpersonen entstehen, dann ergeben sich Unterschiede zwischen diesen Netzwerken durch Gelegenheiten und Restriktionen des Entscheidungsspielraumes. Die Wirkung der wichtigsten Restriktionen und Gelegenheiten auf die persönlichen Netzwerke werden in diesem Abschnitt als Hypothesen formuliert. Zu diesen Gelegenheiten und Restriktionen zählen die vier Merkmale Siedlungsstruktur, Kapitalausstattung, individuelle Restriktionen und der individuelle Status.

Im ersten und zweiten Kapitel wurde ausführlich die Beeinflussung sozialer Integration durch die Siedlungsstruktur besprochen. Die Community-Lost-These behauptet, dass städtische Siedlungsstrukturen persönliche Netzwerke einschränken, weil Stadtbewohner einen Verlust sozialer Beziehungen aus primären Kontexten erleiden (vgl. House u.a. 1988: 312). Daraus lässt sich die erste Hypothese ableiten:

Community-Lost-Hypothese (1): Städtische Siedlungsstrukturen schränken das persönliche Netzwerk ein.

Andererseits postuliert die Community-Liberated-These, dass die lokal organisierten, sozialen Gemeinschaften den offenen Netzwerken mit sozialen Beziehungen aus primären und sekundären Kontexten gewichen sind. Es ergeben sich dennoch Unterschiede zwischen Stadt- und Landbewohnern, weil städtische Siedlungsstrukturen die Gestaltungsmöglichkeiten für persönliche Netzwerke erweitern. Bevölkerungszahl und Bevölkerungsdichte bewirken, dass die Stadtbewohner heterogener sind. Städtische Siedlungsstrukturen führen zu einer freieren Wahl der Netzwerkpersonen und damit zu einer Pluralisierung, nicht aber zu einer Einschränkung des persönlichen Netzwerks. Sie bewirken insofern einen Wandel, aber keine Einschränkung der Netzwerkgestaltung. Empirische Evidenz für diese These liefern die Studien von Fischer (1982a) und Sampson (1988, 1991). Die Community-Liberated-Argumentation führt zu folgender Hypothese:

Community-Liberated-Hypothese (2): Städtische Siedlungsstrukturen schränken das persönliche Netzwerk nicht ein.

Nach Piel (1987: 30) kann soziale Isolation nicht einfach daraus erklärt werden, dass man Stadtbewohner ist. Persönliche Netzwerke haben zusätzlich individuelle Ursachen, die sich aus Gelegenheiten und Restriktionen ergeben. Eine der wichtigsten Gelegenheiten für persönliche Netzwerke ist die Kapitalausstattung Egos (Campbell u.a. 1986). Personen sind mit zwei Kapitalarten ausgestattet, dem Humankapital und dem ökonomischen Kapital. Je mehr Humankapital und ökonomisches Kapital zur Verfügung steht, desto extensiver und intensiver kann ein persönliches Netzwerk gestaltet werden (vgl. House u.a. 1988: 311f.). Eine hohe Kapitalausstattung bewirkt, dass Ego weniger von einzelnen Netzwerkpersonen abhängig ist. Daraus lässt sich die dritte Hypothese der Netzwerkgestaltung ableiten:

Gelegenheitshypothese (3): Die Kapitalausstattung Egos fördert das persönliche Netzwerk.

In vielfältiger Weise kann der Entscheidungsspielraum für persönliche Netzwerke eingeengt sein. Im Folgenden werden fünf Restriktionen vorgestellt, die in dieser Arbeit untersucht werden: Introversion, Immobilität, Zeitknappheit, Wohnortwechsel und Lebensalter. Introvertierte Menschen lernen schwieriger neue Personen kennen als extrovertierte Personen. Ebenso werden immobile Menschen gehindert, soziale Beziehungen zu weit entfernt wohnenden Netzwerkpersonen aufrechtzuerhalten. Mobilere Menschen mit eigenem Fahrzeug und ohne Körperbehinderung haben dagegen kaum Probleme, auch entfernte Personen aus dem Verwandten- und Freundeskreis zu besuchen.

Eine wesentliche Restriktion ist die Zeit, die für soziale Beziehungen verfügbar ist. Da Zeit eine knappe Ressource ist, die nicht beliebig ausgedehnt werden kann, konkurrieren verschiedene soziale Beziehungen um dieses knappe Gut. Ist beispielsweise ein hoher Zeitaufwand für familiäre Beziehungen, etwa für die Erziehung von Kindern, notwendig, dann werden außerfamiliäre Beziehungen vernachlässigt. Kinder im Haushalt bedeuten eine Einschränkung für den Unterhalt eines persönlichen Netzwerks. Ferner beeinflusst die Wohndauer die Netzwerkgestaltung. Mit zunehmender Wohndauer gewöhnt man sich an die Wohnumgebung, knüpft leichter soziale Beziehungen und sucht eher lokale Beziehungen. Dagegen führt ein Wechsel des Wohnortes häufig zum Bruch alter Beziehungen. Am neuen Wohnort werden nur langsam neue lokale Beziehungen aufgebaut. Schließlich konnte vielfach nachgewiesen werden, dass mit zunehmendem Lebensalter in weniger sozialen Beziehungen umso intensiver interagiert wird (House u.a. 1988: 311f., vgl. auch Diewald 1991: 115). Wenn Ego diesen Restriktionen unterliegt, dann ist er in seinem Beziehungspotenzial und damit in seinem persönlichen Netzwerk eingeschränkt. Er ist nicht unbedingt weniger in die Gesellschaft integriert, muss aber seine sozialen Aktivitäten einschränken. Aufgrund dieser individuellen Restriktionen wird folgende Hypothese aufgestellt:

Restriktionshypothese (4): Die individuellen Restriktionen Egos schränken das persönliche Netzwerk ein.

Neben Effekten von Siedlungsstruktur, Kapitalausstattung und individuellen Restriktionen werden noch Zusammenhänge zwischen individuellem Status - Geschlecht und Familienstand - und den persönlichen Netzwerken betrachtet. Man kann davon ausgehen, dass der individuelle Status ebenfalls zur Gestaltung persönlicher Netzwerke beiträgt. Allerdings gibt es kaum hinreichende bzw. sich widersprechende theoretische Begründungen zwischen dem individuellen Status und der Netzwerkgestaltung (vgl. Diewald 1991: 113ff.). In der theoretischen Argumentation werden Frauen als die sozial aktiveren Personen beschrieben, die sich meistens um die Organisation außerfamiliärer Aktivitäten kümmern. Andererseits haben Männer vielfältigere Ressourcen, die für die Beziehungspflege eingesetzt werden können.

Ähnlich widersprüchlich ist die Argumentation hinsichtlich des Familienstandes. Verheiratete Personen haben vor allem einen großen Anteil familiärer Beziehungen durch die Verknüpfung zweier Familien. Andererseits haben unverheiratete Personen aufgrund der geringeren familiären Bindungen einen größeren Spielraum für Freundschafts- und Bekanntschaftsbeziehungen. Die empirischen Befunde der Effekte von Geschlecht (Fischer/Oliker 1983, Dykstra 1990) und Familienstand (Hurlbert/Acock 1990) sind teilweise ebenso widersprüchlich. Deshalb werden Geschlecht und Familienstand Egos als Kontrollvariablen in das Modell persönlicher Netzwerke aufgenommen, ohne dass Hypothesen über einen Zusammenhang des individuellen Status und der Netzwerkgestaltung gebildet werden. Die vier Hypothesen über persönliche Netzwerke sind in Abbildung 5.2 grafisch dargestellt.

Sozialstruktur Egos:	
Siedlungsstruktur	-/0
Kapitalausstattung	+
individuelle Restriktionen	-
individueller Status	?

→ persönliches Netzwerk

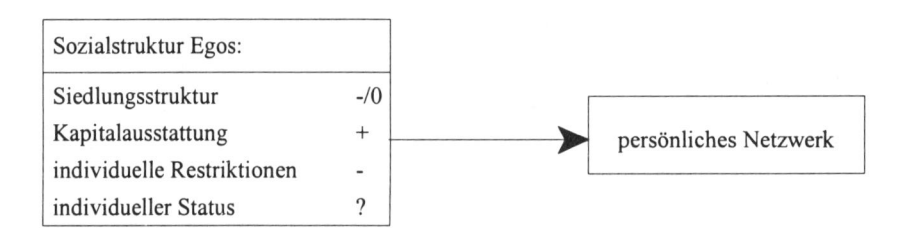

Abbildung 5.2: Ein Ursache-Wirkungs-Modell persönlicher Netzwerke

Zusammenfassend spielen zwei Punkte für die Gestaltung persönlicher Netzwerke eine wesentliche Rolle. Zum Ersten müssen für soziale Interaktionen Gelegenheiten bestehen. Die sozialen Kontexte, in denen soziale Handlungen und Interaktionen ablaufen, stellen ein wichtiges Potenzial für soziale Beziehungen dar. Zum Zweiten ergeben sich aus diesem Beziehungspotenzial durch bewusste Entscheidungen tatsächliche soziale Beziehungen. Die Netzwerkgestaltung erfolgt damit in einem Entscheidungsspielraum, der durch sozialstrukturelle Gelegenheiten ermöglicht und durch sozialstrukturelle Restriktionen eingeengt wird. Durch die Gelegenheiten und Restriktionen, denen Ego unterliegt, lassen sich demnach Unterschiede zwischen persönlichen Netzwerken erklären. Gelegenheiten stellen die Siedlungsstruktur des Wohnortes (Hypothesen 1 und 2) sowie das Humankapital und das ökonomische Kapital (Hypothese 3) dar. Die Restriktionen werden durch fünf verschiedene individuelle Merkmale repräsentiert (Hypothese 4). Die Wirkung der Gelegenheiten und Restriktionen auf einzelne Aspekte persönlicher Netzwerke ist Gegenstand des nächsten Kapitels.

6 Hypothesen zu Unterschieden zwischen persönlichen Netzwerken

Im Folgenden wird die Wirkung der Gelegenheiten und Restriktionen, wie sie in den Hypothesen eins bis vier formuliert wurden, auf drei verschiedene Aspekte persönlicher Netzwerke erläutert, um empirisch prüfbare Hypothesen daraus abzuleiten. Diese drei Netzwerkparameter sind die Netzwerkgröße (S. 59), die Netzwerkdichte (S. 60) und die Netzwerkzusammensetzung (S. 60). Während sich die Netzwerkgröße vor allem auf die Personen bezieht, nimmt die Netzwerkdichte auf die sozialen Beziehungen Bezug. Die Netzwerkzusammensetzung verbindet die beiden Elemente Person und Beziehung miteinander, denn die Zusammensetzung ergibt sich aus der prozentualen Verteilung verschiedener sozialer Kontexte, in denen Ego mit seinen Netzwerkpersonen operiert. Im Folgenden werden die vier Hypothesen des Constrained-Choice-Modells persönlicher Netzwerke den drei Aspekten Netzwerkgröße, Netzwerkdichte und Netzwerkzusammensetzung angepasst. Empirische Befunde sollen die theoretische Argumentation untermauern.[20] Allerdings sollte nochmals darauf hingewiesen werden, dass aufgrund der sehr unterschiedlichen Netzwerkerhebungen ein Vergleich empirischer Ergebnisse nur unter Vorbehalt möglich ist (vgl. S. 56).

6.1 Netzwerkgröße

Die Netzwerkgröße (S. 59) ergibt sich durch die Anzahl aller Personen eines Netzwerks, wobei in der hier verwendeten Definition die Anzahl der Netzwerkpersonen ohne Ego gemeint ist. Die Community-Lost-These besagt, dass durch den Verlust sozialer Beziehungen zu Verwandten und Nachbarn die Netzwerke der Stadbewohner kleiner sind als die Netzwerke der Landbewohner. Andererseits besagt die Community-Liberated-These, dass dieser Verlust durch soziale Beziehungen aus sekundären Kontexten ausgeglichen wird. Insbesondere die größeren und vielfältigeren Möglichkeiten für Interaktionen und soziale Beziehungen der Stadtbewohner fördern diesen Ausgleich der Netzwerkgrößen. In bisherigen empirischen Untersuchungen konnte kein robuster Zusammenhang zwischen Siedlungsstruktur und Netzwerkgröße nachgewiesen werden. Busschbach (1996) und Beggs u.a. (1996: 316) stellen fest, dass

---

20 Es liegen nur wenige empirische Arbeiten vor, die persönliche Netzwerke vor dem Hintergrund unterschiedlich großer Gemeinden analysieren. Vorreiter waren Edward Laumann, der 1965/66 die Detroit Area Study durchführte, und Claude Fischer mit der Northern Californien Study, die 1977/78 durchgeführt wurde. Weitere Survey-Erhebungen wurden in den USA 1985 (Burt 1984, Marsden 1987), der BRD 1986/87 (Pappi/Melbeck 1988) und den Niederlanden (Poel 1993) durchgeführt.

das persönliche Netzwerk größer ist, wenn Akteure in eine städtische Lebensumgebung eingebettet sind. Fischer (1982a) stellt unter Kontrolle von Drittvariablen jedoch einen negativen Zusammenhang fest. In seiner Untersuchung nennen Stadtbewohner durchschnittlich rund 2 Netzwerkpersonen weniger als andere Befragte. Pappi und Melbeck (1988) stellen im bivariaten Vergleich eine u-förmige Verteilung der Netzwerkgröße fest. Der bivariate Zusammenhang zeigt weder ein eindeutiges Bild noch ausgeprägte Strukturen (Pappi/Melbeck 1988). In Baldassares (1977) Untersuchung zeigen sich nicht die vermuteten Zusammenhänge zwischen Bevölkerungsdichte und Netzwerkgröße. So macht es hinsichtlich der Netzwerkgröße keinen Unterschied, ob man in Gebieten hoher oder niedriger Bevölkerungsdichte lebt (Baldassare 1977: 106f.). Unter Kontrolle von Drittvariablen zeigen sich ebenfalls keine signifikanten Ergebnisse zwischen Bevölkerungsdichte und den Netzwerkeigenschaften. Baldassare (1977: 109) räumt jedoch selbst ein, dass der verwendete Datensatz - die Detroit Area Study von 1965/66 - seine Grenzen hat. Aufgrund der theoretischen Überlegung werden folgende Hypothesen gestellt:

Community-Lost-Hypothese (1a): Je urbaner die Siedlungsstruktur ist, desto kleiner ist das Netzwerk.

Community-Liberated-Hypothese (2a): Die Siedlungsstruktur hat keinen Einfluss auf die Netzwerkgröße.

Generell gilt, dass durch hohe Kapitalausstattung mehr Ressourcen für soziale Beziehungen verfügbar sind. Wenn für den Unterhalt solcher Beziehungen mehr Kapital zur Verfügung steht, kann sich Ego auch mehr soziale Beziehungen leisten. Andererseits steht sowohl durch eine weiterführende Schulausbildung und durch eine hohe Handlungsautonomie im Beruf ein größeres Beziehungspotenzial bereit. Die persönlichen Netzwerke dürften größer sein, je mehr Humankapital und ökonomisches Kapital zur Verfügung stehen. Empirische Ergebnisse ähnlicher Netzwerkstudien belegen, dass mit steigender Kapitalausstattung die Netzwerke größer sind (Fischer 1982a: 41, Willmott 1987: 3). Höher gebildete Personen tendieren dazu, ein größeres Netzwerk zu haben als Personen mit niedriger Schulbildung (Fischer 1982a: 33, Busschbach 1996). Die Ergebnisse von Laireiter u.a. (1993) ergeben, dass Berufstätige das größte Netzwerk haben. Busschbach (1996) berichtet, dass persönliche Netzwerke größer sind, je höher ihr Einkommen ist. Willmott (1987: 16, 58) kann einen deutlichen Effekt der Kapitalausstattung, sowohl des Humankapitals als auch des ökonomischen Kapitals auf die Netzwerkgröße nachweisen. Die empirischen Ergebnisse mehrerer Studien stützen damit die theoretischen Überlegungen.

Gelegenheitshypothese (3a): Je größer die Kapitalausstattung Egos ist, desto größer ist sein persönliches Netzwerk.

Allgemein schränken die individuellen Restriktionen den Entscheidungsspielraum für soziale Beziehungen ein. Introvertierten Personen fällt es schwer, Beziehungen zu

6 Hypothesen zu Unterschieden zwischen persönlichen Netzwerken

anderen Menschen zu knüpfen. Immobilität behindert vor allem persönliche Besuche zu entfernt wohnenden Netzwerkpersonen. Kinder im Haushalt schränken die verfügbare Zeit für soziale Beziehungen außerhalb des Haushaltes ein. Mit zunehmender Wohndauer lernt man mehr Menschen kennen und geht mit ihnen soziale Beziehungen ein, was ein größeres Netzwerk zur Folge hat. Andererseits brechen durch einen Wohnortwechsel zahlreiche soziale Beziehungen ab. Aufgrund der neuen Umgebung fällt es schwer, neue soziale Beziehungen einzugehen. Willmott (1987: 3) stellt fest, dass es bezüglich des individuellen Status in der bisherigen Forschung sowohl einen entscheidenden Einfluss des Lebenszyklus als auch geschlechtsspezifische Muster gibt. Jüngere Personen sind aufgrund ihrer Ungebundenheit in der Lage, zahlreiche Beziehungen zu unterhalten. Aktive Beziehungen gehören zur Lebensweise dieses Personenkreises. Im Alter nimmt zwar die Abhängigkeit von bestimmten sozialen Beziehungen zu, allerdings besteht das persönliche Netzwerk nur noch aus einer kleinen Anzahl sozialer Beziehungen. Mit zunehmendem Alter dürfte die Netzwerkgröße abnehmen. Für die fünf ausgewählten Indikatoren der individuellen Restriktionen liegen kaum empirische Befunde vor. Lediglich Willmott (1987: 16) testet den Zusammenhang von Netzwerkgröße und Anzahl der Kinder im Haushalt. Allerdings kann er keinen Effekt nachweisen. Er kann auch keine Effekte von Geschlecht und Alter bestätigen (Willmott 1987: 16). Laireiter u.a. (1993) stellen fest, dass mit zunehmendem Alter die Netzwerkgröße abnimmt. Dieser Zusammenhang wird durch die Daten von Busschbach (1996) bestätigt.

Restriktionshypothese (4a): Je größer die individuellen Restriktionen Egos sind, desto kleiner ist sein persönliches Netzwerk.

Als Kontrollvariablen werden zwei Merkmale des individuellen Status (Geschlecht und Familienstand) in das Modell aufgenommen, ohne Hypothesen zu spezifizieren. Die vier Hypothesen über die Zusammenhänge zwischen Siedlungsstruktur, Gelegenheiten und Restriktionen einerseits und der Netzwerkgröße andererseits sind in der Abbildung 6.1 dargestellt.

Sozialstruktur Egos:	
Siedlungsstruktur	-/0
Kapitalausstattung	+
individuelle Restriktionen	-
individueller Status	?

→ Netzwerkgröße

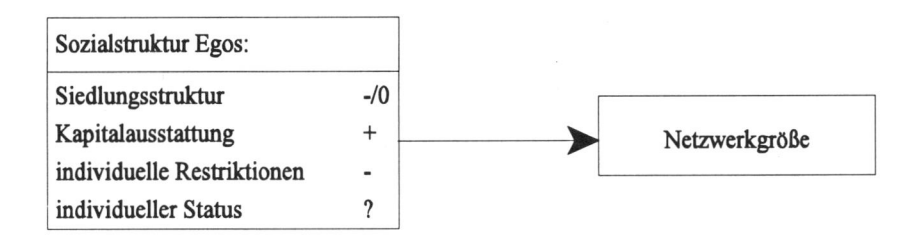

Abbildung 6.1: Hypothesenzusammenhänge der Netzwerkgröße

6.2 Netzwerkdichte

Die Akteure interagieren nicht unbeeinflusst von anderen sozialen Beziehungen in einem persönlichen Netzwerk. Diese gegenseitige Verbundenheit aller Akteure wird durch die Netzwerkdichte (S. 60) widergegeben. Die bisherige Netzwerkforschung zeigt, dass eine hohe Netzwerkdichte für eine gute soziale Integration sorgt, während lose verknüpfte Netzwerke viel stärker fragmentiert und unkoordiniert sind (Craven/Wellman 1973: 73, Wellman 1981: 189).

Netzwerkgröße und Netzwerkdichte stehen in einem negativen Zusammenhang. Dafür sprechen zwei Gründe. Erstens bringen große Netzwerke ein Managementproblem mit sich. Wenn viele Netzwerkpersonen zu verschiedenen Zeiten an verschiedenen Orten kontaktiert werden, ruft dies Probleme des Zeitplans und logistischer Art hervor (Fischer 1982a: 150). Deshalb dürften große Netzwerke weniger dicht sein als kleine Netzwerke. Zweitens entspricht dieser negative Zusammenhang zwischen Netzwerkgröße und Netzwerkdichte auch der Fokustheorie von Feld (1981), wenn man bedenkt, dass zwar innerhalb sozialer Kontexte beziehungsweise Fokusse aufgrund der sozialen Aktivitäten eine hohe Beziehungsdichte herrscht, aber zwischen den einzelnen Kontexten die Netzwerkdichte gering ist. Je mehr Fokusse ein persönliches Netzwerk umspannt, desto geringer ist deren Netzwerkdichte.

Die Community-Lost-Vertreter argumentieren, dass der Austausch sozialer Beziehungen primärer Kontexte durch Beziehungen sekundärer Kontexte einen Verlust der Netzwerkdichte bewirkt, weil die Beziehungen primärer Kontexte meist einer einzigen lokalen Gemeinschaft entstammen. Dagegen sind die sozialen Beziehungen aus unterschiedlichen sekundären Kontexten nur lose verknüpft. Andererseits sind laut Community-Liberated-These in urbanen Räumen die sozialen Kontexte vielfältiger. Aufgrund des vielfältigen Angebots können Stadtbewohner ihre Netzwerke spezialisieren, um ihre Bedürfnisse zu befriedigen. Das führt dazu, dass in Städten die persönlichen Netzwerke weniger dicht sind. Wellman (1979) argumentiert, dass Stadtbewohner nicht in eine einzige soziale Gemeinschaft involviert und auch nicht in ein abgeschlossenes Netzwerk integriert sind. Für Stadtbewohner ist ein weitverzweigtes, locker verbundenes Netz vielfältiger sozialer Beziehungen typisch, nicht aber ein dicht gewobenes, fest verankertes Netzwerk sozialer Gemeinschaften (Wellman 1979). In den ländlichen sozialen Gemeinschaften waren dichte Netzwerke eine Folge der Isolation, denn es standen nur wenige Personen für soziale Beziehungen zur Verfügung (Fischer 1982a: 140). Die empirischen Ergebnisse von Fischer (1982a: 147) und Beggs u.a. (1996: 318) belegen, dass Bewohner urbaner Gemeinden auch unter Kontrolle von Drittvariablen weniger dichte Netzwerke haben. Einen weniger ausgeprägten bivariaten Zusammenhang berichten Pappi und Melbeck (1988): Die Netzwerkdichte steigt zunächst mit der Gemeindegröße an, um danach abzufallen.

Community-Lost-Hypothese (1b) und Community-Liberated-Hypothese (2b): Je urbaner die Siedlungsstruktur ist, desto geringer ist die Netzwerkdichte.

Die weitreichenden sozialen Beziehungen von Egos mit hohem Kapital münden zwar in große, dafür aber weit verstreute Netzwerke. Hier wirkt das Management-problem von Netzwerkgröße und Netzwerkdichte. Ein weiterer Grund liegt in der größeren Anzahl sozialer Situationen, in die besser ausgestattete Personen durch ihre täglichen Aktivitäten involviert sind. Die bisherigen empirischen Ergebnisse sind zwiespältig. Willmott (1987: 72) belegt, dass besser Gebildete losere Netzwerke haben. Im Gegensatz dazu kann Irving (1977: 871) keine Effekte von Beruf und Bildung nachweisen. Bezüglich des ökonomischen Kapitals gibt es keine Unterschiede (Willmott 1987: 72).

Gelegenheitshypothese (3b): Je größer die Kapitalausstattung Egos ist, desto geringer ist die Netzwerkdichte.

Die individuellen Restriktionen schränken im Allgemeinen die sozialen Beziehungen ein. Introvertierte Personen suchen gewöhnlich nur in einigen wenigen sozialen Kontexten wie Verwandtschaft oder Arbeitsplatz soziale Beziehungen. Sie entfalten weniger soziale Aktivitäten als extrovertierte Personen. Deshalb sollten introvertierte Akteure auch dichtere Netzwerke haben. Immobile Personen sind dagegen auf einen lokal begrenzten Beziehungskreis angewiesen. Aufgrund der räumlichen Nähe der Netzwerkpersonen sollten die persönlichen Netzwerke von immobilen Akteuren dichter sein. Wenn aufgrund von Kindern über weniger Zeit für außerhäusliche Beziehungen verfügt werden kann, dann sind die Eltern oft veranlasst, möglichst viele Netzwerkpersonen in der eigenen Wohnung zu empfangen. Ferner sind die sozialen Beziehungen in der Familienphase stärker auf die Familie beziehungsweise Verwandtschaft gerichtet. Beziehungen zu anderen sozialen Kontexten werden dagegen vernachlässigt. Aus diesen Gründen haben Kinder im Haushalt einen positiven Effekt auf die Netzwerkdichte.

Ein Wohnortwechsel führt zu zerstreuten persönlichen Netzwerken. Da nach einem Wohnortwechsel das alte Netzwerk teilweise zerstört wird und am neuen Wohnort ein neues Netzwerk entsteht, dürfte bei geringer Wohndauer auch eine geringere Netzwerkdichte zu erwarten sein (vgl. Irving 1977: 872, Willmott 1987: 69). Das Lebensalter wirkt sich ebenfalls positiv auf die Netzwerkdichte aus. Junge Erwachsene haben aufgrund zahlreicher sozialer Aktivitäten ein weit verstreutes, nur lose verbundenes Netzwerk. In der Familienphase werden familiäre und verwandtschaftliche Beziehungen gestärkt, die untereinander dicht geknüpft sind. Mit zunehmendem Lebensalter werden die Netzwerke nach der Hilfe- und Unterstützungsbedürftigkeit ausgerichtet. Diese Unterstützung leisten zumeist jüngere nahestehende Verwandte, die untereinander verbunden sind. Deshalb sollte mit zunehmendem Alter die Netzwerkdichte zunehmen. Insgesamt überwiegen die positiven Effekte der individuellen Restriktionen auf die Netzwerkdichte. Lediglich der Wohnortwechsel bildet eine Ausnahme. Das stark restringierte Individuum muss dichte Netzwerke haben, das weniger restringierte kann solche Netzwerke haben (Fischer 1982a: 140).

Restriktionshypothese (4b): Je größer die individuellen Restriktionen Egos sind, desto größer ist die Netzwerkdichte. Nach einem Wohnortwechsel ist die Netzwerkdichte geringer.

Auch wenn Willmotts (1987: 72) Daten zeigen, dass Männer dichtere Netzwerke als Frauen haben, wird keine Hypothesen über den Zusammenhang von Geschlecht und Netzwerkdichte gebildet. Neben dem Geschlecht wird der Familienstand als zweites Merkmal des individuellen Status als Kontrollvariable aufgenommen. Die vier Hypothesen über die Einflüsse auf die Netzwerkdichte sind in Abbildung 6.2 dargestellt.

Sozialstruktur Egos:	
Siedlungsstruktur	-
Kapitalausstattung	-
individuelle Restriktionen	+
Wohnortwechsel	-
individueller Status	?

→ Netzwerkdichte

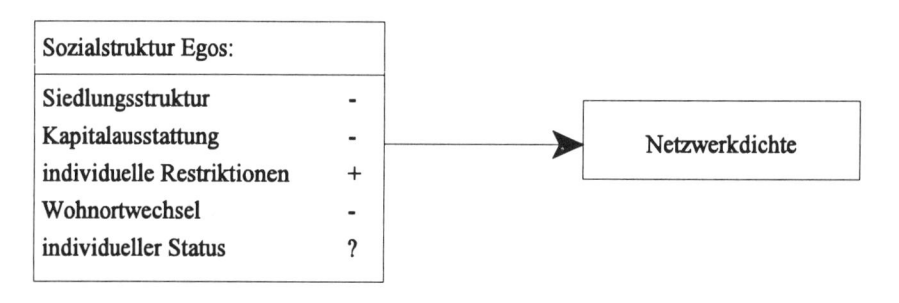

Abbildung 6.2: Hypothesenzusammenhänge der Netzwerkdichte

6.3 Netzwerkzusammensetzung

Im folgenden dritten Netzwerkmodell wird die Zusammensetzung der Netzwerke (S. 60) anhand der sozialen Kontexte untersucht. Der Community-Lost-Ansatz postuliert einen negativen Zusammenhang zwischen Siedlungsstruktur und den primären Kontexten. Insbesondere Verwandtschafts- und Nachbarschaftsbeziehungen erleiden in der Stadt einen Verlust, während sozialen Beziehungen zu Arbeitskollegen, Organisationsmitgliedern, Bekannten und Freunden in Städten größere Bedeutung zukommt als in den ländlichen Gemeinden. Das Stadtleben reduziert einerseits die Integration in Familien-, Verwandtschafts- und Nachbarschaftsbeziehungen und fördert andererseits die Integration in Arbeits-, Organisations-, Bekanntschafts- und Freundschaftsbeziehungen. Anders argumentieren die Vertreter des Community-Liberated-Ansatzes. Sie bestreiten den Verlust sozialer Beziehungen primärer Kontexte ausschließlich unter Stadtbewohnern und sehen in den Beziehungen sekundärer Kontexte eher eine Ergänzung. Das soziale Leben einer Stadt ist vielschichtiger und differenzierter. Deshalb sollten sich in den persönlichen Netzwerken der Stadtbewohner auch mehr freiwillige Beziehungen aus modernen sekundären Kontexten wiederfinden. Fischer (1982a) betont in diesem Zusammenhang, dass soziale Beziehungen zu entfernten Verwandten eher durch selektive Familienintegration als durch Familiendesintegration entstehen. Während die

Landbewohner vorrangig ihre sozialen Beziehungen aus den primären Kontexten wählen müssen, können die Stadtbewohner ihre sozialen Beziehungen auch aus anderen sozialen Kontexten wählen (Fischer 1982a: 98).

Eine Fülle empirischer Ergebnisse belegt diesen Zusammenhang. So nimmt der Anteil der Verwandten in größeren Gemeinden ab (Fischer 1982a: 56, 85, Pappi/Melbeck 1988, Laireiter u.a. 1993). Dagegen wendet Bertram (1995: 181f.) ein, dass zwar in Westdeutschland hinsichtlich der Familienbeziehungen eine klare Trennung zwischen städtischen und ländlichen Regionen zu erkennen ist, jedoch kann eine solche Trennung in ostdeutschen Regionen kaum beobachtet werden. In städtischen Siedlungsstrukturen ist die Anzahl der Nachbarn geringer (Fischer 1982a, Völker/Flap 1997), die Anzahl der Organisationsmitglieder und Arbeitskollegen (Fischer 1982a: 106) nahezu gleich, und die Anzahl der Freunde (Fischer 1982a: 117) und Bekannten (Fischer 1982a: 115) größer als in ländlichen Siedlungsstrukturen. In einer Ergebniszusammenfassung von Schenk (1983) wird deutlich, dass regionale Unterschiede hinsichtlich der sozialen Kontexte recht deutlich ausfallen. Die Befragten aus städtischen Siedlungsstrukturen nennen weniger Beziehungen aus den primären, traditionellen Kontexten aber mehr aus den sekundären, modernen Kontexten (Fischer 1982a, Laireiter u.a. 1993). Neuere Ergebnisse (Beggs u.a. 1996: 316) zeigen, dass zwar die Anteile von Verwandtschafts- und Nachbarschaftsbeziehungen für Landbewohner größer sind, jedoch die Anteile sekundärer Kontexte nicht signifikant absinken. Aufgrund der Community-Lost- und Community-Liberated-Argumentation ergibt sich folgende Hypothese:

Community-Lost-Hypothese (1c) und Community-Liberated-Hypothese (2c): Je urbaner die Siedlungsstruktur ist, desto stärker fällt die Netzwerkzusammensetzung zuungunsten der primären und zugunsten der sekundären sozialen Kontexte aus.

Stehen einem Ego zahlreiche Kapitalressourcen, wie materieller Wohlstand, physische Sicherheit und Bildung, zur Verfügung, können leichter soziale Beziehungen außerhalb der traditionellen Kontexte unterhalten werden (Fischer 1982a). Höheres Humankapital führt dazu, dass zahlreiche soziale Beziehungen in vielfältigen sozialen Kontexten bestehen. Ein Ego mit hohem Humankapital kann deshalb ein disperses persönliches Netzwerk mit vielen unverbundenen Netzwerkpersonen außerhalb der primären Kontexte aufbauen. Ökonomisches Kapital schafft Gelegenheiten, diese zahlreichen und vielfältigen Beziehungen zu unterhalten. Andererseits gehen Verpflichtungen in einem bestimmten sozialen Kontext oft zulasten von Beziehungen in einem anderen sozialen Kontext (Fischer 1982a: 120). Solche Restriktionen können durch reichliche soziale und finanzielle Ressourcen überwunden werden. Allgemein führt ein Mangel an Kapital zum Einbezug von Verwandtschafts- und Nachbarschaftsbeziehungen, während eine reichliche Kapitalausstattung zu Beziehungen mit Arbeitskollegen, Organisationsmitgliedern, Freunden und Bekannten führt. Höheres Einkommen und höhere Bildung tragen dazu bei, dass der Anteil der nichtverwandten Beziehungen im Netzwerk zunimmt. Sozial Schwächere sind dagegen auf Verwandtschafts- und Nachbarschaftsbeziehungen angewiesen (Keller 1968, Fischer 1982a, Schenk 1983).

Empirisch konnten die Zusammenhänge zwischen Humankapital und ökonomischem Kapital einerseits und der Zusammensetzung der Netzwerke andererseits vielfach nachgewiesen werden. Höheres Humankapital führt zu weniger familiären, aber mehr selbstgewählten und beruflichen Beziehungen (Laireiter u.a. 1993). Höher gebildete Befragte nannten weniger Verwandtschaftsbeziehungen (Fischer 1982a, Laireiter u.a. 1993) und Nachbarschaftsbeziehungen (Keller 1968: 73). Dagegen fördert hohes Humankapital die Integration von Arbeitskollegen (Fischer 1982a, Laireiter u.a. 1993), Organisationsmitgliedern (Fischer 1982a) und Freunden (Fischer 1982a: 116, Willmott 1987: 16ff.). Bei gleicher Anzahl verwandtschaftlicher Beziehungen bestehen für Besserverdienende mehr nicht-verwandtschaftliche Beziehungen (Willmott 1987: 16ff.), vor allem zu Organisationsmitgliedern (Fischer 1982a) und Freunden (Fischer 1982a: 116, Willmott 1987: 16ff.). Dagegen hält Fischer (1982a) fest, dass Personen mit mittleren Einkommen mehr Verwandte als Niedrig- und Vielverdiener nennen.

Gelegenheitshypothese (3c): Je größer die Kapitalausstattung Egos ist, desto stärker fällt die Netzwerkzusammensetzung zuungunsten der primären und zugunsten der sekundären sozialen Kontexte aus.

Die individuellen Restriktionen stärken vor allem die Familien- und Verwandtschaftsbeziehungen, weil außerhalb dieser Kontexte kaum Möglichkeiten bestehen beziehungsweise ergriffen werden, soziale Beziehungen aufzunehmen. In restriktiven Situationen gewinnen Familie und Verwandtschaft als soziale Kontexte an Bedeutung. Introvertierten Personen fällt es schwer, neue soziale Beziehungen einzugehen, deshalb beschränken sie sich auf ohnehin vorgegebene soziale Beziehungen zu Familie und Verwandtschaft beziehungsweise vereinzelt zu Nachbarn und Arbeitskollegen. Da immobile Menschen verstärkt auf Hilfe aus dem persönlichen Netzwerk angewiesen sind, wird diese Unterstützung durch enge Bindungen gesichert. Eltern mit minderjährigen Kindern im Haushalt sind ohnehin stärker in den Familienkontext eingebunden. Einen stärkeren Bezug zu primären Kontexten durch minderjährige Kinder im Haushalt belegen die Arbeiten von Fischer (1982a), Laireiter u.a. (1993) und Völker und Flap (1997).

Ein Wohnortwechsel hat zwar großen Einfluss auf die nachbarschaftlichen Beziehungen (Willmott 1987: 34, Völker/Flap 1997), aber auch soziale Beziehungen zu Arbeitskollegen oder Freunden können bei einem Wohnortwechsel wegbrechen. Der Wohnortwechsel wird deshalb kaum Auswirkungen auf die Verteilung primärer und sekundärer Kontexte haben. Nach Willmott (1987: 16ff.) zeigen sich keine Effekte der Restriktionen Wohndauer und Anzahl der Kinder auf die Netzwerkzusammensetzung. Keller (1968: 53, 73) stellt dagegen fest, dass individuelle Einschränkungen des Entscheidungsspielraums die Nachbarschaftsbeziehungen negativ beeinflussen. Aufgrund der Entwicklung der Lebensphasen und den entsprechenden Bedürfnissen an die soziale Beziehung, sollten die persönlichen Netzwerke jüngerer Egos durchschnittlich mehr soziale Beziehungen aus sekundären Kontexten aufweisen. Für ältere Personen spielen dagegen die primären Kontexte eine größere Rolle. Junge Erwachsene im Alter der Familiengründung besitzen die meisten Freunde (Fischer

1982a: 116). Der danach einsetzende Rückgang dieser Freundschaftsbeziehungen wird durch Zunahme familiärer und verwandtschaftlicher Beziehungen kompensiert (Fischer 1982a, Laireiter u.a. 1993). Allerdings kann Willmott (1987: 16ff.) einen Effekt des Alters nicht bestätigen.

Restriktionshypothese 4c: Je größer die individuellen Restriktionen Egos sind, desto stärker fällt die Netzwerkzusammensetzung zugunsten der primären und zuungunsten der sekundären sozialen Kontexte aus. Der Wohnortwechsel hat keinen Effekt auf die Netzwerkzusammensetzung.

Auch wenn bezüglich des Geschlechts keine Unterschiede vermutet werden, so belegen doch empirische Befunde, dass Frauen Verwandtschafts- (Fischer 1982a) und Nachbarschaftsbeziehungen (Völker/Flap 1997) bevorzugen, während Männer eher zu Arbeitskollegen und Freunden (Laireiter u.a. 1993) Beziehungen unterhalten. Allerdings zeigt sich nach Willmott (1987: 16ff.) kein Effekt des Geschlechts auf die sozialen Kontexte. Die hypothetischen Effekte sozialer Faktoren auf die Netzwerkzusammensetzung sind in der Abbildung 6.3 zusammengefasst.

Sozialstruktur Egos:	
Siedlungsstruktur	+
Kapitalausstattung	+
individuelle Restriktionen	-
Wohnortwechsel	0
individueller Status	?

→ Netzwerkzusammensetzung von primär zu sekundär

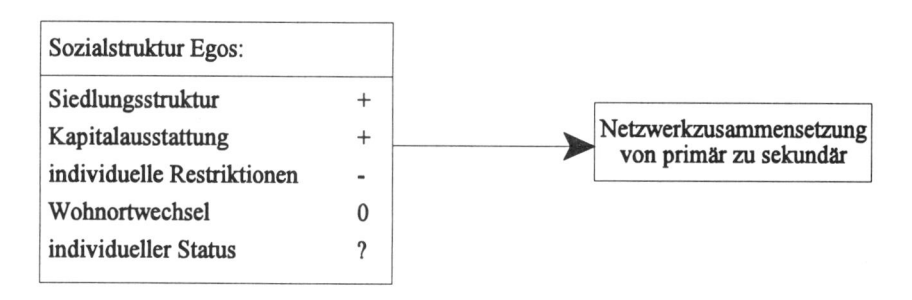

Abbildung 6.3: Hypothesenzusammenhänge der Netzwerkzusammensetzung

Diese drei Modelle persönlicher Netzwerke werden anhand der empirischen Daten mittels multiplen Regressionsanalysen getestet. Diese Analysen und deren Ergebnisse sind im vierten Teil aufgeführt. Zuvor werden im folgenden dritten Teil Modelle entworfen, die sich auf den zweiten Bestandteil des sozialen Kapitals - die informelle soziale Unterstützung - beziehen.

Teil III Der Inhalt des sozialen Kapitals: informelle soziale Unterstützung

7 Soziale Unterstützungsanalyse

Dieser dritter Teil ist dem zweiten Bestandteil des sozialen Kapitals gewidmet. Es wird die Frage behandelt, wie sich der soziale Austausch von Ressourcen innerhalb der persönlichen Netzwerke vollzieht. Wenn man lediglich die sozialstrukturellen Gelegenheiten und individuellen Restriktionen mit dem persönlichen Netzwerk in Beziehung setzt, dann wird die Effizienz unterschiedlicher Netzwerkkonfigurationen außer Acht gelassen. Mein Argument besteht darin, dass bestimmte Netzwerkkonfigurationen unterschiedlich auf die Interaktionen zwischen Ego und seinen Netzwerkpersonen wirken. Persönliche Netzwerke können in einer Austauschsituation von Vorteil sein, aber in einer anderen Situation keinen Einfluss auf den Ressourcenaustausch haben. Coleman (1988) weist ausdrücklich darauf hin, dass soziales Kapital in einigen Handlungssituationen einen positiven in anderen einen negativen Einfluss ausübt. Die persönlichen Netzwerke wirken damit situations- beziehungsweise ressourcenspezifisch. Um dieses situationssensitive Effizienzproblem zu lösen, ist es notwendig, den Ressourcenaustausch zwischen Ego und seinen Netzwerkpersonen zu untersuchen. Deshalb wird in diesem dritten Teil ein weiteres Element des sozialen Kapitals, nämlich der soziale Austausch von Ressourcen, in die theoretische Modellierung einbezogen (vgl. Flap 1999, Snijders 1999). Die persönlichen Netzwerke werden dabei als gegeben betrachtet.

Es wird eine Klasse von Ressourcen untersucht, die wesentlich von den persönlichen Netzwerken abhängig sind: informelle soziale Unterstützung.[21] Soziale Unterstützung wird durch eine Vielzahl theoretischer und operativer Konzepte definiert (vgl. Wilcox/Vernberg 1985, O'Reilly 1988). O'Reilly (1988: 863) identifiziert in der Fülle konzeptueller Definitionen sozialer Unterstützung drei gemeinsame Elemente:

„Support is seen as (a) an interactive process in which (b) particular actions or behaviors (c) can have a positive effect on an individual's social, psychological, or physical well-being."

Soziale Unterstützung, die durch das persönliche Netzwerk bereitgestellt wird, ist ein wichtiger Weg für Personen, knappe oder dringend benötigte Ressourcen oder Zugang zu knappen Ressourcen zu erhalten (vgl. Gottlieb 1981, Antonucci 1985: 25f.). Dabei wird soziale Unterstützung als Hilfe dargestellt, die gedacht ist, verschiedene Bedürfnisse des Empfängers zu befriedigen (Shumaker/Brownell 1984, Lin 1986, Gräbe 1991, Veiel/Ihle 1993). Das Ziel, möglichst viel soziales Kapital aufzubauen,

---

21 Eine umfassende Übersicht zur sozialen Unterstützung aus psychologischer Sicht gibt Röhrle (1994).

manifestiert sich hinsichtlich dem Austauschverhalten innerhalb sozialer Netzwerke im permanenten Zugang zu Unterstützungsressourcen. Diese Ressourcen können knappe materielle Güter und Dienstleistungen sein, aber auch immaterielle Dinge, wie Sympathie, Respekt und Wertschätzung. Soziale Unterstützungen sind zum Beispiel praktische Hilfen im Haushalt eines Freundes, das Ausleihen von Gegenständen, sich um die Wohnung eines Bekannten bei dessen Abwesenheit kümmern, babysitten, emotionale Stützung bei persönlichen Problemen, Krankheit oder privaten Krisen, die Weitergabe von Informationen, etwa über eine Wohnung oder einen Arbeitsplatz sowie Gesellschaftsunterstützung beim Verbringen gemeinsamer Freizeit, zu Hause, in kulturellen, gastronomischen oder Freizeiteinrichtungen. Das Spektrum sozialer Unterstützung schließt eine Vielzahl verschiedener Interaktionen ein. Für die Analyse sozialer Unterstützung sind deshalb im Vorfeld konzeptuelle Fragen zu klären, um ein reliables und valides Instrument sozialer Unterstützung zu erhalten (vgl. Veiel 1985, Barrera 1986, O'Reilly 1988, Laireiter/Baumann 1989).

Ein erstes Kriterium stellt die befragte Population: Wird eine allgemeine Auswahl der Bevölkerung getroffen oder werden spezifische Populationen, wie geschiedene, alleinstehende, psychisch kranke oder ältere Personen, befragt (O'Reilly 1988: 868)? Die befragte Population ist für die Spezifität der sozialen Unterstützungen maßgebend. Da in dieser Arbeit ein allgemeiner Ausschnitt der Bevölkerung analysiert wird, können entsprechend allgemeine soziale Unterstützungen befragt werden.

Ein zweites Kriterium betrifft die Einteilung sozialer Unterstützung in Notfallsituationen, zum Beispiel Unfallhilfe, und in alltägliche Hilfesituationen, zum Beispiel gesellige Abende oder Ratschläge vor wichtigen Entscheidungen einholen (Veiel 1985, O'Reilly 1988: 868, Laireiter/Baumann 1989: 218). Während man auf Notfälle unvorbereitet ist, ist es in Fällen alltäglicher Hilfe möglich, die Unterstützung in wiederkehrenden, vorhersehbaren Situationen vorab zu planen. Die meisten der hier behandelten Unterstützungen beziehen sich auf die alltägliche Hilfe.

Ein drittes Kriterium betrifft die Unterscheidung in eine kognitive und eine interaktionsbezogene Perspektive (vgl. Barrera 1986: 415ff., Laireiter/Baumann 1989: 217f.). Der kognitive Aspekt „betont die Perzeption und subjektive Repräsentation von Unterstützung in kognitiven Konzepten (perceived Support, mögliche/potenzielle Unterstützung), der Handlungs- und Interaktionsaspekt tatsächlich vermittelte, ausgetauschte und applizierte Unterstützung (enacted Support, erhaltene Unterstützung)" (Laireiter/Baumann 1989: 217). Bezüglich der kognitiven Perspektive gibt es Hinweise darauf, dass das soziale Unterstützungsniveau überschätzt wird (Laireiter/Baumann 1989: 219f.). Deshalb wurden die Teilnehmer retrospektiv nach tatsächlichen Unterstützungssituationen befragt.

Ein viertes Kriterium unterscheidet den Unterstützungssuchenden beziehungsweise den Unterstützungsempfänger vom Unterstützungsgeber. Da die erhobenen persönlichen Netzwerke auf Ego ausgerichtet sind, werden soziale Unterstützungen untersucht, die Ego von seinen Netzwerkpersonen erhält (vgl. Gottlieb 1981). Es wird untersucht, welche Netzwerkpersonen das Unterstützungspotenzial Egos bestimmen.

Ein fünftes Kriterium betrifft die wesentliche Unterscheidung sozialer Unterstützung durch informelle und formale Hilfsquellen (vgl. Korte 1983). Informell bedeutet, dass die soziale Unterstützung nicht auf formalen, gesatzten oder in irgendeiner Weise geregelten sozialen Beziehungen beruht. Informelle soziale Unterstützung bedeutet deshalb, dass der Unterstützungssuchende keinen formalrechtlichen Anspruch auf die Leistungen erheben kann, die der Unterstützungsgebende gewähren soll. Der Unterstützungsgebende ist also nicht durch formale Gesetze, Verordnungen, Satzungen oder Regeln zur Unterstützung verpflichtet. Andererseits ist der Unterstützungssuchende nicht verpflichtet, eine Gegenleistung für die erhaltene Unterstützung zu erbringen. Informelle soziale Unterstützung unterscheidet sich damit wesentlich von formaler oder institutionalisierter sozialer Unterstützung, etwa der Absicherung durch Versicherungssysteme im Falle von Arbeitslosigkeit oder Krankheit, oder lokale Hilfeinitiativen wie Sozialarbeiter, Seelsorger oder Essen-auf-Rädern. Die sozialen Beziehungen des persönlichen Netzwerks stellen informelle Hilfsquellen dar, während bürokratische Organisationen oder Hilfeinitiativen formale Unterstützung bereitstellen.

Schließlich ergibt sich aufgrund des weiten Spektrums sozialer Unterstützungen die Frage nach der Spezifität der Unterstützungsdimensionen (O'Reilly 1988: 868). Hinsichtlich der sozialen Unterstützungsressourcen werden in dieser Arbeit verschiedene Aspekte untersucht. Zunächst werden die spezifischen Unterstützungsarten vorgestellt. Diese neun Unterstützungsarten werden zu drei Unterstützungsdimensionen zusammengefasst, die sich inhaltlich deutlich voneinander unterscheiden. Diese Einteilung der Unterstützungsarten folgt der sozialpsychologischen Unterstützungsanalyse. Daran schließt sich ein weiterer Aspekt sozialer Unterstützung an, nämlich die Häufung des Austauschs mehrerer Unterstützungsressourcen einer sozialen Beziehung, die so genannte Multiplexität.[22]

7.1 Unterstützungsarten und Unterstützungsdimensionen

Das Spektrum informeller sozialer Unterstützungen schließt eine große Anzahl diverser Ressourcen ein. Diese einzelnen Unterstützungsarten sind aufgrund ihrer Vielfalt auf wenige, inhaltlich trennbare Dimensionen sozialer Unterstützung zu reduzieren. In den meisten Unterstützungsuntersuchungen werden die sozialen Unterstützungen nach der Bottom-up-Technik erhoben (vgl. Becker/Wiedemann 1989: 134ff.). Zunächst werden viele Unterstützungshandlungen vorgegeben. Diese Unterstützungsarten werden später zu wenigen Unterstützungsdimensionen zusammengefasst. Die Netzwerkstudie, deren empirische Daten für die Hypothesenprüfung dieser Arbeit verwendet werden, folgt ebenfalls der Bottom-up-Technik. Allerdings basiert die Auswahl der Unterstützungsarten auf zahlreichen empirischen Arbeiten der Netzwerk- und Unterstützungsforschung, sodass die Auswahl der Unterstützungsarten auf neun begrenzt werden kann. Bevor die erhobenen Unterstützungsarten vorgestellt werden, sollen einige empirische Arbeiten die möglichen Unterstützungsdimensionen beleuchten.

---

22 Vgl. Barrera (1986) für die Unterscheidung weiterer Konzepte sozialer Unterstützung.

Die Anzahl der Dimensionen hängt von den theoretischen und operationalisierten Unterstützungskonzepten ab. Veiel (1985) gibt als sparsamste Variante die beiden Dimensionen psychologischer (zum Beispiel kognitive, emotionale Unterstützung, Anerkennung, Bestätigung) und instrumenteller (zum Beispiel materielle, finanzielle, informationsbezogene Unterstützung) Unterstützung an. In einer ausführlichen Analyse von 19 Unterstützungsarten stellen Wellman und Hiscott (1985: 208) zunächst fest, dass es Unterstützungen gibt, die von den meisten Netzwerkpersonen zur Verfügung gestellt werden und gleichzeitig in den meisten persönlichen Netzwerken ausgetauscht werden. Diese Unterstützungen lassen sich zu den drei Dimensionen emotionale Hilfe, kleinere Dienste und Geselligkeit zusammenfassen. Andererseits stellen sie fest, dass finanzielle Hilfen und Informationsbereitstellung nur von wenigen Netzwerkpersonen genutzt werden, dass aber wiederum in vielen persönlichen Netzwerken mindestens eine Netzwerkperson vorhanden ist, die solche Unterstützungen bereitstellt (Wellman/Hiscott 1985: 210f.). Eine Clusteranalyse bestätigt die fünf Dimensionen sozialer Unterstützung, wobei der hierarchische Clusteraufbau zeigt, dass die diffusen Unterstützungen Informationsbereitstellung und Geselligkeit öfter von verschiedenen Personen geleistet werden als die zielgerichteteren Unterstützungen emotionale Hilfe, materielle Hilfen und Dienste sowie finanzielle Unterstützung (Wellman/Hiscott 1985: 212). Eine Korrelationsanalyse der fünf Cluster ergab, dass Informationsbereitstellung und Geselligkeit kaum mit den jeweils anderen Unterstützungsdimensionen zusammenhängen, während die drei Cluster emotionale Hilfe, materielle Hilfen und Dienste sowie finanzielle Unterstützung moderat miteinander korrelieren. Dies lässt darauf schließen, dass soziale Beziehungen nicht strikt auf eine Unterstützungsdimension spezialisiert sind (Wellman/Hiscott 1985: 217).

In der Untersuchung von Wellman und Wortley (1990) ergab eine Faktorenanalyse von 18 spezifischen Hilfeleistungen sechs Hilfedimensionen: emotionale Hilfe, kleine Dienste, größere Dienste, finanzielle Hilfen, Geselligkeit und Informationsvergabe. Von diesen sechs Dimensionen untersuchen Wellman und Wortley die ersten fünf. Sie stellen fest, dass die meisten der aktiven Netzwerkpersonen sich auf einzelne Unterstützungen spezialisiert haben. So korrelieren die Unterstützungsdimensionen nur moderat miteinander ($r \approx 0{,}20$). Nicht in der Analyse vertreten ist die sechste Dimension der Informationsbereitstellung. Diese Dimension ist in der Stichprobe nur gering vertreten, vermutlich weil dazu schwache soziale Beziehungen notwendig sind, die nicht erhoben wurden (Wellman/Wortley 1990).

In der Untersuchung von Busschbach (1996: 26) ergibt eine Faktorenanalyse die Klassifizierung in emotionale, instrumentelle und Geselligkeitsunterstützung sowie Informationsvergabe. Becker und Wiedemann (1989: 136) unterteilen soziale Unterstützung in die vier Dimensionen emotionale, praktische, materielle und Geselligkeitsunterstützung. Anhand der vorgestellten Studien scheinen die folgenden vier Dimensionen am häufigsten vertreten zu sein: emotionale, instrumentelle, Geselligkeitsunterstützung und Informationsvergabe.

Emotionale Unterstützung stützt sich auf das Besprechen privater und persönlicher Angelegenheiten, die Diskussion verschiedener Themen, moralische Unterstützung und den Austausch von Meinungen und Ratschlägen. Emotionale Unterstützung ist mit positiven Gefühlen füreinander, aber auch mit Achtung, Respekt und Selbstwertgefühl verbunden. Mit instrumenteller Unterstützung ist tatsächliche, praktische, materielle und finanzielle Hilfe gemeint. Sie schließt kleine Gefälligkeiten und Freundschaftsdienste ebenso ein wie das Verrichten größerer Dienste oder das Leihen größerer Geldsummen. Die Informationsvergabe bezieht sich auf den Austausch von Arbeits- oder Wohnungsangeboten, schließt aber auch kleine Tipps ein. Unter Informationsvergabe ist nur die Weitergabe einer oder mehrerer Informationen zu verstehen. Soziale Unterstützung durch Geselligkeit bezieht sich auf konkrete gemeinsame Aktivitäten, wie ein gemeinsamer Kulturbesuch, eine Geburtstagsparty, Vereinstätigkeiten oder Stammtischabende. Mit der Geselligkeitsunterstützung ist eine Steigerung des Selbstwertgefühls verbunden.

Für den Austausch emotionaler und geselliger Unterstützung ist nicht nur die Ressource, sondern auch der Ressourcenträger wichtig, das heißt durch welche Netzwerkpersonen die soziale Unterstützung zur Verfügung gestellt wird. Es ist gerade nicht belanglos, mit welchen Personen Ego seine Freizeit verbringt, oder mit wem er seine persönlichen Angelegenheiten berät. In diesen Unterstützungsdimensionen stellt quasi die Netzwerkperson, von der die Unterstützung bezogen wird, einen Teil der ausgetauschten Ressourcen dar. Für die instrumentelle Unterstützung und Informationsvergabe ist die Ressource nicht so stark an den Unterstützungsgeber gebunden. Unterschiede bestehen auch in der Austauschsituation. Die Geselligkeit basiert auf dem Vergnügen am Kontakt und hilft damit beiden Personen gleichermaßen. Man spricht deshalb von ungerichtetem Austausch. In Austauschsituationen emotionaler Unterstützung, instrumenteller Hilfe und Informationsvergabe kann dagegen klar der Unterstützungsgebende vom Unterstützungsnehmenden unterschieden werden. Man spricht dann von gerichtetem Austausch (Busschbach 1996).

Diese Arbeit konzentriert sich auf die emotionale, instrumentelle und Geselligkeitsunterstützung.[23] Die Auswahl spiegelt alltägliche Situationen wider, in denen man informelle soziale Unterstützung benötigt. Es wird weitgehend darauf verzichtet, gruppenspezifische Unterstützungen und Notsituationen zu erfragen, um ein möglichst ausgewogenes Bild der sozialen Unterstützung aller Befragten zu erhalten. Das primäre Interesse liegt auf alltäglichen Unterstützungen, die von breiten Bevölkerungsschichten in Anspruch genommen werden.

Jede Dimension wird durch drei verschiedene Unterstützungsarten präsentiert. Für die emotionale Unterstützung wird gefragt, mit welchen Netzwerkpersonen Ego seine beruflichen Probleme bespricht, wessen Ratschläge und Meinungen er sich in wichtigen Entscheidungssituationen anhört und mit wem er über persönliche Dinge redet. Die instrumentelle Unterstützung wird mit Fragen nach den Netzwerkpersonen erhoben, von denen Ego Gegenstände ausleiht, von denen er Hilfe im Haushalt und in

---

23 Die erhobenen persönlichen Netzwerke lassen die sozialen Beziehungen vermissen, die für den Informationsaustausch wichtig sind. Außerdem sind diese drei Unterstützungsdimensionen die Hauptunterstützungsaspekte persönlicher Netzwerke. Wellman und Wortley (1989: 277) geben an, dass für diese drei Unterstützungsdimensionen jeweils etwa 60% der Netzwerkpersonen beteiligt sind, während die Beteiligung an finanzieller Unterstützung oder Informationsvergabe jeweils deutlich unter 20 Prozent liegt.

der Wohnung erhält und die auf sein Haus oder seine Wohnung aufpassen, während er selbst abwesend ist. Gesellige Unterstützung wird durch die Fragen nach den Gästen seiner letzten Geburtstagsfeier, nach den Netzwerkpersonen, mit denen er gemeinsam seine Freizeit verbringt und mit denen er sich über seine Hobbys und Freizeitinteressen unterhält, gemessen.

7.2 Multiplexität der informellen sozialen Unterstützung

Eine soziale Beziehung wird durch den Austausch einer bestimmten Anzahl von Ressourcen bestimmt. Werden vielfältige Ressourcen in einer sozialen Beziehung ausgetauscht, dann spricht man von multiplexem Austausch oder multiplexer Unterstützung. Multiplexität gibt also die Anzahl der ausgetauschten Ressourcen einer Beziehung an. Im Gegensatz zu multiplexen, auch multi-stranded genannten, Beziehungen weisen uniplexe Beziehungen (single-stranded) den Austausch nur ganz bestimmter Ressourcen auf, zum Beispiel ausschließlich Geselligkeitsunterstützung. Netzwerke mit uniplexen Beziehungen sind damit aber nicht notwendigerweise weniger unterstützend als multiplexe Netzwerke (Fischer 1982a: 140, Minor 1983).

Da sich die ausgetauschten Ressourcen in dieser Arbeit auf informelle soziale Unterstützungen beziehen, kann Multiplexität in zweierlei Form auftreten. Zum einen gibt es die Multiplexität der neun Unterstützungsarten, zum anderen die Multiplexität der drei Unterstützungsdimensionen. Die Multiplexität der Unterstützungsarten gibt die tatsächliche Anzahl der Unterstützungsressourcen einer sozialen Beziehung an. Uniplexe Beziehungen basieren tatsächlich auf nur einer einzigen Unterstützungsressource.[24] Für die multiplexen Beziehungen spielt es dagegen keine Rolle, ob die Unterstützungsarten aus einer oder aus verschiedenen Unterstützungsdimensionen stammen. Im Gegensatz dazu ist die zweite Art der Multiplexität auf Unterstützungsdimensionen ausgerichtet. Uniplexität bedeutet dann lediglich, dass die soziale Beziehung auf eine Unterstützungsdimension spezialisiert ist, aber dennoch innerhalb dieser Unterstützungsdimension zahlreiche Unterstützungsarten ausgetauscht werden. Erstreckt sich die soziale Unterstützung dagegen über mindestens zwei Dimensionen, dann ist die Beziehung multiplex.

Sowohl multiplexe als auch uniplexe Beziehungen sind mit spezifischen Vorteilen verbunden. Multiplexe Beziehungen bieten größere Zugriffsmöglichkeiten als uniplexe Beziehungen (Boissevain 1974: 32). Multiplexen Beziehungen unterstellt man ein höheres Maß an gegenseitigen Verpflichtungen als uniplexen Beziehungen (Schenk 1983: 96). Mit der größeren Unterstützungsbreite einer sozialen Beziehung sind auch geringere Kosten der Beziehungspflege verbunden. Uniplexe Beziehungen haben den Vorteil, dass dem Akteur qualitativ bessere Unterstützungsressourcen zur Verfügung stehen, weil die Unterstützung zielgerichteter geleistet wird. Ein weiterer nicht zu

---

24 Die Multiplexität kann sich natürlich nur auf die erfragten informellen sozialen Unterstützungen beziehen. Es ist möglich, dass sich eine uniplexe Beziehung auf zahlreiche weitere Unterstützungsarten gründet, die nicht erfragt wurden, und damit eigentlich zu den multiplexen Beziehungen zu zählen ist.

unterschätzender Vorteil ergibt sich aus der geringeren Abhängigkeit der Akteure uniplexer Beziehungen (Schenk 1983: 96). Die geringere Abhängigkeit kommt zustande, weil weniger Unterstützungsressourcen pro Beziehung ausgetauscht werden. Die Abhängigkeit von einzelnen Beziehungen könnte zur Belastung werden, wenn diese Beziehungen aufgrund der vielen ausgetauschten Unterstützungsressourcen überfordert werden.

Zusammenfassend kann gesagt werden, dass in einer sozialen Unterstützungsanalyse verschiedene Aspekte unterschieden werden. Es werden in alltäglichen Hilfesituationen allgemeine informelle soziale Unterstützungen für Ego aus der interaktionsbezogenen Perspektive untersucht. Die Untersuchung der informellen sozialen Unterstützungen ist unter verschiedenen Konzentrationsgraden möglich. Sinnvoll erscheint die Unterteilung der vielfältigen Unterstützungsarten in wenige Unterstützungsdimensionen. Insgesamt werden drei Unterstützungsdimensionen untersucht: emotionale, instrumentelle und gesellige Unterstützung. Ein weiterer Aspekt sozialer Unterstützung ist die Vielfältigkeit der ausgetauschten Unterstützungsressourcen einer sozialen Beziehung, die so genannte Multiplexität. Multiplexe Beziehungen fördern zwar die Zielstellung, möglichst viele Unterstützungsressourcen pro Beziehung zu gewährleisten, haben aber den Nachteil größerer gegenseitiger Abhängigkeit und laufen Gefahr, die Beziehung zu überfordern.

8 Ein Austauschmodell informeller sozialer Unterstützung

In diesem Kapitel wird ein Austauschmodell informeller sozialer Unterstützung entworfen. Der Austausch sozialer Unterstützung besteht aus sozialen Handlungen (vgl. Blau 1964). Wie in jeder Handlung, verfolgen die involvierten Akteure beim Austausch informeller sozialer Unterstützung ihre Ziele. Das Ziel Egos ist es, möglichst viel soziale Unterstützung durch sein persönliches Netzwerk zu erhalten und dadurch soziales Kapital arbeiten zu lassen, um allgemeine Lebensbedürfnisse, wie Wohlstand, soziale Anerkennung und Selbstwertschätzung, zu befriedigen. Die sozialen Beziehungen werden eingegangen, um im Bedarfsfall adäquate Unterstützungsressourcen zu erhalten. Die Entscheidung für eine Netzwerkperson ist abhängig von der sozialen Unterstützung, die innerhalb der sozialen Beziehung zu dieser Netzwerkperson ausgetauscht wird (vgl. Busschbach 1996: 27). Akteure investieren vor allem in die sozialen Beziehungen, die einen hohen Ressourcenaustausch ermöglichen.

Während die soziale Netzwerkanalyse eine allgemeine Hypothese bietet, die besagt, dass große und dichte Netzwerke den Fluss von Gütern und Kommunikation und damit den Austausch von Ressourcen fördern, stellt die Austauschtheorie eine spezifische Hypothese bereit, die das persönliche Netzwerk und die einzelnen sozialen Beziehungen mit konkreten Situationen des Ressourcenaustauschs verbindet (vgl. Uehara 1990: 529). Die Netzwerkhypothese besagt, dass soziale Beziehungen unter der Zielsetzung des Ressourcenaustauschs eingegangen werden. Die Austauschhypothese besagt, dass die sozialen Beziehungen nur dann von Bestand sind, wenn dieser Ressourcenaustausch effizient ist. Das bedeutet, dass der Austausch unter geringen Kosten möglichst viel Nutzen bringen soll. Becker und Wiedemann (1989) schlagen für die Analyse des Ressourcenaustauschs entscheidungsanalytische Techniken vor. Kern entscheidungsanalytischer Techniken ist die Bestimmung und Gewichtung von Bewertungsdimensionen (Becker/Wiedemann 1989: 131f.). Die Bewertungsdimensionen sind Merkmale der persönlichen Netzwerke und sozialen Beziehungen, die für den Austausch informeller sozialer Unterstützung von Bedeutung sind. Die Gewichtung dieser Merkmale unterscheidet sich nach den verschiedenen Unterstützungsdimensionen. Im Folgenden sollen die Bewertungsdimensionen des Austauschs sozialer Unterstützung anhand des colemanschen Austauschmodells erläutert werden.

Für eine theoretisch-abstrakte Darstellung des Austauschs informeller sozialer Unterstützung kann man Colemans Austauschmodell heranziehen. Coleman (1995a) geht in seinem Austauschmodell von zwei Elementen und zwei Arten von Beziehungen zwischen den Elementen aus. Die Elemente sind Akteure und Ressourcen. Die Akteure im Austauschmodell der informellen sozialen Unterstützung sind die Personen, die

8 Ein Austauschmodell informeller sozialer Unterstützung

innerhalb eines Netzwerks soziale Beziehungen unterhalten. Bezüglich des sozialen Austauschs stehen sich Ego und seine Netzwerkpersonen als Tauschpartner gegenüber. Ressourcen sind alle Arten von Gütern, Informationen, Ereignissen, Handlungen oder gar Attributen von Akteuren. In dieser Arbeit beziehen sich die Ressourcen auf die informellen sozialen Unterstützungen.

Die beiden Arten von Beziehungen zwischen Akteur und Ressource sind Interesse und Kontrolle. Interesse an einer Ressource ist mit dem Verlangen nach der Ressource gleichzusetzen. Wollen Akteure eine Ressource besitzen oder verbrauchen, um ihre subjektiven Ziele zu erreichen, dann haben sie ein Interesse an dieser Ressource. Im Austauschmodell informeller sozialer Unterstützung hat Ego ein Interesse an der sozialen Unterstützung. Austauschsituationen, in denen die Netzwerkpersonen Interesse an der informellen sozialen Unterstützung durch Ego haben, werden nicht untersucht. Akteure üben Kontrolle über eine Ressource aus, wenn sie über die Ressource verfügen können. Kontrolle einer Ressource kann als Besitz der Ressource verstanden werden. Kontrolle entspricht in etwa der Ausübung einer Handlung, zum Beispiel der Bereitstellung einer konsumtiven Ressource. Im Austauschmodell informeller sozialer Unterstützung haben die Netzwerkpersonen die Kontrolle über die soziale Unterstützung. Austauschsituationen, in denen Ego Kontrolle über die soziale Unterstützung ausübt, werden nicht untersucht.

Ein nichttriviales Handlungssystem besteht aus mindestens zwei Akteuren A und B, wobei mindestens ein Akteur A an einer Ressource interessiert ist, die vom zweiten Akteur B kontrolliert wird. Ist der Akteur B zum Austausch der Ressource bereit, kann er also die Ressource entbehren, so kann es unter vorheriger Festlegung des Tauschkurses zu einem Austausch kommen. Im Austauschmodell informeller sozialer Unterstützung entspricht Ego dem Akteur A, denn er hat ein Interesse an der sozialen Unterstützung, allerdings ohne diese zu kontrollieren. Dagegen entsprechen die Netzwerkpersonen dem Akteur B, denn sie üben Kontrolle über die informelle soziale Unterstützung aus.

Der Austausch ist maßgebend vom Interesse Egos geprägt, informelle soziale Unterstützung zu erhalten. Diese Asymmetrie der Interessenlagen beider Akteure einer Unterstützungshandlung wird erst durch wechselseitigen Ressourcenaustausch aufgehoben (Boissevain 1974: 25f.). Das bedeutet, dass der Nutzer informeller sozialer Unterstützung in angemessener Weise eine Gegenleistung zu erbringen hat. Erst der soziale Aus*tausch* stärkt das Recht des Unterstützenden, zu einem zukünftigen Zeitpunkt den Unterstützten in die Pflicht zu nehmen (Uehara 1990: 536). Der Austausch sozialer Unterstützung basiert auf einer mehr oder weniger bewussten Balance von Vor- und Nachteilen. Die essenzielle Idee des sozialen Austauschs ist es, dass die soziale Beziehung wertvoll für beide Partner sein muss (Willmott 1987: 88). Ein tatsächlicher Austausch sozialer Unterstützung kommt unter zwei Bedingungen zustande. Erstens müssen dem Ego die von einer beliebigen Netzwerkperson seines persönlichen Netzwerks kontrollierten Unterstützungsressourcen zur Verfügung gestellt werden. Zweitens verpflichtet sich Ego zu einer Gegenleistung. Die Netzwerkperson muss berechtigter Weise erwarten können, dass eine Gegenleistung erfolgt.

Je nach Art und Zeitpunkt der Gegenleistung erstreckt sich ein Kontinuum vom direkten zum diffusen Austausch. Ein direkter Austausch liegt vor, wenn beide Tauschpartner vorab Art und Höhe der Gegenleistung festlegen, und wenn die Gegenleistung gleichzeitig mit der sozialen Unterstützung oder zu einem vorab festgelegten Zeitpunkt erfolgt. Im Gegensatz dazu wird beim diffusen Austausch weder die Natur noch der Zeitpunkt der Gegenleistung bestimmt.

Während der direkte Austausch eher für ökonomische Transaktionen zu beobachten ist, trifft der diffuse Austausch eher auf soziale Austauschhandlungen zu. In sozialen Austauschhandlungen erhält die Netzwerkperson zum Zeitpunkt der sozialen Unterstützung lediglich ein Versprechen Egos auf eine Gegenleistung. Ego geht damit eine Verpflichtung ein. Durch eine Vielzahl von Austauschhandlungen wird ein potenzieller Bestand von Verpflichtungen aufgebaut. Je länger und häufiger die soziale Beziehung besteht, desto höher ist der Bestand an Verpflichtungen (Busschbach 1996: 36). Diese Verpflichtungen sind insofern diffus, als dass sie nicht mit barer Münze und sofort getilgt werden, sondern die Bereitschaft zur zukünftigen Rückzahlung im Bedarfsfalle darstellen. Auch können beide Akteure einer sozialen Beziehung zur gleichen Zeit gegenseitige Verpflichtungen halten, weil die Verpflichtungen oft nicht vollständig gegeneinander einlösbar sind. Diese Verpflichtungen ergeben eine Art Kreditsystem, in dem unabhängig von der Art der sozialen Unterstützung durch Verpflichtungen Gutschriften ausgestellt werden, die dem Kreditgeber (Netzwerkperson) in Zukunft zurückgezahlt werden, unabhängig wodurch diese Rückzahlung geschieht. Coleman bezeichnet daher die Verpflichtungen auf eine Gegenleistung als Credit Slips (Coleman 1995a: 397). Diese Credit Slips stellen die Währung dar, womit innerhalb eines persönlichen Netzwerks informelle soziale Unterstützungen finanziert werden. Mit einer Investition ist der Gedanke verbunden, dass die bereitgestellte Unterstützungsressource nicht unmittelbar bezahlt wird, sondern erst dann eine Gegenleistung erfolgt, wenn der Unterstützungsgebende diese benötigt (Hofferth u.a. 1999).

Es gibt zwei Möglichkeiten, innerhalb eines persönlichen Netzwerks soziale Unterstützungen auszutauschen. Zum einen kann ein dyadischer Austausch vollzogen werden. Der Austausch von sozialer Unterstützung und Gegenleistung findet nur zwischen den Partnern einer sozialen Beziehung statt. Eine zweite Möglichkeit stellt ein Ringaustausch dar. Kann ein Akteur die gewünschte Gegenleistung nicht erbringen, dann kann diese Asymmetrie durch ein Ringaustausch in einem persönlichen Netzwerk ausgeglichen werden (vgl. Kadushin 1981).

Wenn beispielsweise Ego durch die Netzwerkperson B sozial unterstützt wird und gleichzeitig die Netzwerkperson B durch eine Netzwerkperson C sozial unterstützt wird, dann geht Ego gegenüber der Netzwerkperson B und diese wiederum gegenüber der Netzwerkperson C Verpflichtungen ein. Ein Ausgleich innerhalb des sozialen Netzwerks erfolgt auch dann, wenn Ego seine Verpflichtung gegenüber der Netzwerkperson C einlöst. Der Austausch sozialer Unterstützung über ein Netzwerk ist nur dann sinnvoll, wenn das Netzwerk entsprechend groß und dicht ist, da dadurch mehr Ressourcen zur Verfügung stehen. Aufgrund dieser Einschränkung ist der Ringaustausch weniger verbreitet als der dyadische Austausch zwischen Ego und einer Netzwerkperson. Weitere Einschränkungen des Credit-Slips-System ergeben sich durch die Grenzen des persönlichen Netzwerks, denn nur innerhalb der Netzwerke können die Verpflichtungen transferiert werden. Daneben ist die Größe eines Rings problematisch. Weiter oben wurde festgehalten, dass es beim dyadischen Austausch schwierig ist, die gegenseitig bestehenden Verpflichtungen zu verrechnen. Entsprechendes gilt natürlich ebenso für den Ringaustausch.

Der Austausch informeller sozialer Unterstützung erfolgt nach dem Interesse und der Kontrolle der Akteure eines persönlichen Netzwerks. Es wird angenommen, dass sich Ego in einer Situation befindet, die soziale Unterstützung aus seinem persönlichen Netzwerk erfordert. Weiterhin wird angenommen, dass die Unterstützungsressource durch eine Netzwerkperson aus seinem persönlichen Netzwerk zur Verfügung gestellt wird. Im Sinne des Austauschmodells informeller sozialer Unterstützung hat Ego ein Interesse an einer Unterstützungsressource, die von den Netzwerkpersonen seines persönlichen Netzwerks kontrolliert werden. Um die Kontrolle über die Unterstützungsressource zu erlangen, geht Ego die Verpflichtung gegenüber der unterstützenden Netzwerkperson ein, zu einem zukünftigen Zeitpunkt eine angemessene Gegenleistung zu erbringen. Es ist dabei zunächst unerheblich, ob eine feste Vereinbarung darüber getroffen wird, zu welchem Zeitpunkt, welche Gegenleistung gegenüber welcher Person zu erbringen ist.

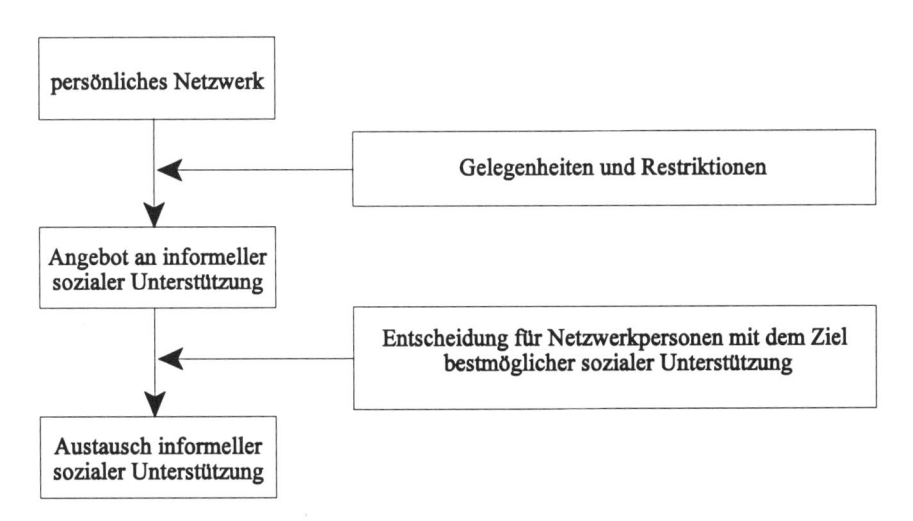

Abbildung 8.1: Ein Austauschmodell informeller sozialer Unterstützung

Der Austausch informeller sozialer Unterstützung wird aus der Perspektive des nachfragenden Egos betrachtet. Das Angebot beziehungsweise die Bereitstellung der sozialen Unterstützung ist von verschiedenen Merkmalen der Sozialstruktur Egos und seines persönlichen Netzwerks abhängig. Bevor es jedoch zum Austausch informeller sozialer Unterstützung zwischen Ego und einer Netzwerkperson kommt, muss er aus diesem Angebot auswählen, von welcher Netzwerkperson er die soziale Unterstützung annehmen will. Diese Auswahl basiert auf der Zielstellung, eine bestmögliche, abgesicherte soziale Unterstützung zu geringen Kosten zu erhalten (Abbildung 8.1).

Einen theoretischen Rahmen für die Auswahl eines Unterstützungsgebenden bietet die Entscheidungstheorie: Unter gegebenen Gelegenheiten und Restriktionen basiert individuelles Handeln Egos auf einer Nutzen-Kosten-Analyse. Ego handelt dabei als „resourceful, restricted, expecting, evaluating, maximizing man" (RREEMM-Modell, vgl. Lindenberg 1985: 100f., Coleman 1995a: 16ff.). Solche Akteure sind einfallsreich (resourceful) im Sinne einer Lösungssuche, wenn sie mit Problemen konfrontiert werden. Diese Lösungssuche basiert auf Erfahrungen aus der Vergangenheit. Ihr Handeln ist eingeschränkt (restricted), weil sie mit Knappheit konfrontiert sind. Aufgrund dieser beiden Eigenschaften müssen sie eine Auswahl treffen. Die Egos haben gewisse Erwartungen (expecting) hinsichtlich der Ausgänge ihrer getroffenen Entscheidungen. Sie geben den Handlungskonsequenzen subjektive Auftrittswahrscheinlichkeiten und evaluieren (evaluating) ihre Entscheidungen entsprechend ihren Präferenzen. Schließlich maximieren (maximizing) sie den erwarteten Nutzen, wenn sie die Handlung ausführen, für die sie sich entschieden haben.

Im Falle des Austauschmodells informeller sozialer Unterstützung bezieht sich die zu maximierende Handlung auf die Entscheidung für einen Unterstützungspartners aus dem persönlichen Netzwerk. Diese Entscheidung hängt vom Angebot der Unterstützungspartner ab, das durch sozialstrukturelle und netzwerkstrukturelle Gelegenheiten und Restriktionen bestimmt wird. Aus dem Potenzial an Netzwerkpersonen, die soziale Unterstützung anbieten, wählt Ego einen Unterstützungspartner aus. Die Netzwerkpersonen, die die nachgefragte soziale Unterstützung anbieten, stellen die Opportunity-Set genannte Menge der Entscheidungsalternativen dar. Diese Alternativen werden als diskrete Mengen betrachtet. Jede Entscheidungsalternative ist mit bestimmten Handlungskonsequenzen - auch Nutzenkomponenten genannt - verbunden, die den einzelnen Nutzen- und Kostenargumenten entsprechen. Jede Nutzenkomponente n ist ein Produkt aus Auftrittswahrscheinlichkeit (p_{in}) und Nutzenwert (U_n). Der subjektiv erwartete Nutzen einer Entscheidungsalternative SEU_i, das heißt einer unterstützungsbereiten Netzwerkperson, ist die Summe aller K Nutzenkomponenten dieser Entscheidungsalternative:

$$SEU_i = \sum_{n=1}^{K} p_{in} U_n$$

mit SEU_i = subjektiv erwarteter Nutzen der Entscheidungsalternative i,
K = Anzahl der Nutzenkomponenten,
U_n = Nutzenwert der Nutzenkomponente n und
p_{in} = Auftrittswahrscheinlichkeit der Nutzenkomponente n.

Die Entscheidung für einen Unterstützungspartner aus der diskreten Menge unterstützungsbereiter Netzwerkpersonen basiert auf dem subjektiv erwarteten Gesamtnutzen einer Entscheidungsalternative. Es werden also die einzelnen Nutzen- und Kostenargumente miteinander verrechnet. Für die Auswahl einer Netzwerkperson folgen die Egos einer Entscheidungsregel, die besagt, dass der subjektiv erwartete Nutzen maximiert werden soll. Dadurch ist gewährleistet, dass die für den Austausch in formeller sozialer Unterstützung geeignetste Netzwerkperson ausgewählt wird. Jedoch sind die Egos in ihrer Rationalität eingeschränkt, weil sie nur begrenzte strategische Voraussicht und andere begrenzte kognitive Fähigkeiten besitzen. Wenn sie versuchen, eine optimale Entscheidungsalternative zu ergreifen, müssen sie nicht zwangsläufig erfolgreich sein. Aufgrund dieser Wahrscheinlichkeit einer fehlgeschlagenen Auswahl eines Unterstützungspartners wird eine Zufallskomponente e_i in das Entscheidungsmodell eingefügt. Unter diesen Umständen wählt Ego die Netzwerkperson für den Unterstützungsaustausch, die

$$SEU_i^* = SEU_i + e_i$$

maximiert. Da es sich bei der Auswahl einer Netzwerkperson um diskrete Alternativen handelt, das heißt entweder wird eine Person ausgewählt oder sie wird nicht ausgewählt, besteht die Möglichkeit, die Auswahl als Wahrscheinlichkeit zu modellieren. Anhand des subjektiv erwarteten Nutzens pro Netzwerkperson wird eine Auswahlwahrscheinlichkeit p_i berechnet. Nach der Maximierungsregel wird die Netzwerkperson ausgewählt, deren Wahrscheinlichkeit p_i am größten ist. Unter gewissen Bedingungen des Fehlerterms e_i ergibt sich daraus das Discrete-Choice-Modell (Maddala 1983, Agresti 1990):

$$p_i = \frac{\exp(SEU_i + e_i)}{1 + \exp(SEU_i + e_i)}$$

mit p_i = Auswahlwahrscheinlichkeit für Netzwerkperson i,
SEU_i = subjektiv erwarteter Nutzen für Netzwerkperson i und
e_i = Fehlerterm der Auswahl für Netzwerkperson i.

In diesem Modell wird die Netzwerkperson am wahrscheinlichsten ausgewählt, deren subjektiv erwarteter Nutzen am größten ist. Dieses Modell entspricht damit der obigen Entscheidungsregel zur Auswahl einer Alternative.

Zu beachten ist, dass dieses Modell von einem bestehenden Angebot an Entscheidungsalternativen ausgeht. Der Entscheidungsspielraum, das heißt das Ausmaß an Alternativen beziehungsweise das Ausmaß an verfügbaren Netzwerkpersonen, wird mit diesem Modell nicht modelliert, weil der Entscheidungsspielraum zwischen Egos, nicht aber zwischen den Entscheidungsalternativen schwankt. Um den Entscheidungsspielraum, das heißt die Gelegenheiten und Restriktionen eines Egos, explizit in das Modell aufzunehmen, wird es folgendermaßen erweitert. Die Wahlwahrscheinlichkeit einer Netzwerkperson schwankt nicht nur zwischen den Netzwerkpersonen (indiziert mit i), sondern auch zwischen Egos (indiziert mit j). Die Schwankungen zwischen den Egos beruhen allerdings nicht auf dem subjektiv erwarteten Nutzen einer Entscheidungsalternative, sondern auf dem Entscheidungsspielraum Egos (ES_j). Daraus ergibt sich das folgende Modell:

$$p_{ij} = \frac{\exp(SEU_{ij} + ES_j + e_{ij})}{1 + \exp(SEU_{ij} + ES_j + e_{ij})}$$

mit p_{ij} = Auswahlwahrscheinlichkeit für Netzwerkperson i,
SEU_{ij} = subjektiv erwarteter Nutzen für Netzwerkperson i,
ES_j = Entscheidungsspielraum für Ego j und
e_{ij} = Fehlerterm der Auswahl für Netzwerkperson i.

In den folgenden Abschnitten erfolgt die Bestimmung der Komponenten des Entscheidungsspielraums und der Nutzenkomponenten anhand von Hypothesen über die Wahrscheinlichkeit informeller sozialer Unterstützung.

8.1 Das Angebot informeller sozialer Unterstützung

Das Angebot informeller sozialer Unterstützung richtet sich nach Gelegenheiten und Restriktionen Egos, die sich aus Strukturmerkmalen der Sozialstruktur und der persönlichen Netzwerke zusammensetzen.

Die Siedlungsstruktur als strukturelle Eigenschaft wirkt sich auf das Niveau informeller sozialer Unterstützung innerhalb eines persönlichen Netzwerks aus. Der Community-Lost-Ansatz postuliert einen Funktionsverlust der primären Kontexte, aufgrund der Delegierung vieler Unterstützungsfunktionen an Staat und öffentliche Institutionen (vgl. House u.a. 1988: 312). Das Angebot informeller sozialer Unterstützungen ist unter den Stadtbewohnern geringer als unter den Landbewohnern. Der Verlust sozialer Integration in der Stadt wirkt sich auf ein geringeres Niveau informeller sozialer Unterstützung, gegenseitiger Verpflichtungen und damit geringerem sozialen Kapital aus. Durch den Funktionsverlust vieler Beziehungen verringert sich entsprechend das Angebot an informeller sozialer Unterstützung durch persönliche Netzwerke. Da Städte gegenüber ländlichen Gemeinden einen Integrationsverlust erleiden, werden Egos aus der Stadt in geringerem Umfang durch das persönliche Netzwerk sozial unterstützt als Egos aus ländlichen Gemeinden. Darauf begründet sich die folgende Hypothese über die Unterstützungswahrscheinlichkeit durch eine Netzwerkperson:

Community-Lost-Hypothese (5): Je urbaner die Siedlungsstruktur ist, desto kleiner ist die Wahrscheinlichkeit informeller sozialer Unterstützung.

Nach dem Community-Liberated-Ansatz werden die sozialen Beziehungen primärer Kontexte durch Beziehungen sekundärer Kontexte ergänzt. Beide Kontextarten tragen zur sozialen Integration bei. Die Heterogenität der Stadtbevölkerung bewirkt, dass die sozialen Beziehungen spezialisierten sozialen Kontexten entstammen, wodurch adäquatere soziale Unterstützung bereitgestellt werden kann. Die vielfältigen heterogenen Bevölkerungsgruppen in der Stadt tragen zu einem gesteigerten Angebot an informeller sozialer Unterstützung bei. Die Stadtbewohner können dadurch in gleichem Maße wie die Landbewohner sozial unterstützt werden (vgl. Fischer 1976, 1982a, Korte 1980, 1983). Daraus lässt sich folgende Hypothese ableiten:

Community-Liberated-Hypothese (6): Die Siedlungsstruktur hat keinen Einfluss auf die Wahrscheinlichkeit informeller sozialer Unterstützung.

Das Angebot an informeller sozialer Unterstützung wird neben der Siedlungsstruktur zusätzlich durch persönliche Merkmale Egos beeinflusst. Eine größere Kapitalausstattung Egos macht die informelle soziale Unterstützung für die Netzwerkpersonen attraktiv (vgl. Diewald 1991: 117), weil die zukünftige Gegenleistung besser gesichert ist. Demzufolge bieten mehr Netzwerkpersonen ihre soziale Unterstützung und Hilfe an, wodurch das Unterstützungsangebot für Ego größer wird. Die Erweiterung der Gelegenheiten für den sozialen Unterstützungsaustausch durch eine entsprechend hohe Ausstattung mit Humankapital und ökonomischem Kapital ist in folgender Hypothese zusammengefasst:

Gelegenheitshypothese (7): Je größer die Kapitalausstattung Egos ist, desto größer ist die Wahrscheinlichkeit informeller sozialer Unterstützung.

Andererseits schränken individuelle Restriktionen den Entscheidungsspielraum für informelle soziale Unterstützungen ein. Da aufgrund der individuellen Entscheidungsbeschränkungen Egos die Netzwerkpersonen erwarten, dass die Verpflichtung zur Gegenleistung nicht oder nicht in entsprechendem Maße eingelöst wird, sind nur wenige Netzwerkpersonen bereit, überhaupt soziale Unterstützung anzubieten. Dadurch wird aber das Angebot informeller sozialer Unterstützung geschmälert. Die individuellen Restriktionen Introversion, Immobilität, minderjährige Kinder im Haushalt, Wohnortwechsel und Lebensalter Egos wirken sich negativ auf das Unterstützungsangebot und damit auf die Wahrscheinlichkeit sozialer Unterstützung aus. Dieses Argument führt zu folgender Hypothese:

Restriktionshypothese (8): Je größer die individuellen Restriktionen Egos sind, desto kleiner ist die Wahrscheinlichkeit informeller sozialer Unterstützung.

Nicht jede soziale Beziehung kann eine geforderte informelle soziale Unterstützung bereitstellen. Viele Beziehungen sind auf einen kleinen Kreis individueller Unterstützungshandlungen spezialisiert. Diese spezialisierten Beziehungen verringern jedoch das Angebot an Netzwerkpersonen, weil sie nur Teilsegmente an informellen sozialen Unterstützungen bereitstellen. Diese Einschränkung des Unterstützungsangebots ergibt sich einerseits durch die Spezialisierung verschiedener sozialer Kontexte und andererseits durch die Spezialisierung der sozialen Beziehungen großer persönlicher Netzwerke.

Jede soziale Beziehung zwischen Ego und Netzwerkperson kann einem sozialen Kontext (vgl. S. 60) zugeschrieben werden. Diese Kontexte sind meistens kulturell oder strukturell umschriebene Aktivitätssphären, in denen sich soziale Welten entfalten: Verwandtschaft, Nachbarschaft, Arbeitswelt und Interessenvertretungen beziehungsweise Organisationen (Feld 1981, Fischer 1982a: 40, vgl. auch die Ausführungen auf den Seiten 64ff. und 78ff.). Um die sozialen Beziehungen klassifizieren zu können, wurden sie verschiedenen sozialen Kontexten zugeordnet: Verwandtschaft, Nachbarschaft, Arbeitsplatz, Organisationsmitgliedschaft, Bekanntschaft und Freundschaft.

Die einzelnen Kontexte sind aufgrund der Organisation sozialer Aktivitäten mehr oder weniger auf einzelne informelle soziale Unterstützungen spezialisiert (Feld 1982: 642ff.). Eine Sonderstellung nehmen die nahen Verwandten ein. Sie übernehmen einen großen Teil der informellen sozialen Unterstützung und sind dabei nicht auf einzelne Bereiche spezialisiert (Wellman 1990: 210ff.). Nachbarschaftsbeziehungen tragen zur Unterstützung rund um Haushalt, Wohnung und Wohnumgebung bei. Sie sind neben einer Informationsquelle lokaler Nachrichten vor allem auf kleinere instrumentelle Unterstützungen spezialisiert (Tilburg 1990: 151). Beziehungen, die zu dem Fokus Arbeitsplatz zu rechnen sind, richten sich vor allem auf berufliche Angelegenheiten und Interessen, die mit der Arbeitstätigkeit im Zusammenhang stehen. Entfernte Verwandte, Organisationsmitglieder und Bekannte werden häufig nur mit geselliger Unterstützung in Zusammenhang gebracht (Fischer 1982a: 132f.). Allerdings differieren die sozialen Kontexte in der Art der geselligen Unterstützung. Während die entfernte Verwandtschaft auf familiären Treffen der Geselligkeit Genüge tut, trifft man Bekannte eher auf außerfamiliären Zusammenkünften. Für Organisationsmitglieder gilt wiederum, dass sie ein gemeinsames Interesse an bestimmten Aktivitäten zusammenführt. Das können zum Beispiel Hobbys oder Freizeitinteressen sein.

Hingegen sind die Kontexte der nahen Verwandtschaft und der Freundschaft auf keine Unterstützungsdimension spezialisiert (Litwak/Szelenyi 1969: 465ff., Fischer 1982a: 132, Antonucci 1985: 32f., Tilburg 1990: 151). Nahe Verwandte leisten einen großen Teil informeller sozialer Unterstützung in verschiedenen Bereichen (vgl. Hofferth/Iceland 1998: 576). Mit nahen Verwandten kann man Persönliches diskutieren, weil oftmals auch deren Angelegenheiten berührt werden. Man kann sie leicht um instrumentelle Unterstützung bitten. Das gilt insbesondere für vertrauensvolle Aufgaben, zum Beispiel dem Hüten der Wohnung bei Abwesenheit, aber auch bei Hilfen im Haushalt. Gesellige Unterstützung wird insbesondere durch Familientreffen geleistet. Freunde werden oftmals um Rat gebeten, oder man diskutiert mit ihnen persönliche Probleme. Andererseits sind Freunde gute Gesellschafter, mit denen man viele Freizeittätigkeiten gemeinsam durchführt (Fischer 1982a: 132).

Ein zweiter Bestandteil der Spezialisierung ergibt sich durch die Größe der persönlichen Netzwerke. Besteht ein persönliches Netzwerk aus spezialisierten Beziehungen, sind viele Beziehungen pro Netzwerk nötig, um ein vergleichbares Unterstützungsniveau gegenüber persönlichen Netzwerken mit einem hohen Anteil unspezialisierter Beziehungen zu erhalten. Auf wenige Unterstützungen spezialisierte Beziehungen sind deshalb eher in großen Netzwerken zu finden.

Durch die Fokussierung sozialer Aktivitäten um Kontexte, ergeben sich spezielle Unterstützungshandlungen in verschiedenen sozialen Kontexten. Ferner ergeben sich in großen persönlichen Netzwerken Möglichkeiten, die sozialen Beziehungen auf wenige Unterstützungshandlungen zu spezialisieren. Da spezialisierte Beziehungen bezogen auf ein allgemeines Unterstützungsniveau eher weniger Unterstützung bieten, ist die Wahrscheinlichkeit sozialer Unterstützung in großen Netzwerken und spezialisierten Kontexten eher gering. Daraus lässt sich folgende Hypothese ableiten:

Spezialisierungshypothese (9): Je spezialisierter soziale Kontexte und persönliche Netzwerke sind, desto kleiner ist die Wahrscheinlichkeit informeller sozialer Unterstützung.

Ego wählt nun aus dem Angebot sozialer Unterstützung, das ihm durch sein persönliches Netzwerk bereitgestellt wird, eine Netzwerkperson aus, mit der der Unterstützungsaustausch vollzogen wird. Diese Auswahl einer Unterstützungsperson erfolgt nach der Zielstellung, die bestmögliche soziale Unterstützung zu erhalten. Dies wird erreicht, indem der Nutzen des Austauschs gesteigert, die Kosten des Austauschs reduziert und das kooperative Verhalten der Netzwerkperson abgesichert werden.

8.2 Nutzen- und Kostenaspekte informeller sozialer Unterstützung

Bestimmte Nutzenaspekte der Beziehungen beeinflussen die Auswahl zum Positiven, während Kostenaspekte deren Auswahl eher behindern. Einen hohen Nutzen erreichen Akteure, wenn sie sich von Netzwerkpersonen unterstützen lassen, mit denen sie gemeinsame Erfahrungen, Einstellungen, Interessen und Werte teilen. Aufgrund dieser Erfahrungen, Einstellungen und Werte, entwickelt sich ein gemeinsames Verständnis um die Bedürfnisse und Wünsche des Anderen. Der Austausch sozialer Unterstützung funktioniert in solchen Situationen reibungsloser und damit nützlicher für beide Seiten. Einen hohen Nutzen haben insbesondere soziale Beziehungen zu Netzwerkpersonen mit gleichen persönlichen Eigenschaften, wie beispielsweise Alter, Geschlecht oder Familienstand. Laumann (1966: 13) stellt fest, dass viele Personen dazu neigen, soziale Beziehungen zu Netzwerkpersonen mit ähnlichen persönlichen Eigenschaften herzustellen. Er nennt diese auf Ähnlichkeiten der individuellen Statuseigenschaften beruhenden These die Like-me-These. Je ähnlicher sich zwei Personen einer sozialen Beziehung sind, desto höher ist der Nutzen, den beide Akteure aus der Beziehung ziehen können.

Nach Hahn u.a. (1979) ist oft zu beobachten, dass die sozialen Beziehungen bei ähnlichem Alter, gleicher Generation und gleicher Situation im Familienzyklus aufrechterhalten und intensiviert werden. In Willmotts Untersuchung (1987: 27) gehören drei Viertel aller Netzwerkpersonen der gleichen Altersdekade wie der Befragte an. Er kann ebenfalls bestätigen, dass Frauen eher Frauen und Männer eher Männer im persönlichen Netzwerk haben (Willmott 1987: 24ff.). Sind sich Ego und Netzwerkperson hinsichtlich Alter, Geschlecht oder Familienstand ähnlich, spricht man von einer statushomogenen Beziehung. Statushomogene Beziehungen sind für den Austausch sozialer Unterstützungen nützlicher als statusheterogene Beziehungen.

Darüber hinaus ergeben sich Vorteile für Ego, wenn die Netzwerkperson über eine gleiche oder bessere Kapitalausstattung verfügt, weil die Netzwerkperson eher in der Lage ist, soziale Unterstützung zu gewähren, selbst wenn die Gegenleistung durch den Ego nur schwach abgesichert ist. Unter diesem Gesichtspunkt sollte eine Netzwerkperson ausgewählt werden, die einflussreicher, gebildeter und kompetenter ist. Deshalb wird soziale Unterstützung vor allem bei Netzwerkpersonen mit gleichem oder höherem Sozialprestige gesucht (Laumann 1966: 13). Je unähnlicher sich zwei Personen hinsichtlich des Sozialprestiges sind, desto wahrscheinlicher unterstützt die prestigehöhere Person die prestigeniedrigere Personen. Diese These wird nach Laumann auch als Prestige-These bezeichnet. Unterstützungsgeber werden vor allem dann ausgewählt, wenn sie mindestens gleichwertig mit Humankapital und Berufsprestige ausgestattet sind. Ist die unterstützende Netzwerkperson gleichwertig oder gar besser mit Humankapital oder Berufsprestige ausgestattet, spricht man von Prestigeheterogenität.[25] Prestigeheterogene Beziehungen sind für den Austausch von Unterstützungsressourcen von Vorteil. Empirische Ergebnisse bestätigen die beiden Ähnlichkeitsthesen (vgl. Jackson 1977, Verbrugge 1977). Aus den beiden laumannschen Argumenten der Like-me- und der Prestige-These ergibt sich folgende Hypothese:

Nutzenhypothese (10): Je größer der Nutzen einer sozialen Beziehung ist, desto größer ist die Wahrscheinlichkeit informeller sozialer Unterstützung.

Die Kosten einer sozialen Beziehung bestehen aus aufgebrachter Zeit und aufgebrachtem Geld für persönliche, telefonische und schriftliche Interaktionen (Busschbach 1996). Ein geeignetes Merkmal der Beziehung, in dem sich diese Kosten widerspiegeln, die für die Unterstützung aufzubringen sind, ist die Entfernung der Wohnorte von Ego und Netzwerkperson (Fischer/Stueve 1977). Je größer die Entfernung der Wohnorte zwischen den Austauschpartnern ist, desto höher sind die Kosten der sozialen Unterstützung. Die Kosten einer Beziehung können reduziert werden, wenn beide Personen nahe beieinander wohnen. Auf der Basis der Entfernung zwischen den Beziehungspartnern kann die folgende Hypothese über die Kosten einer Beziehung formuliert werden:

Kostenhypothese (11): Je größer die Kosten einer Beziehung sind, desto kleiner ist die Wahrscheinlichkeit informeller sozialer Unterstützung.

Neben den Nutzen- und Kostenargumenten der Auswahl einer Unterstützungsperson spielt noch ein weiterer Aspekt sozialer Beziehungen eine wesentliche Rolle, der durch Besonderheiten der Unterstützungssituation begründet ist. Dieser Aspekt betrifft die Absicherung einer kooperativen Unterstützung.

---

25 Strenggenommen handelt es sich nicht um Heterogenität, weil einerseits die homogenen Fälle ebenfalls zu diesem Konstrukt gehören, und weil andererseits der heterogene Fall hohes Prestige des Befragten und niedriges Prestige der Netzwerkperson gerade nicht dazugehört. Zur stärkeren Absetzung vom Begriff Statushomogenität wird jedoch am Begriff Prestigeheterogenität festgehalten.

8.3 Kooperationsabsicherung informeller sozialer Unterstützung

Der Austausch sozialer Unterstützung erfolgt zum gegenseitigen Vorteil, sodass jeder Akteur nach dem Austausch besser gestellt ist. Wie in jeder Austauschhandlung unterliegen die Akteure jedoch opportunistischen Anreizen (vgl. Raub/Voss 1986: 310). Das bedeutet, dass im Prinzip jeder Akteur ein Interesse daran hat, vom Partner Ressourcen zu erhalten, gleichzeitig aber nur wenig Kontrolle über die eigenen Ressourcen dem Handlungspartner zu überantworten. Auch wenn beide Partner in der Unterstützungshandlung opportunistischen Anreizen unterliegen, werde ich mich im Folgenden auf das opportunistische Verhalten der unterstützenden Netzwerkperson konzentrieren.[26] Die an eine Netzwerkperson[27] gerichtete Nachfrage nach sozialer Unterstützung versetzt diese Netzwerkperson in eine Ego[28] dominierende Position. Diese Position bietet der Netzwerkperson verstärkt Anreize zu opportunistischem Handeln. Die Netzwerkperson hat ferner einen Anreiz, die benötigte Hilfestellung zu verwehren oder die Bedürftigkeitssituation zu ihren Gunsten auszunutzen, weil sie nicht mit Sicherheit erwarten kann, dass die Gegenleistung bereitgestellt wird. Das Ausmaß opportunistische Verhaltens ist in der jeweiligen Austauschsituation recht unterschiedlich. So kann die Netzwerkperson kleinere Hilfen im Haushalt verwehren. Oder sie nutzt die durch emotionale Unterstützung erfahrenen intimen Informationen aus der Privatsphäre Egos für ihre Zwecke, das heißt in einer von Ego nicht beabsichtigten Weise, aus.

Das Besondere an der sozialen Unterstützung ist, dass die Handlungen der beiden Akteure zu unterschiedlichen Zeitpunkten erfolgen. Zuerst offenbart der unterstützungssuchende Ego der unterstützenden Netzwerkperson seine Bedürftigkeitssituation und bittet sie um Hilfe. Damit öffnet der Unterstützungssuchende seine Privatsphäre dem Unterstützungsgebenden. Anschließend gewährt die Netzwerkperson soziale Unterstützung auf das Versprechen hin, in Zukunft eine Gegenleistung dafür zu erhalten. Weil beim sozialen Austausch die Handlungen zeitlich versetzt erfolgen, ist Vertrauen die Basis der Austauschbeziehung (Uehara 1990).

Ein weiteres Merkmal der Situation ist die freiwillige Ressourcenübertragung (Privatsphäre, private Informationen und Güter) des Unterstützungssuchenden ohne

---

26 Das liegt einerseits im zeitlichen Verzug zwischen Unterstützung und Gegenleistung begründet (in der hier verwendeten empirischen Erhebung liegen nur Daten über die Unterstützungsleistung nicht aber über die spätere Gegenleistung vor). Andererseits ist zum Zeitpunkt der Unterstützung nicht genau definiert, welche Gegenleistung zu erbringen ist (besonders bei diffusem Austausch wird kein Handlungspartner angeben können, welche Gegenleistung zu erwarten sein wird). Opportunistische Anreize Egos liegen darin, keine oder keine angemessene Gegenleistung für die erfahrene Hilfe und Unterstützung zu erbringen. Zum Beispiel zeugt es von Opportunismus, wenn man sich einen teuren Rat bei einem Freund holt, ohne dafür Anerkennung zu zollen oder sich in ähnlicher Weise erkenntlich zu zeigen.

27 Die Netzwerkperson ist in den hier untersuchten Fällen die unterstützende Person. Synonym für Netzwerkperson werden die Begriffe Unterstützender, Unterstützungsgebender, Unterstützungsanbieter usw. verwendet.

28 Ego ist in den hier untersuchten Fällen die unterstützte Person. Synonym für Ego werden die Begriffe Unterstützter, Unterstützungssuchender, Unterstützungsnachfrager usw. verwendet.

formale Absicherung. Durch diese Ressourcenübertragung ist der Unterstützungsgebende in der Lage, die benötigte Hilfe zu gewähren. Der Unterstützungssuchende profitiert nur dann von der freiwilligen Ressourcenübertragung, wenn die erwartete Unterstützung bereitgestellt wird. Aufgrund der Anreizprobleme und der besonderen Bedingungen in solchen Handlungssituationen spricht man vom Vertrauensproblem (vgl. Coleman 1995a: 97ff.). Mit derartigen Anreizproblemen in sozialen Handlungen beschäftigt sich die nichtkooperative Spieltheorie (Raub/Voss 1986: 311). Die Stärke der Spieltheorie liegt in der formalen Analyse der Handlungssituation und dem Aufzeigen von Lösungswegen aus problematischen Situationen. Die hier untersuchte Anreiz- und Kooperationsproblematik wird anhand des so genannten Vertrauensspiels analysiert (Dasgupta 1988, Kreps 1990, Güth/Kliemt 1993, Snijders 1996, Buskens 1999, Prosch 1999). In Abbildung 8.2. ist anhand eines Spielbaums schematisch dargestellt, welche Akteure an der Situation beteiligt sind und welche Handlungsoptionen sie haben. Ferner wird für jeden Handlungsausgang angegeben, wie hoch dieser durch den jeweiligen Akteur bewertet wird.

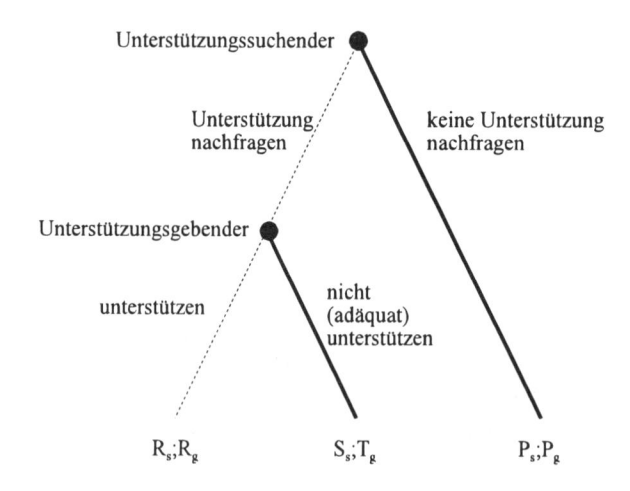

Es gilt die Rangfolge der Auszahlungen $T_i > R_i > P_i > S_i$ mit i = g, s. Fett gedruckte Linien sind Gleichgewichtspfade.

Abbildung 8.2: Spieltheoretisches Modell (Vertrauensspiel) der sozialen Unterstützung

In der Austauschhandlung sozialer Unterstützung gibt es zwei Akteure: den Unterstützungssuchenden (Ego) und den Unterstützungsgebenden (Netzwerkperson). Im Verlauf des Austauschs haben beide Akteure Entscheidungen zu treffen, die das Handlungsergebnis für jeden Akteur beeinflussen. In einer solchen Austauschhandlung ist das erreichte individuelle Ergebnis eines Akteurs vom Verhalten des anderen Akteurs abhängig. Die Handlungen der Akteure sind also interdependent. Für die schematische Darstellung der Handlungssituation wird vereinfachend angenommen, dass für jede Entscheidung nur zwei Handlungsalternativen zur Auswahl stehen. Tatsächlich hat jeder Akteur einen größeren Entscheidungsspielraum, mitunter kann er sogar aus einem ganzen Spektrum von Entscheidungsalternativen auswählen. Insofern dies möglich ist, stellen die beiden Alternativen jeweils die Pole dieses Handelsspektrums dar.

Die Akteure treffen ihre Entscheidungen nicht simultan, sondern sukzessiv. Den Akteuren ist zum Zeitpunkt ihrer Entscheidung immer bekannt, wie sich der Partner bisher entschieden hat (perfekte Information). Das Lesen der Abbildung 8.2 von oben nach unten trägt der sukzessiven Handlungsfolge Rechnung. Demzufolge wählt der Unterstützungssuchende einen geeigneten, das heißt über die gesuchte Ressource verfügenden Akteur aus.[29] Der Unterstützungssuchende steht zuerst vor der Entscheidung, den potenziellen Unterstützungsgebenden um Unterstützung zu bitten oder dies zu unterlassen. Im letzteren Fall wäre das Spiel zu Ende, ohne dass es zu einem Austausch kommt. Nur wenn der Unterstützungsgebende vom Unterstützungssuchenden angesprochen und um Hilfe gebeten wird, kann es zum Austausch kommen. In diesem Fall hat der Unterstützungsgebende die Entscheidung zu treffen, in den Austausch einzuwilligen und Unterstützung zu gewähren. Sollte sich der Unterstützungsgebende tatsächlich für die Gewährung der Hilfe entscheiden, kommt es zum Austausch von Ressourcen. Der Unterstützende stellt seinerseits Ressourcen bereit, an denen der Hilfesuchende interessiert ist. Im Gegenzug erhält er das Versprechen des Hilfesuchenden, in Zukunft eine Gegenleistung zu erbringen. Allerdings hat es zu diesem Zeitpunkt der Unterstützungsgebende in der Hand, die Hilfe auf die ihm bestmögliche Art und Weise zu gewähren oder seinen opportunistischen Neigungen nachzugeben und die Situation des Hilfesuchenden zu seinen Gunsten auszunutzen. Aufgrund dieser beiden sukzessiven Entscheidungen ergeben sich drei verschiedene Handlungsresultate (in Abbildung 8.2 von links nach rechts):

1. Es kommt zum Austausch von Ressourcen, wobei der Unterstützungsgebende die Bedürftigkeit des Unterstützungssuchenden nicht ausnutzt.
2. Es kommt zum Austausch von Ressourcen, wobei der Unterstützungsgebende die Bedürftigkeit des Unterstützungssuchenden ausnutzt.
3. Es kommt kein Austausch zustande.

Die am Ende eines jeden Pfades angegebenen Auszahlungen stellen die Nutzenwerte der Handlungsresultate für den Unterstützungssuchenden (Index s) sowie den Unterstützungsgebenden (Index g) dar. Diese Auszahlungen differieren zwischen den einzelnen Handlungsresultaten und den Akteuren. Allgemein gilt folgende

---

29 In der betrachteten paradigmatischen Situation gibt es nur einen Unterstützungsgebenden. Natürlich gibt es Fälle, in denen mehrere Unterstützungsgebende die Hilfeleistung erbringen (zum Beispiel einige Formen der Geselligkeitsunterstützung). Für diese Fälle wird die Annahme getroffen, dass der Unterstützungssuchende mit jedem Unterstützungsgebenden einen solchen Handlungsablauf durchspielt.

Rangordnung für die Auszahlungen:

$T_i > R_i > P_i > S_i$ mit i = g, s.

Lösungen eines Spiels lassen sich durch die Gleichgewichtsanalyse bestimmen. Ein Handlungsresultat ist im Gleichgewicht, wenn kein Spieler einen Anreiz hat, einseitig vom Ergebnis abzuweichen. Aufgrund der sukzessiven Abfolge der Entscheidungen kann man Gleichgewichte durch Rückwärtslösen aufspüren. Das kollektiv beste Ergebnis[30] wird erreicht, wenn es zum gegenseitigen Austausch von Ressourcen kommt (1. Ergebnis, Auszahlungen $R_s;R_g$). Allerdings kann der Unterstützungsgebende ein besseres Ergebnis erzielen, wenn er sich für die Alternative ‚nicht (adäquat) unterstützen' entscheidet, da $T_g > R_g$. Da der Unterstützungsgebende am letzten Entscheidungsknoten nicht vom Ergebnis $S_s;T_g$ abweichen würde, befindet sich dieses zweite Ergebnis im Gleichgewicht.

Würde nun der Unterstützende seinen opportunistischen Neigungen nachgeben, würde sich das für den Hilfesuchenden nachteilig auswirken. Unter der Annahme, dass alle Akteure über alle Auszahlungen informiert sind, steht der Unterstützungssuchende am ersten Entscheidungsknoten vor der Wahl zwischen den Ergebnissen P_s (für nicht nachfragen) und S_s (für nachfragen und nicht adäquat unterstützen). Da $P_s > S_s$ ist, wird der Unterstützungssuchende dem Unterstützungsgebenden nicht vertrauen und keine Unterstützung nachfragen, weil er sonst Gefahr läuft, vom Unterstützungsgebenden ausgenutzt zu werden. Damit befindet sich das dritte Ergebnis $P_s;P_g$ ebenfalls im Gleichgewicht.

Die problematische Situation besteht darin, dass beide Entscheidungsträger zwar individuell rational handeln und auf ein Gleichgewichtsergebnis zusteuern, aber sich durch ihre Entscheidung gleichzeitig vom effizienten und kollektiv rationalen Ergebnis ($R_s;R_g$) wegbewegen. Erschwert wird das Kooperationsproblem durch die Nicht-Einklagbarkeit der Unterstützung, da der Austausch auf freiwilliger Basis abläuft. Dieses Element der Situation erleichtert quasi das Nachgeben opportunistischer Neigungen.

8.3.1 Lösungen des Vertrauensproblems

Aufgrund der Gleichgewichtsanalyse kann man angeben, welche Veränderungen am Spiel vorzunehmen sind, um eine kooperative und damit effiziente Lösung für beide Partner zu erreichen. Kernpunkt für die Lösung des Dilemmas sind die Kosten der Kooperation, also die Differenz zwischen den Auszahlungen T_g und R_g für den Unterstützungsgebenden. Wenn diese Kosten überbrückt werden können, dann hat die Alternative unterstützen für den Unterstützungsgebenden einen höheren Nutzen. Wenn

---

30 Ein kollektiv bestes Ergebnis bedeutet ein paretooptimales Ergebnis mit symmetrischen Auszahlungen. Das ebenfalls paretooptimale Ergebnis $S_s;T_g$ ist aufgrund der stark asymmetrischen Auszahlungen nicht gemeint.

andererseits der Unterstützungssuchende davon ausgehen kann, dass sein Vertrauen in den Unterstützungsgebenden gerechtfertigt wird, ist es für ihn günstiger, Unterstützung nachzufragen, da $R_s > P_s$. Die Lösungen des Unterstützungsspiels müssen also darauf abzielen, die Kosten der Kooperation ($T_g - R_g$) zu überbrücken. Im Folgenden werden verschiedene Lösungen solcher Vertrauensprobleme diskutiert.

Eine erste Variante sind vertragliche Arrangements (vgl. Weesie 1988:109, Prosch 1999: 37ff.). Beide Seiten verpflichten sich in einem schriftlichen Vertrag unter Androhung von Sanktionen, die geforderten Leistungen bereitzustellen. Liegen die Schadensersatzansprüche für den Fall des Vertrauensbruchs über den Kooperationskosten ($T_g - R_g$), gibt es hinreichende Anreize für die Partner, sich kooperativ zu verhalten. Jedoch hat die Absicherung von Vertrauens- und Kooperationsproblemen durch Verträge allgemeine und für die Unterstützungssituation spezifische Nachteile.

Ein Nachteil von Vertragslösungen besteht darin, dass das Erarbeiten der Verträge Zeit, Geld und andere Ressourcen verbraucht (Williamson 1985). Diese Kosten der Vertragslösung können mitunter dazu führen, dass die Austauschhandlung zwischen beiden Partnern unterbleibt. Im Falle der Nichteinhaltung der vertraglichen Regelungen und damit das In-Kraft-Treten der Schadensregulierung verschleißt weitere Ressourcen. Damit wird diese Strategie der Problemlösung sehr kostenintensiv. Zudem führt eine gerichtliche Einigung auf Vertragsbasis unabhängig vom Ausgang der Verhandlungen zu einem Imageverlust für beide Partner. Selbst bei wirtschaftlichen Transaktionen mit weit größeren Kooperationskosten als beim Austausch sozialer Unterstützung wird auf diese Lösungsstrategie verzichtet, wenn andere Lösungen greifbar sind (Macaulay 1963). Zudem kann in keinem noch so umfangreichen und detaillierten Vertrag jedwedes opportunistische Verhalten abgesichert werden. Jeder Vertrag weist eine so genannte Vertragslücke auf, womit nicht abgesicherte Risiken gemeint sind. Damit wird die Vertragslösung zu einer unsicheren Strategie, weil oftmals nur die vor dem Austausch offensichtlichen Risiken abgedeckt werden. Weiterhin kann es vorkommen, dass aufgrund einer inflexiblen Vertragslösung beide Partner in nichtvorhersehbaren Situationen nicht angemessen handeln können.

Der wohl wichtigste Grund gegen eine Vertragslösung liegt aber in den Besonderheiten der Unterstützungssituationen begründet. Vertragslösungen mögen für einige ökonomische Austauschsituationen ihren Sinn haben, für die Absicherung sozialen Austauschs, insbesondere sozialer Unterstützung bieten sie sich nicht an. Soziale Austauschhandlungen weisen nur einen geringen Standardisierungsgrad auf, der eine kostengünstige Vertragsregelung ermöglichen würde. Andererseits ist es in Unterstützungssituationen zeitlich nicht möglich, vorab einen Vertrag auszuarbeiten, weil die Hilfe sofort benötigt wird. Schließlich gibt es einen trivialen Grund, auf die Vertragsstrategie als Lösungsmechanismus der Vertrauens- und Kooperationsprobleme hinsichtlich der in dieser Arbeit untersuchten sozialen Unterstützungen zu verzichten. Es sind vor allem die informellen also gerade nicht auf formalem (Rechts-)Weg einklagbaren Unterstützungen von Interesse, die im Alltag durch den Verwandten- und Freundeskreis erbracht werden.

Eine zweite Lösung des Vertrauensspiels ergibt sich durch moralisches Verhalten der Unterstützungsgebenden. Moralisch verhält man sich dann, wenn man trotz opportunistischer Anreize auf die individuell rationale Entscheidung zugunsten des kollektiv rationalen Ergebnisses verzichtet. Diese Lösung ist keineswegs von der Hand zu weisen. Experimentelle Untersuchungen zu verschiedenen Varianten des Vertrauensspiels ergeben, dass durchschnittlich etwa 37 Prozent der Versuchspersonen trotz der problematischen Spielanreize kooperieren beziehungsweise das in sie gesetzte Vertrauen rechtfertigen (Snijders 1996, ähnliche Ergebnisse in Scholz 2001: 53). Mit anderen Worten: Für etwa 37 Prozent der Personen gilt offensichtlich R > T. Die Moral-Lösung des Unterstützungsspiels kann durch eine Spielerweiterung um den Zug der Natur zwischen vertrauenswürdigen und vertrauensunwürdigen Unterstützungsgebenden modelliert werden. Mit einer Wahrscheinlichkeit q (= 37%) trifft der Unterstützungssuchende auf einen vertrauenswürdigen Unterstützungsgebenden und mit einer Wahrscheinlichkeit 1 - q (= 63%) auf einen opportunistischen Unterstützungsgebenden. Dennoch offenbaren sich Probleme. Erstens sind die Personen, die gegebenes Vertrauen ausnutzen in der Mehrzahl. Jeder Unterstützungssuchende muss damit rechnen, dass er in der Mehrzahl der Hilfegesuche ausgenutzt wird. Zweitens kann man vertrauenswürdige von vertrauensunwürdigen Personen nicht unterscheiden, wenn man keine weiteren Informationen über den Spielpartner besitzt. Bei allen Vorteilen der Moral-Lösung hat sie jedoch den Nachteil, dass nicht mit Sicherheit feststeht, ob der Unterstützungsgebende eine vertrauenswürdige Person ist. Weitere Kooperationsabsicherungen sind dadurch notwendig.

Eine dritte Lösung des Vertrauensdilemmas sozialer Unterstützung ist die soziale Einbettung in bestehende soziale Strukturen. Granovetter (1985) betont den Einbettungsaspekt sozialen Handelns als Stütze effizienten Austauschs. Das Einbettungsargument betont die Rolle konkreter persönlicher Beziehungen und Strukturen solcher Beziehungen beim Erzeugen von Vertrauen und Verhindern von Opportunismus (Granovetter 1985: 490). Soziale Einbettung tritt in unterschiedlichen Formen auf, wobei im Allgemeinen die Einbettung in langfristige soziale Beziehungen, die Einbettung in Strukturen sozialer Beziehungen und die Einbettung in soziale Institutionen unterschieden werden (vgl. Weesie 1988: 109, Raub/Weesie 1991: 13).

Die soziale Einbettung trägt durch zwei unterschiedliche Effekte zur Reduzierung von Opportunismus in einer Handlung bei (vgl. Weesie 1988: 109f., Buskens 1999: 11ff.). Der Lern- oder Informationseffekt stellt dem Unterstützungssuchenden Informationen über das bisherige Verhalten des Unterstützungsgebenden in ähnlichen Situationen sozialer Unterstützung zur Verfügung. Mit Hilfe dieser Informationen kann der Unterstützungssuchende die Vertrauenswürdigkeit des Partners abschätzen. Durch die verfügbaren Informationen sozialer Einbettung kann also die Wahrscheinlichkeit q für den konkreten Spielpartner mehr oder weniger genau abgeschätzt werden.

Der zweite Effekt richtet sich auf die Kontrolle des Unterstützungssuchenden über die Handlung des Unterstützungsgebenden. Die soziale Einbettung ermöglicht dem Unterstützungssuchenden durch Androhung zukünftiger Sanktionen im Falle opportunistischen Verhaltens des Unterstützungsgebenden, dessen Entscheidung im Unterstützungsspiel zu kontrollieren. Eine effiziente Kontrolle ist gewährleistet, wenn die Kooperationskosten ($T_g - R_g$) geringer sind als die Nachteile der angedrohten

Sanktionen zukünftiger Handlungen. Damit Informations- und Kontrolleffekte ihre Wirkung entfalten können, sind hinsichtlich der sozialen Einbettungsarten gewisse Bedingungen zu erfüllen.

8.3.2 Zeitliche Einbettung

Die zeitliche Einbettung bezieht sich auf langfristige Paarbeziehungen. Sie liegt vor, wenn Unterstützungssuchender und Unterstützungsgebender nicht nur einen einmaligen Tausch vollziehen, sondern wenn im Lauf der Zeit mehrere Austauschhandlungen zwischen beiden Partnern stattfinden. Sowohl geplante zukünftige als auch vergangene Austauschhandlungen zwischen beiden Partnern können die Handlungen im Unterstützungsspiel beeinflussen. Durch wiederholte Interaktionen zwischen beiden Partnern können opportunistische Anreize ausgesetzt werden. Zum einen kann die Beziehungsgeschichte der beiden Akteure einen Informationseffekt auf die gegenwärtige Handlung ausüben. In sozialen Beziehungen wird dieser Lern- oder Informationseffekt der Schatten der Vergangenheit genannt (vgl. Raub/Weesie 1991: 13, Raub 1996: 1). Dieser Informationseffekt bewirkt den Aufbau eines Vertrauenspotenzials zwischen beiden Akteuren. Zum anderen wirft die Beziehungszukunft ihren Schatten voraus und beeinflusst das Verhalten in der gegenwärtigen Beziehung in Richtung Kooperation. Dieser Kontrolleffekt der zeitlichen Einbettung wird auch Schatten der Zukunft genannt (vgl. Axelrod 1995: 11).

Durch die Beziehungsvergangenheit lernen beide Akteure den Partner besser kennen. Voraussetzung des Informationseffekts zeitlicher Einbettung ist die Möglichkeit, das Verhalten des Partners in jeder Interaktion beobachten zu können. Im Allgemeinen kann man in Austauschbeziehungen von der Erfüllung dieser Voraussetzung ausgehen. Ich gehe davon aus, dass nach jedem Austausch die Akteure erfahren, wie sich der Partner verhalten hat. Nach jeder Iteration wird der Informationsstand über die Verhaltensweise des Partners auf den neuesten Stand gebracht. Beide Akteure lernen dadurch, wie stark beim Partner die Neigung ausgeprägt ist, opportunistischen Anreizen nachzugeben. Aufgrund solcher Informationen kann der Unterstützungssuchende die Vertrauenswürdigkeit des Unterstützungsgebenden im aktuellen Spiel einschätzen. Je größer die Erfahrung aus der gemeinsamen Beziehungsvergangenheit ist, desto umfangreicher der Informationsstand über den Partner. Zeigt sich, dass der Spielpartner vertrauenswürdig ist, wird die Beziehung zu ihm weiterhin bestehen bleiben und möglicherweise sogar ausgebaut. Andererseits kann ein Vertrauensbruch zum Abbruch der Beziehung führen, insbesondere dann, wenn keine Absicherungsmöglichkeiten vorhanden sind, die opportunistisches Verhalten in zukünftigen Interaktionen verhindern. Empirisch lassen sich kaum Beispiele finden, wonach bei negativen Erfahrungen eine Beziehung aufrechterhalten wird (vgl. Raub 1996). Man kann deshalb davon ausgehen, dass nur dann Beziehungen über einen längeren Zeitraum bestehen, wenn beide Partner von der Vertrauenswürdigkeit des Anderen überzeugt sind.

Der Kontrolleffekt zeitlicher Einbettung zielt dagegen auf die direkte Absicherung riskanter Austauschhandlungen. Der Kontrolleffekt wirkt durch die Antizipation zukünftiger Auszahlungen. Das Vertrauensspiel wird dahingehend modifiziert, dass es eine Wahrscheinlichkeit für zukünftige Austauschhandlungen zwischen beiden Akteuren gibt. Damit wird die Annahme getroffen, dass es Wiederholungen der Austauschhandlungen mit der Auszahlungsrangordnung $T_i > R_i > P_i > S_i$ gibt, wobei nicht mit Sicherheit gesagt werden kann, wann die letzte Interaktion stattfindet. Zukünftige Auszahlungen werden um den Diskontfaktor w verringert, weil erstens zwischen den Einzelinteraktionen eine gewisse Zeitspanne vergeht, weil zweitens die Akteure negative Zeitpräferenzen haben, das heißt die Auszahlung der gegenwärtigen Situation ist wichtiger als die Auszahlung einer zukünftigen Situation, und weil drittens nur mit einer Wahrscheinlichkeit kleiner 1 in Zukunft interagiert wird beziehungsweise mit einer Wahrscheinlichkeit größer 0 die Interaktion beendet wird (vgl. Weesie 1988: 117, Axelrod 1995: 11). Je weiter eine Handlung in der Zukunft liegt und je ungewisser diese Zukunft ist, desto stärker wird die zukünftige Auszahlung dieser Handlung abdiskontiert. Selbst bei einer unendlichen Anzahl an Wiederholungen ist die Gesamtauszahlung aller zukünftigen Handlungen ein endlicher Wert.

Diese Gesamtauszahlung einer langfristigen Kooperationsbeziehung ist mit den kurzfristigen Gewinnen opportunistischen Verhaltens zu vergleichen. Gleichen die langfristigen Gewinne des Unterstützungsgebenden seine kurzfristigen Kooperationskosten aus, hat der Unterstützungssuchende die Möglichkeit der glaubwürdigen Androhung, bei opportunistischen Verhalten seines Partners zukünftig das Vertrauen zu entziehen. Diese Androhung hat damit die Wirkung einer Sanktion gegen opportunistisches Verhalten. Der Unterstützungsgebende hat seine kurzfristigen Gewinne aus opportunistischem Verhalten mit den langfristigen Verlusten des Vertrauensentzuges abzuwägen. Es ist nicht notwendig, dass der Unterstützungssuchende diese Drohung als solche aussprechen muss. Allein die Information über die Auszahlungen und die Wahrscheinlichkeit zukünftiger Interaktionen sind ausreichend, dass der Unterstützungsgebende das in ihn gesetzte Vertrauen nicht missbraucht. Für den Unterstützungsgebenden ist es individuell rational im Sinne der Maximierung seiner Gesamtauszahlung, das in ihn gesetzte Vertrauen zu honorieren, wenn der Diskontfakor w und damit der Schatten der Zukunft hinreichend groß sind. Ist diese Bedingung erfüllt, ist es wiederum für den Unterstützungssuchenden individuell rational, dem Unterstützungsgebenden zu vertrauen und ihn um Unterstützung zu bitten. Dieser in der nichtkooperativen Spieltheorie als Folk-Theorem bezeichnete Kontrolleffekt wird durch ein Computerturnier am Gefangenendilemma empirisch bestätigt (Axelrod 1995).

Allerdings weist Kreps (1990: 103ff.) auf einige Probleme bezüglich der Iterationen hin. Die Wirkung des Effekts basiert auf der positiven Wahrscheinlichkeit einer weiteren Interaktion nach jedem Spiel. Sollte den Wiederholungen dennoch ein definitives Ende gesetzt werden, wird es aufgrund der Rückwärtsinduktion keine kooperative Lösung des Spiels geben. Vielmehr ist es für den Unterstützungssuchenden rational, gleich im ersten Spiel dem Unterstützungsgebenden kein Vertrauen zu schenken. Jedoch wird experimentell nachgewiesen, dass ein sehr weit entferntes Ende praktisch keine Auswirkungen auf eine vertrauensvolle Zusammenarbeit zwischen beiden Interaktionspartnern hat. Zweitens befindet sich zwar bei hinreichend großem Schatten der Zukunft das Ergebnis Unterstützung nachfragen und Unterstützung gewähren im Gleichgewicht und stellt damit eine Lösung des wiederholten Unterstützungsspiels dar, aber es gibt noch zahlreiche andere Gleichgewichtsergebnisse. Durch die Wiederholungen ist es den Interaktionspartnern möglich, viele effiziente Ergebnisse zu erzielen. Allerdings bringt das Aushandeln bestimmter Strategien hohe Transaktionskosten mit sich. Schließlich müssen die Interaktionspartner in jeder einzelnen Interaktion das Verhalten des Partners beobachten können. Erhalten die Akteure keine Informationen nach jedem Einzelspiel, kann nicht auf opportunistisches Verhalten reagiert werden.

Es kann festgehalten werden, dass bei einer hinreichend hohen Wahrscheinlichkeit zukünftiger Interaktionen zwischen zwei Akteuren ein kooperativer Austausch sozialer Unterstützungen erfolgen kann. Übersteigen die Gewinne langfristiger Beziehungen die Kooperationskosten (T – R), ist ein kooperativer Unterstützungsaustausch abgesichert.

8.3.3 Netzwerkeinbettung

Ist keine gemeinsame Beziehung zwischen Ego und Netzwerkperson vorhanden, kann die Netzwerkeinbettung das Vertrauensproblem lösen (Raub/Weesie 1990). Netzwerkeinbettung bedeutet, dass die Akteure der Unterstützungssituation durch soziale Beziehungen mit dritten Akteuren verknüpft sind. Boissevain (1974) betont die Interdependenz zwischen Person und Netzwerk. Einerseits kann der einzelne Akteur Ressourcen aus seiner sozialen Umgebung mobilisieren, andererseits übt das Netzwerk auch Druck auf ihn aus (Boissevain 1974: 27). Durch die Einbindung in ein gemeinsames Netzwerk kann Ego Informationen über das bisherige Verhalten der Netzwerkperson mit anderen Akteuren einholen. Dieser Informationseffekt stützt sich auf die Reputation, die die Netzwerkperson in vergangenen Interaktionen innerhalb des Netzwerks erworben hat. Andererseits ist durch die Netzwerkeinbettung eine effiziente Absicherung gegen opportunistisches Verhalten des Partners möglich. Ego kann die zukünftigen Interaktionspartner einer opportunistischen Netzwerkperson durch seine sozialen Beziehungen warnen und ihnen von einer Interaktion mit diesem opportunistischen Akteur abraten. Durch die entgangenen Auszahlungen zukünftiger Interaktionen mit weiteren Akteuren eines Netzwerks wird das opportunistische Verhalten des Unterstützungsgebenden sanktioniert, auch wenn keine gemeinsame Zukunft zwischen Unterstützungssuchenden und Unterstützungsgebenden besteht.

Der Informationseffekt der Netzwerkeinbettung stützt sich auf den guten Ruf der Netzwerkperson, der durch die sozialen Beziehungen vermittelt wird. Aufgrund der Informationen über den Partner kann ein Unterstützungssuchender besser entscheiden, ob der Unterstützungsgebende vertrauenswürdig ist und damit um Unterstützung gebeten werden kann, oder ob dies nicht der Fall ist. Allerdings treten mit der Reputationsverbreitung über ein persönliches Netzwerk Probleme auf, sodass nur unter bestimmten Bedingungen auf die Informationen über den Handlungspartner zurückgegriffen werden sollte. Zunächst muss man sich auf die Informationen verlassen können. Fehlinformationen können sich verheerend auswirken. Daher sollten die Informationen nicht von einem, sondern von möglichst vielen ehemaligen Interaktionspartnern des Unterstützungsgebenden verfügbar sein. Aber die Erfahrungen dieser Interaktionspartner können unterschiedlich sein, sodass trotz der Informationen Zweifel an der Vertrauenswürdigkeit des Partners bestehen bleiben können. Die Informationen müssen aber auch schnell, leicht und kostengünstig verfügbar sein. Mitunter können Informationsressourcen nicht genutzt werden, weil die Beschaffung zu kosten- beziehungsweise zu zeitaufwendig ist. Raub und Weesie (1990) belegen, dass dichte und hochfrequente Netzwerke vorteilhaft für die kostengünstige Informationsverbreitung sind (vgl. auch Weesie 1988: 135ff.).

Der Kontrolleffekt der Netzwerkeinbettung basiert auf der Drohung des Unterstützungssuchenden, den guten Ruf der Netzwerkperson im Falle opportunistischen Handelns zu zerstören. Das Vertrauensspiel ist dahingehend zu erweitern, dass das Spiel mit demselben Unterstützungsgebenden, aber wechselnden Unterstützungssuchenden wiederholt wird. Die Unterstützungssuchenden sind alle Mitglieder eines Netzwerks, sodass sie Informationen über den Unterstützungsgebenden austauschen können. Es wird angenommen, dass dieser Informationsaustausch ohne Kosten abläuft. Der Unterstützungsgebende muss davon ausgehen, dass er durch opportunistisches Verhalten zwar im gegenwärtigen Spiel eine höhere Auszahlung erzielen kann, aber in Zukunft von anderen Interaktionspartner aufgrund seines schlechten Rufes nicht mehr um Hilfe gebeten wird (vgl. Weesie 1988:153). Er muss die kurzfristigen Gewinne opportunistischen Verhaltens mit den langfristigen Verlusten einer zerstörten Reputation vergleichen. Wenn die langfristigen Verluste stärker ins Gewicht fallen, hat der Unterstützungsgebende praktisch keinen Anreiz, sich opportunistisch zu verhalten.

Sowohl der Informations- als auch der Kontrolleffekt der Netzwerkeinbettung wirken durch die Reputation des Unterstützungsgebenden. Um aber eine ausreichende Vorinformation über den Partner und eine wirksame Sanktionierung opportunistischen Verhaltens zu erzielen, muss das Netzwerk bestimmte Eigenschaften aufweisen. Die Weitergabe der Reputation innerhalb eines Netzwerks ist nur dann effizient, wenn sie schnell, leicht und praktisch kostenlos erfolgt. Dies ist nur in dichten und stark frequentierten Netzwerken möglich. Die Netzwerkdichte ermöglicht erst eine effiziente Netzwerkeinbettung.

8.3.4 Institutionelle Einbettung

Die institutionelle Einbettung bezieht sich auf formale institutionelle Strukturen, in die Akteure integriert sind. Auf die kooperations- und vertrauensfördernde Wirkung institutioneller Einbettung machen Raub und Weesie (1990: 13) aufmerksam. Öffentliche Institutionen können Informationen über das vergangene Verhalten von Akteuren bekannt geben oder zumindest die öffentliche Kommunikation der Reputation erleichtern. Der Informationseffekt wird durch Zertifizierung, Belobigungen oder positive Berichterstattung durch formale Medien erreicht. Der Kontrolleffekt kommt durch kooperationsfördernde Commitments, rechtliche Regelungen und Satzungen zur Wirkung. Institutionelle Einbettung kann ihre Wirkung auf problematische Handlungen nur durch formale Strukturen entfalten. In dieser Arbeit sind jedoch gerade die informellen persönlichen Beziehungen und Unterstützungen von Interesse, die neben formalen Strukturen existieren. Die institutionelle Einbettung ist deshalb für diese Untersuchung nur von marginaler Bedeutung. Die vertrauensvollen sozialen Unterstützungen werden zwar in starkem Maße von zeitlicher Einbettung und Netzwerkeinbettung beeinflusst, aber nicht von der institutionellen Einbettung tangiert. Aufgrund der Divergenz zwischen formalen und informellen sozialen Strukturen wird die institutionelle Einbettung nicht weiter verfolgt.

8.3.5. Kooperationsabsichernde Effekte

Zur Absicherung kooperativer Beziehungen sind die zeitliche Einbettung und die Netzwerkeinbettung Egos geeignet. Die zeitliche Einbettung verweist auf fortlaufende Unterstützungshandlungen zwischen Ego und Netzwerkperson. Die Netzwerkeinbettung ermöglicht dem Ego die Absicherung kooperativen Verhaltens seitens der Netzwerkperson, wenn keine langfristige Beziehung zwischen beiden Akteuren besteht. Beide Einbettungsarten wirken durch einen Informations- und einen Kontrolleffekt, wobei der Informationseffekt über das bisherige Verhalten der Netzwerkperson in ähnlichen Unterstützungssituationen informiert, während der Kontrolleffekt zur eigentlichen Absicherung der untersuchten gegenwärtigen Unterstützungshandlung beiträgt. Der Informationseffekt zeitlicher Einbettung wird durch den Schatten der Vergangenheit erreicht. Der Kontrolleffekt zeitlicher Einbettung wird dagegen durch den Schatten der Zukunft sichergestellt. Hinsichtlich der Netzwerkeinbettung fallen Informationseffekt und Kontrolleffekt zusammen und wirken durch die Reputation der Netzwerkperson. Im Folgenden wird dargestellt, wie unter dem Gesichtspunkt der Absicherung kooperativer Unterstützungen die drei Merkmale Schatten der Vergangenheit, Schatten der Zukunft und Reputationsverbreitung operationalisiert werden können.

Der Schatten der Vergangenheit kann durch eines der bekanntesten Beziehungskonzepte, nämlich die Stärke der Beziehung operationalisiert werden. Die Stärke einer Beziehung ist ein mehrdimensionales Konzept, das Vertrauenspotenzial und Langfristigkeit vereint. Das Vertrauenspotenzial einer Beziehung kann durch Informationen aus den vergangenen Austauschhandlungen mit dem Partner abgeschätzt werden. Diese Informationen sind umso genauer, je länger die gemeinsame Beziehung in die Vergangenheit reicht. Eine Beziehung ist im Allgemeinen dann eine starke, wenn beide Akteure viel Zeit gemeinsam miteinander verbringen, und wenn die Beziehung durch Intensität, Intimität und Reziprozität gekennzeichnet ist (Granovetter 1973: 1361, Schenk 1983: 93, Marsden/Campbell 1984: 483, Schweizer 1996: 118). In ähnlicher Weise definieren Wellman und Wortley (1990: 564) den Begriff Stärke der Beziehung. Für Willmott (1987) spielen nur Intensität und Intimität eine wichtige Rolle. Eine starke Beziehung kann Nähe und enge Bindung bedeuten. Partner starker Beziehungen können sich alles erzählen. Sie kann Intimität bedeuten, das heißt man hat ein gemeinsames Wissen voneinander, das nicht nach außen getragen wird (Willmott 1987: 81f.). Eine soziale Beziehung ist umso stärker, je mehr Zeit die beiden Personen miteinander verbringen, je intimer und intensiver die Interaktionen sind und wenn die Beziehung durch Reziprozität und Gegenseitigkeit gekennzeichnet ist.

Während Granovetter (1973) sein Konzept der Beziehungsstärke durch diese vier Indikatoren umreißt, ohne auf eine genauere Operationalisierung einzugehen, führen Marsden und Campbell (1984) empirische Analysen durch, um zu zeigen, welche Dimensionen des Konzeptes von Bedeutung sind. Die gemeinsame Zeit lässt sich durch zwei Merkmale operationalisieren: die Beziehungsdauer und die Kontakthäufigkeit. Die Beziehungsdauer ist der Zeitraum vom Beginn der Beziehung zwischen Ego und Alter bis zum Erhebungszeitpunkt. Die Anzahl der persönlichen, telefonischen und schriftlichen Kontakte zwischen Ego und Alter für einen bestimmten Zeitraum wird als Kontakthäufigkeit einer Beziehung angegeben. Jedoch korrelieren beide Indikatoren nicht hoch mit dem Stärke-Konstrukt. Die Beziehungsdauer überschätzt die sozialen Beziehungen zu verwandten Personen. Die Kontakthäufigkeit überschätzt dagegen die sozialen Beziehungen zu Nachbarn und Arbeitskollegen (Marsden/Campbell 1984). Auch Wellman und Wortley (1990: 569) und Barnes (1972: 19) stellen fest, dass es keinen Zusammenhang zwischen der Stärke der Beziehung und der Kontakthäufigkeit gibt.

Der Aspekt der Intensität einer Beziehung wurde als Verpflichtungsausmaß operationalisiert. Je mehr sich Ego verpflichtet fühlt, desto größer ist die Intensität der sozialen Beziehung. Die Intimität einer Beziehung wird durch das Ausmaß des Vertrauens bestimmt. Je größer das Vertrauen der Beziehung ist, desto größer ist auch die Intimität und damit die Stärke der Beziehung. Die Reziprozität einer Beziehung gibt an, ob zwischen den beiden Akteuren eine hohe gegenseitige Inanspruchnahme vorhanden ist. Wellman weist darauf hin, dass Beziehungen oft asymmetrisch reziprok sind, das heißt es gibt selten eine eins-zu-eins Übereinstimmung zwischen dem, was Personen sich gegenseitig geben (Wellman 1983: 172). Deshalb wird nicht die Reziprozität des Austauschs einzelner Ressourcen, sondern eine generalisierte Gegenseitigkeit der sozialen Beziehung über den Austausch mehrerer Unterstützungsressourcen hinweg gemessen.

Ich verwende den Begriff Stärke der Beziehung, wenn es sich um eine gegenseitige, intime, intensive und zeitaufwendige Beziehung handelt. Liegen die genannten Merkmale nicht oder weniger ausgeprägt vor, handelt es sich um schwache Beziehungen. Schwache Beziehungen sind keineswegs nutzlose Beziehungen, weil sie oftmals zwischen dichten Teilnetzwerken oder gar zwischen zwei Netzwerken einen Ressourcenfluss ermöglichen (Liu/Duff 1972, Granovetter 1973, 1982, Wellman 1981: 186, Wegener 1987, Burt 1992, Schweizer 1996: 119ff.). Schwache Beziehungen sind Brückenverbindungen zu anderen Netzwerken, das heißt schwache Beziehungen sorgen nicht für den direkten Ressourcenaustausch, sondern stellen lediglich eine Verbindung zu Ressourcen weiterer Netzwerkpersonen her.

Der Vorteil einer starken dauerhaften vertrauensvollen Beziehung liegt in einem rascheren Unterstützungsaustausch im Bedarfsfall, da weniger oder keine

8 Ein Austauschmodell informeller sozialer Unterstützung

Informationen über den Tauschpartner eingeholt werden müssen (Wellman 1981: 186). Zudem ergeben sich Sicherheiten durch den mehrmaligen Austausch: man kennt seinen Handlungspartner, man lernt, in welchen Austauschhandlungen sich der Tauschpartner kooperativ verhält, es baut sich ein Vertrauensverhältnis auf (vgl. Diewald 1995: 231, Völker/Flap 1997). Durch eine starke Beziehung kann Ego abschätzen, ob er seinem Tauschpartner vertrauen kann, oder ob der Tauschpartner seine Bedürftigkeitslage durch opportunistisches Verhalten ausnutzen wird.

Aus der spieltheoretischen Analyse wurde bereits deutlich, dass ein großer Schatten der Vergangenheit nicht ausreicht, um opportunistisches Verhalten des Partners zu verhindern. Informationen aus vergangenen Austauschhandlungen zeigen zwar, wie sich der Partner in ähnlichen Handlungssituationen verhalten hat, aber sie sind kein hinreichender Grund anzunehmen, dass der Partner in der gegenwärtigen Situation seinen opportunistischen Anreizen nicht nachgibt. Erst die Kontrolleffekte sozialer Einbettung sichern Unterstützungen vor Schäden aus unkooperativem Verhalten des Partners. Durch die glaubwürdige Androhung, zukünftige Austauschsituationen eines opportunistischen Partners zu sanktionieren, lässt sich effizient opportunistisches Verhalten verhindern. Der Schatten der Zukunft stellt eine effiziente Absicherung gegen opportunistisches Verhalten dar. Er kann durch das Zukunftspotenzial einer sozialen Beziehung operationalisiert werden. Das Zukunftspotenzial wird durch die zukünftige antizipierte Kontakthäufigkeit gemessen. Je größer die zukünftige Kontakthäufigkeit ist, desto größer ist der Schatten der Zukunft einer Beziehung und desto besser kann die gegenwärtige Austauschhandlung gegen opportunistisches Verhalten abgesichert werden.

Besteht zwischen dem Ego und der Netzwerkperson einer Austauschhandlung keine gemeinsame dauerhafte Beziehung, kann die durch die Netzwerkeinbettung verfügbare Reputation der Netzwerkperson deren kooperatives Verhalten absichern. Die Reputationsverbreitung kann durch die Netzwerkdichte operationalisiert werden. Je dichter das persönliche Netzwerk Egos ist, desto mehr Informationen stehen ihm über seinen Interaktionspartner zur Verfügung und desto besser kann durch einen Reputationsverlust die Unterstützungshandlung gegen opportunistisches Verhalten der Netzwerkperson abgesichert werden.

Aus den drei Elementen Schatten der Vergangenheit, Schatten der Zukunft und Reputationsverbreitung ergibt sich eine effiziente Kooperationsabsicherung der Unterstützungshandlung, die zu folgender Hypothese führt:

Kooperationsabsicherungshypothese (12): Je größer die Kooperationsabsicherung einer Beziehung ist, desto größer ist die Wahrscheinlichkeit sozialer Unterstützung.

```
┌─────────────────────────────────────┐
│ Sozialstruktur Egos:                │
│                                     │
│ Siedlungsstruktur          -/0      │
│ Kapitalausstattung          +       │
│ individuelle Restriktionen  -       │
│ individueller Status        ?       │
└─────────────────────────────────────┘
┌─────────────────────────────────────┐         ┌──────────────────────┐
│ persönliches Netzwerk:              │────────▶│ informelle soziale   │
│                                     │         │ Unterstützung        │
│ Spezialisierung             -       │────────▶└──────────────────────┘
│ Nutzen einer Beziehung      +       │
│ Kosten einer Beziehung      -       │
│ Kooperationsabsicherung     +       │
└─────────────────────────────────────┘
```

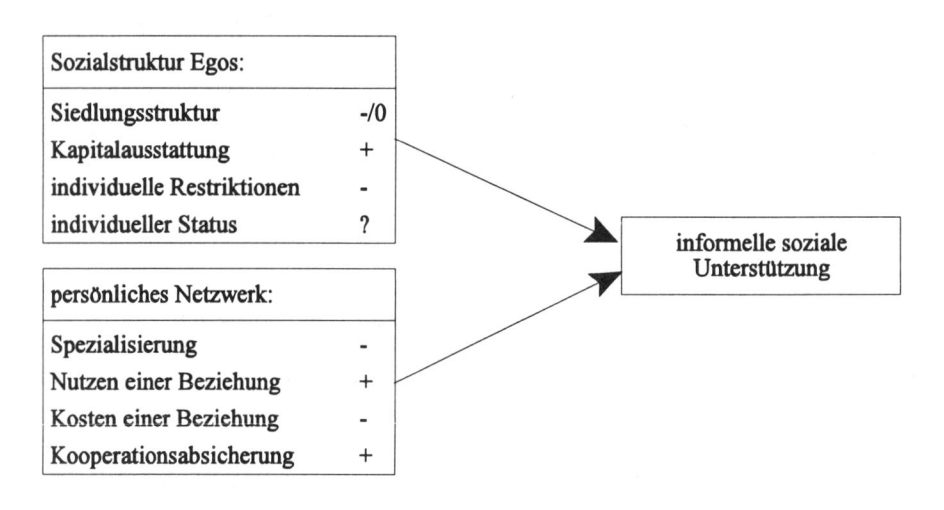

Abbildung 8.3: Ein Ursache-Wirkungs-Modell informeller sozialer Unterstützung

Zusammenfassend lässt sich sagen, dass der hilfebedürftige Ego nur im Austausch mit einer Verpflichtung zu einer mehr oder weniger spezifizierten Gegenleistung die benötigte soziale Unterstützung durch sein persönliches Netzwerk erhält. Diese soziale Unterstützung wird ihm durch eine bestimmte Anzahl von Netzwerkpersonen angeboten. Die Angebotsbreite richtet sich dabei nach der Siedlungsstruktur, den Handlungsgelegenheiten und Handlungsrestriktionen sowie dem spezialisierten Netzwerk. Maßgebend für die Bereitstellung sozialer Unterstützungen durch mehrere Netzwerkpersonen sind vor allem sozialstrukturelle Merkmale und Netzwerkparameter (vgl. Abbildung 8.3). Aus der Vielzahl der Angebote sozialer Unterstützung wählt Ego die Netzwerkperson aus, die bei geringen Kosten einen hohen Nutzen und maximale Kooperationsabsicherung verspricht. Die Auswahl einer Netzwerkperson für den Unterstützungsaustausch richtet sich vor allem auf beziehungsstrukturelle Merkmale. Nützlich sind insbesondere statushomogene, prestigeheterogene, starke, vertrauensvolle und langfristige Beziehungen. Dagegen entstehen durch große Entfernungen Kosten, die eine Austauschhandlung sozialer Unterstützung erschweren. Der Nutzen aus dem Ressourcenzugang muss in jedem Fall die Kosten rechtfertigen. Insofern ergibt sich ein allgemeines Austauschmodell sozialer Unterstützung (Abbildung 8.3).

9 Hypothesen zu Unterschieden innerhalb persönlicher Netzwerke

Die spezifischen Unterstützungsaspekte, wie emotionale, instrumentelle, gesellige und multiplexe Unterstützung, stellen jeweils verschiedene Anforderungen an die Austauschhandlungen. In diesem Kapitel erhalten die Bewertungsdimensionen einer Beziehung in Abhängigkeit von der Unterstützungsressource unterschiedliche Gewichte. Insbesondere die Auswahlkriterien für eine Netzwerkperson ändern sich. Dagegen bleiben die Hypothesen über die Sozialstruktur Egos (vgl. Abschnitt 8.1) nahezu unverändert für alle vier Unterstützungsaspekte bestehen. Im Folgenden wird für jede der drei Dimensionen sozialer Unterstützung sowie für die Multiplexität einer Beziehung herausgestellt, welche Eigenschaften der Sozialstruktur Egos und der persönlichen Netzwerke den Unterstützungsaustausch fördern beziehungsweise behindern. Zunächst werden die Hypothesen des Unterstützungsmodells den drei Unterstützungsdimensionen angepasst. Daran schließt sich ein adaptiertes Modell multiplexer Unterstützung an.

9.1 Emotionale Unterstützung

Es gibt nur wenige empirische Untersuchungen, die nicht nur allgemein soziale Unterstützung untersuchen, sondern auch die Einflüsse der Sozialstruktur Egos und seines persönlichen Netzwerks auf die verschiedenen Unterstützungsdimensionen analysieren. Insofern gibt es nicht viele Anhaltspunkte für die Besonderheiten der einzelnen Unterstützungsdimensionen. Die emotionale Unterstützung unterscheidet sich von den anderen Dimensionen sozialer Unterstützung vor allem durch eine vertraute, intime Atmosphäre. Es sind nur bestimmte soziale Beziehungen in der Lage, Ego emotional zu unterstützen. Dagegen unterscheiden sich die Effekte der Sozialstruktur Egos nicht von den Effekten des allgemeinen Austauschmodells sozialer Unterstützung. Demzufolge können die Hypothesen fünf bis acht an die Austauschhandlungen emotionaler Unterstützung angepasst werden:

Community-Lost-Hypothese (5a): Je urbaner die Siedlungsstruktur ist, desto kleiner die Wahrscheinlichkeit emotionaler Unterstützung.

Community-Liberated-Hypothese (6a): Die Siedlungsstruktur hat keinen Einfluss auf die Wahrscheinlichkeit emotionaler Unterstützung.

Gelegenheitshypothese (7a): Je größer die Kapitalausstattung Egos ist, desto größer ist die Wahrscheinlichkeit emotionaler Unterstützung.

Restriktionshypothese (8a): Je größer die individuellen Restriktionen Egos sind, desto kleiner ist die Wahrscheinlichkeit emotionaler Unterstützung.

Für emotionale Unterstützung ist eine vertraute Atmosphäre notwendig, wie sie nur in nahen Verwandtschafts- und Freundschaftsbeziehungen vorkommt. Diese Beziehungen sind deshalb für die emotionale Unterstützung viel wichtiger als die anderen, überwiegend freiwilligen Beziehungen aus sekundären Kontexten. Zwar sind die nahen Verwandtschafts- und Freundschaftsbeziehungen nicht auf emotionale Unterstützung spezialisiert, sie sind aber aufgrund ihrer besonderen Bindung an die Netzwerkperson für den Austausch emotionaler Unterstützung geeignet. Aufgrund der engen Bindung haben Verwandtschafts- und Freundschaftsbeziehungen Zugang zur Privatsphäre und den persönlichen Dingen und Problemen Egos und sind somit in der Lage, eine effiziente emotionale Unterstützung bereitzustellen.

Da zur emotionalen Unterstützung auch die Diskussion beruflicher Angelegenheiten zählt, ist vom sozialen Kontext Arbeitsplatz ebenfalls eine hohe emotionale Unterstützung zu erwarten. Berufliche Angelegenheiten werden zumeist mit vertrauten Arbeitskollegen diskutiert. Diese sind wiederum auf die emotionale Unterstützung spezialisiert, das heißt der Kontext Arbeitsplatz dient, anders als nahe Verwandte und Freunde, ausschließlich der emotionalen Unterstützung. Für die anderen, zumeist sekundären Kontexte ist die Wahrscheinlichkeit emotionaler Unterstützung geringer.

Die bisherige empirische Forschung bestätigt vielfach die vermuteten Zusammenhänge zwischen verschiedenen sozialen Kontexten und emotionaler Unterstützung (Fischer 1982a, Wellman/Wortley 1989, 1990, Reisenzein u.a. 1993: 77, Diewald 1995: 242, Völker/Flap 1997). Dagegen gibt es Hinweise, dass Freundschaftsbeziehungen emotional unterstützen (Fischer 1982a: 133, Wellman/Wortley 1990, Reisenzein u.a. 1993: 77). Die Spezialisierungshypothese ist entsprechend den Einflüssen des sozialen Kontextes anzupassen:

Spezialisierungshypothese (9a): Je spezialisierter Netzwerke sind, desto kleiner ist die Wahrscheinlichkeit emotionaler Unterstützung. In den sozialen Kontexten entfernte Verwandtschaft, Nachbarschaft, Organisationsmitgliedschaft und Bekanntschaft ist die Wahrscheinlichkeit emotionaler Unterstützung geringer als in den auf emotionale Unterstützung spezialisierten Kontexten nahe Verwandtschaft, Arbeitsplatz und Freundschaft.

Emotionale Unterstützung wird erleichtert, wenn ein gemeinsamer Lebenshintergrund vorhanden ist. Die Unterstützung kann zielgerichteter bereitgestellt werden, wenn die Lebenssituation der beiden Personen ähnlich ist. Homogene Beziehungen sind deshalb für den Austausch emotionaler Unterstützung förderlich. Hinsichtlich der Statushomogenität und der Prestigeheterogenität weisen die Untersuchungen von Wellman und Wortley (1990) und Busschbach (1996) allerdings eher auf eine größere Unterstützung durch heterogene soziale Beziehungen hin. Dagegen können Wellman und Wortley (1989: 286) keinen signifikanten Zusammenhang zwischen Homogenität persönlicher Eigenschaften und emotionaler Unterstützung belegen. Während Wellman und Wortley (1990) beobachten, dass ältere Personen eher jüngere Personen emotional unterstützen, belegt Busschbach (1996), dass es keine Unterschiede hinsichtlich der gesellschaftlichen Chancen einer Netzwerkperson gibt.

Hinsichtlich der Kosten einer Beziehung ist zu sagen, dass emotionale Unterstützung oftmals persönlichen Kontakt voraussetzt, der nur durch nahe wohnende Netzwerkpersonen geleistet werden kann. Der Effekt der Kosten einer Beziehung ändert sich hinsichtlich der emotionalen Unterstützung ebensowenig, wie der Nutzeneffekt. Die beiden Hypothesen zu Nutzen und Kosten einer Beziehung lauten demzufolge:

Nutzenhypothese (10a): Je größer der Nutzen einer Beziehung ist, desto größer ist die Wahrscheinlichkeit emotionaler Unterstützung.

Kostenhypothese (11a): Je größer die Kosten einer Beziehung sind, desto kleiner ist die Wahrscheinlichkeit emotionaler Unterstützung.

Emotionale Unterstützung berührt die Privatsphäre Egos. Mitunter werden sogar größere persönliche Konflikte durch emotionale Unterstützung zu lösen gesucht. Das setzt eine ganz besondere Vertrautheit zwischen Ego und Netzwerkperson voraus, wie sie nur in engen, intimen, vertrauensvollen und dauerhaften Beziehungen vorkommt. Emotionale Unterstützung wird deshalb nur von Mitgliedern des Kernnetzwerks gewährleistet. Nur diesem Personenkreis öffnet man sich, wenn man emotionale Unterstützung benötigt. Zudem sind häufiger Kontakt sowie reziproke Beziehungen notwendig, um möglichst viel Informationen gegenseitig austauschen zu können. Diese Hintergrundinformationen über das Privatleben bilden die Grundlage für den Austausch emotionaler Unterstützung. Starke Beziehungen bestärken zudem das Gemeinschaftsgefühl und fördern gegenseitige Anerkennung und Verbundenheit als wichtige Voraussetzungen für emotionalen Unterstützungsaustausch. Emotionale Unterstützung wird deshalb in besonderem Maße durch starke Beziehungen getragen.

Empirische Belege für die Effekte der Stärke auf die emotionale Unterstützung leisten Wellman und Wortley (1989, 1990) für Toronto und Diewald (1995: 229) für die DDR-Gesellschaft. Für die emotionale Unterstützung kann erwartet werden, dass insbesondere starke Beziehungen zur Erklärung beitragen. Deshalb kann die Kooperationsabsicherungshypothese aus dem Austauschmodell sozialer Unterstützung übernommen werden:

Kooperationsabsicherungshypothese (12a): Je größer die Kooperationsabsicherung einer Beziehung ist, desto größer ist die Wahrscheinlichkeit emotionaler Unterstützung.

Die Hypothesen über die Zusammenhänge zwischen der Sozialstruktur, dem persönlichen Netzwerk und der emotionalen Unterstützung sind zusammenfassend in

Abbildung 9.1 dargestellt.

Sozialstruktur Egos:	
Siedlungsstruktur	- / 0
Kapitalausstattung	+
individuelle Restriktionen	-
individueller Status	?

persönliches Netzwerk :	
Spezialisierung	-
Nutzen einer Beziehung	+
Kosten einer Beziehung	-
Kooperationsabsicherung	+

→ emotionale Unterstützung

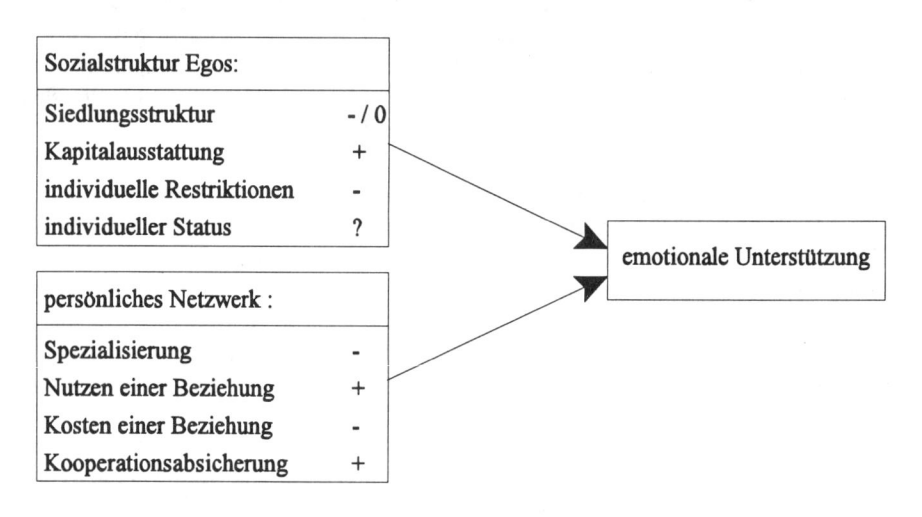

Abbildung 9.1: Hypothesenzusammenhänge der emotionalen Unterstützung

9.2 Instrumentelle Unterstützung

Für die instrumentelle Unterstützung sind vor allem zwei Aspekte besonders wichtig: Netzwerkpersonen mit Fähigkeiten, über die Ego nicht verfügt und vor allem lokale Beziehungen. Anders als in der emotionalen Unterstützung werden für die instrumentelle Unterstützung die Beziehungen meist nur im Bedarfsfall aktiviert. Instrumentelle Hilfe wird geleistet, wenn besondere Umstände oder fehlende Fähigkeiten dies erfordern. Ähnlich der emotionalen Unterstützung tragen vor allem Merkmale des persönlichen Netzwerks den Besonderheiten der instrumentellen Unterstützungsdimension Rechnung. Die vier Sozialstruktur-Hypothesen können unverändert vom allgemeinen Austauschmodell übernommen werden:

Community-Lost-Hypothese (5b): Je urbaner die Siedlungsstruktur ist, desto kleiner die Wahrscheinlichkeit instrumenteller Unterstützung.

Community-Liberated-Hypothese (6b): Die Siedlungsstruktur hat keinen Einfluss auf die Wahrscheinlichkeit instrumenteller Unterstützung.

Gelegenheitshypothese (7b): Je größer die Kapitalausstattung Egos ist, desto größer ist die Wahrscheinlichkeit instrumenteller Unterstützung.

Restriktionshypothese (8b): Je größer die individuellen Restriktionen Egos sind, desto kleiner ist die Wahrscheinlichkeit instrumenteller Unterstützung.

9 Hypothesen zu Unterschieden innerhalb persönlicher Netzwerke 121

Für die instrumentelle Hilfe werden eher wenig spezialisierte Beziehungen, wie nahe Verwandte und Freunde, angesprochen. Beziehungen dieser beiden Kontexte unterstützen in allen drei Bereichen sozialer Unterstützung. Sie werden vor allem für größere instrumentelle Dienstleistungen ausgewählt. Daneben werden Nachbarn besonders wegen ihrer räumlichen Nähe zu Ego bevorzugt genannt (z.b. Willmott 1987: 58). Nachbarn übernehmen allerdings lediglich kleinere Dienste und gewähren spontane Hilfe (Keller 1968: 36, Fischer 1982a: 133, Reisenzein u.a. 1993: 77, Völker/Flap 1997). Freunde leisten neben kleineren Gefälligkeiten überwiegend umfangreichere praktische Unterstützung. Diese Personen helfen vor allem in planbaren Situationen (Fischer 1982a: 133). Dagegen stellen Wellman und Wortley (1989: 292) fest, dass auch nahe Verwandte, wie Eltern, erwachsene Kinder oder Geschwister häufig instrumentelle Hilfe bereitstellen. Die instrumentelle Hilfe wird überwiegend durch drei soziale Kontexte bereitgestellt: nahe Verwandtschaft, Nachbarschaft und Freundschaft. Während nahe Verwandtschaft und Freundschaft auch in anderen Bereichen unterstützen, sind Nachbarn auf instrumentelle, vorwiegend kleinere und spontane Hilfe spezialisiert. Die Spezialisierungshypothese ist dementsprechend anzupassen:

Spezialisierungshypothese (9b): Je spezialisierter Netzwerke sind, desto kleiner ist die Wahrscheinlichkeit instrumenteller Unterstützung. In den sozialen Kontexten entfernte Verwandtschaft, Arbeitsplatz, Organisationsmitgliedschaft und Bekanntschaft ist die Wahrscheinlichkeit instrumenteller Unterstützung geringer als in den auf instrumentelle Unterstützung spezialisierten Kontexten nahe Verwandtschaft, Nachbarschaft und Freundschaft.

Häufig werden Leistungen benötigt, die selbst nicht geleistet werden können. Dann werden Netzwerkpersonen in Anspruch genommen, die diese Fähigkeiten und Möglichkeiten aufweisen. Beispielsweise helfen jüngere Netzwerkpersonen älteren Menschen im Haushalt oder Netzwerkpersonen mit handwerklichen Fähigkeiten helfen bei der Renovierung der Wohnung. Mit anderen Worten, es werden heterogene Beziehungen in Anspruch genommen. Andererseits spielen die Ähnlichkeiten im individuellen und sozialen Status bei kleineren Hilfen keine Rolle. Dies ist allerdings nicht empirisch belegt. Die Analysen von Lin (1982), Wellman und Wortley (1990) sowie Busschbach (1996: 38) weisen andere, als die vermuteten negativen Effekte zwischen den Ähnlichkeitsmerkmalen und instrumenteller Unterstützung auf. Die Nutzenhypothese ist aufgrund der theoretischen Argumente über die Vorteile, die status- und prestigeheterogene Netzwerkpersonen bieten, zu ändern:

Nutzenhypothese (10b): Je größer der Nutzen einer Beziehung ist, desto kleiner ist die Wahrscheinlichkeit instrumenteller Unterstützung.

Instrumentelle Unterstützung wird insbesondere durch Netzwerkpersonen geleistet, die in der Nähe wohnen. Räumliche Nähe zwischen Ego und dem Unterstützenden spart Zeit und damit Kosten, weil die materielle Unterstützung immer vor Ort stattfindet.

Dieser Zusammenhang wird in mehreren Untersuchungen bestätigt (vgl. Willmott 1987: 58, Wellman/Wortley 1990, Busschbach 1996). Hinsichtlich der Kooperationsabsicherung ist nicht viel bekannt. Diewald (1995: 229) berichtet, dass sich starke Beziehungen in der DDR-Gesellschaft durch ein hohes Maß an materieller Hilfsbereitschaft auszeichnen. Zwar wird der Effekt der Stärke einer Beziehung auf die instrumentelle Unterstützung nicht von der Bedeutung wie im emotionalen Unterstützungsmodell sein. Dennoch ist die Kooperationsabsicherung ebenso relevant, insbesondere für Fälle größerer instrumenteller Dienstleistungen. Die entsprechenden Hypothesen zu Kosten und Kooperationsabsicherung einer Beziehung können problemlos für die instrumentelle Unterstützung übernommen werden:

Kostenhypothese (11b): Je größer die Kosten einer Beziehung sind, desto kleiner ist die Wahrscheinlichkeit instrumenteller Unterstützung.

Kooperationsabsicherungshypothese (12b): Je größer die Kooperationsabsicherung einer Beziehung ist, desto größer ist die Wahrscheinlichkeit instrumenteller Unterstützung.

Instrumentelle Unterstützung wird durch heterogene und nahe Beziehungen bereitgestellt. Die Zusammenhänge zwischen der Sozialstruktur und dem persönlichen Netzwerk einerseits und der instrumentellen Unterstützung andererseits sind in Abbildung 9.2 dargestellt.

Sozialstruktur Egos:	
Siedlungsstruktur	- / 0
Kapitalausstattung	+
individuelle Restriktionen	-
individueller Status	?

persönliches Netzwerk:	
Spezialisierung	-
Nutzen einer Beziehung	-
Kosten einer Beziehung	-
Kooperationsabsicherung	+

→ instrumentelle Unterstützung

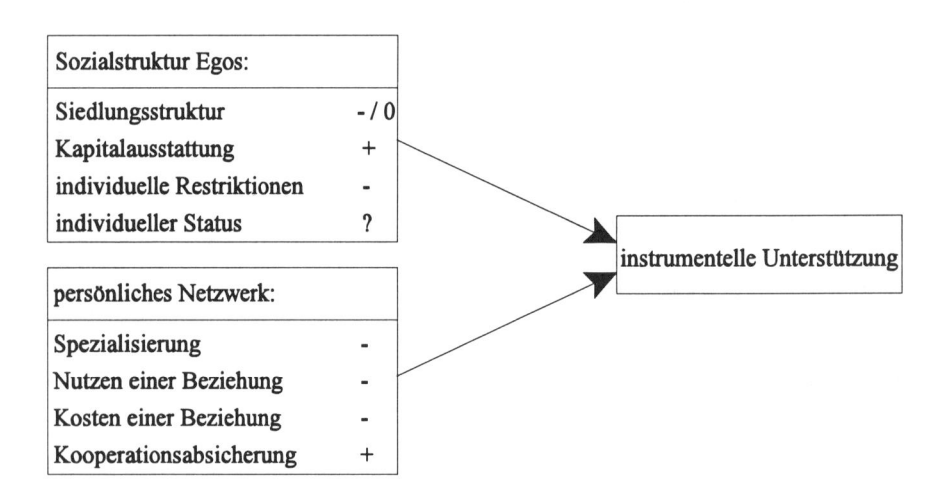

Abbildung 9.2: Hypothesenzusammenhänge der instrumentellen Unterstützung

9.3 Geselligkeitsunterstützung

Geselligkeitsunterstützung wird durch gemeinsame Freizeitverbringung und Hobbygespräche bestimmt. Diese sozialen Beziehungen basieren auf gemeinsamen Sympathien, Interessen und Erfahrungen. Sie sind durch persönlichen Kontakt geprägt. Die Suche nach Geselligkeit mündet entweder in Gruppenaktivitäten oder in informelle Treffen und gesellige Abende mit Freunden und Bekannten. Deshalb wird die Geselligkeitsunterstützung vor allem durch homogene, häufige und nahe Beziehungen sowie durch Beziehungen aus sekundären Kontexten getragen. Besonderheiten der Sozialstruktureffekte spielen, wie schon bei emotionaler und instrumenteller Unterstützung, auch für die gesellige Unterstützung keine Rolle. Die vier entsprechenden Hypothesen zu Siedlungsstruktur, Kapitalausstattung und individuellen Restriktionen können ohne Veränderungen übernommen werden:

Community-Lost-Hypothese (5c): Je urbaner die Siedlungsstruktur ist, desto kleiner die Wahrscheinlichkeit geselliger Unterstützung.

Community-Liberated-Hypothese (6c): Die Siedlungsstruktur hat keinen Einfluss auf die Wahrscheinlichkeit geselliger Unterstützung.

Gelegenheitshypothese (7c): Je größer die Kapitalausstattung Egos ist, desto größer ist die Wahrscheinlichkeit geselliger Unterstützung.

Restriktionshypothese (8c): Je größer die individuellen Restriktionen Egos sind, desto kleiner ist die Wahrscheinlichkeit geselliger Unterstützung.

Geselligkeit ist die Domäne von Beziehungen zu Organisationsmitgliedern, Bekannten und Freunden (vgl. Wellman/Wortley 1990). Insbesondere Freunde und Bekannte werden für gesellige Freizeitgestaltung ausgewählt (Fischer 1982a: 133, Wellman/Wortley 1989: 297). Verwandte sind zwar auch Gesellschafter, sie leisten aber eher auf familiären Treffen, wie Geburtstagsfeiern, und nicht durch gemeinsame Freizeitaktivitäten gesellige Unterstützung (Wellman/Wortley 1990). Nahe und entfernte Verwandte leisten ebenso wie die Beziehungen zu Organisationsmitgliedern, Bekannten und Freunden Geselligkeitsunterstützung, allerdings auf verschiedenen Gebieten. Dagegen sind die sozialen Kontexte Nachbarschaft und Arbeitsplatz nicht auf Geselligkeit spezialisiert. Die Spezialisierungshypothese ist dem Unterstützungscharakter der einzelnen Kontexte anzupassen:

Spezialisierungshypothese (9c): Je spezialisierter Netzwerke sind, desto kleiner ist die Wahrscheinlichkeit geselliger Unterstützung. In den sozialen Kontexten Nachbarschaft und Arbeitsplatz ist die Wahrscheinlichkeit geselliger Unterstützung geringer als in den auf gesellige Unterstützung spezialisierten Kontexten nahe Verwandtschaft, entfernte Verwandtschaft, Organisationsmitgliedschaft, Bekanntschaft und Freundschaft.

Es sind eher homogene Beziehungen aus dem Kreise der Bekannten, Freunde und Organisationsmitglieder, die zu den Geselligkeitsunterstützern zählen. Aufgrund von gemeinsamen Interessen und gemeinsamen Lebensweisen neigen Akteure dazu, soziale Beziehungen unter ihresgleichen zu unterhalten. Wellman und Wortley (1989: 297) berichten, dass soziale Nähe zur Geselligkeit beiträgt. Die Homogenitätsannahme kann für Geselligkeit bestätigt werden (Busschbach 1996). Neben empirischen Evidenzen der Like-me-These gibt es auch Hinweise auf die Gültigkeit der Prestige-These für gesellige Unterstützung, denn Wellman und Wortley (1990) stellen fest, dass Personen mit hohem sozio-ökonomischen Status häufig um Gesellschaft gebeten werden.

Da Geselligkeit auf persönlichen Kontakten beruht, ist räumliche Nähe ein weiteres Kriterium für diese Unterstützung. Der häufige gegenseitige Besuch und die gemeinsamen Aktivitäten erfordern, dass beide Personen in relativer Nähe zueinander wohnen. Es ist allerdings nicht notwendig, dass beide in einer Nachbarschaft wohnen. Die beiden Hypothesen zu Nutzen und Kosten einer Beziehung können für die Geselligkeitsunterstützung unverändert vom Austauschmodell sozialer Unterstützung übernommen werden:

Nutzenhypothese (10c): Je größer der Nutzen einer Beziehung ist, desto größer ist die Wahrscheinlichkeit geselliger Unterstützung.

Kostenhypothese (11c): Je größer die Kosten einer Beziehung sind, desto kleiner ist die Wahrscheinlichkeit geselliger Unterstützung.

Die dritte Unterstützungsart wird vorrangig durch Netzwerkpersonen wahrgenommen, die weder dem engen, intimen und vertrauten Kernnetzwerk noch den schwachen und nachbarlichen Beziehungen entstammen. Das Niveau gegenseitiger Inanspruchnahme ist eher gering, es herrschen lockere Beziehungen vor, die kaum Verpflichtungen unterliegen. Eine hohe Investition in die Beziehung ist nicht notwendig, deshalb wird die Beziehungsdauer auch keinen Effekt auf die Geselligkeitsunterstützung haben. Lediglich die Kontakthäufigkeit spielt in der Studie von Busschbach (1996) eine Rolle, denn es werden vor allem stark frequentierte Kontakte in Anspruch genommen. Gesellige Unterstützung ist in viel geringerem Maß durch opportunistische Anreize gekennzeichnet, weil die Kooperationskosten relativ gering sind. Ego kann in geselligen Situationen durch unkooperatives Verhalten der Netzwerkperson nicht in dem Maße geschädigt werden, wie es bei emotionaler und instrumenteller Unterstützung der Fall ist, entsprechend muss kein größerer Aufwand zur Kooperationsabsicherung betrieben werden. Da die Geselligkeitsunterstützung weder durch starke, vertrauensvolle noch langfristige Beziehungen des persönlichen Netzwerks noch durch größere Absicherungsmechanismen getragen wird, ist zu erwarten, dass die Kooperationsabsicherung keinen Einfluss auf die Geselligkeitsunterstützung hat. Die Hypothese über die Kooperationsabsicherung sozialer Unterstützung ist entsprechend zu adaptieren:

Kooperationsabsicherungshypothese (12c): Die Kooperationsabsicherung einer Beziehung hat keinen Einfluss auf die Wahrscheinlichkeit geselliger Unterstützung.

Geselligkeitsunterstützung wird überwiegend von homogenen und nahen Beziehungen aus den Verwandtschafts-, Organisationsmitgliedschafts-, Bekanntschafts- und Freundschaftskontexten bereitgestellt. Die Hypothesen der Sozialstruktur Egos und seines persönlichen Netzwerks zur Geselligkeitsunterstützung sind in der Abbildung 9.3 dargestellt.

Sozialstruktur Egos:	
Siedlungsstruktur	- / 0
Kapitalausstattung	+
individuelle Restriktionen	-
individueller Status	?

persönliches Netzwerk:	
Spezialisierung	-
Nutzen einer Beziehung	+
Kosten einer Beziehung	-
Kooperationsabsicherung	0

→ gesellige Unterstützung

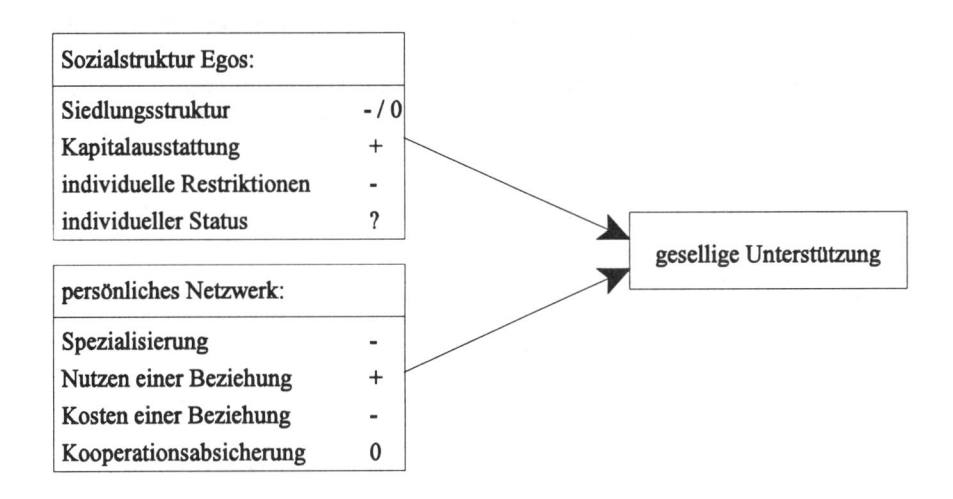

Abbildung 9.3: Hypothesenzusammenhänge der Geselligkeitsunterstützung

9.4 Multiplexe Unterstützung

Die Multiplexität ist ein Maß für die Vielfalt der sozialen Unterstützung innerhalb einer Beziehung. Die abhängige Variable bezieht sich damit nicht auf eine bestimmte Art oder Dimension sozialer Unterstützung, sondern auf die Anzahl der ausgetauschten Unterstützungsressourcen. Im Folgenden wird ein Modell multiplexer Unterstützung entworfen. Die Austauschhypothesen sozialer Unterstützung bieten dazu einen analytischen Rahmen.

Der Community-Lost-Ansatz sieht in den persönlichen Beziehungen des Stadtbewohners eher oberflächliche, wenig unterstützende Beziehungen. Der Mangel an sozialer Integration rührt nach der Community-Lost-These nicht nur aus einer verminderten sozialen Unterstützung pro sozialer Beziehung, sondern auch aus einer geringeren Interaktionsvielfalt. Allerdings kann man mit Fischers Daten nicht nachweisen, dass Stadtbewohner keine adäquate Unterstützung erhalten (Fischer 1982a: 138). Dagegen besagt die Community-Liberated-These, dass durch die heterogenen Bevölkerungsgruppen und die vielfältigen sozialen Kontexte der Stadt das

Netzwerk spezifischer auf die Bedürfnisse Egos ausgerichtet ist. Eine spezialisierte soziale Beziehung kann Hilfe und Unterstützung adäquater bereitstellen. Dies gilt sowohl für uniplexe als auch für multiplexe Beziehungen. Aus der Annahme effizienter Unterstützungsnetzwerke folgt nicht, dass die Beziehungen eines Stadtbewohners in besonderem Maße uniplex oder multiplex wären. Andererseits ist Multiplexität in der ländlichen Gemeinschaft eine Folge der Isolation, denn nur wenige Menschen stehen für soziale Beziehungen zur Verfügung (Fischer 1982a: 140). Die Netzwerke der Stadtbewohner haben dagegen die Möglichkeit, nicht nur multiplexe, sondern auch uniplexe Beziehungen einzugehen (Wellman 1981: 184). Der Stadtbewohner kann multiplexe Beziehungen haben, der Landbewohner muss multiplexe Beziehungen haben. Empirische Analysen belegen, dass die Siedlungsstruktur kaum Effekte auf die Multiplexität hat (Fischer 1982a: 143, Schenk 1983). Im Anschluss an die Community-Lost- und Community-Liberated-Hypothesen des allgemeinen Unterstützungsmodells ergeben sich folgende Hypothese:

Community-Lost-Hypothese (5d): Je urbaner die Siedlungsstruktur ist, desto kleiner die Wahrscheinlichkeit multiplexer Unterstützung.

Community-Liberated-Hypothese (6d): Die Siedlungsstruktur hat keinen Einfluss auf die Wahrscheinlichkeit multiplexer Unterstützung.

Akteure mit hoher Kapitalausstattung haben die Fähigkeiten und Mittel, eine soziale Beziehung optimal zu nutzen, indem sie möglichst viel Unterstützung pro Beziehung erhalten. Sie sind eher in der Lage, eine Beziehung effizient zu nutzen. Deshalb werden deren Beziehungen multiplex sein (vgl. Fischer 1982a). Fischers Analysen zeigen einen positiven Zusammenhang zwischen Kapitalausstattung und Multiplexität. Einen zweiten Aspekt des Zusammenhangs zwischen Kapitalausstattung und der Produktion sozialer Unterstützung sehen Wellman und Wortley (1989: 283) in den Unterstützungsressourcen, die Ego als Gegenleistung zur Verfügung stellt. Bessergestellte Egos können aufgrund ihrer Ressourcenvielfalt leichter als andere Akteure die Gegenleistung mit einer anderen als der erhaltenen sozialen Unterstützungsart bereitstellen. Dadurch erhöht sich die Multiplexität der Beziehung. Willmotts (1987: 3) Überblick bisheriger Forschungsergebnisse zeigt, dass die persönliche soziale Position (Einkommen, Bildung und Berufsstatus) einen entscheidenden Einfluss auf den Fluss der Hilfeleistungen hat. Diewalds Analyse (1995: 249) zeigt, dass höhere materielle Ressourcen zu mehr persönlich gehaltvollen Beziehungen führen. Wellman und Wortley (1990) können jedoch keinen Effekt des sozio-ökonomischen Status auf die soziale Unterstützung im Netzwerk belegen. Die Austauschhypothese über den Zusammenhang von Kapitalausstattung und sozialer Unterstützung kann auch auf die multiplexe Unterstützung angewandt werden:

Gelegenheitshypothese (7d): Je größer die Kapitalausstattung Egos ist, desto größer ist die Wahrscheinlichkeit multiplexer Unterstützung.

Individuelle Restriktionen mindern die Produktivität sozialen Kapitals. Sie schränken nicht nur den Spielraum für persönliche Netzwerke ein, sondern behindern darüber hinaus die soziale Unterstützung Egos durch sein Netzwerk. Fischer (1982a: 138) stellt fest, dass die in ihren Gelegenheiten und Möglichkeiten eingeschränkten Personen zwar durch ihr Netzwerk abgesichert sind, die bessere soziale Unterstützung erhalten aber weniger restringierte Egos. Während Willmott (1987: 3) einen Einfluss des Alters auf die Bereitstellung von Hilfeleistungen in der bisherigen Forschung ausmacht, scheint es in jüngeren Untersuchungen keinen Effekt des Alters zu geben (Wellman/Wortley 1990, Diewald 1995: 256). Die Restriktionshypothese des Austauschmodells sozialer Unterstützung kann für die Multiplexität einer Beziehung übernommen werden:

Restriktionshypothese (8d): Je größer die individuellen Restriktionen Egos sind, desto kleiner ist die Wahrscheinlichkeit multiplexer Unterstützung.

Beziehungen in primären, traditionellen Kontexten sind unterstützender als Beziehungen in sekundären, modernen Kontexten (Fischer 1982a, Wellman/Wortley 1990). Insbesondere nahe verwandtschaftliche Beziehungen werden aufgrund der größeren Dichte und normativen Verpflichtungen vor allem für die soziale Unterstützung genutzt (Wellman/Wortley 1990). Man kann von nahen Verwandten viel mehr Verpflichtung, Vertrauen und Aufopferung erwarten als von anderen Netzwerkpersonen. Es gibt einen kulturellen Druck und auch biologische Gründe für die soziale Unterstützung durch familiäre Verwandtschaftsbeziehungen. Die dicht geknüpfte Struktur der Verwandtschaftsbeziehungen und die Blut-ist-dicker-als-Wasser-Norm fördern unterstützende Beziehungen zwischen nahen Verwandten. Ein Teil des Netzwerks besteht aus Familienangehörigen, deren Beziehungen eine weitreichende Unterstützung garantieren. Ein anderer Teil des Netzwerks enthält entfernte Verwandte, Nachbarn, Arbeitskollegen, Organisationsmitglieder und Bekannte, die nur auf bestimmte Unterstützungen spezialisiert sind (Wellman/Wortley 1990: 580). Insbesondere die Daten von Wellman und Wortley (1990) zeigen, dass weitreichende Unterstützung durch verwandtschaftliche Beziehungen zur Verfügung gestellt wird.

Dagegen zeigen andere empirische Befunde, dass neben den Verwandten hauptsächlich Freundschaftsbeziehungen multiplex unterstützen (Willmott 1987: 59, Reisenzein u.a. 1993: 77). Freundschaftsbeziehungen haben zwar aufgrund ihres freiwilligen Zusammenschlusses eine geringere Bindung als nahe Verwandtschaftsbeziehungen, sie sind aber dennoch in vielfältige Interaktionen involviert. Neben verschiedenen Arten geselliger Unterstützung sind Freunde wichtige Ansprechpartner für persönliche Angelegenheiten und Probleme, aber auch für Ratschläge. Instrumentelle Unterstützung wird von Freunden nur dann geleistet, wenn die Unterstützungshandlung gegen opportunistisches Verhalten abgesichert werden muss.

Von den sieben verschiedenen sozialen Kontexten sind die Kontexte entfernte Verwandtschaft, Nachbarschaft, Arbeitsplatz, Organisationsmitgliedschaft und Bekanntschaft auf einzelne Unterstützungsdimensionen beziehungsweise einzelne Unterstützungsarten spezialisiert, während sich die beiden Kontexte nahe Verwandtschaft und Freundschaft über ein breites Unterstützungsspektrum erstrecken.

Ferner haben große Netzwerke viele uniplexe Beziehungen. Deshalb dürfte mit der Netzwerkgröße die Multiplexität abnehmen (Fischer 1982a: 142, Willmott 1987: 58). Multiplexe Beziehungen bestehen insbesondere zu den sozialen Kontexten nahe Verwandtschaft und Freundschaft sowie zu großen Netzwerken. Die Spezialisierungshypothese ist entsprechend den Verhältnissen multiplexer Unterstützung anzupassen:

Spezialisierungshypothese (9d): Je spezialisierter Netzwerke sind, desto kleiner ist die Wahrscheinlichkeit multiplexer Unterstützung. In den spezialisierten Kontexten entfernte Verwandtschaft, Nachbarschaft, Arbeitsplatz, Organisationsmitgliedschaft und Bekanntschaft ist die Wahrscheinlichkeit multiplexer Unterstützung geringer als in den weniger spezialisierten Kontexten nahe Verwandtschaft und Freundschaft.

Ähnlichkeiten in den persönlichen Charakteristiken zweier Personen fördert die Produktion vielfältiger sozialer Unterstützung (Wellman/Wortley 1989: 283). Netzwerkpersonen mit ähnlichen persönlichen Eigenschaften, wie Alter, Geschlecht und Familienstand, haben gemeinsame Interessen, die gegenseitige Unterstützung fördern (Wellman/Wortley 1990). Entsprechendes gilt für die Prestigeheterogenität zwischen Ego und Netzwerkperson (Wellman/Wortley 1990). Es wird erwartet, dass multiplexe Unterstützung mit statushomogenen und prestigeheterogenen Netzwerkpersonen ausgetauscht wird. Außer der Erwerbsstatushomogenität und Altersheterogenität bestätigt die empirische Analyse von Wellman und Wortley (1990) keine andere Form von Statushomogenität beziehungsweise Prestigeheterogenität.

Für die meisten Unterstützungsarten und für alle drei Unterstützungsdimensionen ist eine geringe Wohnentfernung zwischen den beiden Personen einer Beziehung notwendig. Die räumliche Nähe spielt hinsichtlich der sozialen Unterstützung eine große Rolle (Wellman/Wortley 1989: 283). Viele Transaktionen hängen, auch im Telefonzeitalter, von physischer Nähe ab. Untersuchungen in Toronto zeigen einen positiven Zusammenhang zwischen der gewährleisteten Hilfe und der räumlichen Nähe der Netzwerkpersonen. Von lokalen Gemeinschaften kann allerdings nicht gesprochen werden, weil lediglich größere Entfernungen Unterstützungen unwahrscheinlich werden lassen (Wellman 1979). Auch Bien (1994: 110) findet den Zusammenhang bestätigt, dass größere Entfernungen soziale Unterstützung hemmen. Die Hypothesen über Nutzen und Kosten einer sozialen Unterstützung können auch auf die multiplexe Unterstützung übertragen werden:

Nutzenhypothese (10d): Je größer der Nutzen einer Beziehung ist, desto größer ist die Wahrscheinlichkeit multiplexer Unterstützung.

Kostenhypothese (11d): Je größer die Kosten einer Beziehung sind, desto kleiner ist die Wahrscheinlichkeit multiplexer Unterstützung.

Starke Beziehungen stellen eine breitere Unterstützungsbasis dar als schwache Beziehungen. Die Daten von Wellman und Wortley (1990) zeigen, dass weitreichende Unterstützung durch starke Beziehungen zur Verfügung gestellt wird. Schwache

Beziehungen sind meistens nur auf einen Unterstützungsaspekt ausgerichtet. Mit zunehmender Beziehungsdauer werden mehr Unterstützungsressourcen erschlossen. Deshalb wird die Beziehungsdauer einen positiven Effekt auf die Multiplexität der Beziehung haben. Die Kontakthäufigkeit als weiterer Aspekt der Stärke einer Beziehung erhöht ebenfalls die Chance zur Bereitstellung von Unterstützungen (Wellman 1979). Je häufiger Kontakt zwischen Ego und Netzwerkperson besteht, desto mehr Unterstützung ist aus der Beziehung zu ziehen. Häufiger Kontakt fördert die Unterstützung wegen steigendem gegenseitigen Bewusstsein für Bedürfnisse des anderen. Andererseits basiert multiplexe Unterstützung auf einer dauerhaften Beziehung, die weit in die Zukunft reicht. Multiplexe Beziehungen sind meist intim, intensiv und dauerhaft (Fischer 1982a: 144). Hinsichtlich des dritten Aspekts der Kooperationsabsicherung belegt Fischer (1982a), dass multiplexe Unterstützung bei gleicher Anzahl von Beziehungen in dichteren Netzwerken hervorgerufen wird. Die Beziehungen dichter Netzwerke dürften demnach multiplexer sein. Die Merkmale einer kooperationsgesicherten Beziehung - Stärke, Zukunftspotenzial und Netzwerkdichte - fördern die multiplexe Unterstützung. Die entsprechende Hypothese des allgemeinen Austauschmodells sozialer Unterstützung gilt auch für multiplexe Beziehungen:

Kooperationsabsicherungshypothese (12d): Je größer die Kooperationsabsicherung einer Beziehung ist, desto größer ist die Wahrscheinlichkeit multiplexer Unterstützung.

Eine zusammenfassende grafische Darstellung der Einflüsse von Sozialstruktur und persönlichem Netzwerk auf die multiplexe Unterstützung ist der Abbildung 9.4 zu entnehmen.

Sozialstruktur Egos:	
Siedlungsstruktur	-/0
Kapitalausstattung	+
individuelle Restriktionen	-
individueller Status	?

persönliches Netzwerk:	
Spezialisierung	-
Nutzen einer Beziehung	+
Kosten einer Beziehung	-
Kooperationsabsicherung	+

→ Multiplexität

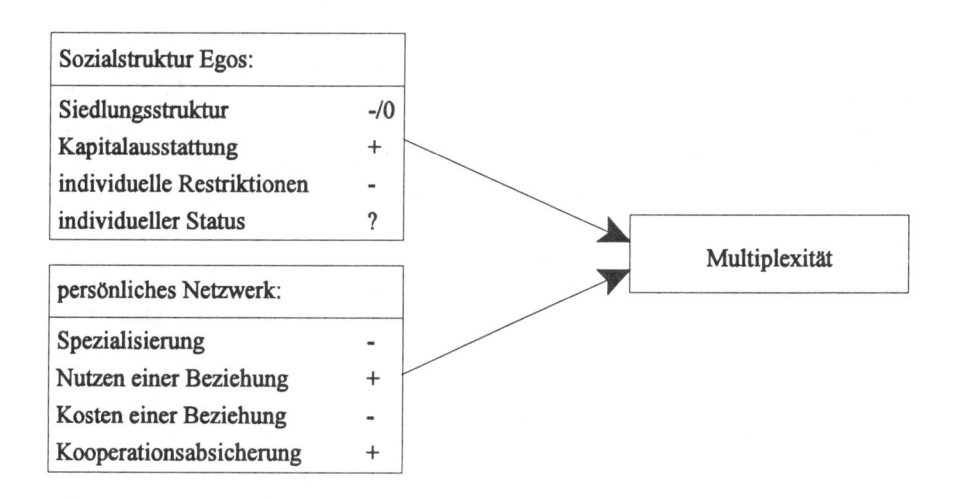

Abbildung 9.4: Hypothesenzusammenhänge multiplexer Unterstützung

Soziales Kapital entsteht durch den Ressourcenaustausch zwischen Akteuren vertrauensvoller Beziehungen innerhalb von sozialen Netzwerken. Soziale Hilfe- und Unterstützungsressourcen sind häufig ausgetauschte Ressourcen. Diese Leistungen sind oftmals außerhalb des sozialen Netzwerks nicht zu beschaffen. Insgesamt tragen diese Unterstützungsressourcen zur Verbesserung der Lebensbedingungen (zum Beispiel Wohlstand, soziale Anerkennung, stressfreie und gesunde Lebensweise, gesteigertes Selbstwertgefühl) bei. Man kann deshalb davon ausgehen, dass jeder Mensch bestrebt ist, möglichst viele Unterstützungsressourcen aus seinem sozialen Netzwerk zu beziehen. Um dieses Ziel zu erreichen, sollte ein Akteur den Ressourcenzugang durch nützliche, kostengünstige, spezialisierte und kooperative Beziehungen absichern.

Das Angebot sozialer Unterstützungsressourcen wird einerseits durch Merkmale der Sozialstruktur des Unterstützungsempfängers, wie Siedlungsstruktur, Handlungsgelegenheiten und Handlungsrestriktionen, andererseits durch den Spezialisierungsgrad der Beziehungen beeinflusst. Aus diesem Angebot wählt der Unterstützungsempfänger die Netzwerkperson, von der er sich die beste Unterstützung in der jeweiligen Austauschsituation verspricht. In Abhängigkeit von der Austauschsituation, insbesondere der Art der Unterstützungsressource, sind verschiedene Merkmale des persönlichen Netzwerks von Vorteil. Generell gilt, dass Statushomogenität, Prestigeheterogenität, Entfernung, Stärke, Zukunftspotenzial und Netzwerkdichte die Entscheidung des Unterstützungsempfängers beeinflussen.

Diese Bewertungsdimensionen erhalten in Abhängigkeit von den jeweiligen Erfordernissen für die Unterstützungsressourcen jeweils andere Gewichte. Für emotionale Unterstützung ist es zum Beispiel notwendig, die Persönlichkeit des Unterstützungssuchenden zu kennen und zu respektieren. Deshalb sind für die emotionale Unterstützung starke und homogene Beziehungen zu nahen Verwandten und Freunden wichtig. Instrumentelle Hilfe wird meistens vor Ort geleistet und erfordert Fähigkeiten, die der Unterstützungssuchende nicht besitzt. Für die instrumentelle Unterstützung spielen deshalb die räumliche Nähe der Akteure sowie heterogene Beziehungen eine Rolle. Für die Geselligkeitsunterstützung sind gemeinsame Interessen und Einstellungen erforderlich. Sie wird besonders in homogenen und nahen Beziehungen sowie Beziehungen aus sekundären Kontexten gewährt.

Aus den Constrained-Choice-Modellen persönlicher Netzwerke und den Austauschmodellen informeller sozialer Unterstützung der Kapitel vier bis neun kann man den Schluss ziehen, dass soziales Kapital durch soziale Netzwerke und durch den Fluss sozialer Ressourcen bestimmt wird. Weil der Ressourcenzugang von den Beziehungseigenschaften und den persönlichen Eigenschaften aller beteiligten Akteure abhängt, wird soziales Kapital nicht den einzelnen Akteuren, sondern den Beziehungen zwischen den Akteuren zugeschrieben. Dieses soziale Kapital bestimmt die soziale Integration der Netzwerkmitglieder. Die theoretischen Modelle werden im folgenden vierten Teil anhand empirischer Daten auf ihren empirischen Gehalt überprüft. Grundlage dieser empirischen Tests bilden die Hypothesen der Kapitel sechs und neun.

Teil IV Empirische Überprüfung: soziale Unterstützungsnetzwerke im Raum Halle/Saale

10 Forschungsdesign

Die theoretischen Modelle werden anhand einer Studie zu sozialen Unterstützungsnetzwerken im Raum Halle/Saale getestet. Diese Netzwerkstudie wurde am Institut für Soziologie der Martin-Luther-Universität Halle-Wittenberg durchgeführt. Bevor die benötigten Daten beschrieben und die Modelle getestet werden, wird in diesem Kapitel die Erhebung der Daten dargestellt.

10.1 Die Erhebungsmethode

Zur Erhebung von Netzwerkdaten bieten sich verschiedene Erhebungsmethoden, zum Beispiel mündliche Befragungen, Archivdaten oder Beobachtungen, an. Persönliche Netzwerke werden überwiegend in persönlichen Interviews erhoben. Interviews haben gegenüber anderen Erhebungsmethoden den Vorteil, nicht nur die Netzwerke und das Wohnumfeld einer Person zu erforschen, sondern auch auf effiziente Weise zahlreiche Eigenschaften der einzelnen sozialen Beziehungen dieser Netzwerke in Erfahrung zu bringen. Zudem soll nicht nur ein einziges Netzwerk, sondern mehrere persönliche Netzwerke einer größeren Personenzahl erhoben werden. Vor diesem Hintergrund sind Interviews, in denen eine einzelne Person über das gesamte Netzwerk informiert, äußerst zeit- und kostensparend.

Computergestützte Telefoninterviews bringen eine zusätzliche Effizienzsteigerung, weil die Interviewerinnen nicht mehr vor Ort die ausgewählten Personen befragen, sondern von einem zentralen Telefonlabor aus. Gerade weil das Untersuchungsdesign eine Befragung im Regierungsbezirk Halle vorsieht, kann dadurch ein enormes Zeitpotenzial eingespart werden.[31] Die Verwendung eines standardisierten Fragebogens ermöglicht zudem eine computergestützte Dateneingabe schon während des Interviews. Damit liegen praktisch sofort nach Beendigung der Feldphase die Ergebnisse zur Auswertung vor. Aufgrund dieser Vorteile kamen computergestützte Telefoninterviews zum Einsatz.

Indes erfordert diese für Netzwerkbefragungen neuartige Erhebungsmethode eine längere Testphase. Schließlich geht es nicht nur um eine effiziente, sondern auch um eine qualitativ wertvolle Datenerhebung. Im Zeitraum von Oktober bis Dezember 1999 wurden zwei Pretestwellen durchgeführt, um die Anwendbarkeit der Erhebungs-

---

31 Einführende Literatur zum Einsatz computergestützter Telefoninterviews in sozialwissenschaftlichen Umfragen findet man unter anderen in Frey u.a. 1990, Bechtloff 1993 und Fuchs 1994.

methode und des Erhebungsinstrumentes zu testen. Im Vordergrund stand die geeignete Handhabung der komplexen Netzdaten durch die Interviewerinnen. Während die erste Vortestwelle noch etliche Mängel, insbesondere bei der computergestützten Dateneingabe, aufzeigte, waren nach der zweiten Welle nur minimale Verbesserungen am Fragebogen notwendig. Insbesondere verdeutlichen die Pretestergebnisse, dass das computergestützte Telefoninterview als Erhebungsmethode geeignet ist, qualitativ hochwertige Daten über die sozialen Netzwerke der befragten Personen zu liefern. Schließlich liegen die Ausschöpfungswerte in einem zufriedenstellenden Bereich. Fehlende Werte sind praktisch nicht im Datensatz vertreten.

10.2 Das Erhebungsinstrument

Das Erhebungsinstrument ist ein Fragebogen mit standardisierten Fragen und Antwortvorgaben. Der thematisch gegliederte Fragebogen umfasst 64 Fragen. Die Beantwortung dauert im Durchschnitt 45 Minuten. Allerdings richtet sich die Länge der Befragung im Wesentlichen nach der Anzahl genannter Netzwerkpersonen. So schwankt die Interviewdauer zwischen reichlich 20 Minuten für Netzwerke mit bis zu zwei Netzwerkpersonen und eineinhalb Stunden für Netzwerke mit über 25 Netzwerkpersonen. Die einzelnen Abschnitte enthalten Fragen zu den Themen Wohnsituation, Familiensituation und Sozialleben, problematische Ereignisse, die das Sozialleben belasten, persönliches Netzwerk, Eigenschaften der sozialen Beziehungen und persönliche Angaben.

Die ersten Fragen betreffen die Wohnsituation des Befragten, vor allem Fragen zur Wohnumgebung. So sollen Fragen nach der Art der Wohngebäude in der Nachbarschaft, nach einer möglichen wirtschaftlichen oder gewerblichen Nutzung in der unmittelbaren Wohnumgebung ebenso beantwortet werden, wie Fragen zum Charakter der Wohnumgebung, zur Wohndichte und zur Wohndauer. Die Befragten sollen auch Angaben zur Wohnsituation während ihrer Sozialisationsphase machen.

Der zweite Themenkomplex betrifft verschiedene Aspekte des Familien- und Soziallebens. Neben Fragen zu Familienstand und Haushaltsgröße soll angegeben werden, ob die Eltern und/oder Kinder außerhalb des Haushaltes leben. Bezüglich des Soziallebens sind Mitgliedschaften in Organisationen, wie Gewerkschaften, Vereine oder Hobbygruppen, von Interesse. Ferner sind Fragen einer Introversionsskale sowie erste globale Abfragen zum Netzwerk zu beantworten. Für drei Situationen soll der Befragte einschätzen, ob er genug Personen kennt, die ihn in diesen Situationen unterstützen, oder ob er gern mehr Personen kennen würde.

Der dritte Abschnitt thematisiert problematische Ereignisse der jüngeren Vergangenheit, die sich negativ auf persönliche Netzwerke auswirken können. Zu solchen Ereignissen gehören die Erkrankung oder der Tod einer nahestehenden Person. Wenn eines dieser Ereignisse eintrat, soll angegeben werden, wie stark dieses Ereignis die täglichen Aktivitäten beeinflusst. Weiterhin wird erfragt, ob die Person mit ernsthaften finanziellen Problemen oder Beziehungsproblemen in der letzten Zeit zu kämpfen hatte.

Der vierte Teil des Fragbogens enthält die Namensgeneratoren. Die Namensgeneratoren beschreiben soziale Situationen, in denen man informelle soziale Unterstützungen bezieht oder solche Leistungen anderen Personen zuteil werden lässt. Als Respons nennen die Befragten die Namen der Netzwerkpersonen, die in der letzten Zeit in diese Situationen involviert waren. 15 Namensgeneratoren teilen sich in die drei Bereiche der emotionalen, instrumentellen und Geselligkeitsunterstützung. Zwei weitere Namensgeneratoren stellen allgemeine Fragen nach weiteren wichtigen Bezugspersonen, die auf die 15 Namensgeneratoren nicht genannt wurden. Für jede genannte Netzwerkperson werden weitere statistische Angaben, wie Alter, Geschlecht, Familienstand, Bildung und Erwerbsstatus, erhoben. Schließlich zählen Fragen zu Beziehungen zwischen den Netzwerkpersonen zum Themenbereich des persönlichen Netzwerks.

Ein zweiter Schwerpunkt des Netzwerkkomplexes betrifft die Eigenschaften der sozialen Beziehungen, die der Befragte mit seinen Netzwerkpersonen unterhält. Zu diesen Eigenschaften gehört die Abfrage der sozialen Kontexte, wie Verwandtschaft, Nachbarschaft oder Freundschaft. Weiterhin werden Beziehungsdauer, Kontakthäufigkeit und Kontaktart erfragt. Daneben sind inhaltliche Aspekte der Beziehungen, wie Vertrauen, Verpflichtungen und gegenseitige Inanspruchnahme, Gegenstand dieses Themenkomplexes. Der letzte Themenbereich beinhaltet persönliche Angaben des Befragten. Neben den demographischen Angaben zu Alter, Schulbildung, Erwerbsstatus, beruflicher Stellung und Haushaltseinkommen, wird eine Skala mit Werteeinstellungen erhoben. Nach Beendigung des Telefoninterviews beantworten die Interviewerinnen zehn Fragen zur Offenheit und Kooperation des Befragten. Zusätzlich wird die Möglichkeit gegeben, auf Verständigungsprobleme hinzuweisen.

10.3 Die Stichprobenziehung

Um den Einfluss des Stadt-Land-Kontinuums bestmöglich untersuchen zu können, werden regionale oder nationale Einflüsse auf das soziale Kapital konstant gehalten. Eine Analyse von Netzwerken aufgrund unterschiedlicher struktureller Kontexte durch regionale Unterschiede, wie sie etwa in Bertram (1995, 1996) erarbeitet worden sind, oder nationale Unterschiede, wie sie durch den Einbezug mehrerer Länder möglich wären, sollte nicht durchgeführt werden. Gerade die vielfältigen und teilweise widersprüchlichen Ergebnisse erfordern ein detailliertes Bild des Zusammenhangs von Siedlungsstruktur und sozialem Kapital, der in einer einzigen Stadtregion aus Kernstadt und Umland erhoben werden kann. Die Grundgesamtheit der Untersuchung soll also aus theoretischen Gesichtspunkten auf eine einzige Stadtregion begrenzt werden.

Neben der räumlichen Begrenzung soll die Grundgesamtheit noch weitere Merkmale aufweisen. Aus theoretischer Sicht ist es notwendig, ein Gebiet mit Ortschaften unterschiedlicher Siedlungsstrukturen zu untersuchen, im günstigsten Fall ein Gebiet mit einem Oberzentrum, weniger urbanen Stadtrandgebieten, Trabantenstädten, sowie mehr oder weniger entfernten Landgemeinden. Ferner soll der auszuwählende geographische Raum die Besonderheiten persönlicher Netzwerke in

Ostdeutschland widerspiegeln. Die Auswahl einer ostdeutschen Stadtregion trägt zur Reduktion des Untersuchungsdefizits bezüglich des sozialen Kapitals bei. Die Auswahl eines Oberzentrums (Großstadt) in Ostdeutschland erfolgt unter dem Gesichtspunkt durchschnittlicher Stadtentwicklung. Schließlich soll trotz des kostengünstigen Einsatzes einer Telefonbefragung aus forschungsökonomischer Sicht ein Gebiet gewählt werden, das eine kostensparende Datenerhebung gewährleistet.

Der Regierungsbezirk Halle/Saale wird allen drei Anforderungen gerecht. Erstens weisen die Gemeinden in diesem Gebiet eine Varianz der Siedlungsstruktur auf. Sowohl hochurbane Gebiete in der Innenstadt von Halle, als auch periphere Großwohnsiedlungen, verstädterte Stadtrandgebiete und kleine Landgemeinden mit dörflichem Charakter sind in diesem Gebiet vertreten. Zweitens kann von einer durchschnittlichen Stadtentwicklung Halles seit der Wende unter den ostdeutschen Stadtregionen die Rede sein. Als Indikator der Stadtentwicklung dient die Entwicklung der Bevölkerungszahl. Dieser Indikator zeigt für Halle eine durchschnittliche Position im Vergleich zu anderen ostdeutschen Großstädten an (Sahner 1996: 467ff.). Drittens wird durch die Auswahl des Raumes Halle eine kostengünstige Datenerhebung gewährleistet.

Um eine hohe Variationsbreite der zentralen unabhängigen Variablen zu erreichen, werden aus dieser Grundgesamtheit eine Anzahl Ortschaften ausgewählt, die sich durch ihre Siedlungsstruktur voneinander unterscheiden. Je nach Siedlungsstruktur werden diese Ortschaften zu fünf Samplepoints zusammengefasst. Aus stichprobentheoretischen Gründen und Datenschutzgründen werden nur Gemeinden und Stadtteile der Stadt Halle mit mehr als 500 Einwohnern berücksichtigt. Ferner werden außer der Stadt Halle nur Gemeinden mit weniger als 5.000 Einwohnern in die Stichprobe aufgenommen (siehe Tabelle 10.1).

	Landgemeinden	Stadtteile der Stadt Halle
Gesamtanzahl	375	43
weniger als 500 Einwohner	107	10
mehr als 5.000 Einwohner[a]	16	-
in die Auswahl aufgenommen	252	33

[a] Dieses Begrenzungskriterium wird nur auf die Landgemeinden, nicht aber die halleschen Stadtteile angewendet.

Tabelle 10.1: Gemeindestruktur des Regierungsbezirkes Halle und Stichprobenauswahl

Für die 252 Landgemeinden und die 33 Stadtteile der Stadt Halle wird aus den Merkmalen Bevölkerungsgröße, Bevölkerungsdichte, Anzahl der Wohngebäude, Anzahl der Wohneinheiten, Anzahl der Einraumwohnungen und Anzahl der Zweiraumwohnungen mittels einer Faktorenanalyse ein Index gebildet, der gemeinsam mit der Entfernung von Oberzentrum die Siedlungsstruktur ergibt. Anhand der Siedlungsstruktur werden aus den 33 halleschen Stadtteilen zwei hochurbane innerstädtische Stadtteile, das Großsiedlungsquartier mit der höchsten Urbanität und die 15 Stadtteile mit der niedrigsten Urbanität ausgewählt. Aus den 252 Landgemeinden werden jeweils 15 Vororte und 15 großstadtferne Gemeinden ausgewählt. Die Samplepoints sind bezüglich der Einwohnerzahl etwa gleich groß, unterscheiden sich aber wesentlich in der Siedlungsstruktur (siehe Tabelle 10.2).

Samplepoint	Siedlungsstruktur	Anzahl	Einwohnerzahl
Innenstadt	sehr städtisch	2 Stadtteile	28.733
Großwohnsiedlung	städtisch	1 Stadtteil	29.434
Stadtrand	teils, teils	15 Stadtteile	29.469
Vorort	ländlich	15 Gemeinden	23.596
Region	sehr ländlich	15 Gemeinden	27.736

Tabelle 10.2: Die fünf Samplepoints und deren Einwohnerzahl

Alle deutschen Personen im Alter von 25 bis 65 Jahren, die mit ihrem Hauptwohnsitz im Regierungsbezirk Halle wohnen, gehören zur Grundgesamtheit. Ausländische Bevölkerung wird nicht in die Grundgesamtheit aufgenommen, weil ihr Anteil an der Gesamtbevölkerung nur marginal ist. So hat das Land Sachsen-Anhalt den niedrigsten Ausländeranteil aller 16 Bundesländer. Im Übrigen werden dadurch mögliche Verständigungsprobleme zwischen Interviewerin und Befragtem ausgeschlossen.

Die Altersbegrenzung wird aus inhaltlichen Gründen vorgenommen. So wird in bisherigen Untersuchungen nachgewiesen, dass Jugendliche und junge Erwachsene hoch fluktuierenden Netzwerken angehören. Ältere Menschen haben dagegen nur noch wenige soziale Beziehungen. Für die erfragten informellen sozialen Unterstützungen sind sowohl junge als auch alte Menschen in stärkerem Maße Bezieher als Hilfeleistende. Trotz der allgemein gehaltenen Namensgeneratoren treffen einige dieser Generatoren ohnehin nur auf die Gruppe der 25- bis 65-jährigen Personen zu. Das komplizierte Befragungsdesign und die Dauer des Interviews überfordern zudem ältere Personen.

Aus den Einwohnermelderegistern der ausgewählten Gemeinden werden die 25- bis 65-jährigen Personen ausgewählt und nach Alter und Geschlecht geschichtet gezogen. Ziel war es, pro Samplepoint etwa 500 Personen zu ziehen, sodass der Umfang der gesamten Stichprobe bei 2.500 Personen liegt. Insgesamt wurde eine Stichprobe von 2.436 Personen gezogen. Anschließend wurden die Telefonnummern dieser Personen aus den elektronischen Telefonlisten der Deutschen Telekom (CD-Rom und Teleauskunft im Internet) ermittelt. Diese Telefonstichprobe umfasst 1.584 Personen oder 65 Prozent der Gesamtstichprobe. Alle Personen dieser Stichprobe erhielten einen Vorabbrief von der Universität Halle, in dem über die bevorstehende Untersuchung informiert und um Mitarbeit gebeten wurde.

10.4 Der Rücklauf

Die Telefonbefragung begann am 13. Januar 2000 und endete nach viereinhalbwöchiger Befragung am 11. Februar 2000. Zwar wurden alle angeschriebenen Personen mindestens einmal telefonisch kontaktiert. Es konnten aber nicht alle Adressen bis zum 5. Kontaktversuch abgearbeitet werden. Dennoch wurde eine zufriedenstellende Ausschöpfung erreicht, konnte doch eine Quote von 56 Prozent realisierter Interviews erzielt werden (siehe Tabelle 10.3).

	Rücklauf absolut	prozentual
Bruttostichprobe	2.436	100,0%
A. objektive Ausfälle (durch Erhebungsmethode bedingt)		
A.1. keine Telefonnummer	852	35,0%
A.2. kein Anschluss	53	2,2%
A.3. falsche Telefonnummer	96	3,9%
A.4. Zielperson verzogen	39	1,6%
A.5. nicht bearbeitete Nummer, davon beim letzten Kontakt:		
A.5.1. Freizeichen	255	10,4%
A.5.2. Anrufbeantworter	53	2,2%
A.5.3. besetzt	51	2,1%
A.5.4. Zielperson nicht anwesend	139	5,7%
A.5.5. Interviewtermin vereinbart	12	0,5%
Nettostichprobe	886	36,4%
B. relevante Ausfälle		
B.1. Zielperson nicht erreicht, davon		
B.1.1. Zielperson während der Feldzeit abwesend	58	6,6%
B.1.2. Zielperson nicht verfügbar	10	1,1%
B.2. Verweigerung des Gesprächsteilnehmers, davon		
B.2.1. Teilnehmer legt wortlos auf	14	1,6%
B.2.2. Teilnehmer verweigert Zugang zu Zielperson	46	5,2%
B.3. Verweigerung der Zielperson, davon		
B.3.1. Zielperson legt wortlos auf	10	1,1%
B.3.2. Zielperson hat grundsätzlich keine Zeit	36	4,1%
B.3.3. Zielperson hat kein Interesse	158	17,8%
B.3.4. Zielperson verweigert Interview	31	3,5%
B.3.5. Zielperson bricht Interview ab	24	2,7%
B.4. Abbruch durch die Interviewerin	2	0,2%
B.5. nicht auswertbare Interviews	5	0,5%
C. realisierte Interviews	492	55,6%

Tabelle 10.3: Rücklaufanalyse

Die durchschnittliche Ausschöpfung von Telefoninterviews liegt bei 31 bis 69% (Kreiselmaier/Porst 1989, Porst 1991). Nach Willmott (1987: 114) ist für eine Netzwerkerhebung eine eher unterdurchschnittliche Responsquote üblich, weil die tatsächliche Interviewdauer aufgrund der unterschiedlich großen Netzwerke stark variiert. Thematisch ähnliche Befragungen erreichen Ausschöpfungen von 34% beziehungsweise 41% (Kropp 1998) bis 86% (Fischer 1982a). Damit liegt die Ausschöpfung in einem zufriedenstellenden Bereich.

Den Hauptanteil der objektiven Ausfälle (Ausfälle, die aufgrund der gewählten Erhebungsmethode zustande kommen) nehmen die Personen ein, deren Telefonnummer nicht verfügbar war (35%), sowie die Personen, die nicht kontaktiert werden konnten (21%). Damit reduziert sich die Nettostichprobe auf lediglich 886 Personen oder 36 Prozent der Bruttostichprobe.[32]

25 Prozent verweigerten von vornherein die Teilnahme am Interview. Zum Vergleich: Die Verweigerungsquoten telefonischer Interviews liegen zwischen 9% und 36% und bei thematisch ähnlichen Umfragen zwischen 18% (Fischer 1982a) und 41% (Kropp 1998). Damit ist die Anzahl der Verweigerungen unterdurchschnittlich. Erfreulich ist auch die geringe Abbruchquote von weniger als 3 Prozent. Insgesamt liegt die Ausschöpfung im erwarteten Bereich.

Durch die Ziehung der Stichprobe aus den Einwohnermelderegistern ist es möglich, neben dem Namen und dem Wohnort der gezogenen Personen auch deren Geschlecht und Geburtsdatum zu erfahren. Mit den Angaben über Wohnort, Alter und Geschlecht ist es möglich, eine Rücklaufkontrolle durchzuführen (siehe Tabelle 10.4).

Für den Wohnort sind Disproportionen zwischen der Bruttostichprobe und den tatsächlich durchgeführten Interviews vorhanden. Im Vergleich zur Bruttostichprobe sind die städtischen Siedlungsstrukturen unterrepräsentiert. Die Verteilung der realisierten Interviews weist weniger Innenstadtbewohner (-3,8%) und Großwohnsiedlungsbewohner (-3,5%) aus. Dagegen wurden in größerem Maße Personen aus den Stadtrandgebieten (+ 5,5%) und den regionalen Gemeinden befragt. Zu beachten ist, dass aufgrund des Stichprobendesigns die eher ländlichen Gebiete bereits in der Bruttostichprobe stärker vertreten sind als die urbanen Gebiete. Diese Disproportionalität weitet sich in den realisierten Interviews aus.

Die Altersverteilung weist dahingehend Unterschiede auf, dass wenig jüngere Personen an den Interviews teilnahmen. Insbesondere in der Altersgruppe der 25- bis 35-Jährigen nahmen verhältnismäßig wenig Personen (-8,6%) an der Befragung teil. Demgegenüber ist die Gruppe der 56- bis 65-Jährigen überproportional stark vertreten (+ 7,9%). Insgesamt sind mehr ältere Personen in der Stichprobe vertreten. Die 2.436 Personen waren zu 48% Frauen und zu 52% Männer. Im Vergleich zur Bruttostichprobe sind in den realisierten Interviews 5,3 Prozent mehr Frauen vertreten. Damit gehören mehr Frauen als Männer zum Datensatz.

---

32 Schubert (1990: 33) berichtet in seiner Telefonumfrage zu privaten Hilfenetzwerken von 21,7% objektiven Ausfällen, 21,8% Verweigerungen und 56,4% (bereinigt 64,7%) realisierten Interviews.

	Bruttostichprobe (2.436 Personen)	realisierte Interviews (492 Personen)	Differenz
Wohnort			
Innenstadt	19,0	15,2	- 3,8
Großwohnsiedlung	20,2	16,7	- 3,5
Stadtrand	16,5	22,0	5,5
Vorort	23,2	22,0	- 1,2
Region	21,1	24,2	3,1
Alter			
25 - 35 Jahre	26,5	17,9	- 8,6
36 - 45 Jahre	29,1	27,2	- 1,9
46 - 55 Jahre	22,3	24,8	2,5
56 - 65 Jahre	22,2	30,1	7,9
Geschlecht			
Frauen	48,2	53,5	5,3
Männer	51,8	46,5	- 5,3

Tabelle 10.4: Vergleich von Wohnort, Alter und Geschlecht hinsichtlich der Verteilungen der Bruttostichprobe und der realisierten Interviews in Prozent

Zusammenfassend lässt sich sagen, dass die computerunterstützen Telefoninterviews im Zusammenhang mit einer hoch standardisierten Netzwerkbefragung geeignet sind, kostengünstig qualitativ wertvolle Daten zu liefern. Die Angaben zur Rücklaufanalyse liegen im Rahmen thematisch vergleichbarer Datenerhebungen, die allerdings aufgrund persönlicher Interviews wesentlich zeit- und kostenaufwendiger sind. Das gewählte Forschungsdesign stellt die Basis für eine gesicherte Datenanalyse der Angaben von 492 befragten Personen dar.

11 Datenbasis

In diesem Kapitel sollen Variablen des Datensatzes beschrieben werden, um einen Überblick über die sozialen Verhältnisse der Befragten, deren sozialen Beziehungen und persönlichen Unterstützungsnetzwerke zu erhalten. Dafür stehen eine Reihe von Variablen und Indizes zur Verfügung.[33] Zunächst werden die befragten Personen anhand relevanter Merkmale, wie individuelle und sozio-ökonomische Statusmerkmale, sowie deren Entscheidungsspielraum für persönliche Netzwerke vorgestellt. Daran schließen sich Angaben zu den persönlichen Netzwerken der befragten Personen an. Dazu zählen neben den Netzwerkparametern die Angaben über den persönlichen Status der Netzwerkpersonen sowie Angaben zu den Beziehungen, wie zum Beispiel sozialer Kontext oder Stärke der Beziehung. Schließlich folgen Angaben zum Bezug informeller sozialer Unterstützungen innerhalb der persönlichen Netzwerke. Der Wortlaut der verwendeten Fragen ist dem methodischen Anhang, Abschnitt A (S. 205ff.) zu entnehmen.

11.1 Beschreibung der Sozialstruktur Egos

Bevor die zur Hypothesenprüfung benötigten Merkmale dargestellt werden, werden zunächst zentrale sozio-demographische Variablen besprochen, um die in der Stichprobe vertretenen Personengruppen vorzustellen. Dazu werden Merkmale des individuellen und sozio-ökonomischen Status sowie die Haushaltsstruktur beschrieben.

Wie bereits aus der Rücklaufkontrolle zu ersehen, sind Frauen und ältere Personen überproportional im Datensatz vertreten. Die Abbildung 11.1 zeigt die nach Geschlecht differenzierte Altersverteilung. Die Altersverteilungen beider Geschlechter sind sich ähnlich. Die Differenz beider Geschlechter fällt lediglich in der Gruppe der 46- bis 55-Jährigen mit 5,8% etwas größer zugunsten der Frauen aus. Das Durchschnittsalter der 492 Befragten beträgt 47 Jahre (Frauen 47,4 Jahre, Männer 46,7 Jahre) bei einer Standardabweichung von rund 11 Jahren. Als Vergleichsdaten liegen Angaben zum 31.12.1999 für das Land Sachsen-Anhalt aus der amtlichen Statistik vor (Statistisches Landesamt Sachsen-Anhalt 2000b: 53). Demnach belegen die beiden jüngeren Altersgruppen Anteile von 22,9% (25 bis 35 Jahre) und 28,6% (36 bis 45 Jahre). Damit sind die Befragten der jüngsten Altergruppe zu einem geringeren Anteil vertreten, während die 36 bis 45 Jahre alten Befragten in etwa dem Anteil der

---

33 Für eine ausführliche Beschreibung des gesamten Datenmaterials siehe Petermann 2001.

Gesamtbevölkerung im befragten Bundesland entsprechen. Die Altersgruppen der 45- bis 55-Jährigen (Landesanteil von 22,8%) und der 55- bis 65-Jährigen (Landeanteil von 25,6%) sind im Datensatz um 2% respektive 4,5% überrepräsentiert. Im Land Sachsen-Anhalt gibt es unter der 25 bis 65 Jahre alten Bevölkerung einen Frauenanteil von 49,3%, der im Datensatz um 4,2% übertroffen wird. Entsprechend geringer ist der Anteil der Männer im Datensatz.

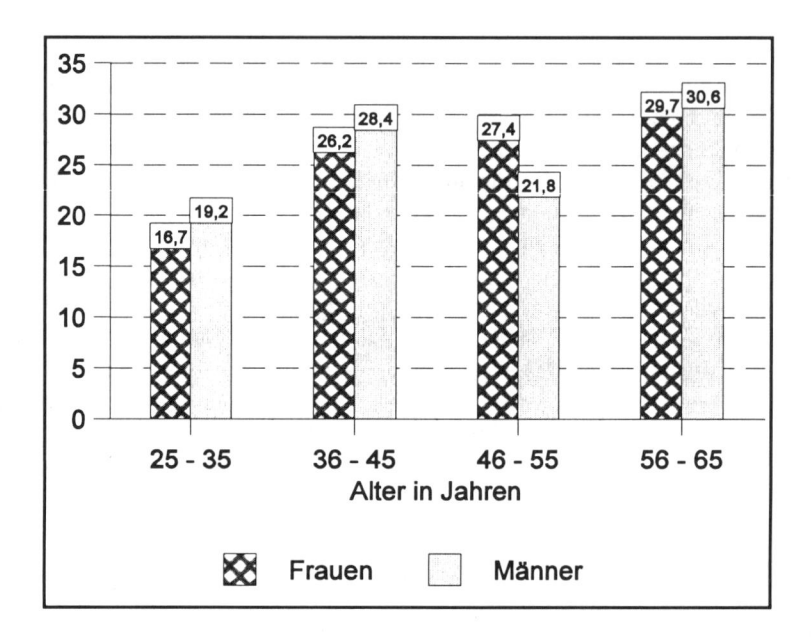

Abbildung 11.1: Altersverteilung nach Geschlecht in Prozent (n = 492)

Aufgrund der Altersbeschränkung ergibt sich ein sehr hoher Anteil verheirateter Personen. Mehr als drei Viertel der Befragten (76,4%) sind verheiratet und leben mit ihrem Ehepartner zusammen. 11,0 Prozent der Befragten sind ledig und 7,1% geschieden. Verwitwete (3,7%) und verheiratete, aber getrennt lebende Personen (1,8%) sind nur marginal vertreten. Im Vergleich mit den Angaben per 31.12.1999 des Bundeslandes Sachsen-Anhalt (Statistisches Landesamt Sachsen-Anhalt 2000b: 53) ergibt sich ein höherer Anteil verheirateter Personen (Landesanteil 68,3%) und ein geringerer Anteil lediger Personen (Landesanteil 18,9%) im Datensatz.

Bildung, Stellung im Beruf und Einkommen bilden den sozio-ökonomischen Status einer Person. Diese drei Variablen werden im Folgenden beschrieben. Die Schulausbildung und eine etwaige höhere Bildung wurden in einer gemeinsamen Frage ermittelt. Dabei wurden die unterschiedlichen Bildungssysteme berücksichtigt. Die Vielzahl unterschiedlicher Bildungsabschlüsse ist weitestgehend zusammengefasst worden. Ein wesentliches Kriterium stellt der 10-Klassen-Abschluss dar. Nicht nur, dass die meisten Befragten (36,4%) diesen Abschluss genannt haben, jeweils ein knappes Drittel gibt an, einen höheren beziehungsweise niedrigeren Bildungsabschluss erreicht zu haben. Einen 8-Klassen-Abschluss erreichte ein knappes Drittel (31,1%), während nur wenig mehr Personen (32,1%) ihre Schulbildung mit dem Abitur beendeten. Darunter befinden sich 18,5% Hochschulabsolventen. Nur 0,4% der Befragten können keinen Bildungsabschluss vorweisen.

Neben dem Bildungsabschluss wurden die Befragten nach ihrer beruflichen Stellung gefragt. Um möglichst alle Respondenten auf der Skale der beruflichen Stellung einordnen zu können, sollten die Erwerbstätigen zu ihrer derzeitigen Stellung und die nicht-erwerbstätigen Befragten zu ihrer letzten beruflichen Stellung Auskunft erteilen. Die berufliche Stellung wird anhand der Handlungsautonomie der beruflichen Tätigkeit berechnet (vgl. Hoffmeyer-Zlotnik 1993).[34] Die Skale basiert auf Abstufungen der Autonomie des Handelns von Arbeitern, Angestellten, Beamten und Selbstständigen. Die Extrempole der fünfstufigen Skale sind mit jeweils rund 4 Prozent nur marginal besetzt. Ein Drittel (33,1%) verfügt über eine vergleichsweise niedrige berufliche Stellung. Nur knapp weniger (31,9%) haben oder hatten eine berufliche Tätigkeit mit einer mittleren Handlungsautonomie. 26,6 Prozent der befragten Teilnehmer gaben an, eine hohe berufliche Stellung innezuhaben.

Als dritte Statusvariable wurde das Einkommen erhoben. Um Verzerrungen zwischen erwerbstätigen und nicht-erwerbstätigen Befragten zu nivellieren, sollte nicht das persönliche, sondern das Haushaltseinkommen angegeben werden. Das monatliche Haushaltseinkommen wurde in fünf Kategorien gemessen, um für diese heikle Frage fehlende Angaben so gering wie möglich zu halten. Immerhin antworteten 464 Befragte. Um eine möglichst hohe Ausschöpfung der Hypothesentests zu erreichen, wurden die fehlenden Werte durch geschätzte Werte ersetzt.[35] Die meisten Befragten (40,9%) haben ein monatliches Haushaltseinkommen zwischen 2.500 DM und 4.500 DM. Mehr als ein Drittel (34,6%) verfügt über weniger als 2.500 DM im Monat, darunter 4,7% mit weniger als 1.000 DM. Jeder sechste Haushalt (17,5%) kann mit bis zu 6.000 DM monatlich wirtschaften, und jedem 14. Haushalt stehen über 6.000 DM monatlich zur Verfügung. Damit deuten bereits diese fünf Kategorien eine erwartete rechtsschiefe Verteilung des Haushaltseinkommens an. Diese Verteilung des monatlichen Haushaltseinkommens entspricht den Einkommenszahlen des Landes Sachsen-Anhalts. Nach Angaben des Mikrozensus per April 1999 (Statistisches Landesamt Sachsen-Anhalt 2000a: 16) und eigenen Berechnungen haben 43,3% der 25- bis 65-jährigen Bevölkerung ein monatliches Haushaltseinkommen zwischen 2.500 und 4.500 DM. 33,5% der Personen in der Altersgruppe zwischen 25 und 65 Jahren verfügt über ein geringeres monatliches Einkommen, darunter 4,6% mit einem Monatseinkommen unter 1.000 DM. Andererseits hat ein Anteil von 23,2% mehr als 4.500 DM monatlich zur Verfügung, wobei 8,5% sogar mehr als 6.000 DM monatlich

---

34 Die auf theoretischen Überlegungen basierende Skale korreliert recht hoch mit Treimans Berufsprestige und hat sich in empirischen Analysen bewährt (Wolf 1995: 111f.).

35 Die Missing-Value-Analyse dieser und weiterer Variablen wird im methodischen Anhang, Abschnitt B (S. 212f.) erläutert.

ausgeben können.

Die Haushaltsstruktur kann durch drei Variablen beschrieben werden (siehe Abbildung 11.2). Im Mittelpunkt steht die Anzahl der Personen pro Haushalt. Die meisten Befragten (38,4%) gaben an, in einem Zweipersonenhaushalt zu leben. Etwas weniger als ein Drittel gehört zu einem Dreipersonenhaushalt. 18,1 Prozent der Respondenten wohnen in Vierpersonenhaushalten. Nur marginal vertreten sind Singlehaushalte (7,1%) und Haushalte mit mehr als vier Bewohnern (6,1%). Die überwiegende Mehrheit der Befragten (87,4%) lebt gemeinsam mit einem Partner in einem Haushalt. Bedenkt man, dass 76,4 Prozent der Befragten verheiratet sind, lebt etwa jeder zehnte Befragte in wilder Ehe. Andererseits gehört zu jedem dritten Haushalt (33,5%) mindestens ein minderjähriges Kind im Alter bis zu 16 Jahren. Laut Mikrozensus gehörten in Sachsen-Anhalt im April 1999 zu 36,4 Prozent der Haushalte ledige Kinder (Statistisches Landesamt Sachsen-Anhalt 2000b: 75).[36]

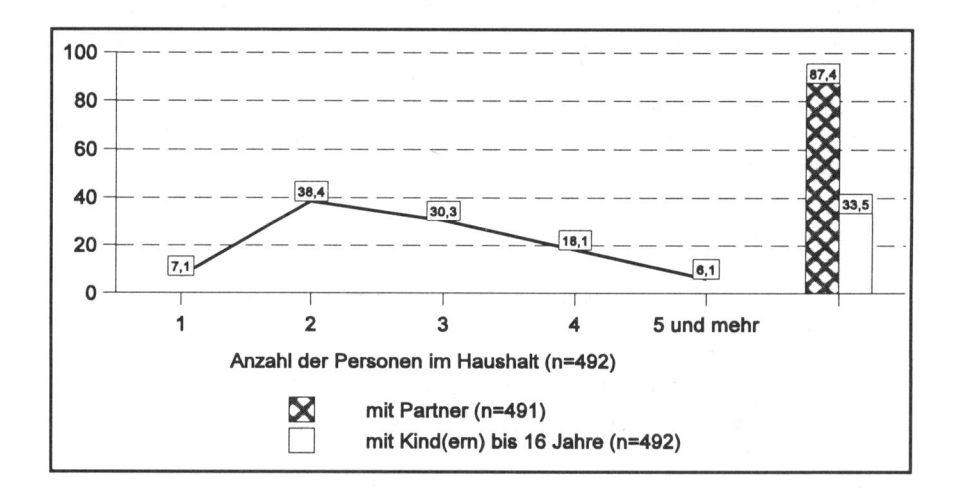

Abbildung 11.2: Haushaltsstruktur in Prozent

Von zentraler theoretischer Bedeutung ist die Siedlungsstruktur. Die Siedlungsstruktur wird aus mehreren Variablen konstruiert. Sie ist ein mehrdimensionales Konstrukt, das nicht durch die bloße Bevölkerungsgröße gemessen wird. Aspekte der Bevölkerungsdichte spielen genauso eine Rolle, wie etwa die Entfernung vom Oberzentrum oder die Baustruktur der Wohngebäude. Konstruiert wird der hier verwendete Siedlungsstrukturindex aus der Variablen Entfernung von Oberzentrum

---

[36] Im Statistischen Jahrbuch 2000b ist lediglich das Merkmal mit ledigen Kindern ohne Altersangabe aufgeführt. Der Prozentsatz betrifft damit nicht nur (ledige) Kinder bis 16 Jahre. Weiterhin sollte beachtet werden, dass sich die Angabe des Statistischen Jahrbuchs auf Haushalte und nicht auf Einzelpersonen bezieht.

Halle und den Werten einer Faktorenanalyse aus den Merkmalen Bevölkerungsgröße, Bevölkerungsdichte, Anzahl der Wohngebäude, Anzahl der Wohneinheiten, Anzahl der Einraumwohnungen und Anzahl der Zweiraumwohnungen. Die Analyseeinheiten sind die Landgemeinden sowie Stadtteile von Halle in ihren administrativen Grenzen.[37]

Für die Untersuchung werden fünf charakteristische Siedlungsstrukturen ausgewählt. Die höchste Urbanität weisen die innerstädtischen Stadtteile von Halle auf. Eine ebenfalls hohe Urbanität haben die halleschen Großwohnsiedlungen. Die Stadtteile am Stadtrand von Halle weisen mittlere Urbanitätswerte auf. Am unteren Ende des Siedlungsstrukturindexes befinden sich die ländlichen Gemeinden, wobei die großstadtfernen Gemeinden die niedrigste Urbanität aufweisen. Aufgrund des Stichprobendesigns soll in etwa die gleiche Befragtenanzahl in den einzelnen Kategorien vertreten sein. Die 492 Befragten verteilen sich jedoch nicht gleichmäßig über die fünf Siedlungsstrukturen. Befragte aus städtischen Siedlungsstrukturen sind seltener vertreten als Befragte aus anderen Siedlungsstrukturen. Dennoch ist die Verteilung zufriedenstellend, weil in keinem Gebiet extrem viele oder extrem wenige Personen befragt wurden. Für die Datenanalyse werden aus dem Index vier Dummyvariablen (Innenstadt 15,2%, Großwohnsiedlung 16,7%, Stadtrand 22% und Vorort 22%) konstruiert, wobei die Kategorie mit den meisten Befragten (Region 24,2%) als Referenzkategorie verwendet wird.

Mit zunehmendem Siedlungsstrukturindex schätzen die Bewohner ihre Lebensweise als eher städtisch ein. Weitere Zusammenhänge mit anderen Variablen der Wohnsituation, wie zum Beispiel der Anzahl der Wohnungen im Haus oder der Wohndichte in der unmittelbaren Wohnumgebung, belegen die Brauchbarkeit des Siedlungsstrukturindexes. Aufgrund der zentralen Stellung dieses Konstrukts ist darauf zu verweisen, dass die Siedlungsstruktur hinsichtlich der Wohndauer zu kontrollieren ist. Aufgrund der Wohndauer am Ort wurde eine Variable mit zwei Ausprägungen gebildet. Personen, die in den letzten drei Jahren an ihren jetzigen Wohnort gezogen sind, erhielten den Wert 1, alle anderen Personen den Wert 0. In den letzten drei Jahren sind 8,7 Prozent der Befragten an ihren jetzigen Wohnort gezogen.

Die deskriptiven Statistiken aller Sozialstrukturvariablen, die zur Überprüfung der Hypothesen benötigten werden, sind in der Tabelle 11.1 zusammengefasst. Angegeben sind neben dem Skalenniveau die statistischen Angaben zur Anzahl der gültigen Fälle, zum Mittelwert, zur Standardabweichung sowie zum Minimum und Maximum. Die benötigten Variablen der Sozialstruktur Egos gliedern sich in die vier Bereiche Siedlungsstruktur, Kapitalausstattung, individuelle Restriktionen und individueller Status. Um die Effekte der einzelnen Siedlungsstrukturen ermitteln zu können, werden die fünf Dummyvariablen Innenstadt, Großwohnsiedlung, Stadtrand, Vorort und Region gebildet. Die zwei Variablen der Kapitalausstattung - Humankapital und ökonomisches Kapital - sind aus mehreren Merkmalen konstruiert worden. Humankapital erwirbt man sich durch Erlernen und Schulen von Kenntnissen, Fähigkeiten und Fertigkeiten. Indikatoren des Humankapitals bilden deshalb die Schul- und

---

37 Das Verfahren zur Berechnung der Siedlungsstruktur ist weiter oben beim Auswahlverfahren (S. 136) erläutert.

Berufsbildung des Befragten ab. Zwei Indikatoren stehen im Datensatz zur Verfügung. Erstens wird eine Variable verwendet, die aufgrund der erreichten Schulabschlüsse die Anzahl der Schulausbildungsjahre widerspiegelt. Der Ausbildungszeitraum der Schulbildung erstreckt sich von minimal 7 bis maximal 21 Jahre. Der Mittelwert liegt bei 11 Jahren. Bezüglich des im Berufsleben erworbenen Humankapitals steht die berufliche Stellung als Indikator zur Verfügung.

Variable	n[a]	Skalenniveau	Mittelwert (Median)	Standardabweichung	min	max
Siedlungsstruktur						
Innenstadt	492	nominal	0,15	0,36	0	1
Großwohnsiedlung	492	nominal	0,17	0,37	0	1
Stadtrand	492	nominal	0,22	0,41	0	1
Vorort	492	nominal	0,22	0,41	0	1
Region	492	nominal	0,24	0,43	0	1
Kapitalausstattung						
Humankapital	492	intervall	33,39 (30)	18,38	8	105
ökonomisches Kapital	492	intervall	5,47 (6)	2,24	1	10
individuelle Restriktionen						
Introversion	492	intervall	8,98 (9)	2,76	4	17
Immobilität	492	nominal	0,13	0,34	0	1
Kinder im Haushalt	492	nominal	0,34	0,47	0	1
Wohnortwechsel	492	nominal	0,09	0,28	0	1
Alter	492	intervall	47,1 (47)	11,03	25	65
individueller Status						
Geschlecht $_{(1 = Frau)}$	492	nominal	0,53	0,50	0	1
Familienstand $_{(1 = unverheiratet)}$	492	nominal	0,24	0,42	0	1

[a] Die drei Variablen ökonomisches Kapital, Introversion und Immobilität werden einer Missing-Value-Analyse unterzogen. (Siehe methodischer Anhang, Abschnitt B, S. 212f.).

Tabelle 11.1: Deskriptive Statistiken der Sozialstrukturvariablen

Aus den beiden Variablen Schulbildung und berufliche Stellung wird der Index des Humankapitals gebildet. Dafür wird die Anzahl der Schuljahre mit der beruflichen Stellung gewichtet. Der resultierende Index liegt zwischen 8 und 105 mit einem Mittelwert von 33,4 und einer Standardabweichung von 18,4. Aufgrund der Indexierung können die einzelnen Werte nicht interpretiert werden. Ein hoher Wert gibt an, dass das Humankapital entsprechend hoch ist, während ein niedriger Wert mit geringem Humankapital korrespondiert.

Das ökonomische Kapital wird ebenfalls durch zwei Variablen gemessen. Die

Hauptvariable ist das monatliche Haushaltseinkommen. Zusätzlich wurde gefragt, ob man von ernsten finanziellen Problemen betroffen ist. Für 16 Prozent ist dies der Fall. Diese zweite Variable dient als Gewichtungsfaktor für das Haushaltseinkommen. Das Produkt beider Variablen mündet in den Indikator für das ökonomische Kapital. Dieser Indikator mit Werten zwischen 1 und 10 hat einen Mittelwert von 5,5 und weist eine Standardabweichung von 2,2 auf.

Zu den individuellen Restriktionen gehören Persönlichkeitsmerkmale, aber auch besondere Lebensumstände. Fünf dieser Einschränkungen des Entscheidungsspielraumes werden untersucht: Introversion, Immobilität, Zeitknappheit, Wohnortwechsel und Lebensalter. Für die Erhebung der Introversion kann auf eine elaborierte Skala zurückgegriffen werden. Vier Indikatoren messen das Ausmaß der Introversion. Aus diesen fünfstufigen Indikatoren wird eine additive Introversionsskale konstruiert, deren Werte zwischen 4 und 17 liegen und um den Mittelwert von 9,0 mit einer Standardabweichung von 2,8 schwanken. Die Mehrheit der befragten Personen schätzt sich als extrovertiert ein.

Eine weitere Beeinträchtigung ist Immobilität. 13 Prozent der Befragten geben an, ihre Netzwerkpersonen aus Gründen mangelnder Mobilität nicht zu besuchen, obwohl sie dies wünschen. Zeit ist eine knappe Ressource. Um diese Ressource konkurrieren die zahlreichen sozialen Beziehungen. Wenn minderjährige Kinder zum Haushalt gehören, kann man davon ausgehen, dass die befragte Person die für soziale Beziehungen verfügbare Zeit vor allem mit den eigenen Kindern verbringt. Damit verknappt sich aber die Zeit für andere soziale Beziehungen. Der Indikator Kinder im Haushalt ist geeignet, die zeitlichen Ressourcen für die Netzwerkgestaltung abzuschätzen. Zu jedem dritten Haushalt gehören Kinder im Alter bis zu 16 Jahren. Eine vierte Handlungseinschränkung stellt ein Wohnortwechsel dar. Innerhalb der letzten drei Jahre ausgehend vom Zeitpunkt der Befragung sind 9 Prozent der Respondenten umgezogen. Der fünfte Indikator der individuellen Restriktionen ist das Lebensalter der befragten Personen.

Schließlich gehen zwei Variablen des individuellen Status - Geschlecht und Familienstand - als Kontrollvariablen in die Analyse ein. Während das Geschlecht (0 = Männer, 1 = Frauen) unverändert analysiert wird, wird aufgrund der dominanten Stellung verheirateter Personen eine Dummyvariable mit den Werten 0 für verheiratete und mit dem Ehepartner zusammenlebende Personen sowie 1 für alle anderen unverheirateten beziehungsweise von Ehepartner getrennt lebenden Personen gebildet.

Die meisten Zusammenhänge zwischen den Variablen der Sozialstruktur sind äußerst schwach ausgeprägt und nur wenige sind mit einer Irrtumswahrscheinlichkeit $\alpha \leq 0{,}05$ signifikant von null verschieden (siehe Tabelle 11.2). Es gibt lediglich fünf relevante Zusammenhänge mit einem Korrelationsmaß $\geq |0{,}20|$. Vier dieser Zusammenhänge beziehen sich auf die sozio-demographischen Variablen, ein weiterer Zusammenhang besteht zwischen Variablen der Siedlungsstruktur. Der größte Zusammenhang ($\eta = -0{,}57$) besteht zwischen Alter und minderjährigen Kindern im Haushalt. Befragte aus Haushalten mit Kindern unter 16 Jahren sind jünger als Befragte ohne minderjährige Kinder im Haushalt. Bedenkt man die Altersstruktur der Befragten (25 bis 65 Jahre), dürfte dieser Zusammenhang kein überraschendes Ergebnis sein. Ein zweiter relevanter Zusammenhang besteht zwischen den beiden Variablen der Kapitalausstattung (r = 0,50). Befragte mit hohem Humankapital, das heißt hoher Schulbildung und hoher beruflicher Stellung, verfügen auch über hohes ökonomisches Kapital sprich Haushaltseinkommen. Dieser Zusammenhang reiht sich ein in die bisherigen Erkenntnisse über den sozio-ökonomischen Status.

	6	7	8	9	10	11	12	13	14
1 Innenstadt	0,04	0,02	-0,01	-0,05	-0,03	-0,05	-0,02	-0,02	*0,14*
2 Großwohnsiedlung	*-0,10*	*-0,10*	-0,05	*0,17*	-0,01	*-0,12*	0,01	0,08	0,02
3 Stadtrand	*0,13*	*0,16*	0,04	-0,07	-0,05	-0,06	*0,12*	0,04	-0,07
4 Vorort	0,02	0,02	0,00	-0,05	-0,01	*0,25*	-0,03	0,00	-0,00
5 Region	*-0,10*	*-0,09*	0,00	0,01	*0,09*	-0,04	-0,09	*-0,09*	-0,06
6 Humankapital	*1,00*	*0,50*	0,01	0,00	*0,11*	0,02	-0,07	-0,00	-0,06
7 ökonomisches Kapital		*1,00*	0,00	*-0,11*	*0,12*	0,04	*-0,12*	-0,01	*-0,20*
8 Introversion			*1,00*	0,03	0,02	-0,02	0,07	*-0,10*	-0,08
9 Immobilität				*1,00*	-0,01	-0,01	0,04	0,05	0,01
10 minderjährige Kinder					*1,00*	0,08	*-0,57*	-0,00	-0,06
11 Wohnortwechsel						*1,00*	*-0,13*	0,04	0,03
12 Alter							*1,00*	0,03	*-0,20*
13 Geschlecht (1 = Frau)								*1,00*	-0,04
14 Familienstand (1 = unverheiratet)									*1,00*

Richtung der Zusammenhänge: Minuszeichen indizieren einen negativen Zusammenhang.
Signifikanz der Zusammenhänge: Für kursive Koeffizienten gilt α ≤ 0,05.
Stärke der Zusammenhänge: Cramers V (nominal und nominal), Eta (nominal und intervall), Pearsons r (intervall + intervall)

Tabelle 11.2: Zusammenhänge zwischen den Sozialstrukturvariablen (n = 492)

Geringere Korrelationsmaße weisen die Zusammenhänge zwischen Familienstand einerseits und Alter (η = -0,20) sowie ökonomischem Kapital (η = -0,20) andererseits aus. Unverheiratete Personen sind durchschnittlich jünger und mit weniger ökonomischen Kapital ausgestattet. Ein weiterer signifikanter und substanzieller Zusammenhang besteht zwischen Wohnortwechsel und Vorortbewohner (Cramers V = 0,25). Vorortbewohner sind in den letzten drei Jahren mit einer höheren Wahrscheinlichkeit an ihren jetzigen Wohnort gezogen.

11.2 Beschreibung der persönlichen Netzwerke

Die egozentrierten Netzwerke der befragten Personen werden durch die beiden Parameter Netzwerkgröße und Netzwerkdichte beschrieben. An der Schnittstelle von persönlichem Netzwerk und sozialer Beziehung steht die Zusammensetzung der Netzwerke anhand verschiedener sozialer Kontexte. Die sozialen Beziehungen werden anhand der Merkmale sozialer Kontext, Statushomogenität, Prestigeheterogenität, Entfernung, Stärke und Zukunftspotenzial beschrieben.

Weil die persönlichen Netzwerke untersucht werden, ist die Anzahl der Netzwerke mit der Anzahl der befragten Personen identisch. Die 492 Befragten sind die Egos der untersuchten persönlichen Netzwerke. Mittels einer umfangreichen Fragenbatterie wurden die sozialen Beziehungen der Befragten erhoben. Auf 17 Namensgeneratoren konnte eine unbegrenzte Menge von Netzwerkpersonen genannt werden. Diese 17 Namensgeneratoren stellen eine Kombination aus Exchange-Approach und Affective-Approach dar. Die Fragen des Exchange-Approachs beziehen sich auf den Austausch informeller sozialer Unterstützung. Die Fragen des Affective-Approachs beziehen auf enge emotionale Beziehungen zu wichtigen Netzwerkpersonen. Um vor allem die aktuellen sozialen Beziehungen zu ermitteln, wurde der Zeitraum nur vage begrenzt, indem nach den Netzwerkpersonen gefragt wurde, die in letzter Zeit von Bedeutung waren.[38]

Die Summe der genannten Netzwerkpersonen entspricht dem Degree Egos und damit praktisch der Netzwerkgröße, da keine indirekten Verbindungen Egos erhoben wurden. Die Variable Netzwerkgröße ist ein Summenscore der 17 Namensgeneratoren. In den 492 Interviews wurden insgesamt 5.440 Personen genannt. Das sind durchschnittlich 11 Netzwerkpersonen pro Befragten.[39] Die Netzwerkgröße ist weit gefächert, sie reicht von 0 bis 33. Zudem ist die Variable rechtsschief verteilt. Die meisten Befragten (43,1%) nennen zwischen 6 und 10 Kontaktpersonen. Isolierte Personen mit weniger als sechs Kontakten sind nur marginal (8,7%) vertreten. Dafür sind die Netzwerkgrößen oberhalb des Medians weitgefächert. Etwa jeder dritte Befragte (31,9%) hat zwischen 10 und 15 Netzwerkpersonen und jeder Zehnte (10,8%) nennt zwischen 15 und 20 Beziehungen. Sehr große Netzwerke mit mehr als 20 Netzwerkpersonen sind zu 5,5 Prozent im Datensatz vertreten.

Zur Messung der Netzwerkdichte können nicht alle potenziell möglichen

---

38 Die Interviewerinnen wurden angewiesen, bei Rückfragen einen Zeitraum von etwa sechs Monaten anzugeben. Eine Zeitspanne von sechs Monaten erachtet Willmott (1987) als geeignet. Längere Zeitspannen sind zu sehr vom Gedächtnis der Befragten abhängig und man erhält zu viele Informationen. Zu kurze Zeitspannen geben nur die jüngsten, möglicherweise atypischen Erfahrungen wider (Willmott 1987: 3). Aus erhebungsmethodischer Sicht gibt es keinen Zusammenhang zwischen der Qualität der Messung und dem Zeitbezug, das heißt, ob Auskunft über die Vergangenheit oder die Gegenwart gegeben wird (Költringer 1997: 77).

39 Wellman und Hiscott (1985: 206) berichten ebenfalls von durchschnittlich 11 aktiven Beziehungen pro persönlichem Netzwerk.

Beziehungen zwischen den genannten Netzwerkpersonen erfragt werden.[40] Es wird deshalb eine Auswahl von maximal fünf Netzwerkpersonen getroffen, die möglichst aus verschiedenen sozialen Kontexten stammen. Um einen Indikator für die Netzwerkdichte zu erhalten, der ein Netzwerk möglichst in seiner gesamten Breite und nicht nur in ausgewählten Segmenten abbildet, wird jeweils die erstgenannte Person aus den sozialen Kontexten Organisationsmitgliedschaft, Arbeitsplatz, Nachbarschaft, Bekanntschaft und Freundschaft ausgewählt. Dieses Subnetzwerk muss mindestens drei Personen umfassen, um die Dichte zu berechnen. Dieses Dichtemaß stellt einen Indikator für das Gesamtnetzwerk dar. In ähnlicher Weise geht Fischer (1982a: 144ff.) vor und erreicht mit dieser Annäherung gute Ergebnisse.

Von den 492 Befragten nennen 347 mindestens 3 Netzwerkpersonen, die sich verschiedenen sozialen Kontexten zuordnen lassen. Das bedeutet, dass die Netzwerkdichte für 347 Netzwerke bestimmt werden kann. Sie kann Werte zwischen 0 und 100 Prozent annehmen, ihr Mittelwert liegt bei 62,4 Prozent. Allerdings weist die Verteilung der Netzwerkdichte bei einer Standardabweichung von 32% starke Schwankungen auf. Zwei Dichteangaben legen Wellman und Hiscott (1985) vor. Während im Durchschnitt alle Beziehungen eines Netzwerks mit 33% verbunden sind, liegt die Dichte netzwerkinterner Komponenten, die sich an sozialen Kontexten orientieren und mit dem in dieser Arbeit verwendeten Dichteindikator vergleichbar sind, bei 67 Prozent (Wellman/Hiscott 1985: 206). Die deskriptiven Statistiken der Netzwerkparameter sind in Tabelle 11.3 zusammengefasst.

Variable	n	Skalenniveau	Mittelwert (Median)	Standardabweichung	min	max
Netzwerkgröße	492	intervall	11,06 (10,00)	5,03	0	33
Netzwerkdichte	347	intervall	62,41 (66,67)	31,97	0	100

Tabelle 11.3: Deskriptive Statistiken der Netzwerkvariablen

Die beiden Netzwerkparameter korrelieren schwach negativ miteinander (r = −0,08). Allerdings ist dieser Zusammenhang nicht signifikant von null verschieden. Der negative Trend verläuft zwar in die vorhergesagte Richtung, allerdings entspricht die geringe Korrelation nicht der Erwartung. Mit zunehmender Netzwerkgröße mögen wohl spezialisiertere Beziehungen geknüpft werden. Sie sind jedoch genauso stark miteinander verbunden wie die Beziehungen in kleineren Netzwerken.

Die persönlichen Netzwerke setzen sich aus sozialen Beziehungen mehrerer sozialer Kontexte zusammen. Die Kontexte sind kulturelle und strukturelle Aktivitätssphären, in denen sich soziale Welten entwickeln können. Sieben verschiedene soziale Kontexte

---

[40] Angenommen, ein Befragter nennt 20 Netzwerkpersonen. Zwischen diesen Netzwerkpersonen gibt es 20*19/2 = 190 potenziell mögliche Verbindungen, das heißt dem Befragten müssen 190 Fragen gestellt werden, nur um ein einziges Konstrukt zu messen. Aus forschungsökonomischen Gesichtspunkten ist das keineswegs sinnvoll und dem Befragten auch nicht zuzumuten.

werden erhoben. Dazu zählen Verwandtschaft, Nachbarschaft, Arbeitsplatz, Organisationsmitgliedschaft, Bekanntschaft und Freundschaft. Aufgrund der Bedeutung des Kontextes Verwandtschaft wird dieser Kontext in nahe Verwandtschaftsbeziehungen zum Partner, zu den Eltern, Kindern und Geschwistern einerseits und in entfernte Verwandtschaftsbeziehungen zu allen übrigen Verwandten andererseits unterteilt (siehe Tabelle 11.4).

sozialer Kontext	Häufigkeit	Beziehungen pro Netzwerk	mind. eine Beziehung
nahe Verwandtschaft	34,7%	3,8	98,8%
entfernte Verwandtschaft	23,6%	2,6	75,4%
Nachbarschaft	9,2%	1,0	53,9%
Arbeitsplatz	6,5%	0,7	34,3%
Organisationsmitgliedschaft	4,7%	0,5	18,9%
Bekanntschaft	13,2%	1,4	53,7%
Freundschaft	8,2%	0,9	36,6%

Tabelle 11.4: Verteilung der Netzwerkzusammensetzung nach sozialen Kontexten

Aufgrund der Überschneidungsmöglichkeit der sozialen Kontexte wird eine eineindeutige Zuordnung zu einem sozialen Kontext notwendig. Diese Zuordnung beruht auf einer hierarchischen Regel. Die hierarchische Regel orientiert sich an der Zuordnung zu primären und sekundären Kontexten (vgl. Wirth 1974) und damit an der traditionellen Rolle des Beziehungstyps einerseits sowie an der Freiwilligkeit des sozialen Kontextes (vgl. Fischer 1982a) andererseits. Die sozialen Kontexte werden beginnend mit den primären, traditionellen und nicht freiwilligen Kontexten zu den sekundären, modernen und freiwilligen Kontexten geordnet: nahe Verwandtschaft, entfernte Verwandtschaft, Nachbarschaft, Arbeitsplatz, Organisationsmitgliedschaft, Bekanntschaft und Freundschaft. Entsprechend der Regel summieren sich die Häufigkeiten der sieben sozialen Kontexte zu 100.

Im Durchschnitt besteht demzufolge ein persönliches Netzwerk aus vier nahen Verwandtschaftsbeziehungen, etwa drei Beziehungen zu entfernten Verwandten, je einem Nachbarn, Arbeitskollegen, Bekannten und Freund (zweite Zahlenspalte in Tabelle 11.4). Organisationsmitglieder sind relativ selten vertreten, sodass im Durchschnitt nicht einmal eine Person aus diesem sozialen Kontext einem Netzwerk angehört. Im Durchschnittsnetzwerk von 11 Personen überwiegen die primären Kontexte zur Verwandtschaft und Nachbarschaft mit rund 7 Netzwerkpersonen gegenüber den sekundären, modernen und freiwilligen Kontexten (Arbeitsplatz, Organisationsmitgliedschaft, Bekanntschaft und Freundschaft) mit etwa 4 Netzwerkpersonen.

Die Bedeutung der primären Kontexte und vor allem des Verwandtschaftskontextes kommt zur Geltung, wenn man sich die Zusammensetzung der Netzwerke dahingehend ansieht, in wie vielen der 492 Netzwerke die sozialen Kontexte mindestens einmal vorkommen (letzte Spalte in Tabelle 11.4). Praktisch jedes Netzwerk (98,8%) hat mindestens eine Netzwerkperson aus dem nahen Verwandtschaftskreis und drei Viertel aller Netzwerke (75,4%) haben mindestens eine weitere Beziehung zu entfernteren Verwandten. Mehr als die Hälfte der Netzwerke verfügen über eine Beziehung zu einem Nachbarn (53,9%) beziehungsweise zu einem Bekannten (53,7%). In etwa jedem dritten Netzwerk gibt es mindestens einen Freund (36,6%) beziehungsweise einen Arbeitskollegen (34,3%). Organisationsmitglieder gibt es dagegen nicht einmal in jedem fünften Netzwerk (18,9%).

Die Mehrheit der sozialen Beziehungen entstammt dem Verwandtschaftskontext (58,3%), wobei ein reichliches Drittel (34,7%) nahe Verwandte einschließt. Nach den Verwandtschaftsbeziehungen folgen Bekanntschaften mit einem Anteil von 13,2 Prozent. Dagegen gehört nicht einmal jede zehnte soziale Beziehung dem Nachbarschafts- beziehungsweise dem Freundschaftskontext an. Soziale Beziehungen zu Arbeitskollegen und Organisationsmitgliedern wurden nur in geringem Maße angegeben. Fischer (1982a: 41) erzielt eine Verteilung der sozialen Kontexte, die stärker zugunsten der sekundären Kontexte ausfällt. So gehören rund 54 Prozent der sozialen Beziehungen seiner Studie den primären und 46 Prozent den sekundären Kontexten an (vgl. Fischer 1982a: 41). In der vorliegenden Studie liegt das Verhältnis aufgrund der größeren Bedeutung von Verwandtschaftsbeziehungen bei 67 Prozent zu 33 Prozent. Die Verwandtschaftsbeziehungen sind mit 58,3% wesentlich stärker vertreten als in Fischers Studie (42%). Der höhere Anteil sekundärer Kontexte in Fischers Untersuchung ergibt sich vor allem durch wesentlich mehr Freundschaftsbeziehungen (23%). Wellman (1979), der Kernnetzwerke mit bis zu sechs nahestehenden Personen untersucht, berichtet von folgender Zusammensetzung der sozialen Kontexte. Etwa 30% sind Familienangehörige, wie Kinder, Eltern und Geschwister. Weitere 20% zählen zur entfernten Verwandtschaft der Befragten. Unter den 50% nichtverwandte Netzwerkpersonen sind 38% Freunde. Mit diesen Zahlen zu den sozialen Kontexten wird deutlich, dass keineswegs die sozialen Beziehungen der primären Kontexte durch Beziehungen der sekundären Kontexte ersetzt werden. Vielmehr ergänzen sich beide Typen sozialer Kontexte, indem zu mehreren Beziehungen aus Primärkontexten einige wenige Beziehungen aus Sekundärkontexten hinzukommen. Die meisten Personen haben soziale Beziehungen sowohl innerhalb als auch außerhalb des Verwandtschaftskontextes (vgl. auch Schenk 1983: 98).

Die 5.440 Netzwerkpersonen haben ein Durchschnittsalter von über 43 Jahren. Männer (49,5%) sind nur knapp in der Unterzahl. Die meisten Netzwerkpersonen sind verheiratet (61,2%). Gefolgt werden die Verheirateten von den ledigen Personen (28,0%), die weiteren Familienstände spielen nur eine untergeordnete Rolle. Neben den drei soziodemographischen Merkmalen werden zwei sozio-ökonomische Merkmale erhoben. Jede vierte Netzwerkperson erreicht das Abitur. Eine Mehrheit von 55 Prozent ist erwerbstätig, etwa jede zehnte Netzwerkperson ist gegenwärtig ohne Arbeit. 23,5 Prozent beziehen Rente oder Pension und stehen somit nicht mehr dem Arbeitsmarkt zur Verfügung.

11 Datenbasis 153

Diese persönlichen Eigenschaften der Netzwerkpersonen sind für die zwei Homogenitäts-Heterogenitäts-Thesen von besonderer Bedeutung. Aufgrund der Likeme-These wird für jede Beziehung ein Homogenitätsindex gebildet, der die Anzahl ähnlicher Eigenschaften des individuellen Status misst. Dieser Index bezieht sich auf das Alter, wobei eine Toleranz von ± fünf Jahren zugelassen wird, das Geschlecht und den Familienstand. In Abbildung 11.3 sind die Prozentwerte der drei Statusvergleiche verzeichnet.

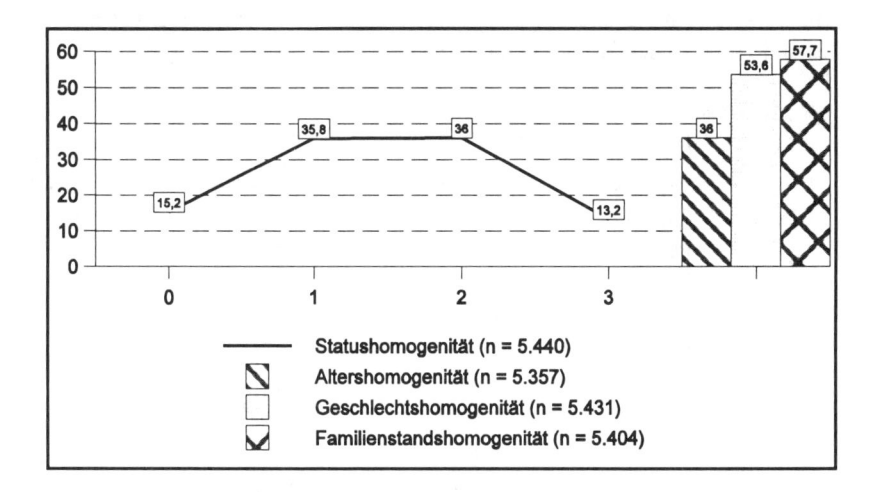

Abbildung 11.3: Homogenität des individuellen Status in Prozent

Rund 85 Prozent aller Beziehungen weisen mindestens ein homogenes Merkmal des individuellen Status auf. Jeweils ein reichliches Drittel der sozialen Beziehungen weist eine beziehungsweise zwei homogene Eigenschaften auf. Vollständig homogene Beziehungen sind mit 13% dagegen selten zu beobachten.

Die Prestige-These Laumanns basiert auf einer gerichteten Heterogenität von persönlichen Eigenschaften des sozialen Status. Diese Prestigeheterogenität wird anhand zweier Merkmale untersucht: Bildung und Erwerbsstatus. Bezüglich beider Merkmale ist zu beobachten, dass sich die Befragten überdurchschnittlich stark an Personen orientieren, die mindestens das gleiche Sozialprestige aufweisen (siehe Abbildung 11.4). Demzufolge sind neun von zehn Beziehungen in mindestens einem Merkmal prestigeheterogen, das heißt die Netzwerkperson hat die gleichen oder höhere Prestigeeigenschaften wie der Befragte.

Ein weiterer wichtiger Aspekt einer sozialen Beziehung ist die Entfernung zwischen Ego und Netzwerkperson. Die Entfernung kann sowohl in Distanzen, zum Beispiel Kilometerangaben, als auch in Zeiteinheiten gemessen werden. Der Vorteil der Zeiteinheiten liegt darin, dass nicht nur die physische Distanz, sondern auch die zeitlichen Kosten eines Besuches berücksichtigt werden. Deshalb wird zur Messung der Entfernung eine Ordinalskala mit Zeitintervallen verwendet. Über ein Drittel der

Netzwerkpersonen (36,0%) ist innerhalb von fünf Minuten zu erreichen. 19,6 Prozent der Netzwerkpersonen können innerhalb von 15 Minuten aufgesucht werden, weitere 20,1 Prozent innerhalb einer halben Stunde. Bis eine Stunde sind 10,5% der Netzwerkpersonen zu erreichen und für 4,5% dauert die Anfahrt bis zu zwei Stunden. Die restlichen 9,4% müssen eine Reise von über zwei Stunden in Kauf nehmen. Die Häufigkeit der Nennungen nimmt ab, je größer die Entfernung zwischen Ego und Netzwerkperson wird. Aus der Verteilung der Entfernung lässt sich ableiten, dass nicht die absolute Mehrheit der sozialen Beziehungen in der lokalen Nachbarschaft zu finden ist. Andererseits sind größere Entfernungen nach wie vor Hindernisse für den Fortbestand von sozialen Beziehungen.

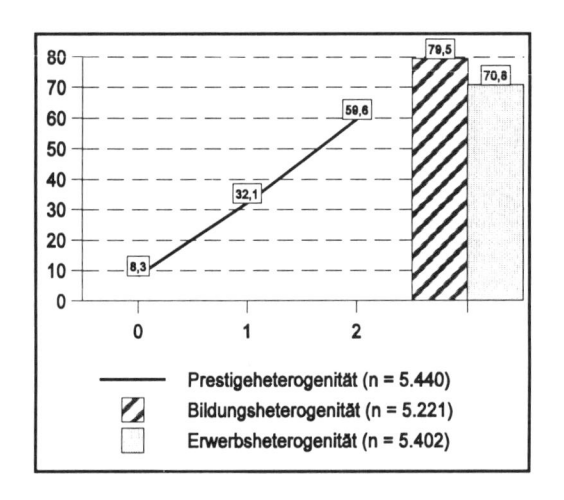

Abbildung 11.4: Heterogenität des sozialen Status in Prozent

Die Stärke der Beziehung setzt sich im Kern aus den Aspekten Intimität, Intensität, Reziprozität und gemeinsam verbrachter Zeit zusammen. Für diese vier Dimensionen stehen fünf Indikatoren zur Verfügung. Die Intimität wird durch das Vertrauen, die Intensität durch das Ausmaß an Verpflichtungen, die Reziprozität durch hohe gegenseitige Inanspruchnahme und die gemeinsam verbrachte Zeit durch die Kontakthäufigkeit sowie die Beziehungsdauer gemessen. Vertrauen, Verpflichtungen und Kontakthäufigkeit werden jeweils durch fünfstufige Ordinalskalen erhoben. Die Reziprozität wird durch einen Summenscore gegenseitiger Inanspruchnahme gebildet.[41] Die Beziehungsdauer wird in Jahren gemessen. Diese fünf Indikatoren werden einer Faktorenanalyse unterzogen. Erwartet wird die Extraktion eines einzelnen Faktors, der die Stärke der Beziehung repräsentiert. Aufgrund der Nichtvergleichbarkeit der fünf

---

41 In der Terminologie der sozialen Netzwerkanalyse liegt Reziprozität vor, wenn eine Verbindung sowohl In- als auch Outdegree ist. Dagegen wird nicht von einer reziproken oder gegenseitigen Verbindung gesprochen, wenn sie nur In- oder nur Outdegree ist.

Skalen werden alle Variablen einer Standardisierung (z-Transformation) unterzogen, bevor die Faktorenanalyse berechnet wird. Es ergeben sich zwei Faktoren mit einem Eigenwert größer eins, die zusammen 69,3% der Varianz der fünf Indikatoren repräsentieren (siehe Tabelle 11.5).

Variable/Statistik	1. Faktor	2. Faktor
Vertrauen	0,72	0,34
Verpflichtungen	0,78	0,25
gegenseitige Inanspruchnahme	0,79	0,08
Kontakthäufigkeit	0,76	- 0,34
Beziehungsdauer	0,10	0,92
Eigenwerte	2,42	1,04
% der Varianz	48,40	20,89

Extraktionsmethode: Hauptkomponentenanalyse
Rotationsmethode: Varimax mit Kaiser-Normalisierung

Tabelle 11.5: Faktorenanalyse der Stärke der Beziehung

Zunächst fällt auf, dass drei Aspekte der Stärke der Beziehung - Intimität, Intensität und Reziprozität - hohe Ladungen auf den ersten Faktor (> 0,70) und geringe Ladungen (< 0,35) auf den zweiten Faktor aufweisen. Der erste Faktor dürfte demnach die Stärke der Beziehung repräsentieren, zumal die Kontakthäufigkeit als ein Indikator der gemeinsam verbrachten Zeit ähnlich hoch auf den ersten Faktor und auch ebenso gering auf den zweiten Faktor lädt. Der zweite Faktor lässt sich dagegen aufgrund der hohen Ladung der Beziehungsdauer als Variable langfristiger Beziehungen interpretieren. Die Faktorenanalyse gliedert sich in die Ergebnisse bisheriger Forschung zur Bestimmung der Stärke von Beziehungen ein (vgl. Marsden/Campbell 1984). Während Intimität, Intensität und Reziprozität den Kern des Konstrukts bestimmen, überschätzt die Beziehungsdauer einzelne, insbesondere verwandtschaftliche Beziehungen. Für die Konstruktion eines Stärke-Indexes werden deshalb nur die Indikatoren der Intimität, Intensität und Reziprozität einer Beziehung sowie die Kontakthäufigkeit herangezogen. Eine Faktanalyse dieser vier Variablen ergibt tatsächlich nur eine einzige Stärke-Komponente mit einem erklärten Varianzanteil von 58,8 Prozent. Die Werte dieses Faktors ergeben die Variable Stärke der Beziehung.

Dagegen geht die Beziehungsdauer als eigenständige Variable in die Analysen ein. Die Beziehungsdauer schwankt, bedingt durch das Alter der Befragten, zwischen 0 und 65 Jahren. Der Mittelwert liegt bei etwa 22 Jahren mit einer Standardabweichung von immerhin 15 Jahren.

Neben der Beziehungsvergangenheit ist für die Kooperationsabsicherung die Beziehungszukunft von Interesse. Zu diesem Zweck wurde mittels einer sechsstufigen ordinalen Skala das Zukunftspotenzial der Beziehung erhoben. Die Mehrheit der Beziehungen wird zukünftig häufig (25,6%) oder sehr häufig (28,6%) interagieren. In knapp jeder vierten Beziehung finden allerdings nur gelegentlich (18,7%) oder selten (5,4%) Interaktionen statt. Und die Partner jeder fünften Beziehung (21,2%) werden zukünftig öfter aber unregelmäßig zusammentreffen. Lediglich 0,5% geben an, zukünftig überhaupt nicht mehr interagieren zu wollen.

In der folgenden Tabelle 11.6 sind die deskriptiven Statistiken der Beziehungsvariablen, die für die Hypothesentestung benötigt werden, zusammengefasst. Angegeben sind die Anzahl der gültigen Fälle, Skalenniveau, Mittelwert, Standardabweichung, sowie Minimum und Maximum.

Variable	n^a	Skalenniveau	Mittelwert (Median)	Standardabweichung	min	max
nahe Verwandtschaft	5.383	nominal	0,35	0,48	0	1
entfernte Verwandtschaft	5.383	nominal	0,24	0,42	0	1
Nachbarschaft	5.383	nominal	0,09	0,29	0	1
Arbeitsplatz	5.383	nominal	0,06	0,25	0	1
Organisationsmitgliedschaft	5.383	nominal	0,05	0,21	0	1
Bekanntschaft	5.383	nominal	0,13	0,34	0	1
Freundschaft	5.383	nominal	0,08	0,27	0	1
Statushomogenität	5.440	intervall	1,47 (1)	0,90	0	3
Prestigeheterogenität	5.440	intervall	1,51 (2)	0,65	0	2
Entfernung	5.440	ordinal	2,40 (2)	1,79	0	6
Stärke der Beziehung	5.440	intervall	0,00 (0)	1,00	-3,42	1,76
Beziehungsdauer	5.440	intervall	21,91 (20)	14,79	0	65
Zukunftspotenzial	5.440	ordinal	4,52 (5)	1,26	1	6

[a] Die sechs Variablen Statushomogenität, Prestigeheterogenität, Entfernung, Stärke der Beziehung, Beziehungsdauer und Zukunftspotenzial werden einer Missing-Value-Analyse unterzogen (vgl. methodischer Anhang, Abschnitt B, S. 212f.).

Tabelle 11.6: Deskriptive Statistiken der Beziehungsvariablen

Die univariaten Statistiken dieser 13 Beziehungsvariablen sollen durch eine Zusammenhangsanalyse ergänzt werden, um ein genaueres Verständnis der Struktur der unmittelbaren sozialen Umgebung der Akteure zu erhalten. Die Korrelationen zwischen den einzelnen Variablen sind in Tabelle 11.7 zusammengefasst.

Gleichwohl die Mehrzahl der 57 Zusammenhänge zwischen den Beziehungsvariablen aufgrund der hohen Fallzahlen signifikant ($\alpha \leq 0,05$) ist, haben lediglich 16 Zusammenhänge mit Korrelationskoeffizienten $\geq |0,20|$ ein substanzielles Gewicht. Die meisten dieser relevanten Zusammenhänge deuten darauf hin, dass nicht freiwillig eingegangene Beziehungen aus primären, traditionellen Kontexten, wie Verwandtschaft und Nachbarschaft, vor allem starke, seit längerem bestehende und nahe Beziehungen sind, die sich durch häufigen zukünftigen Kontakt auszeichnen. Eine wichtige Ausnahme hiervon bildet die entfernte Verwandtschaft, die als traditioneller Kontext auf größeren Entfernungen zwischen den Beziehungspartnern beruht. Zentrale Variablen sind neben dem Verwandtschaftskontext die Stärke und die Entfernung der Beziehung. Starke Beziehungen sind vor allem langfristige, nahe Verwandtschafts- und Bekanntschaftsbeziehungen mit einem hohen Zukunftspotenzial. Mit zunehmender Entfernung spielen nur noch Beziehungen aus sekundären Kontexten sowie schwache und zukünftig weniger wichtige Beziehungen eine Rolle. Je näher die Beziehungspartner beieinander wohnen, desto größer ist deren Stärke und Kontakthäufigkeit (vgl. Wellman 1979, Wellman/Wortley 1990: 569, Busschbach 1996: 125).

	8	9	10	11	12	13
1 nahe Verwandtschaft	*- 0,25*	*- 0,11*	*- 0,56*	*0,54*	*0,42*	*0,39*
2 entfernte Verwandtschaft	*- 0,08*	*- 0,13*	*0,25*	*- 0,16*	0,02	*- 0,14*
3 Nachbarschaft	0,09	0,05	*- 0,59*	*- 0,12*	*- 0,15*	*- 0,09*
4 Arbeitsplatz	*0,11*	*0,15*	*0,20*	*- 0,07*	*- 0,22*	*- 0,08*
5 Organisationsmitgliedschaft	*0,15*	0,02	*0,15*	*- 0,12*	*- 0,10*	*0,12*
6 Bekanntschaft	0,09	0,08	*0,20*	*- 0,27*	*- 0,18*	*- 0,23*
7 Freundschaft	*0,14*	*0,10*	*0,15*	*- 0,07*	*- 0,11*	*- 0,08*
8 Statushomogenität[a]	*1,00*	*0,18*	0,04	*- 0,12*	0,03	*- 0,08*
9 Prestigeheterogenität[a]		*1,00*	0,04	*- 0,08*	0,01	*- 0,05*
10 Entfernung			*1,00*	*- 0,29*	0,06	*- 0,30*
11 Stärke der Beziehung				*1,00*	*0,20*	*0,54*
12 Beziehungsdauer					*1,00*	0,04
13 Zukunftspotenzial						*1,00*

[a] Statushomogenität und Prestigeheterogenität werden wie ordinalskalierte Variablen behandelt.
Richtung der Zusammenhänge: Minuszeichen indizieren einen negativen Zusammenhang.
Signifikanz der Zusammenhänge: Für kursive Koeffizienten gilt $\alpha \leq 0{,}05$.
Stärke der Zusammenhänge: Cramers V (nominal und ordinal), Eta (nominal + intervall), Kendalls Tau$_c$ (ordinal und ordinal; ordinal und intervall), Pearsons r (intervall und intervall)

Tabelle 11.7: Zusammenhänge zwischen den Beziehungsparametern (n_{min} = 5.383, n_{max} = 5.440)

Dagegen hängen die Merkmale Statushomogenität und Prestigeheterogenität nur schwach mit den anderen Beziehungseigenschaften zusammen. Die Like-me-These gilt vor allem unter freiwillig gewählten Beziehungen (vgl. Laumann 1966: 141, Pfenning/Pfenning 1987: 67). Auch wenn die meisten Beziehungsvariablen signifikant miteinander korrelieren, sind doch die substanziellen Zusammenhänge in der Minderheit.

11.3 Beschreibung der informellen sozialen Unterstützung

Der Fokus liegt auf den von Ego empfangenen informellen sozialen Unterstützungen aus seinem persönlichen Netzwerk. Neun verschiedene Unterstützungsarten werden erfragt. Um die Analyse der neun einzelnen Unterstützungen auf wenige Unterstützungsdimensionen zu begrenzen, wird eine Clusteranalyse[42] durchgeführt. Aufgrund der inhaltlichen Interpretation der neun Unterstützungen wird eine Drei-Cluster-Struktur, bestehend aus emotionaler, instrumenteller und geselliger Unterstützung, erwartet.

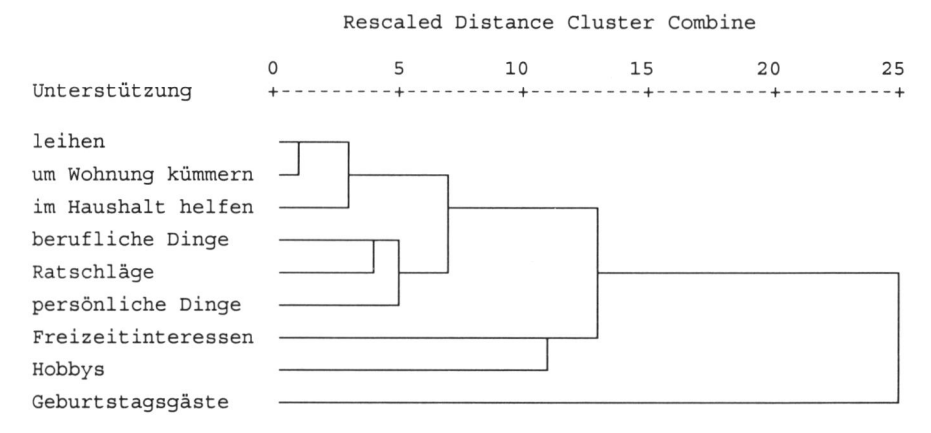

```
                    Rescaled Distance Cluster Combine

                    0         5        10        15        20        25
Unterstützung       +---------+---------+---------+---------+---------+

leihen              ─┐
um Wohnung kümmern  ─┘ ┐
im Haushalt helfen  ───┘ ┐
berufliche Dinge    ─┐   │
Ratschläge          ─┘ ┐ │
persönliche Dinge   ───┘ │
Freizeitinteressen  ─────┘
Hobbys              ─────────
Geburtstagsgäste    ──────────────────────────────────────────────────
```

Abbildung 11.5: Dendrogramm der Clusteranalyse informeller sozialer Unterstützung (n = 5.440)

Wie in Abbildung 11.5 zu sehen ist, ergibt sich eine Fünf-Cluster-Lösung. Der erste Cluster vereint drei Unterstützungen, die der instrumentellen Unterstützungsdimension zuzurechnen sind. Zum zweiten Cluster zählen die drei emotionalen Unterstützungsarten. Schließlich ergeben sich drei Ein-Variablen-Cluster, die jeweils durch eine Geselligkeitsunterstützung repräsentiert werden. Die einzelnen Unterstützungen lassen sich in die drei Dimensionen emotionale, instrumentelle und Geselligkeitsunterstützung klassifizieren. Darüber hinaus werden emotionale und instrumentellen Unterstützungen durch jeweils einen separaten Cluster repräsentiert.

Diese Clusteranalyse gibt einen ersten Hinweis darauf, dass neben der Klassifikation der einzelnen Unterstützungen, die Dimensionen durch unterschiedlich große Personenkreise repräsentiert werden. Die Helfer instrumenteller Unterstützung sind eine relativ kleine, homogene Gruppe. Die Personen emotionaler Unterstützung sind ebenfalls homogen. Emotionale Unterstützung wird aber wahrscheinlich von mehr Netzwerkpersonen praktiziert. Dagegen gehören Netzwerkpersonen, mit denen Geselligkeitsunterstützung ausgetauscht wird, einer großen heterogenen Gruppe an.

---

42 Als Clustermethode werden die durchschnittlichen Verbindungen zwischen den Gruppen verwendet. Die Maßzahlen sind quadrierte euklidische Distanzen binärer Variablen.

11 Datenbasis

Insbesondere die Gäste der letzten Geburtstagsfeier setzen sich von den anderen Netzwerkpersonen ab. Das Ergebnis der Clusteranalyse bestärkt die Einteilung der neun Unterstützungsarten in drei Unterstützungsdimensionen. Sowohl eine Mokkenanalyse als auch eine Faktorenanalyse der neun Unterstützungsindikatoren bestätigen die Cluster-Zuordnung zu den jeweiligen Dimensionen. Daraus ergibt sich, dass 23,1% der Netzwerkpersonen instrumentelle Unterstützung leisten, während ein Drittel (33,1%) der Netzwerkpersonen emotionale Unterstützung gewährt. Drei Viertel aller sozialen Beziehungen (76,7%) dienen der Geselligkeitsunterstützung.

Stellt eine Netzwerkperson soziale Unterstützung aus zwei oder mehr Arten beziehungsweise Dimensionen bereit, kann von einer multiplexen Beziehung gesprochen werden, andernfalls von einer uniplexen Beziehung. Hinsichtlich der Unterstützungsarten sind 61,1 Prozent der Beziehungen multiplex und entsprechend 38,9 Prozent der sozialen Beziehungen uniplex. Mindestens zwei Unterstützungsdimensionen stellen 36 Prozent der Beziehungen bereit, während sich 64 Prozent der Beziehungspartner auf eine Unterstützungsdimension spezialisiert haben.

In der folgenden Tabelle 11.8 sind die deskriptiven Statistiken der Unterstützungsvariablen, die für die Hypothesentestung benötigt werden, zusammengefasst. Angegeben sind die Anzahl der gültigen Fälle, Skalenniveau, Mittelwert, Standardabweichung, sowie Minimum und Maximum.

Variable	n	Skalenniveau	Mittelwert	Standardabweichung	min	max
emotionale Unterstützung	5.440	nominal	0,33	0,47	0	1
instrumentelle Unterstützung	5.440	nominal	0,23	0,42	0	1
Geselligkeitsunterstützung	5.440	nominal	0,77	0,42	0	1
Multiplexität (Unterstützungsarten)	5.440	nominal	0,61	0,49	0	1
Multiplexität (Unterstützungsdimensionen)	5.440	nominal	0,36	0,48	0	1

Tabelle 11.8: Deskriptive Statistiken der Unterstützungsvariablen

Die fünf für die Hypothesentestung benutzten Unterstützungsvariablen hängen in stärkerem Maße miteinander zusammen (siehe Tabelle 11.9). Insbesondere die Variablen der Multiplexität korrelieren mit den Unterstützungsdimensionen und untereinander hoch. Substanziell äußerst geringe Zusammenhänge sind dagegen zwischen den einzelnen Unterstützungsdimensionen zu verzeichnen. Dies deutet darauf hin, dass jede Unterstützungsdimension von unterschiedlichen Netzwerkpersonen angeboten wird. Die Beziehung zwischen instrumenteller Unterstützung und Geselligkeitsunterstützung ist negativ, was auf eine verstärkte Spezialisierung von Beziehungen auf eine der beiden Unterstützungsdimensionen schließen lässt. Andererseits korrelieren alle Unterstützungsdimensionen mit den beiden Multiplexitätskonstrukten hoch, wobei die emotionale Unterstützung am stärksten mit den

Multiplexitätsvariablen zusammenhängt. Daraus lässt sich schließen, dass Netzwerkpersonen, die Ego emotional unterstützen, auch in einer weiteren Dimension informelle soziale Unterstützung anbieten.

	2	3	4	5
1 emotionale Unterstützung	0,04	0,07	0,43	*0,71*
2 instrumentelle Unterstützung	1,00	- 0,13	0,23	*0,42*
3 Geselligkeitsunterstützung		1,00	0,39	*0,35*
4 Multiplexität (Unterstützungsarten)			1,00	*0,60*
5 Multiplexität (Unterstützungsdimensionen)				1,00

Richtung der Zusammenhänge: Minuszeichen indizieren einen negativen Zusammenhang.
Signifikanz der Zusammenhänge: Für kursive Koeffizienten gilt $\alpha \leq 0{,}05$.
Stärke der Zusammenhänge: Cramers V

Tabelle 11.9: Zusammenhänge zwischen den Unterstützungsvariablen (n = 5.440)

Mit der Beschreibung der Unterstützungsvariablen ist die Beschreibung der für die Hypothesentests benötigten Variablen abgeschlossen. Die Variablen verteilen sich über drei Variablengruppen (Sozialstruktur Egos, persönliches Netzwerk und informelle soziale Unterstützung) und zwei Analyseebenen (Ego-Ebene und Beziehungsebene). Auf der Ego-Ebene werden die Sozialstrukturvariablen von den Netzwerkvariablen getrennt. Auf der darunter liegenden Beziehungsebene werden die Beziehungsvariablen von den Unterstützungsvariablen unterschieden.

12 Hypothesenprüfung der drei Netzwerkmodelle

12.1 Netzwerkgröße

Bezüglich der Netzwerkgröße werden vier Hypothesen postuliert (S. 73ff.). Nach der Community-Lost-Hypothese (1a) ist zu erwarten, dass die Netzwerkgröße in städtischen Gemeinden abnimmt, während die Community-Liberated-Hypothese (2a) gleichgroße Netzwerke in städtischen und ländlichen Siedlungsstrukturen erwartet. Ferner sollen nach dem Constrained-Choice-Modell mit steigender Kapitalausstattung (Hypothese 3a) und geringen individuellen Restriktionen (Hypothese 4a) größere Netzwerke vorliegen. Die hypothetisch erwarteten Effekte auf die Netzwerkgröße und die Ergebnisse der Regressionsrechnung sind in Tabelle 12.1 zusammengefasst.

Das gesamte Modell trägt zwar zur Vorhersageverbesserung der Netzwerkgröße bei, allerdings fällt die erklärte Varianz mit knapp 14% moderat aus. Das hängt offensichtlich damit zusammen, dass die meisten Effekte lediglich schwach ausgeprägt sind. Den größten Einfluss auf die Netzwerkgröße haben die Kapitalausstattung, einige Restriktionsvariablen und die Kontrollvariablen des individuellen Status. Dagegen spielt die Siedlungsstruktur nur eine untergeordnete Rolle.

Hinsichtlich der unterschiedlichen Positionen der Community-Hypothesen (1a und 2a S. 74) ist zu sagen, dass Stadtbewohner (Innenstadt, Großwohnsiedlung und Stadtrand) tendenziell kleinere Netzwerke haben als Landbewohner (Vorort und Region). Doch lediglich Bewohner von Großwohnsiedlungen unterscheiden sich signifikant von Landbewohnern. Die Differenz der Netzwerkgröße zwischen Landbewohnern und Großwohnsiedlungsbewohnern beträgt fast zwei Personen.

Die Abweichungen der Innenstadt- und Stadtrandbewohner gegenüber den Landbewohnern sind jedoch insignifikant. Landbewohner gehen nicht mit mehr Personen soziale Bindungen ein, als die meisten Stadtbewohner. Die Ergebnisse entsprechen teilweise den theoretischen Erwartungen der Community-Liberated-Hypothese, deshalb kann die Hypothese 2a teilweise aufrechterhalten werden. Die Community-Lost-Hypothese trifft allenfalls für die Bewohner von Großwohnsiedlungen zu. Aus inferenzstatistischer Sicht unterscheiden sich die Netzwerkgrößen von Innenstadt-, Stadtrand-, Vorort- und Landbewohnern nicht voneinander. Die Hypothese 1a kann deshalb nur teilweise bestätigt werden.

Einen deutlichen positiven und signifikanten Effekt weisen dagegen die Variablen der Kapitalausstattung auf die Netzwerkgröße aus (Hypothese 3a S. 74). Dabei ist der Effekt des ökonomischen Kapitals stärker als der Einfluss des Humankapitals. Der Effekt des ökonomischen Kapitals hat den größten Anteil an der Erklärung der Netz-

Variable	Hypothese	unstandard. Koeffizient	Standardfehler	standard. Koeffizient
Konstante		*13,154*	1,685	
Siedlungsstruktur				
Innenstadt	-/0	- 0,271	0,712	- 0,019
Großwohnsiedlung	-/0	*- 1,720*	0,692	- 0,127
Stadtrand	-/0	- 1,038	0,652	- 0,085
Vorort	-/0	0,038	0,648	0,003
Kapitalausstattung				
Humankapital	+	*0,030*	0,014	0,109
ökonomisches Kapital	+	*0,329*	0,116	0,146
individuelle Restriktionen				
Introversion	-	*- 0,179*	0,079	- 0,098
Immobilität	-	- 0,348	0,651	- 0,023
Kinder im Haushalt	-	0,234	0,567	0,022
Wohnortwechsel	-	- 1,053	0,792	- 0,059
Alter	-	*- 0,060*	0,025	- 0,131
individueller Status				
Geschlecht $_{(1\ =\ Frau)}$	?	*0,988*	0,435	0,098
Familienstand $_{(1\ =\ unverheiratet)}$	?	*- 1,625*	0,548	- 0,137
Modellstatistik				
n	492			
R^2	0,137			
F-Test	*5,858*			

Hypothesen: + positiver, - negativer, 0 kein und ? nicht postulierter Zusammenhang.
Für kursive Koeffizienten gilt $\alpha \leq 0,05$.

Tabelle 12.1: Regressionsmodell der Netzwerkgröße

werkgröße. Eine günstige Kapitalausstattung führt zu größeren Netzwerken. So liegt die Differenz in der Netzwerkgröße zwischen einem angelernten Arbeiter mit Hauptschulabschluss und einem monatlichen Haushaltseinkommen unter 2.500 DM einerseits und einem Richter mit über 6.000 DM Haushaltseinkommen, alles andere gleich, bei fünf Personen.[43] Insgesamt differenziert die Kapitalausstattung in starkem

---

43 Ein Hauptschulabschluss bedeutet 8 Jahre Schulbildung. Ein angelernter Arbeiter wird auf der Skale der beruflichen Stellung mit 1 festgelegt. Um den Wert für das Humankapital zu erhalten werden die Werte der Bildungsskale und der beruflichen Stellung multipliziert. Somit ergibt sich der Wert 8 für die Humankapitalskale, der mit 0,03 (β-Koeffizient) zu multiplizieren ist. Ein monatliches Haushaltseinkommen von unter 2.500 DM ohne finanzielle Probleme in der letzten Zeit entspricht dem Wert 3 auf der Skale des

Maße. Aufgrund der relevanten und signifikanten Ergebnisse der beiden unabhängigen Variablen der Kapitalausstattung kann die Hypothese 3a bestätigt werden.

Von unterschiedlicher Bedeutung sind die Variablen der individuellen Restriktionen (Hypothese 4a S. 75). Einerseits differenzieren lediglich die Introversionsskale und das Lebensalter signifikant zwischen Netzwerkgrößen. Andererseits sind die Effekte der anderen Restriktionsvariablen äußerst gering und somit praktisch nicht relevant. Immobilität, Kinder unter 16 Jahren im Haushalt und ein Wohnortwechsel innerhalb der letzten drei Jahre tragen nicht signifikant zur Erklärung der Netzwerkgröße bei. Die Einflüsse dieser Variablen auf die Anzahl der Netzwerkpersonen sind praktisch null. Darum ist es zweitrangig, dass bis auf die Variable Kinder im Haushalt alle Effekte in der vorhergesagten Richtung verlaufen. Eine größere Bedeutung haben individuelle Restriktionen jedoch hinsichtlich der Introversion und dem Lebensalter. Die Netzwerkgrößen zwischen einer sehr extravertierten und einer sehr introvertierten Person unterscheiden sich, alles andere gleich, um rund zwei Netzwerkpersonen.[44]

Ältere Menschen haben kleinere Netzwerke als jüngere. Eine Altersdifferenz von knapp 17 Jahren reduziert die Netzwerkgröße um eine Person. Im Durchschnitt gehören 1,5 Personen mehr zum persönlichen Netzwerk eines erwachsenen Kindes als zu den persönlichen Netzwerken der 25 Jahre älteren Eltern. Die Hypothese 4a über den Einfluss der individuellen Restriktionen auf die Größe der persönlichen Netzwerke kann nur mit Einschränkungen bestätigt werden, da nur der Einfluss der Introversion und des Alters aus inferenzstatistischer Sicht signifikant ist. Im Vergleich zu den anderen unabhängigen Variablen sind die Variablen der individuellen Restriktionen von mittlerer Relevanz.

Restriktionen hinsichtlich der Auswahl von sozialen Beziehungen bringen auch die Kontrollvariablen des individuellen Status mit sich. Zunächst als Kontrollvariablen aufgenommen, erweisen sich die zwei Variablen Geschlecht und Familienstand als vergleichsweise wichtige, signifikante und relevante Variablen. Beide Variablen beeinflussen in signifikanter Weise die Größe der Netzwerke. Frauen haben durchschnittlich eine Person mehr in ihren Netzwerken als Männer. Einen ebenfalls signifikanten Effekt weist der Familienstand auf. Der Familienstand spielt eine etwas größere Rolle in der Erklärung der Netzwerkgröße als das Geschlecht der Befragten. Verheiratete Personen haben im Durchschnitt um 1,6 Netzwerkpersonen größere Netzwerke als unverheiratete Personen.[45] Obwohl dieser Zusammenhang nicht erwartet

---

ökonomischen Kapitals mal 0,33 (β-Koeffizient) ergibt 0,99. Addiert man die beiden Werte der Kapitalausstattung erhält man 1,23. Ein Richter mit monatlich über 6.000 DM Haushaltseinkommen ohne finanzielle Probleme in der letzten Zeit erhält jeweils die Höchstwerte (105 resp. 10) auf den beiden Kapitalskalen. In der Kombination mit den β-Koeffizienten ergibt sich ein Wert von 6,44. Die Differenz beider Personen (6,44 - 1,23) beträgt damit 5,21 oder rund fünf Netzwerkpersonen.

44 Die Differenz zwischen einer sehr extravertierten Person (Wert 4 auf der Introversionsskale) und einer sehr introvertierten Person (Wert 17 auf der Introversionsskale) beträgt (4 - 17) * (- 0,18) gleich - 2,34 Netzwerkpersonen.

45 Im Übrigen besteht kein Zusammenhang zwischen dem Familienstand und minderjährigen Kindern im Haushalt. Der χ^2-Wert beträgt = 1,76 bei einem Freiheitsgrad.

wurde, trägt der Familienstand doch als zweitwichtigste Variable in bedeutendem Maße zur erklärten Varianz der Netzwerkgröße bei.

Die Ergebnisse des Netzwerkgrößemodells lassen sich wie folgt zusammenfassen. Die Zusammenhangsmaße sowie die tendenzielle Ausrichtung der multivariaten Ergebnisse weisen überwiegend in die vorhergesagte Richtung. Aufgrund der praktischen und inhaltlichen Relevanz der Ergebnisse müssen die Hypothese 3a und teilweise die Hypothese 4a (für die Introversion und das Alter) nicht verworfen werden. Der Einfluss der zentralen theoretischen Variablen Siedlungsstruktur ist nicht eindeutig zu erkennen. Einerseits verlaufen die Netzwerkgrößen der Stadtbewohner in die von der Community-Lost-Hypothese vorhergesagten Richtung. Zudem haben die Großwohnsiedlungsbewohner signifikant kleinere Netzwerke, womit teilweise die Community-Lost-Hypothese bestätigt wird. Andererseits unterscheiden sich die Einwohner sämtlicher anderer Siedlungsstrukturen nicht signifikant voneinander.

12.2 Netzwerkdichte

Das zweite Netzwerkmodell vereint die Effekte von Siedlungsstruktur, Kapitalausstattung, individuellen Restriktionen sowie individuellem Status auf die Netzwerkdichte (S. 76ff.). Eine geringere Netzwerkdichte wird hypothetisch für die Fälle angenommen, in denen die Siedlungsstruktur eher ländlich ist (Hypothese 1b und 2b), das Humankapital und das ökonomische Kapital (Hypothese 3b) gering sind, sowie für Wohnortwechsler (Hypothese 4b). Die Netzwerkdichte ist um so höher, wenn die individuellen Restriktionen Introversion, Immobilität, minderjährige Kinder im Haushalt und hohes Lebensalter (Hypothese 4b) vorliegen. Die Ergebnisse des multiplen Regressionsmodells, das diese vier Hypothesen testet, sind in Tabelle 12.2 dargestellt. Gleichwohl sich das Gesamtmodell vom Nullmodell signifikant unterscheidet, ist die erklärte Varianz von 9 Prozent als gering einzustufen. Die unabhängigen Variablen können nur sehr ungenau die Netzwerkdichte vorhersagen. Zwar weisen die Effekte überwiegend in die hypothetisch angenommene Richtung, allerdings sind nur wenige Variablen signifikant beziehungsweise in ihrem Effekt stark genug, um substanzielle Aussagen über die Netzwerkdichte zu treffen.

Die beiden Community-Hypothesen (1b und 2b S. 76) postulieren einen negativen Effekt der Siedlungsstruktur auf die Netzwerkdichte. Dieser erwartete Effekt kann bestätigt werden. Jedoch ist nur der Effekt der Großwohnsiedlung signifikant. So ergibt sich ein substanzieller Unterschied in der Netzwerkdichte von knapp 15 Prozent zwischen Einwohnern von Großwohnsiedlungen und Bewohnern regionaler Landgemeinden. Wie bereits im Modell der Netzwerkgröße gibt es nur zwischen Großwohnsiedlungen und regionalen Gemeinden substanzielle Unterschiede. Die Effekte der anderen drei Siedlungsstrukturvariablen weisen nur zufällig in den negativen Bereich. Die Hypothesen 1b und 2b können deshalb nur teilweise angenommen werden.

12 Hypothesenprüfung der drei Netzwerkmodelle

Variable	Hypo-these	unstandard. Koeffizient	Standard-fehler	standard. Koeffizient
Konstante		57,357	13,158	
Siedlungsstruktur				
Innenstadt	-	- 8,330	5,670	- 0,092
Großwohnsiedlung	-	- 14,487	5,576	- 0,162
Stadtrand	-	- 3,911	5,079	- 0,050
Vorort	-	- 0,595	4,942	- 0,008
Kapitalausstattung				
Humankapital	-	0,050	0,101	0,030
ökonomisches Kapital	-	- 1,406	0,900	- 0,097
individuelle Restriktionen				
Introversion	+	- 1,345	0,641	- 0,112
Immobilität	+	- 5,694	5,148	- 0,059
Kinder im Haushalt	+	10,151	4,371	0,154
Wohnortwechsel	-	- 9,714	6,286	- 0,084
Alter	+	0,562	0,193	0,196
individueller Status				
Geschlecht $_{(1 = Frau)}$	?	1,514	3,471	0,024
Familienstand $_{(1 = unverheiratet)}$	?	- 7,791	4,531	- 0,097
Modellstatistik				
n 347				
R^2 0,090				
F-Test 2,533				

Hypothesen: + positiver, - negativer und ? nicht postulierter Zusammenhang.
Für kursive Koeffizienten gilt $\alpha \leq 0,05$.

Tabelle 12.2: Regressionsmodell der Netzwerkdichte

Die Gelegenheitshypothese 3b (S. 77) postuliert einen negativen Effekt der Kapitalausstattung auf die Netzwerkdichte. Die Effekte der Kapitalausstattungsvariablen spielen aber im Gegensatz zum Netzwerkgrößemodell keine Rolle. Zugleich repräsentieren die beiden Variablen der Kapitalausstattung ein uneinheitliches Bild. Der Einfluss des Humankapitals ist positiv, sehr gering und nicht signifikant. Praktisch tragen die erworbenen Kenntnisse, Fähigkeiten und Fertigkeiten nicht zu einer geringeren Netzwerkdichte bei. Dagegen verläuft der Einfluss des ökonomischen Kapitals in die vorhergesagte Richtung. Gleichwohl differenziert das ökonomische Kapital nicht signifikant zwischen den Netzwerkdichten. Ebenso wie das Humankapital trägt das ökonomische Kapital nicht zur Vorhersageverbesserung der Netzwerkdichte bei. Damit bleibt die praktische Relevanz der Kapitalausstattung in der Erklärung der Netzwerkdichte fragwürdig. Die Hypothese 3b muss hinsichtlich beider Kapitalarten verworfen werden.

Von den fünf individuellen Restriktionen wird erwartet, dass sie sich positiv auf die Netzwerkdichte auswirken (Restriktionshypothese 4b S. 78). Allerdings haben diese Handlungseinschränkungen sehr unterschiedliche Effekte auf die Netzwerkdichte. Drei der vier signifikanten Effekte des Netzwerkdichtemodells sind individuelle Restriktionen. Anders als durch die Hypothese 4b postuliert, aber konsistent mit den Ergebnissen von Irving (1977: 872), haben introvertierte Personen signifikant dünnere Netzwerke als extrovertierte Personen. Im Unterschied zu einem sehr introvertierten Akteur hat ein sehr extrovertierter Akteur ein um 17,5 Prozent dichteres Netzwerk. Dieser Effekt besitzt jedoch die geringste Relevanz aller signifikanten Effekte dieses Modells.

Ein substanzielles Gewicht im Netzwerkdichtemodell hat die Variable Kinder im Haushalt. Im Gegensatz zur Introversionsvariablen verläuft der Effekt dieser Variablen jedoch in die vorhergesagte Richtung. Das durch Kinder im Haushalt eingegrenzte Zeitbudget wirkt sich positiv auf die Netzwerkdichte aus. Akteure, zu deren Haushalt mindestens ein Kind unter 16 Jahren gehört, haben um etwa 10 Prozent dichtere Netzwerke. Der dritte signifikante Effekt stammt vom Lebensalter. Ältere Menschen haben, alles andere gleich, dichtere Netzwerke als jüngere Menschen. Ein Unterschied von 10 Lebensjahren erhöht die Netzwerkdichte um 5,6 Prozent. Wie bereits im Modell der Netzwerkgröße hat die Variable Lebensalter eine hohe Relevanz.

Die beiden anderen handlungseinschränkenden Variablen Immobilität und Wohnortwechsel haben substanziell und inferenzstatistisch keinen Einfluss auf die Netzwerkdichte. Es ist also unerheblich, ob Personen in ihrer Mobilität eingeschränkt sind oder in den letzten drei Jahren den Wohnort gewechselt haben. Vor dem Hintergrund dieser Ergebnisse ist die Hypothese 4b zu verwerfen, lediglich für die Variablen Kinder im Haushalt und Lebensalter kann diese Hypothese bestätigt werden.

Die beiden Variablen des individuellen Status haben keine signifikanten Effekte auf die Netzwerkdichte. Tendenziell sind die Netzwerke von Frauen und verheirateten Personen dichter als die Netzwerke von Männern und unverheirateten Personen respektive.

Die Ergebnisse des Netzwerkdichtemodells können wie folgt zusammengefasst werden. Insgesamt wird das Regressionsmodell der Netzwerkdichte nur zu einem geringen Teil durch die unabhängigen Variablen erklärt. Lediglich vier Variablen weisen signifikante Effekte auf die Netzwerkdichte auf. In der Folge müssen die Hypothesen 3b und 4b sowie teilweise die Hypothesen 1b und 2b verworfen werden. Lediglich die Effekte der Großwohnsiedlungen (Hypothesen 1b und 2b) und der Kinder im Haushalt und des Lebensalters (Hypothese 4b) können bestätigt werden.

12.3 Netzwerkzusammensetzung

Das dritte Netzwerkmodell enthält die Effekte von Siedlungsstruktur, Kapitalausstattung, individuellen Restriktionen und individuellem Status auf die Zusammensetzung der persönlichen Netzwerke (S. 78ff.). Die Zusammensetzung ergibt sich aufgrund aggregierter sozialer Kontexte. Die prozentualen Anteile von sieben verschiedenen Kontexten sollen im Folgenden betrachtet werden. Die Ergebnisse werden getrennt für die primären Kontexte nahe und entfernte Verwandtschaft sowie Nachbarschaft (vgl. Tabelle 12.3) und für die sekundären Kontexte Arbeitsplatz, Organisationsmitgliedschaft, Bekanntschaft und Freundschaft (vgl. Tabelle 12.4) ausgewiesen. Die Zusammenhänge beziehen sich in beiden Fällen auf die abhängigen Variablen der Sozialstruktur Egos, wie sie in den Hypothesen 1c, 2c, 3c und 4c postuliert werden. Alle sieben Modelle werden nur in geringem Maße durch die unabhängigen Variablen beeinflusst. Die durch das R^2 gemessene Vorhersageverbesserung liegt lediglich zwischen 5,3 Prozent (Bekanntschaftsmodell) und 12,4 Prozent (Freundschaftsmodell). Darüber hinaus sind die Effekte der unabhängigen Variablen sehr instabil.

Die Siedlungsstruktur wirkt sich laut Community-Hypothesen (1c und 2c S. 79) zugunsten sekundärer und zulasten primärer Kontexte aus. Die Siedlungsstruktur beeinflusst praktisch nicht die Zusammensetzung der persönlichen Netzwerke. Die Anteile der primären Kontexte verändern sich nicht durch die Siedlungsstruktur. Lediglich zwei sekundäre Kontexte werden von der Siedlungsstruktur tangiert. Zum einen haben Innenstadtbewohner einen größeren Anteil an Freundschaftsbeziehungen, der sich aber nicht in signifikant kleineren Anteilen der primären Kontexte äußert, zum anderen haben Großwohnsiedlungsbewohner weniger Organisationsmitglieder in ihren Netzwerken. Erwartet wird jedoch ein Anteilsanstieg des sekundären Kontextes. Die anderen Siedlungsstrukturen unterscheiden sich nicht signifikant in der Zusammensetzung ihrer Netzwerke.

Die erwarteten Effekte der Community-Hypothesen 1c und 2c können durch die Daten nicht bestätigt werden. Zwar haben Innenstadtbewohner einen höheren Anteil an Freundschaftsbeziehungen, aber die Großwohnsiedlungsbewohner profitieren nicht von den vielfältigen Möglichkeiten, die ihnen die städtische Lebensweise bietet. Die Zusammensetzung der Netzwerke der Stadtbewohner unterscheidet sich nicht signifikant von der Netzwerkzusammensetzung der Landbewohner.

Der Einfluss der Kapitalausstattung auf die Netzwerkzusammensetzung wird in der Gelegenheitshypothese 3c (S. 80) formuliert. Allerdings wirken sich die Einflüsse sehr unterschiedlich aus. Das Humankapital mindert tendenziell den Anteil an Beziehungen aus primären Kontexten und steigert den Anteil der Beziehungen aus sekundären Kontexten. Allerdings ist lediglich der Anteil Organisationsmitglieder signifikant größer. Damit ist das Humankapital keine relevante Erklärungsgröße der Zusammensetzung persönlicher Netzwerke. Während das Humankapital praktisch einflusslos ist, hat das ökonomische Kapital sowohl vorhergesagte, als auch nicht erwartete signifikante Effekte. Personen mit hohem ökonomischen Kapital haben anteilig weniger nahe Verwandte, aber mehr Arbeitskollegen in ihren persönlichen

Netzwerken. Steigt das ökonomische Kapital um eine Einheit, verändert sich die Netzwerkzusammensetzung in beiden Fällen um ein Prozent. Zusätzlich haben Egos mit hohem ökonomischen Kapital anteilig mehr Bekanntschaftsbeziehungen, aber weniger Organisationsmitglieder. Alle Effekte der Kapitalausstattung auf die Netzwerkzusammensetzung sind eher gering. Die Ergebnisse des Humankapitals und des ökonomischen Kapitals widersprechen der Gelegenheitshypothese 3c, die damit zu verwerfen ist.

Die Restriktionshypothese 4c (S. 81) postuliert die Effekte der individuellen Restriktionen auf die Netzwerkzusammensetzung. Die fünf Indikatoren beeinflussen zwar bestimmte Anteile der sozialen Kontexte, jedoch ist kein stringenter Einfluss der Restriktionsvariablen derart zu beobachten, dass die Anteile an Beziehungen primärer Kontexte steigen und die Anteile an Beziehungen sekundärer Kontexte sinken. Introvertierte Personen haben anteilsmäßig mehr nahe Verwandte und etwas weniger Nachbarn und Organisationsmitglieder in ihren Netzwerken. Die signifikanten Differenzen zwischen sehr extrovertierten und sehr introvertierten Personen betragen unter Konstanthaltung anderer Faktoren + 10,4 Prozent für den Anteil der nahen Verwandten, – 5,1 Prozent für den Anteil der Nachbarn und – 4,2 Prozent für den Anteil der Organisationsmitglieder.

Die Immobilität führt dazu, dass der Anteil nachbarschaftlicher Beziehungen im Netzwerk um 3,8 Prozent zunimmt. Alle anderen Koeffizienten der Immobilität sind nicht signifikant von null verschieden. Wenn minderjährige Kinder zum Haushalt gehören, bewirkt das ebenfalls eine veränderte Netzwerkzusammensetzung. Der Anteil naher Verwandter nimmt um 5,2 Prozent zu. Insgesamt nimmt der Anteil primärer Kontexte zu, wenn minderjährige Kinder zum Haushalt gehören. Unter den Anteilen sekundärer Kontexte beeinflusst das Vorhandensein von Kinder im Haushalt den Anteil der Arbeitskollegen. Dieser Anteil nimmt um 2,8 Prozent ab. Dagegen ist der Anstieg der Bekanntschaftsanteile am Netzwerk um 3,6 Prozent signifikant.

Der Wohnortwechsel, der laut Hypothese 4c keinen Effekt auf die Netzwerkzusammensetzung hat, führt zu einer Verminderung des Anteils nachbarschaftlicher Beziehungen. Die Abnahme beträgt 3,8 Prozent. Alle weiteren Koeffizienten des Wohnortwechsels sind insignifikant. Insgesamt bewirkt ein Wohnortwechsel innerhalb der letzten drei Jahre eine Abnahme der Anteile primärer und eine Zunahme der Anteile sekundärer Kontexte. Hinsichtlich des Lebensalters ist eine geringe Verschiebung zugunsten eines größeren Anteils primärer Kontexte und zulasten des Anteils sekundärer Kontexte zu erkennen.

Die Zunahme des Lebensalters um zehn Jahre bewirkt einen um 1,7 Prozent höheren Anteil nachbarschaftlicher Beziehungen, einen um 2,1 Prozent niedrigeren Anteil an Arbeitsplatzbeziehungen und einen um 2,4 Prozent niedrigeren Anteil an Freundschaftsbeziehungen.

Einen stringenten Effekt der individuellen Restriktionen auf alle sozialen Kontexte ist dennoch nicht gegeben. Die wenigen signifikanten Effekte verlaufen teilweise entgegen der Vorhersage. Für die meisten Indikatoren ergibt sich nicht der erwartete Effekt größerer Anteile primärer Kontexte und geringere Anteile sekundärer Kontexte. Demzufolge kann die Hypothese 4c nicht angenommen werden.

12 Hypothesenprüfung der drei Netzwerkmodelle

Variable	Hypothese	Modell 1	Modell 2	Modell 3
Konstante		*31,925*	*19,929*	3,305
		(6,816)	(6,269)	(4,005)
Siedlungsstruktur				
Innenstadt	-	- 3,782	1,291	- 0,602
		(2,881)	(2,661)	(1,693)
Großwohnsiedlung	-	4,292	- 0,161	- 1,072
		(2,800)	(2,586)	(1,645)
Stadtrand	-	1,003	- 0,005	- 0,905
		(2,635)	(2,434)	(1,548)
Vorort	-	- 1,693	1,099	2,168
		(2,619)	(2,419)	(1,539)
Kapitalausstattung				
Humankapital	-	- 0,030	- 0,091	- 0,006
		(0,055)	(0,051)	(0,032)
ökonomisches Kapital	-	*- 1,010*	- 0,258	0,206
		(0,469)	(0,433)	(0,275)
individuelle Restriktionen				
Introversion	+	*0,803*	0,524	*- 0,396*
		(0,318)	(0,294)	(0,187)
Immobilität	+	0,678	- 4,417	*3,858*
		(2,634)	(2,433)	(1,548)
Kinder im Haushalt	+	*5,231*	- 2,648	0,951
		(2,292)	(2,117)	(1,347)
Wohnortwechsel	0	- 2,999	2,891	*- 3,800*
		(3,201)	(2,957)	(1,881)
Alter	+	0,125	0,085	*0,172*
		(0,102)	(0,094)	(0,060)
individueller Status				
Geschlecht (1 = Frau)	?	0,016	2,056	- 0,199
		(1,759)	(1,624)	(1,033)
Familienstand (1 = unverheiratet)	?	- 2,309	*- 10,666*	- 0,070
		(2,215)	(2,046)	(1,301)
Modellstatistik				
n		492	492	492
R²		0,068	0,102	0,056
F-Test		*2,694*	*4,166*	*2,168*

Hypothesen: + positiver, - negativer, 0 kein und ? nicht postulierter Zusammenhang.
Angegeben sind die unstandardisierten Koeffizienten und in Klammern die Standardfehler.
Für kursive Koeffizienten gilt α ≤ 0,05.
Modell 1: nahe Verwandtschaft, Modell 2: entfernte Verwandtschaft, Modell 3: Nachbarschaft

Tabelle 12.3: Regressionsmodelle der Netzwerkzusammensetzung aus primären Kontexten

Variable	Hypothese	Modell 1	Modell 2	Modell 3	Modell 4
Konstante		*14,747*	*10,964*	- 0,647	*20,646*
		(3,549)	(3,265)	(5,318)	(4,422)
Siedlungsstruktur					
Innenstadt	+	- 0,069	- 1,093	- 1,569	*5,850*
		(1,500)	(1,380)	(2,248)	(1,869)
Großwohnsiedlung	+	0,490	*- 2,988*	- 1,209	0,593
		(1,458)	(1,341)	(2,184)	(1,816)
Stadtrand	+	- 0,301	0,136	- 1,334	1,405
		(1,372)	(1,262)	(2,056)	(1,709)
Vorort	+	- 2,125	0,300	- 1,751	0,967
		(1,364)	(1,254)	(2,043)	(1,699)
Kapitalausstattung					
Humankapital	+	- 0,018	*0,082*	0,024	0,042
		(0,029)	(0,026)	(0,043)	(0,036)
ökonomisches Kapital	+	*1,040*	*- 0,521*	0,927	- 0,332
		(0,244)	(0,224)	(0,366)	(0,304)
individuelle Restriktionen					
Introversion	-	- 0,261	*- 0,321*	- 0,021	- 0,394
		(0,166)	(0,152)	(0,248)	(0,206)
Immobilität	-	- 1,173	1,155	- 2,191	2,328
		(1,372)	(1,262)	(2,055)	(1,709)
Kinder im Haushalt	-	*- 2,857*	- 1,513	*3,580*	- 2,752
		(1,193)	(1,098)	(1,788)	(1,487)
Wohnortwechsel	0	1,413	- 0,320	2,610	0,636
		(1,667)	(1,533)	(2,498)	(2,077)
Alter	-	*- 0,211*	- 0,046	0,100	*- 0,245*
		(0,053)	(0,049)	(0,079)	(0,066)
individueller Status					
Geschlecht (1 = Frau)	?	- 0,918	*- 2,452*	1,414	0,495
		(0,916)	(0,842)	(1,372)	(1,141)
Familienstand (1 = unverheiratet)	?	1,448	0,379	*6,091*	*5,330*
		(1,153)	(1,061)	(1,728)	(1,437)
Modellstatistik					
n		492	492	492	492
R²		0,084	0,067	0,053	0,124
F-Test		*4,449*	*2,650*	*2,068*	*5,220*

Hypothesen: + positiver, - negativer, 0 kein und ? nicht postulierter Zusammenhang.
Angegeben sind die unstandardisierten Koeffizienten und in Klammern die Standardfehler.
Für kursive Koeffizienten gilt α ≤ 0,05.
Modell 1: Arbeitsplatz, Modell 2: Organisationsmitgliedschaft, Modell 3: Bekanntschaft, Modell 4: Freundschaft

Tabelle 12.4: Regressionsmodelle der Netzwerkzusammensetzung aus sekundären Kontexten

Nicht bedeutungslos sind die beiden Kontrollvariablen Geschlecht und Familienstand. Während Frauen mehr zu primären Kontexten neigen, haben unverheiratete Personen einen deutlich höheren Anteil sozialer Beziehungen aus sekundären Kontexten in ihren Netzwerken. Frauen haben anteilig signifikant weniger Organisationsmitglieder in ihren Netzwerken. Unverheiratete Personen haben über 10 Prozent weniger entfernte Verwandte in ihren Netzwerken. Dieser Rückgang wird durch 6,1 Prozent mehr Bekannte und 5,3 Prozent mehr Freunde ausgeglichen.

Die Ergebnisse des Modells der Netzwerkzusammensetzung lassen sich wie folgt zusammenfassen. Insgesamt stellt sich nicht das erwartete Bild der Netzwerkzusammensetzung ein. Wiederum hat die Siedlungsstruktur praktisch keinen substanziellen Einfluss auf die persönlichen Netzwerke. Dies führt dazu, dass beide Community-Hypothesen zu verwerfen sind. Aber auch die Einflüsse der Kapitalausstattung und individuellen Restriktionen, die für die Erklärung der Netzwerkgröße erfolgreich waren, treffen sich hinsichtlich der Netzwerkzusammensetzung nicht mit den Erwartungen.

13 Hypothesenprüfung der vier Unterstützungsmodelle

Wie in den Ausführungen zu den Unterstützungsmodellen (Teil III) deutlich wird, werden Daten zweier Analyseebenen verwendet. Einerseits sind die befragten Personen Analyseeinheiten. Auf dieser Analyseebene werden sowohl die Egos als auch deren Netzwerke untereinander verglichen, um Unterschiede zwischen ihnen festzustellen. Andererseits bilden die sozialen Beziehungen der einzelnen Netzwerke eine zweite Analyseebene. Die Daten der Beziehungen erlauben, Unterschiede innerhalb der jeweiligen persönlichen Netzwerke zu analysieren.

Die folgenden Austauschmodelle informeller sozialer Unterstützung werden durch Zwei-Ebenen-Regressionsanalysen empirisch überprüft. Diese Art der Regressionsanalyse wird gewählt, um dem hierarchischen Aufbau der Analyseebenen gerecht zu werden. Bevor die Unterstützungsmodelle im Einzelnen vorgestellt werden, wird in die Mehrebenenanalyse eingeführt, um die Interpretation der Ergebnisse zu erleichtern.

13.1 Exkurs zur Mehrebenenanalyse

Die Mehrebenenanalyse[46] ist ein statistisches Regressionsverfahren, welches die Einführung mehrerer Analyseebenen erlaubt. Die Struktur dieser Analyseebenen ist derart aufgebaut, dass Elemente der niedrigeren Ebenen zu Elementen der höheren Ebene gehören. Die sozialen Beziehungen der ersten oder unteren Ebene werden pro Ego der zweiten oder oberen Ebene zusammengefasst. Durch den hierarchischen Aufbau können die Regressionskoeffizienten der Variablen der ersten Ebene, das heißt der sozialen Beziehungen, auf der zweiten Ebene der Egos variieren. Dadurch ist es möglich, mit einem Regressionsmodell gleichzeitig Unterschiede auf der Ego-Ebene und auf der Beziehungsebene festzustellen. Im Prinzip werden für jede Analyseebene separate Regressionsmodelle erstellt, die zu einem Mehrebenenmodell zusammengefasst werden. Das einfachste Mikromodell der ersten Ebene enthält eine abhängige Variable und eine unabhängige Variable sowie eine Konstante:

$$y_{ij} = \beta_{0j} x_{0ij} + \beta_{1j} x_{1ij} + e_{ij}$$

mit y_{ij} = abhängige Variable

---

[46] Ausführliche Einführungen in die Mehrebenenanalyse sind Bryk/Raudenbush (1992), Goldstein (1995), Hox (1995), Engel (1998), Kreft/de Leeuw (1998) und Snijders/Bosker (1999).

13 Hypothesenprüfung der vier Unterstützungsmodelle

x_{0ij} = Konstante (= 1)
x_{1ij} = unabhängige Variable
β_{0j} = Koeffizient der Konstante
β_{1j} = Koeffizient der unabhängigen Variablen
e_{ij} = Zufallskomponente
i = Elemente der ersten Ebene
j = Elemente der zweiten Ebene.

Beide β-Koeffizienten können auf der zweiten Ebene (mit j indiziert) variieren. Dies lässt sich durch zwei Makromodelle darstellen:

$$\beta_{0j} = \beta_0 + u_{0j} \text{ und}$$
$$\beta_{1j} = \beta_1 + u_{1j}$$

mit β_0 = fester Parameter der Konstanten
β_1 = fester Parameter der unabhängigen Variablen
u_{0j} = Zufallsparameter der Konstanten
u_{1j} = Zufallsparameter der unabhängigen Variablen.

Auf der zweiten Ebene werden die Schwankungen der beiden β-Parameter von Konstante und Steigung der unabhängigen Variablen explizit modelliert. Das heißt für die Elemente der ersten Ebene werden Regressionsparameter berechnet, die auf der zweiten Ebene variieren. Setzt man die beiden Makromodelle in das Mikromodell ein, ergibt sich folgendes Mehrebenenmodell:

$$y_{ij} = (\beta_0 + u_{0j}) x_{0ij} + (\beta_1 + u_{1j}) x_{1ij} + e_{ij}$$
$$y_{ij} = \beta_0 x_{0ij} + \beta_1 x_{1ij} + u_{0j} x_{0ij} + u_{1j} x_{1ij} + e_{ij}.$$

Dieses Mehrebenenmodell kann durch weitere unabhängige Variablen erweitert werden. Zusätzliche unabhängige Merkmale der ersten Ebene (x_{ij}) können durch das Mikromodell aufgenommen werden. Kontexteffekte der zweiten Ebene (x_j) werden dagegen in die Makromodelle aufgenommen, wobei es von der Forschungsfrage abhängig ist, ob diese Kontexteffekte die Konstante (β_{0j}) und/oder die Steigung (β_{1j}) des Mikromodells beeinflussen.

Mehrebenenmodelle sind in der Lage, die Daten beider Analyseebenen zu verarbeiten, ohne statistisch-mathematische Voraussetzungen zu verletzen. Zwar erfordern Mehrebenenmodelle eine komplexere Organisation der Datenstruktur, vermeiden aber Informationsverluste, Varianzverluste der abhängigen Variablen, Fehlinterpretationen und Verletzungen der Unabhängigkeitsannahme der Analyseobjekte. Mehrebenenmodelle benötigen für jede Analyseebene eine Datenmatrix. Diese Matrizen müssen so konstruiert sein, dass fehlerfrei zugehörige Einheiten der verschiedenen Ebenen identifiziert werden können (vgl. Mohler/Pfenning 1987, Wolf 1993). Mehrebenenmodelle vermeiden einen Informationsverlust, wie er durch das sonst übliche Aggregieren der Daten der unteren Ebene entsteht. Würden beispielsweise die Variablen der Stärke oder Homogenität der Beziehung über die Egos aggregiert, gehen wertvolle Informationen der unabhängigen Variablen verloren. Andererseits wird die Varianz der abhängigen Variablen verkleinert, wenn die Daten aggregiert werden. Zwar ist eine Analyse mit aggregierten Daten im statistischen Sinne korrekt, allerdings beantworten Mehrebenenanalysen und Aggregatanalysen unterschiedliche Forschungsfragen. Ferner wird ein ökologischer Fehlschluss vermieden, wenn neben ökologischen Variablen der höheren Analyseebene zusätzlich individuelle Merkmale der unteren Analyseebene verwendet werden.

Gravierend ist die Verletzung der statistischen Unabhängigkeitsannahme, wenn die Kontextvariablen der oberen Ebene desaggregiert werden. Die sozialen Beziehungen innerhalb eines persönlichen Netzwerks sind keineswegs unabhängig voneinander (Trezzini 1998: 387ff., Marsden/Friedkin 1994: 15, Wasserman/Faust 1994: 600f.). Aufgrund der Abhängigkeit der sozialen Beziehungen von Ego ergeben sich falsche Schätzungen und die Chance auf signifikante Zusammenhänge wird größer, wenn einfache Regressionsmodelle berechnet werden. In Mehrebenenmodellen wird diese Abhängigkeit der Einheiten der unteren Analyseebene jedoch explizit modelliert. Die Varianz der abhängigen Variablen wird in erklärte Varianzen (feste Effekte) der verschiedenen Analyseebenen und in nicht erklärte Varianzen (Zufallseffekte) dieser Analyseebenen zerlegt.

Aufgrund der Unterschiede zwischen Erhebungs- und Analyseeinheiten können sich zwar aus stichprobentheoretischer Sicht Probleme ergeben, denn die gezogene Stichprobe der Personen muss nicht einem nützlichen Sample der sozialen Beziehungen entsprechen (Trezzini 1998: 380f.). Allerdings wird die Annahme getroffen, dass alle relevanten Beziehungen erhoben werden, was einer Totalerhebung der Einheiten der Beziehungsebene entspricht.

Versuche, die soziale Netzwerkanalyse mit Mehrebenenmodellen zu verbinden, werden selten unternommen. Alpheis (1989) verbindet Granovetters (1973) Argument der Stärke schwacher Beziehungen mit einer Kontext- beziehungsweise Mehrebenenanalyse. Allerdings überträgt er Granovetters These auf taxionomische Kontexte, in denen die strukturellen Verbindungen zwischen den Individuen gerade keine Rolle spielen. Lediglich eine Gruppe niederländischer Forscher (Snijders u.a. 1995, Völker 1995, Busschbach 1996, Duijn u.a. 1999) wenden Mehrebenenmodelle an, um Varianzen innerhalb und zwischen persönlichen Netzwerken zu untersuchen.

Der Tabellenaufbau der folgenden Mehrebenenmodelle ist in fünf Bereiche gegliedert. Zunächst ist die Regressionskonstante aufgeführt. Sie stellt die Referenzgruppe[47] dar. Da die metrischen Variablen um ihren Mittelwert zentriert werden, stellt die Konstante den Effekt der Durchschnittsbeziehung des Durchschnittsbefragten auf die abhängige Variable dar. Dem Effekt der Konstante

---

47 Die Konstante repräsentiert eine Beziehung zu nahen Verwandten mit durchschnittlicher Statushomogenität, Prestigeheterogenität, Entfernung, Stärke, Beziehungsdauer und durchschnittlichem Zukunftspotenzial eines Egos aus einer ländlichen Gemeinde mit durchschnittlichem Humankapital, ökonomischen Kapital, Introversion und Alter, der nicht immobil ist, keine minderjährigen Kinder im Haushalt hat und länger als drei Jahre in seinem Wohnort lebt und der über ein persönliches Netzwerk durchschnittlicher Größe und Dichte verfügt.

folgen die festen Effekte der Ego-Ebene. Diese betreffen Variablen, die nur zwischen Egos beziehungsweise deren Netzwerken schwanken, aber innerhalb dieser Netzwerke konstant sind. Diese Effekte wirken sich deshalb auf das Unterstützungsniveau aller sozialen Beziehungen eines persönlichen Netzwerks aus. Zu dieser Ebene gehören die unabhängigen Variablen der Sozialstruktur Egos, das sind Innenstadt, Großwohnsiedlung, Stadtrand, Vorort und Region (Hypothesen 5 und 6), Humankapital und ökonomisches Kapital (Hypothese 7), Introversion, Immobilität, Kinder im Haushalt, Wohnortwechsel, Alter (Hypothese 8), Geschlecht und Familienstand (Kontrollvariablen), und die unabhängigen Variablen der persönlichen Netzwerke, das sind Netzwerkgröße (Hypothese 9) und Netzwerkdichte (Hypothese 12).

Daran schließen sich die festen Effekte der Beziehungsebene an. Sie beziehen sich auf die Unterstützungswirkung der entsprechenden Beziehung. Zu dieser Ebene gehören die unabhängigen Variablen der persönlichen Netzwerke, das sind nahe Verwandtschaft, entfernte Verwandtschaft, Nachbarschaft, Arbeitsplatz, Organisationsmitgliedschaft, Bekanntschaft und Freundschaft (Hypothese 9), Statushomogenität und Prestigeheterogenität (Hypothese 10), Entfernung (Hypothese 11), Stärke der Beziehung, Beziehungsdauer und Zukunftspotenzial (Hypothese 12).

Die Varianzkomponenten sind im vierten Teil der Tabellen aufgelistet. Sie geben an, wie stark die Variablen der Beziehungsebene zwischen Egos differieren. Sie sind damit ein Maß der nicht erklärten Varianz der Beziehungsmerkmale auf der Ego-Ebene. Im fünften Teil der Tabellen sind die statistischen Kennzahlen des Gesamtmodells zusammengefasst. McFadden Pseudo-R^2 und Likelihood-Ratio-Test stellen die Verbesserungen des Modells gegenüber dem absoluten Nullmodell ohne jegliche unabhängige Variable dar. Das McFadden Pseudo-R^2 stellt im Vergleich zu anderen Pseudo-R^2en ein sehr konservatives Maß dar, womit die tatsächliche Vorhersageverbesserung über diesem R^2-Wert liegen dürfte. Der Likelihood-Ratio-Test ist eine χ^2-basierte Teststatistik, die unter den gegebenen Freiheitsgraden den Grad der Verbesserung gegenüber dem absoluten Nullmodell widergibt.

Da die abhängigen Variablen der Unterstützungsmodelle dichotome Variablen sind, werden logistische Regressionen mit Logit-Funktion geschätzt. Dadurch entspricht die additive Verknüpfung der Effekte aller unabhängigen Variablen, auch linearer Prädiktor genannt, den Log-Odds der abhängigen Variablen:

$$\begin{aligned}\text{logit } y_{ij} &= \log(p_{ij}/1-p_{ij}) \\ &= \beta_{0j} x_{0ij} + \beta_{1j} x_{1ij} + \beta_{2j} x_{2ij} + \ldots + \beta_{nj} x_{nij} + e_{ij} \\ &= \beta'X + e_{ij}\end{aligned}$$

Da in den Tabellen der Unterstützungsmodelle die unstandardisierten Koeffizienten und die dazugehörigen Standardfehler der festen Effekte aufgelistet sind, müssen die Effekte der unabhängigen Variablen entsprechend folgender Formel transformiert werden, um die Wahrscheinlichkeiten für y_{ij} zu erhalten:

$$p_{ij} = \frac{\exp^{(\beta'X + e_{ij})}}{1 + \exp^{(\beta'X + e_{ij})}}$$

$$= (1 + \exp^{-[\beta'X + e_{ij}]})^{-1}$$

Zur Erleichterung der Interpretation der Effekte und zur besseren Vergleichbarkeit der Effekte der unabhängigen Variablen sind zusätzlich die Anti-Logits verzeichnet, die sich durch die Zunahme einer nominalen Variablen um eine Einheit beziehungsweise durch die Zunahme einer metrischen Variablen um die Standardabweichung ergeben. Dabei ist zu beachten, dass es sich in logistischen Regressionen nicht um Einheitskoeffizienten handelt, denn mit zunehmenden Werten der unabhängigen Variablen nimmt der Effekt auf die abhängige Variable degressiv zu beziehungsweise ab. Die Degression ergibt sich aus der Logit-Funktion und entspricht der Angleichung an die Extremwerte der abhängigen Variablen [0,1]. Eine Standardisierung der Koeffizienten ist deshalb nicht möglich.

Im Folgenden wird das Unterstützungsniveau separat durch die drei Unterstützungsdimensionen emotionale, instrumentelle und Geselligkeitsunterstützung sowie durch die Multiplexität untersucht. Unterschiedliche Anforderungen an die sozialen Beziehungen und persönlichen Netzwerke sowie Besonderheiten in der Unterstützung werden dadurch deutlich.

13.2 Emotionale Unterstützung

Die erste Unterstützungsdimension ist die emotionale Unterstützung (S. 117ff.). Die abhängige Variable in diesem Mehrebenenmodell ist eine Dummyvariable mit den Werten 0 für keine emotionale Unterstützung und 1 für emotionale Unterstützung Egos durch die betreffende Netzwerkperson. Die Ergebnisse dieses Unterstützungsmodells sind in Tabelle 13.1 dargestellt.

Die logistische Regression wurde mit den Daten von 347 Egos[48] und deren 4.275 sozialen Beziehungen durchgeführt. Zunächst sei festgehalten, dass die Verwendung der Mehrebenenanalyse sinnvoll ist, weil der Anteil nicht erklärter Varianz innerhalb der Netzwerke signifikant von null verschieden ist. Damit ist die Zugehörigkeit einer sozialen Beziehung zu einem Ego nicht beliebig, sondern weist einen bedeutenden Effekt aus, der durch Merkmale der Ego-Ebene erklärt werden kann. Dieses Modell stellt eine substanzielle Verbesserung gegenüber dem absoluten Nullmodell dar. Der Likelihood-Ratio-Test ist mit einem Wert von 1396,56 bei 40 Freiheitsgraden signifikant. Das McFadden Pseudo-R^2 verdeutlicht die erhebliche Vorhersageverbesserung von 24,5 Prozent.

---

48 Die Reduktion von 492 auf 347 Akteure kommt durch die hohe Anzahl fehlender Werte der unabhängigen Variablen Netzwerkdichte zustande.

13 Hypothesenprüfung der vier Unterstützungsmodelle

Variable	Hypothese	unstandard. Koeffizient	Standardfehler	Anti-Logit[c]
Konstante		-2,142	0,214	0,105
Effekte der Ego-Ebene[a]				
Vorort	-/0	0,358	0,180	0,144
Humankapital[b]	+	0,015	0,004	0,134
Effekte der Beziehungsebene[a]				
entfernte Verwandtschaft	-	-0,583	0,171	0,062
Nachbarschaft	-	-0,669	0,194	0,057
Arbeitsplatz	0	0,804	0,213	0,208
Statushomogenität	+	0,297	0,051	0,133
Prestigeheterogenität	+	0,579	0,077	0,146
Entfernung[b]	-	-0,105	0,029	0,089
Stärke[b]	+	0,696	0,079	0,191
Zukunftspotenzial[b]	+	0,150	0,049	0,124
Varianzen der Ego-Ebene[a]				
Konstante		0,569	0,100	
entfernte Verwandtschaft		2,824	0,483	
Nachbarschaft		1,191	0,460	
Arbeitsplatz		1,265	0,471	
Stärke		0,441	0,089	
Modellstatistik				
$n_{Ego-Ebene}/n_{Beziehungsebene}$	347/4.275			
McFadden Pseudo-R^2	0,245			
Likelihood-Ratio-Test (d.f.)	1396,56 (40)			

Hypothesen: + positiver, - negativer und 0 kein Zusammenhang.
[a] Es sind nur signifikant von null verschiedene Parameter ($\alpha \leq 0,05$) aufgeführt.
[b] Variablen wurden zentriert.
[c] Der Anti-Logit ergibt sich ausgehend von der Referenzgruppe für nominale Variablen aus der Zunahme um eine Einheit und für metrische Variablen aus der Zunahme um die Standardabweichung, alles andere gleich.

Tabelle 13.1: Regressionsmodell der emotionalen Unterstützung

In dem Modell wurden 42 Parameter, darunter 15 feste Effekte der Ego-Ebene, 12 feste Effekte der Beziehungsebene und 14 Varianzkomponenten geschätzt, wobei neben der Konstanten nur die signifikanten Effekte in Tabelle 13.1 aufgelistet sind. Für Beziehungen aus der Referenzgruppe ergibt sich eine Wahrscheinlichkeit von 10,5 Prozent für emotionale Unterstützung. Zu beachten ist, dass dieser Anteil deutlich unter dem Durchschnitt von 33 Prozent emotionaler Unterstützung liegt.

Zuerst werden die Effekte der Siedlungsstruktur laut Community-Hypothesen (5a und 6a S. 117) untersucht. Egos aus Vororten erhalten eher emotionale Unterstützung als Bewohner regionaler Gemeinden. Bewohner anderer Siedlungsstrukturen unterscheiden sich dagegen nicht in der bereitgestellten emotionalen Unterstützung. Insbesondere Innenstadt- und Großwohnsiedlungsbewohner haben nicht mehr oder weniger emotionale Unterstützer in ihren Netzwerken als Bewohner regionaler Gemeinden. Die Community-Lost-Hypothese 5a muss verworfen werden. Die Community-Liberated-Hypothese 6a, wonach sich die emotionale Unterstützung für Stadt- und Landbewohner nicht unterscheidet, kann aufrechterhalten werden. Dennoch bleibt der positive substanzielle Effekt der Vororte erklärungsbedürftig. Ein Grund könnte in einer höheren Bedürftigkeit nach emotionaler Unterstützung liegen. Vorortbewohner sind vor allem Bewohner, die in der letzten Zeit einen Wohnortwechsel vollzogen haben. Dieses einschneidende Ereignis wird sicher häufig im Bekanntenkreis diskutiert beziehungsweise es werden Rat und Meinung im persönlichen Netzwerk gesucht. Dies könnte den erhöhten Anteil emotionaler Unterstützung der Vorortbewohner erklären.

Die Gelegenheitshypothese 7a (S. 118) postuliert einen positiven Zusammenhang zwischen Kapitalausstattung und emotionaler Unterstützung. Einen signifikant positiven Effekt hat das Humankapital auf die emotionale Unterstützung. Allerdings ist dieser Effekt nur von geringer Bedeutung, denn eine Zunahme des Humankapitals um die Standardabweichung ausgehend von der Referenzgruppe trägt lediglich zu einem moderaten Zuwachs der Wahrscheinlichkeit emotionaler Unterstützung um 2,9% bei. Das ökonomische Kapital beeinflusst nicht die emotionale Unterstützung im Netzwerk. Aufgrund des signifikanten Humankapital-Effekts kann jedoch die Gelegenheitshypothese 7a über den Zusammenhang von Kapitalausstattung und Unterstützungsniveau zumindest teilweise aufrechterhalten werden.

Die Indikatoren der individuellen Restriktionen (Restriktionshypothese 8a S. 118) tragen im Modell der emotionalen Unterstützung nicht zur Erklärung bei. Die Hypothese 8a über den Einfluss der individuellen Restriktionen auf das Unterstützungsniveau ist entsprechend zu verwerfen.

Bezüglich der Spezialisierungshypothese 9a (S. 118) ergeben sich drei signifikante Abweichungen von den nahen Verwandtschaftsbeziehungen. Während durch den sozialen Kontext Arbeitsplatz verstärkt emotionale Unterstützung bereitgestellt wird, sinkt die Wahrscheinlichkeit emotionaler Unterstützung in entfernt verwandtschaftlichen und nachbarschaftlichen Beziehungen. Der substanziell bedeutsame Anstieg der Unterstützungswahrscheinlichkeit durch Arbeitskollegen ist dadurch zu erklären, dass die Diskussion beruflicher Angelegenheiten zur emotionalen Unterstützung gerechnet wird. Die moderaten Abschläge der Kontexte entfernte Verwandtschaft und Nachbarschaft sind durch die Fokussierung dieser Kontexte auf andere Unterstützungsdimensionen zu erklären. Alle drei Effekte entsprechen den Erwartungen der Spezialisierungshypothese 9a, die deshalb nicht verworfen werden muss. Allerdings hat die Netzwerkgröße nicht den erwarteten negativen Effekt. Praktisch hat die Netzwerkgröße keinen Einfluss auf die emotionale Unterstützung. Die Spezialisierungshypothese kann deshalb nur teilweise aufrechterhalten werden.

Die Statushomogenität und die Prestigeheterogenität als Indikatoren des Nutzens einer Beziehung (Nutzenhypothese 10a S. 119) zeigen die erwarteten positiven Effekte. Beide Effekte sind signifikant von null verschieden, wobei die Prestigeheterogenität einen substanzielleren Einfluss auf die emotionale Unterstützung hat als die Statusheterogenität. Die Hypothese 10a über den Zusammenhang von Nutzen einer Beziehung und der Unterstützungswahrscheinlichkeit kann für die emotionale Unterstützung aufrechterhalten werden.

Ebenso kann die Hypothese 11a (S. 119) hinsichtlich der Kosten einer Beziehung und deren Einfluss auf die Unterstützungswahrscheinlichkeit bestätigt werden. Die Entfernung als wichtiger Kostenindikator hat einen signifikant negativen Einfluss auf die emotionale Unterstützung, gleichwohl der Effekt substanziell geringer als die Effekte von Statushomogenität und Prestigeheterogenität ist.

Die Absicherung der emotionalen Unterstützung (Kooperationsabsicherungshypothese 12a S. 119) durch zeitliche Einbettung wird signifikant durch starke, vertrauensvolle und zukunftssichere Beziehungen gewährleistet. Starke Beziehungen leisten einen relevanten Beitrag zur Erhöhung der Unterstützungswahrscheinlichkeit. Dagegen hat die Beziehungsdauer keinen Effekt auf die emotionale Unterstützung. Es spielt also keine Rolle, wie lange man eine Netzwerkperson, die emotionale Unterstützung bereitstellt, kennt. Aufgrund der Signifikanz der Stärke lässt sich dennoch der Einfluss des Schattens der Vergangenheit bestätigen. Ebenso kann die Hypothese über den Zusammenhang des Zukunftspotenzials und der Unterstützungswahrscheinlichkeit aufrechterhalten werden. Allerdings hat die Netzwerkdichte keinen signifikanten Einfluss auf das emotionale Unterstützungsniveau. Die entsprechende Hypothese der Absicherung kooperativen Austauschs durch die soziale Einbettung kann angesichts dieser Ergebnisse nur teilweise bestätigt werden.

Die Ergebnisse des Modells emotionaler Unterstützung können wie folgt zusammengefasst werden. Emotionale Unterstützung wird vor allem durch starke, vertrauensvolle, zukunftssichere Beziehungen zu ähnlichen, nahe wohnenden Netzwerkpersonen geleistet. Diese Netzwerkpersonen sind eher Arbeitskollegen als Nachbarn oder entfernte Verwandte. Außerdem unterstützen die Beziehungen von Vorortbewohnern und Personen mit höherem Humankapital eher emotional. Damit konnte kein stabiler Effekt der Siedlungsstruktur auf die emotionale Unterstützung nachgewiesen werden.

13.3 Instrumentelle Unterstützung

Die zweite Unterstützungsdimension ist die instrumentelle Unterstützung (vgl. das Modell S. 120ff.). Die Ergebnisse der Mehrebenenanalyse sind in Tabelle 13.2 zusammengefasst. Die Modellstatistik ist dem Modell für emotionale Unterstützung ähnlich. Getestet wurden die Daten von 347 Egos sowie 4.275 sozialen Beziehungen. Die Modellgüte liegt mit einem McFadden Pseudo-R^2 von 21 Prozent ebenfalls im Bereich des emotionalen Unterstützungsmodells. Die Beziehungen der Referenzgruppe leisten mit einer Wahrscheinlichkeit von 17,2 Prozent instrumentelle Hilfe. Dieser Anteil liegt unter dem Gesamtdurchschnitt von 23 Prozent instrumentell unterstützender Beziehungen.

Die Siedlungsstruktur (vgl. die Community-Hypothesen 5b und 6b S. 120) hat keinen Einfluss auf das Ausmaß instrumenteller Unterstützung. Sowohl Stadt- als auch Landbewohner unterscheiden sich nicht in der instrumentellen Unterstützung ihrer sozialen Beziehungen. Dieses Ergebnis führt dazu, dass die Hypothese 6b zum Zusammenhang von Siedlungsstruktur und instrumenteller Unterstützungswahrscheinlichkeit des Community-Liberated-Ansatzes aufrechterhalten werden kann, während die Hypothese 5b des Community-Lost-Ansatzes verworfen werden muss.

Die Kapitalausstattung (vgl. Gelegenheitshypothese 7b S. 120) hat hinsichtlich der instrumentellen Unterstützung keinen Einfluss. Die Effekte des Humankapitals und des ökonomischen Kapitals sind statistisch nicht signifikant. Die entsprechende Hypothese 7b ist deshalb zu verwerfen.

Die Effekte der individuellen Restriktionen auf die instrumentelle Unterstützung werden in der Restriktionshypothese 8b (S. 120) formuliert. Einen deutlichen positiven Effekt auf die instrumentelle Unterstützung hat der Indikator Wohnortwechsel. Diese Restriktion führt offensichtlich nicht zu einer Verringerung der Unterstützungswahrscheinlichkeit, sondern zu einer substanziellen Zunahme. Die Wahrscheinlichkeit instrumenteller Unterstützung steigt um 7,9 Prozent gegenüber der Referenzgruppe, wenn der Befragte innerhalb der letzten drei Jahre seinen Wohnort gewechselt hat. Dieser Effekt kann durch den erhöhten Bedarf an instrumenteller Unterstützung im Verlauf eines Wohnortwechsels erklärt werden. Der Effekt liegt also im besonderen Status des Restriktionen-Indikators begründet.

Im Gegensatz dazu verläuft der Effekt des Lebensalters in die vorhergesagte negative Richtung. Mit zunehmenden Lebensalter wird signifikant weniger instrumentelle Unterstützung bereitgestellt. Allerdings bewirkt die Alterszunahme um die Standardabweichung ausgehend von der Referenzgruppe lediglich eine um 1,8 Prozent geringere Unterstützungswahrscheinlichkeit. Die anderen drei individuellen Restriktionen weisen dagegen keine Effekte auf die instrumentelle Unterstützung auf. Die Hypothese 8b über den negativen Zusammenhang zwischen individuellen Restriktionen und Unterstützungswahrscheinlichkeit ist deshalb und aufgrund des nicht erwarteten Wohnortwechsel-Effekts zu verwerfen.

Im Folgenden werden die Effekte der Spezialisierungshypothese 9b (S. 121) auf die instrumentelle Unterstützung untersucht. Je größer ein persönliches Netzwerk ist, desto geringer ist die Wahrscheinlichkeit instrumenteller Unterstützung der betreffenden Beziehung. Dieser Spezialisierungseffekt ist zwar signifikant von null verschieden, hat aber nur ein geringes Gewicht, denn die Zunahme der Netzwerkgröße um die Standardabweichung führt zu einer minimalen Reduktion von 1,7 Prozent. Dennoch wird aufgrund des signifikanten Effekts die Spezialisierungshypothese der Netzwerkgröße (Hypothese 9b) aufrechterhalten.

Beziehungen der Kontexte entfernte Verwandtschaft, Nachbarschaft und Freundschaft leisten eher instrumentelle Hilfe als die nahen Verwandten. Dabei spielt insbesondere die Nachbarschaft eine herausragende Rolle. Netzwerkpersonen, die diesem sozialen Kontext angehören, leisten mit einer Wahrscheinlichkeit von 72,8 Prozent instrumentelle Hilfe. Nachbarschaftsbeziehungen sind deshalb besonders auf instrumentelle Hilfe spezialisiert. Eine substanziell bedeutsame Steigerung der Unterstützungswahrscheinlichkeit (13,9 Prozent) wird durch Freundschaftsbeziehungen erzielt. Eine ebenfalls signifikante Steigerung der instrumentellen Unterstützungswahrscheinlichkeit gegenüber der Referenzgruppe erzielen Beziehungen der entfernten Verwandtschaft. Entfernte Verwandte leisten also eher instrumentelle Unterstützung als nahe Verwandte. Dieser nicht erwartete Effekt bleibt erklärungsbedürftig. Die Spezialisierungshypothese 9b kann hinsichtlich der sozialen Kontexte auch im Falle der instrumentellen Unterstützung bestätigt werden.

Variable	Hypothese	unstandard. Koeffizient	Standardfehler	Anti-Logit[c]
Konstante		- 1,573	0,187	0,172
Effekte der Ego-Ebene[a]				
Wohnortwechsel	-	0,480	0,182	0,251
Alter[b]	-	- 0,012	0,006	0,154
Netzwerkgröße[b]	-	- 0,025	0,011	0,155
Effekte der Beziehungsebene[a]				
entfernte Verwandtschaft	-	0,457	0,147	0,247
Nachbarschaft	0	2,558	0,180	0,728
Freundschaft	0	0,776	0,201	0,311
Statushomogenität	-	- 0,126	0,053	0,156
Entfernung[b]	-	- 0,071	0,030	0,154
Stärke[b]	+	0,411	0,070	0,238
Beziehungsdauer[b]	+	0,020	0,004	0,218
Varianzen der Ego-Ebene[a]				
entfernte Verwandtschaft		0,885	0,259	
Arbeitsplatz		2,778	0,966	
Organisationsmitgliedschaft		1,716	0,833	
Modellstatistik				
$n_{Ego\text{-}Ebene}/n_{Beziehungsebene}$	347/4.275			
McFadden Pseudo-R^2	0,210			
Likelihood-Ratio-Test (d.f.)	1000,00 (40)			

Hypothesen: + positiver, - negativer und 0 kein Zusammenhang.
[a] Es sind nur signifikant von null verschiedene Parameter ($\alpha \leq 0,05$) aufgeführt.
[b] Variablen wurden zentriert.
[c] Der Anti-Logit ergibt sich ausgehend von der Referenzgruppe für nominale Variablen aus der Zunahme um eine Einheit und für metrische Variablen aus der Zunahme um die Standardabweichung, alles andere gleich.

Tabelle 13.2: Regressionsmodell der instrumentellen Unterstützung

Die Nutzenhypothese 10b (S. 121) beschreibt die Effekte der Statushomogenität und Prestigeheterogenität auf die instrumentelle Unterstützung. Die Statushomogenität hat einen negativen Effekt auf die instrumentelle Unterstützung. Statushomogene Beziehungen hindern demzufolge den Austausch instrumenteller Unterstützung. Dieser Effekt kann durch den Umstand erklärt werden, dass es für den Austausch instrumenteller Unterstützung von besonderer Bedeutung ist, dass der Unterstützungsgebende über persönliche Eigenschaften und persönliche Ressourcen verfügt, die dem Unterstützungssuchenden selbst nicht zur Verfügung stehen. Es kommt also gerade darauf an, einen Unterstützungspartner zu finden, der unähnliche Statuseigenschaften aufweist. Instrumentelle Unterstützung entspricht in der Praxis eher gelegentlicher Hilfe, für die nicht notwendigerweise auf gemeinsame Erfahrungen, Einstellungen oder Werte zurückgegriffen werden muss. Aufgrund des negativen Einflusses der Statushomogenität und der Insignifikanz der Prestigeheterogenität kann die Hypothese 10b vorläufig bestätigt werden.

Die Entfernung zwischen Ego und Netzwerkperson zeigt den laut Kostenhypothese 11b (S. 122) erwarteten negativen Effekt auf die Unterstützungswahrscheinlichkeit. Die Zunahme der Entfernungsvariablen um die Standardabweichung ausgehend von der Referenzgruppe führt zu einer um 1,8 Prozent reduzierten Wahrscheinlichkeit instrumenteller Unterstützung. Hohe Kosten der Beziehung lassen instrumentelle Unterstützung unwahrscheinlich werden. Die Hypothese 11b kann aufgrund des moderaten Effekts aufrechterhalten werden.

Die Absicherung kooperativen instrumentellen Austauschs (vgl. Kooperationsabsicherungshypothese 12b S. 122) wird vor allem durch starke, vertrauensvolle, langfristige Beziehungen erzielt. Wie bereits im Modell der emotionalen Unterstützung hat die Stärke der Beziehung einen starken substanziellen Effekt auf die Unterstützungswahrscheinlichkeit. Diese steigt um 6,6 Prozent, wenn die Stärke ausgehend von der Referenzgruppe um die Standardabweichung ansteigt. Die Beziehungsdauer hat dagegen einen moderaten Effekt auf die instrumentelle Unterstützung. Ein Zuwachs der Beziehungsdauer um die Standardabweichung ausgehend von der Referenzgruppe bewirkt eine Steigerung von 4,6 Prozent. Dagegen spielt das Zukunftspotenzial und die Netzwerkdichte in der Absicherung der instrumentellen Unterstützung keine Rolle. Die Kooperationsabsicherungshypothese 12b kann nur teilweise bestätigt werden.

Die Ergebnisse des Modells der instrumentellen Unterstützung lassen sich wie folgt zusammenfassen. Das Modell weist neben vielen Gemeinsamkeiten zum emotionalen Unterstützungsmodell einige Besonderheiten auf. Mit dem Wohnortwechsel verlief ein signifikanter Effekt nicht in die vorhergesagte Richtung. Andererseits diskriminieren Nachbarschaftsbeziehungen in starkem Maße. Die zentralen Variablen der Siedlungsstruktur haben abermals keinen Einfluss auf die Unterstützung. Unterschiede in der Bereitstellung instrumenteller Unterstützung rühren eher von Merkmalen der sozialen Beziehung, wie sozialer Kontext und Stärke, als vom Stadt-Land-Unterschied.

13.4 Geselligkeitsunterstützung

Geselligkeitsunterstützung (S. 123ff.) ist nach der emotionalen und instrumentellen Unterstützung die dritte Dimension, die im Ergebnis der Clusteranalyse der Unterstützungsarten aufgestellt wird. Allerdings stellte diese Dimension keinen homogenen Cluster dar, sondern wird aus drei Einzel-Item-Clustern gebildet. Unter der Geselligkeitsdimension ist also ein weites Spektrum an Unterstützungen subsumiert worden. Entsprechend leistet eine deutliche Mehrheit von 77 Prozent aller Beziehungen gesellige Unterstützung. Dies sollte in der Interpretation der Ergebnisse dieses Unterstützungsmodells beachtet werden (siehe Tabelle 13.3).

Dem Modell liegen 4.275 Beziehungen von 347 Egos zugrunde. Anders als die bisherigen Unterstützungsmodelle weist dieses Modell ein hohes McFadden Pseudo-R^2 von 37,3 Prozent aus. Auch ein hoher Likelihood-Ratio-Wert weist die besondere Güte des Modells aus. Die Beziehungen der Referenzgruppe leisten mit einer Wahrscheinlichkeit von 79,5 Prozent gesellige Unterstützung.

Die ersten zu analysierenden Effekte beziehen sich auf die Community-Hypothesen 5c und 6c (S. 123). Die sozialen Beziehungen der Innenstadtbewohner leisten weniger Geselligkeitsunterstützung als die sozialen Beziehungen der Bewohner regionaler Landgemeinden. Der Unterschied zwischen der Referenzgruppe und den Innenstadtbewohnern verursacht ein Absinken der Unterstützungswahrscheinlichkeit um 7,3 Prozent. Andererseits unterscheidet sich die Geselligkeitsunterstützung der Großwohnsiedlungs-, Stadtrand- und Vorortbewohner nicht signifikant von der Geselligkeitsunterstützung der Bewohner regionaler Gemeinden. Der substanzielle Effekt der Innenstadtbewohner bestätigt die Community-Lost-Hypothese 5c. Die Insignifikanzen der drei anderen Siedlungsstrukturvariablen bestätigen dagegen die Community-Liberated-Hypothese 6c. Auch wenn diese Lösung nicht befriedigend erscheint, wird keine von beiden Hypothesen verworfen.

Die Kapitalausstattung Egos (Gelegenheitshypothese 7c S. 123) hat, wie bereits im Modell der instrumentellen Unterstützung, keinen Effekt auf die Unterstützungswahrscheinlichkeit. Die Hypothese 7c über den Zusammenhang von Kapitalausstattung und Unterstützungswahrscheinlichkeit ist für die Geselligkeitsunterstützung zu verwerfen.

Von den fünf Indikatoren der individuellen Restriktionen (Restriktionshypothese 8c S. 123) weist nur die Immobilität einen signifikant negativen Effekt auf die Geselligkeitsunterstützung aus. Das Absinken der Wahrscheinlichkeit um 7,1 Prozent lässt auf einen relevanten Einfluss der Immobilitätsvariablen schließen. Die anderen vier Indikatoren differenzieren nicht hinsichtlich der Unterstützungswahrscheinlichkeit. Daraus folgt, dass die Hypothese über die individuellen Restriktionen 8c zumindest teilweise aufrechterhalten werden kann.

Die zwei Kontrollvariablen des individuellen Status bewirken eine signifikante Veränderung der Geselligkeitsunterstützung. Frauen haben eine höhere Unterstützungswahrscheinlichkeit. Dieser Anstieg fällt moderat aus (3,3 Prozent). Die sozialen Beziehungen unverheirateter Personen sind eher weniger gesellig. Die Differenz zur Referenzgruppe (7,6 Prozent) ist von substanzieller Bedeutung.

Variable	Hypothese	unstandard. Koeffizient	Standardfehler	Anti-Logit[c]
Konstante		1,355	0,195	0,795
Effekte der Ego-Ebene[a]				
Innenstadt	-/0	- 0,401	0,175	0,722
Immobilität	-	- 0,389	0,161	0,724
Geschlecht (1 = Frau)	?	0,215	0,110	0,828
Familienstand (1 = unverheiratet)	?	- 0,417	0,145	0,719
Effekte der Beziehungsebene[a]				
Nachbarschaft	-	- 1,973	0,182	0,350
Arbeitsplatz	-	- 1,175	0,214	0,545
Statushomogenität	+	0,217	0,052	0,825
Entfernung[b]	-	- 0,199	0,034	0,731
Zukunftspotenzial[b]	0	0,200	0,049	0,833
Varianzen der Ego-Ebene[a]				
Konstante		0,151	0,074	
entfernte Verwandtschaft		0,627	0,243	
Nachbarschaft		0,660	0,310	
Arbeitsplatz		1,178	0,436	
Freundschaft		1,017	0,503	
Entfernung		0,073	0,020	
Beziehungsdauer		0,001	0,000	
Modellstatistik				
$n_{Ego-Ebene}/n_{Beziehungsebene}$		347/4.275		
McFadden Pseudo-R^2		0,373		
Likelihood-Ratio-Test (d.f.)		2262,02 (40)		

Hypothesen: + positiver, - negativer, 0 kein und ? nicht postulierter Zusammenhang.
[a] Es sind nur signifikant von null verschiedene Parameter ($\alpha \leq 0,05$) aufgeführt.
[b] Variablen wurden zentriert.
[c] Der Anti-Logit ergibt sich ausgehend von der Referenzgruppe für nominale Variablen aus der Zunahme um eine Einheit und für metrische Variablen aus der Zunahme um die Standardabweichung, alles andere gleich.

Tabelle 13.3: Regressionsmodell der Geselligkeitsunterstützung

Von großem Einfluss ist die Spezialisierungshypothese 9c (S. 123). Wie vorhergesagt, weisen nur die beiden Kontexte Nachbarschaft und Arbeitsplatz signifikant negative Effekte auf. Beide Effekte sind von enormer Bedeutung für die Erklärung der Geselligkeit. Während der Kontext Nachbarschaft eine Reduktion der Unterstützungswahrscheinlichkeit gegenüber der Referenzkategorie von 44,5 Prozent aufweist, liegt die Abnahme dieses Anteils für Beziehungen zu Arbeitskollegen bei 25 Prozent. Beide Variablen erhalten durch diese starken Effekte eine große Bedeutung in der Erklärung der Geselligkeitsunterstützung. Allerdings hat die Netzwerkgröße keinen Einfluss auf die gesellige Unterstützung einer Beziehung. Die Spezialisierungshypothese 9c kann hinsichtlich der sozialen Kontexte vorläufig bestätigt werden.

Statushomogenität und Prestigeheterogenität werden im Zusammenhang mit der Nutzenhypothese 10c (S. 124) analysiert. Während die Prestigeheterogenität keinen signifikanten Effekt auf die Geselligkeitsunterstützung hat, zeigt sich hinsichtlich der Statushomogenität der erwartete positive Effekt. Dieser moderate Einfluss bewirkt eine Steigerung der Unterstützungswahrscheinlichkeit um 3 Prozent, wenn sich die Statusheterogenität ausgehend von der Referenzgruppe um die Standardabweichung erhöht. Aufgrund des positiven Einflusses der Statusheterogenität kann die Hypothese 10c über den Zusammenhang vom Nutzen einer Beziehung und deren Unterstützungswahrscheinlichkeit für die Geselligkeitsunterstützung zumindest teilweise aufrechterhalten werden.

Die Entfernung zwischen Ego und Netzwerkperson (vgl. Kostenhypothese 11c S. 124) hat einen signifikant negativen Einfluss auf die Geselligkeitsunterstützung. Dieser ist aufgrund der Hypothese über die Kosten einer Beziehung in dieser Richtung vorhergesagt worden. Die Veränderung der Entfernungsvariablen um die Standardabweichung ausgehend von der Referenzgruppe beträgt immerhin 6,4 Prozent. Damit trägt diese Variable substanziell zur Erklärung der Geselligkeitsunterstützung bei. Die Hypothese 11c über die Wirkung der Entfernung als Kostenfaktor auf die Unterstützungswahrscheinlichkeit hat auch für die Geselligkeitsunterstützung ihre Gültigkeit.

Aufgrund der spezifischen Eigenschaften der Geselligkeitsunterstützung ist eine Kooperationsabsicherung (vgl. Hypothese 12c S. 125) nicht unbedingt notwendig. Entsprechend wird kein Zusammenhang postuliert. Weder die Stärke der Beziehung noch die Beziehungsdauer weisen einen eindeutigen signifikanten Effekt aus. Der Schatten der Vergangenheit hat damit keinen Effekt auf die Geselligkeitsunterstützung. Ebenso gibt es keinen Einfluss der Netzwerkdichte auf gesellige Unterstützung. Lediglich der Kontrolleffekt zeitlicher Einbettung ist signifikant positiv. Die Absicherung kooperativer Austauschbeziehungen wird im Falle der Geselligkeitsunterstützung durch das Zukunftspotenzial gewährleistet. Eine Veränderung der Zukunftsvariablen um die Standardabweichung ausgehend von der Referenzgruppe bewirkt eine Steigerung der Unterstützungswahrscheinlichkeit um 3,8 Prozent. Der Effekt des Zukunftspotenzials ist damit eine relevante Größe im Geselligkeitsunterstützungsmodell. Aufgrund der insignifikanten Zusammenhänge von Stärke der Beziehung, Beziehungsdauer und Netzwerkdichte kann die Hypothese 12c vorläufig bestätigt werden.

Die Ergebnisse des Modells der Geselligkeitsunterstützung lassen sich wie folgt zusammenfassen. Die gesellige Unterstützung unterscheidet sich von den zwei anderen Dimensionen durch eine heterogene Unterstützergruppe. Gesellige Netzwerkpersonen gehören vielen sozialen Kontexten an. Sie sind aber eher selten Nachbarn oder Arbeitskollegen. Gesellige Interaktionen finden mit statushomogenen und nahe wohnenden Netzwerkpersonen statt. Dagegen spielt die Stärke oder Dauer einer Beziehung keine Rolle, weil eine Kooperationsabsicherung für Gesellikeitsunterstützung nur von geringer Bedeutung ist. Die sozialstrukturellen Eigenschaften Egos haben kaum Einfluss auf die gesellige Unterstützung. Insbesondere ist die Siedlungsstruktur nur von marginaler Bedeutung. Zwar werden Innenstadtbewohner weniger gesellig unterstützt, aber Egos anderer Siedlungsstrukturen unterscheiden sich nicht in der Wahrscheinlichkeit der erfahrenen Gesellikeitsunterstützung.

13.5 Multiplexe Unterstützung

Auf der Grundlage zweier verschiedener Konstrukte wird das Modell der multiplexen Unterstützung (S. 125ff.) überprüft. Zum einem wird eine abhängige Variable aus den neun erfragten Unterstützungsarten gebildet, zum anderen bilden die drei Unterstützungsdimensionen emotionale, instrumentelle und Gesellikeitsunterstützung die Grundlage des zweiten Multiplexitätskonstrukts.

Das erste Multiplexitätsmodell wird mit Daten von 347 Egos und deren 4.275 sozialen Beziehungen geschätzt (siehe Tabelle 13.4). Dieses Modell wird in hohem Maße durch die unabhängigen Variablen erklärt, denn das sehr konservative McFadden Pseudo-R^2 liegt bei 19,5 Prozent. Die Wahrscheinlichkeit einer multiplexen Unterstützung für die Referenzgruppe liegt bei 46,5%.[49] Von den acht Hypothesen zur Unterstützung können hinsichtlich der Multiplexität aufgrund der untersuchten Unterstützungsarten sechs Hypothesen zumindest teilweise bestätigt werden.

Zuerst wird der Effekt der Siedlungsstruktur (Community-Hypothesen 5d und 6d S. 126) analysiert. Insgesamt ist die Wahrscheinlichkeit einer multiplexen Unterstützung für Stadtbewohner nicht größer aber auch nicht kleiner als für Landbewohner. Lediglich am Stadtrand also an der Schnittstelle zwischen Stadt und Land sind soziale Beziehungen eher multiplex als andernorts. Die Zunahme der Wahrscheinlichkeit beträgt, alles andere gleich, 12 Prozentpunkte. Mit diesem Ergebnis ist die Community-Lost-Hypothese 5d zu verwerfen. Die zweite zentrale Hypothese 6d hinsichtlich des Einflusses der Siedlungsstruktur auf die multiplexe Unterstützung kann aufgrund der insignifikanten Effekte der Variablen Innenstadt, Großwohnsiedlung und Vorort vorläufig bestätigt werden.

Der positive Zusammenhang zwischen Humankapital und Multiplexität führt zu einer vorläufigen Bestätigung der Gelegenheitshypothese 7d (S. 126). Die Zunahme des Humankapitals um die Standardabweichung ausgehend von der Referenzgruppe bewirkt einen Anstieg der Wahrscheinlichkeit einer multiplexen Unterstützung um 5 Prozent. Allerdings kann diese Hypothese nur teilweise aufrechterhalten werden, weil das ökonomische Kapital keinen Effekt auf die Multiplexität hat.

---

[49] Strenggenommen liegt die Wahrscheinlichkeit aufgrund der Insignifikanz der Konstante bei 50%.

13 Hypothesenprüfung der vier Unterstützungsmodelle

Variable	Hypo-these	unstandard. Koeffizient	Standard-fehler	Anti-Logit[c]
Konstante		-0,141	0,180	0,465
Effekte der Ego-Ebene[a]				
Stadtrand	-/0	0,343	0,154	0,585
Humankapital[b]	+	0,011	0,003	0,515
Netzwerkgröße[b]	-	-0,030	0,010	0,427
Effekte der Beziehungsebene[a]				
entfernte Verwandtschaft	-	-0,315	0,135	0,422
Freundschaft	0	0,616	0,196	0,649
Statushomogenität	+	0,179	0,045	0,505
Prestigeheterogenität	+	0,260	0,068	0,507
Entfernung[b]	-	-0,170	0,029	0,390
Stärke[b]	+	0,511	0,060	0,625
Beziehungsdauer[b]	+	0,008	0,004	0,494
Zukunftspotenzial[b]	+	0,151	0,047	0,512
Varianzen der Ego-Ebene[a]				
Konstante		0,223	0,067	
entfernte Verwandtschaft		0,888	0,224	
Arbeitsplatz		1,062	0,420	
Organisationsmitgliedschaft		1,130	0,504	
Entfernung		0,033	0,015	
Beziehungsdauer		0,000	0,000	
Zukunftspotenzial		0,100	0,036	
Modellstatistik				
$n_{\text{Ego-Ebene}}/n_{\text{Beziehungsebene}}$	347/4.275			
McFadden Pseudo-R^2	0,195			
Likelihood-Ratio-Test (d.f.)	1170,26 (40)			

Hypothesen: + positiver, - negativer und 0 kein Zusammenhang.
[a] Es sind nur signifikant von null verschiedene Parameter ($\alpha \leq 0{,}05$) aufgeführt.
[b] Variablen wurden zentriert.
[c] Der Anti-Logit ergibt sich ausgehend von der Referenzgruppe für nominale Variablen aus der Zunahme um eine Einheit und für metrische Variablen aus der Zunahme um die Standardabweichung, alles andere gleich.

Tabelle 13.4: Regressionsmodell multiplexer Unterstützungsarten

Keiner der fünf Indikatoren der individuellen Restriktionen (vgl. Restriktionshypothese 8d S. 127) zeigt einen signifikanten und relevanten Effekt auf die Multiplexität. Die

Restriktionshypothese 8d muss deswegen verworfen werden.

Die Ergebnisse der Spezialisierungshypothese 9d (S. 128) sind unterschiedlich. Die Netzwerkgröße hat einen signifikant negativen Effekt auf die Multiplexität. Je größer das persönliche Netzwerk ist, desto geringer ist die Wahrscheinlichkeit einer multiplexen Unterstützung. Allerdings bewirkt die Zunahme der Netzwerkgröße um die Standardabweichung eine Reduktion von lediglich 3,8 Prozent in der Wahrscheinlichkeit einer multiplexen Unterstützung. Aufgrund der Signifikanz des Netzwerkgrößeeffekts kann die Spezialisierungshypothese 9d vorläufig bestätigt werden.

Differenzen ergeben sich aber für die sozialen Kontexte. Die Freundschaftsbeziehungen sind multiplexer als die Beziehungen zu nahen Verwandten. Die Wahrscheinlichkeit multiplexer Unterstützung nimmt im Freundschaftskontext um 18,4 Prozent zu. Dafür bestätigen sich nicht die erwarteten negativen Effekte der sozialen Kontexte Nachbarschaft, Arbeitsplatz, Organisationsmitgliedschaft und Bekanntschaft. Lediglich die Beziehungen zu entfernten Verwandten sind weniger multiplex als die Beziehungen zu nahen Verwandten. Entfernte Verwandtschaftsbeziehungen rufen, alles andere gleich, eine Reduktion der Multiplexitätswahrscheinlichkeit um rund 4,3 Prozent hervor. Die signifikanten und auch relevanten Zusammenhänge der sozialen Kontexte stützen die Spezialisierungshypothese. Wahrscheinlich ist die multiplexe Unterstützung durch nahe Verwandte nicht so stark wie ursprünglich erwartet. Unter dieser Annahme kann die Spezialisierungshypothese 9d vorläufig bestätigt werden.

Ebenso können die Hypothesen zu Nutzen (10d S. 128) und Kosten (11d S. 128) der Beziehung aufrechterhalten werden. Während statushomogene und prestigeheterogene Beziehungen die Wahrscheinlichkeit einer multiplexen Unterstützung erhöhen, verringern große Entfernungen zwischen Ego und Netzwerkperson diese Wahrscheinlichkeit. Alle drei Variablen bewirken durch die Zunahme um die Standardabweichung eine Veränderung der Multiplexität um 4,0 bis 7,5 Prozent, wobei der Effekt der Entfernung am größten ist.

Die Ergebnisse zur Kooperationsabsicherungshypothese 12d (S. 129) werden im Folgenden analysiert. Die Effekte des Schattens der Vergangenheit, repräsentiert durch die Stärke und die Dauer einer Beziehung, und des Schattens der Zukunft, repräsentiert durch das Zukunftspotenzial, verlaufen in die vorhergesagte positive Richtung. Hinsichtlich des Schattens der Vergangenheit hat die Stärke der Beziehung einen größeren Effekt als die Beziehungsdauer. Die Stärke scheint ein äußerst relevanter Faktor in der Erklärung multiplexer Unterstützung zu sein. Die Zunahme der Stärke der Beziehung um die Standardabweichung ausgehend von der Referenzgruppe erhöht die Multiplexitätswahrscheinlichkeit um 16 Prozent. Andererseits schlägt sich die Steigerung der Beziehungsdauer um die Standardabweichung in einem zwar signifikanten aber unwesentlichen Anstieg der Multiplexität um 2,9 Prozent nieder.

Der Schatten der Zukunft hat einen relevanten Einfluss auf die Multiplexität. Immerhin ergibt sich durch den Anstieg des Zukunftspotenzials um die Standardabweichung ein Zuwachs von 4,7 Prozent der abhängigen Variablen. Die Netzwerkdichte beeinflusst dagegen nicht die Multiplexität. Dennoch kann die entsprechende Hypothese zur Absicherung kooperativer Beziehungen 12d aufgrund der signifikanten Effekte von Stärke, Dauer und Zukunftspotenzial der Beziehung vorläufig

13 Hypothesenprüfung der vier Unterstützungsmodelle

aufrechterhalten werden.

Ein ähnliches Bild ergibt sich für das Modell multiplexer Unterstützungsdimensionen (siehe Tabelle 13.5). Auch das zweite Multiplexitätsmodell basiert auf den Daten von 4.275 sozialen Beziehungen von 347 Egos. Die Modellgüte ist mit den Daten des ersten Multiplexitätsmodells durchaus vergleichbar, und reiht sich in die bisherigen Ergebnisse ein. Das McFadden Pseudo-R^2 beträgt etwa 20 Prozent und der Likelihood-Ratio-Test etwa 1184 Punkte bei 40 Freiheitsgraden. Die Konstante ist im aktuellen Modell signifikant von null verschieden. Die Wahrscheinlichkeit einer multiplexen Unterstützung der Referenzgruppe beträgt rund 15 Prozent.

Die Siedlungsstrukturvariablen (vgl. Community-Hypothesen 5d und 6d S. 126) zeigen keine signifikante Wirkung auf die Multiplexität. Damit gibt es keine Stadt-Land-Unterschiede. Die sozialen Beziehungen von Stadtbewohnern sind ebenso uniplex wie die der Landbewohner. Dieses Ergebnis entspricht der Community-Liberated-These. Deshalb ist die Hypothese 6d anzunehmen. Entsprechend ist die Community-Lost-Hypothesen 5d zu verwerfen.

Die Kapitalausstattung Egos beeinflusst laut Gelegenheitshypothese 7d (S. 126) die multiplexe Unterstützung positiv. Einen schwachen positiven Effekt auf die Multiplexität übt das Humankapital aus. Nimmt das Humankapital ausgehend von der Referenzgruppe um die Standardabweichung zu, verändert sich die Wahrscheinlichkeit multiplexer Unterstützung um 3,3 Prozentpunkte. Die Hypothese über den Einfluss der Kapitalausstattung kann zumindest für das Humankapital bestätigt werden. Dagegen hat, wie bereits im ersten Multiplexitätsmodell, das ökonomische Kapital keinen Effekt auf die Multiplexität. Die Gelegenheitshypothese 7d kann vorläufig nur teilweise aufrechterhalten werden.

Ebenfalls völlig ohne Einfluss sind die fünf Indikatoren der individuellen Restriktionen Egos (vgl. Restriktionshypothese 8d S. 127). Scheinbar führen Restriktionen, die im Allgemeinen persönliche Netzwerke einschränken, kaum zu einem Absinken des Unterstützungsniveaus. Die Hypothese 8d über den Zusammenhang von individuellen Restriktionen und dem Unterstützungsniveau ist hinsichtlich der Multiplexität zu verwerfen.

Die Wirkung der Spezialisierungshypothese 9d (S. 128) wird im Folgenden analysiert. Die Netzwerkgröße hat einen signifikanten Einfluss. Je größer und spezialisierter das persönliche Netzwerk ist, desto unwahrscheinlicher sind die Unterstützungen multiplex. Allerdings ist der Einfluss dieser Variablen gering. Die Zunahme der Netzwerkgröße um die Standardabweichung ausgehend von der Referenzkategorie verringert die Multiplexitätswahrscheinlichkeit um 1,6 Prozentpunkte. Die Netzwerkgröße differenziert damit nicht sehr stark. Dennoch kann die Hypothese aufrechterhalten werden, dass größere Netzwerke stärker spezialisiert sind in dem Sinne, dass sie wahrscheinlicher aus Beziehungen uniplexer Unterstützung bestehen als kleinere Netzwerke. Die Spezialisierungshypothese hinsichtlich der sozialen Kontexte kann nur teilweise bestätigt werden. Bis auf den Freundschaftskontext rufen alle sozialen Kontexte im Vergleich zu den nahen Verwandtschaftsbeziehungen keine Veränderung in der Multiplexität hervor. Freundschaftsbeziehungen sind allerdings eher multiplex als Verwandtschaftsbeziehungen. Sie bewirken einen

Anstieg der Wahrscheinlichkeit um 5,4 Prozent. Wiederum bestätigt sich, dass der Kontext naher Verwandter nicht die erwartete Multiplexität aufweist. Dieser Kontext ist deshalb eher mit den uniplexen Kontexten entfernte Verwandtschaft, Nachbarschaft, Arbeitsplatz, Organisationsmitgliedschaft und Bekanntschaft zu vergleichen, nicht aber mit dem multiplexen Kontext Freundschaft. Unter dieser Annahme kann die Spezialisierungshypothese 9d vorläufig bestätigt werden.

Variable	Hypothese	unstandard. Koeffizient	Standardfehler	Anti-Logit[c]
Konstante		-1,712	0,196	0,153
Effekte der Ego-Ebene[a]				
Humankapital[b]	+	0,013	0,003	0,186
Netzwerkgröße[b]	-	-0,025	0,012	0,137
Effekte der Beziehungsebene[a]				
Freundschaft	0	0,369	0,185	0,207
Statushomogenität	+	0,263	0,049	0,186
Prestigeheterogenität	+	0,450	0,073	0,195
Entfernung[b]	-	-0,164	0,030	0,119
Stärke[b]	+	0,667	0,073	0,260
Beziehungsdauer[b]	+	0,010	0,004	0,173
Zukunftspotenzial[b]	+	0,179	0,049	0,184
Varianzen der Ego-Ebene[a]				
Konstante		0,362	0,080	
entfernte Verwandtschaft		1,988	0,370	
Arbeitsplatz		1,427	0,493	
Bekanntschaft		0,898	0,346	
Stärke		0,276	0,078	
Modellstatistik				
$n_{Ego-Ebene}/n_{Beziehungsebene}$	347/4.275			
McFadden Pseudo-R^2	0,202			
Likelihood-Ratio-Test (d.f.)	1183,88 (40)			

Hypothesen: + positiver, - negativer und 0 kein Zusammenhang.
[a] Es sind nur signifikant von null verschiedene Parameter ($\alpha \leq 0,05$) aufgeführt.
[b] Variablen wurden zentriert.
[c] Der Anti-Logit ergibt sich ausgehend von der Referenzgruppe für nominale Variablen aus der Zunahme um eine Einheit und für metrische Variablen aus der Zunahme um die Standardabweichung, alles andere gleich.

Tabelle 13.5: Regressionsmodell multiplexer Unterstützungsdimensionen

Nutzen (Hypothese 10d S. 128) und Kosten (Hypothese 11d S. 128) einer Beziehung wirken sich gemäß den Erwartungen auf die Multiplexität aus. Während größere Entfernungen als Kostenfaktor ein Absinken der Multiplexität bewirken, sind Beziehungen zu ähnlichen Personen mit gleichem oder höherem sozialen Status eher multiplex. Zu beachten ist, dass die Einflüsse der Nutzen- und Kostenvariablen etwa gleich groß sind. Die Multiplexität nimmt um 3,3 Prozent beziehungsweise um 4,2 Prozent zu, wenn die Statushomogenität respektive die Prestigeheterogenität ausgehend von der Referenzgruppe um die Standardabweichung zunehmen. Die Wahrscheinlichkeit multiplexer Unterstützung sinkt um 3,4 Prozent ab, wenn die Entfernung ausgehend von der Referenzgruppe um die Standardabweichung zunimmt. Die Hypothesen 10d und 11d können, wie bereits im ersten Multiplexitätsmodell, vorläufig bestätigt werden.

Schließlich wird die Wirkung der Kooperationsabsicherungsmechanismen (12d S. 129) analysiert. Die höhere Opportunismusanfälligkeit multiplexer Unterstützung wird sowohl durch den Schatten der Vergangenheit als auch durch den Schatten der Zukunft abgesichert. Wiederum stellt die Stärke der Beziehung einen äußerst relevanten Faktor in der Erklärung der Multiplexität. Die Zunahme der Stärke einer Beziehung um die Standardabweichung bewirkt einen Anstieg der Multiplexitätswahrscheinlichkeit um 10,7 Prozent. Hingegen bewirkt eine um die Standardabweichung erhöhte Beziehungsdauer eine moderate Steigerung von 2 Prozent. Andererseits ist der Zuwachs der Multiplexitätswahrscheinlichkeit durch die Steigerung des Zukunftspotenzials der Beziehung relevant. Dagegen hat die Netzwerkdichte keinen Effekt auf die Multiplexität. Die Hypothese zur Absicherung kooperativer Beziehungen 12d kann durch die Daten vorläufig bestätigt werden.

Die Ergebnisse der Modelle multiplexer Unterstützung können wie folgt zusammengefasst werden. Multiplexe Unterstützung wird vor allem durch statushomogene, prestigeheterogene, nicht weit entfernte, starke, dauerhafte und zukunftsträchtige Beziehungen, die dem Freundschaftskontext nicht aber dem Kontext entfernter Verwandtschaft entspringen, gewährleistet. Ferner bewirken hohe Humankapitalausstattung und kleine persönliche Netzwerke eher multiplexe Unterstützung. Damit unterstützen vor allem nutzbringende, wenig kostenintensive und gegen den Opportunismus des Interaktionspartners abgesicherte Beziehungen spezialisierter Netzwerke multiplex. Keine Wirkung hat dagegen die Siedlungsstruktur auf die Multiplexität. Es gibt keinen Stadt-Land-Unterschied in der Wahrscheinlichkeit multiplexer Unterstützung.

14 Ergebnisdiskussion

14.1 Die Form des sozialen Kapitals: persönliche Netzwerke

Die vier Hypothesen des Constrained-Choice-Modells persönlicher Netzwerke (Kapitel fünf, S. 70ff.) können nur teilweise durch die empirischen Daten bestätigt werden. Keine einzige Hypothese kann in allen drei Netzwerkmodellen bestätigt werden. Die Wirkungen der Siedlungsstruktur, der Kapitalausstattung oder der individuellen Restriktionen auf die persönlichen Netzwerke sind nicht allgemeiner, sondern spezifischer Art.

Die zentrale unabhängige Variable - die Siedlungsstruktur - beeinflusst insgesamt die persönlichen Netzwerke in geringem Ausmaß. Anders ausgedrückt: Bewohner von Stadtrand, Vororten und regionaler Gemeinden unterscheiden sich nicht in den Parametern ihrer persönlichen Netzwerke. Und auch zu den Stadtbewohnern der Innenstadt gibt es kaum Unterschiede. Lediglich der Anteil Freundschaftsbeziehungen ist für Innenstadtbewohner größer als für Landbewohner. Dagegen setzen sich die Bewohner von Großwohnsiedlungen deutlicher gegen den Rest ab. Sie haben kleinere (S. 162) und weniger dichte (S. 165) Netzwerke. Sie gehen weniger Beziehungen zu Organisationsmitgliedern ein. Tendenziell trifft die Community-Lost-Hypothese (S. 70) nur für die Großwohnsiedlungsbewohner zu. Bezüglich aller anderen Siedlungsstrukturen entsprechen die persönlichen Netzwerke eher der Community-Liberated-Hypothese (S. 70).

Eine Begründung für das Scheitern der Community-Lost-Hypothese ist im Meeting-Mating-Problem zu suchen (vgl. Verbrugge 1977). Ego trifft in alltäglichen Interaktionen auf andere Personen, ohne eine bewusste Investitionsentscheidung für eine soziale Beziehung zu treffen. Diese Interaktionen entsprechen typischen Meeting-Situationen. Sollte dagegen eine Netzwerkperson zum engen Kreis der Vertrauten gehören, wenn also bewusst Investitionsentscheidungen für eine Netzwerkperson getroffen worden sind, spricht man von einer Mating-Situation. In städtischen Siedlungsstrukturen sind die Chancen für eine Meeting-Situation größer. Das muss aber nicht zwangsläufig zu mehr sozialen Beziehungen führen. Die Aufnahmefähigkeit für Netzwerkpersonen ist auch für Stadtbewohner begrenzt. Je mehr soziale Beziehungen aufgebaut werden, desto problematischer gestaltet sich das Management dieser Beziehungen, das heißt die Mating-Situationen unterscheiden sich nicht wesentlich zwischen Stadt- und Landbewohnern.

Andererseits spricht die geringe Differenzierung zwischen Stadt- und Landbewohnern für eine Angleichung der ländlichen und urbanen Lebensweise. Der Stadtbewohner ist genauso stark über sein persönliches Netzwerk aus primären Familien-, Verwandtschafts- und Nachbarschaftsbeziehungen sowie sekundären Arbeitsplatz-, Organisationsmitgliedschafts-, Bekanntschafts- und Freundschaftsbeziehungen in die Gesellschaft integriert wie der Landbewohner (S. 169f.). Lediglich die Bewohner der Großwohnsiedlungen passen nicht in das Bild der angeglichenen persönlichen Netzwerke in Stadt und Land. Für diese Bewohner treffen die Vorhersagen der Community-Lost-These zu. Da die Community-Hypothesen unter Kontrolle sozialstruktureller Eigenschaften getestet werden, ist eine Erklärung, die auf die besondere soziale Klientel dieser Bewohner abzielt, nicht ausreichend. Die städtebauliche Struktur der Großwohnsiedlungen scheint die Bewohner an sozialen Interaktionen und einem Engagement in freiwilligen Organisationen zu hindern. Die Monostruktur der Schlafstädte und deren einseitige Ausrichtung auf die Wohnfunktion behindern ein mit anderen Siedlungsstrukturen vergleichbares Sozialleben. Der geringere Anteil sekundärer Kontexte ist ein Hinweis darauf, dass in Großwohnsiedlungen weniger Wahlmöglichkeiten für freiwillige soziale Beziehungen bestehen. Die Untersuchung hinsichtlich der Community-Debatte kommt zu dem Schluss, dass sich städtische und ländliche Lebensweisen in den persönlichen Netzwerken kaum unterscheiden, aber dass Großwohnsiedlungen eher eine freie Netzwerkgestaltung behindern.

Die Kapitalausstattung wirkt sich ebenfalls auf die Gestaltung der persönlichen Netzwerke aus (S. 71). Allerdings sind die Effekte des ökonomischen Kapitals stärker als die Effekte des Humankapitals, auch wenn sie nicht immer in die vorhergesagte Richtung verlaufen. Eine Bestätigung findet die Gelegenheitshypothese hinsichtlich der Netzwerkgröße. Sowohl höhere Bildung und höheres Berufsprestige als auch höhere finanzielle Ressourcen führen zu einem größeren Netzwerk. Eine höhere Kapitalausstattung ist in der Lage, das Managementproblem eines größeren Netzwerks zu lösen. Mit größerer Kapitalausstattung umfassen die Netzwerke zwar mehr soziale Beziehungen, die Netzwerke sind deswegen aber nicht weniger dicht als die kleineren Netzwerke der Egos mit geringerer Kapitalausstattung. Schwieriger sind die Einflüsse der Kapitalausstattung auf die Zusammensetzung der Netzwerke zu beurteilen. Während das Humankapital praktisch kaum die Zusammensetzung beeinflusst, zeigen sich beim ökonomischen Kapital teils erwartete und teils unerwartete Effekte. Auf jeden Fall kann das Argument zunehmender sekundärer Kontexte durch höhere Kapitalausstattung nicht bestätigt werden.

Ähnlich vielfältig sind die Effekte der individuellen Restriktionen (S. 71). Während Introversion, Kinder im Haushalt und das Lebensalter die persönlichen Netzwerke in größerem Umfang beeinflussen, sind Immobilität und ein Wohnortwechsel innerhalb der letzten drei Jahre beinahe bedeutungslos. Introvertierte Personen haben kleinere und weniger dichte Netzwerke, die sich durch einen größeren Anteil an nahen Verwandten und kleineren Anteilen an Nachbarn und Organisationsmitgliedern zusammen setzen. Eine geringere Netzwerkdichte introvertierter Akteure widerspricht der Restriktionshypothese. Eine Erklärung mag darin liegen, dass sich introvertierte Personen weniger um eine aktive selbstbestimmte Netzwerkgestaltung kümmern. Das überlassen sie anderen Netzwerkpersonen. Sie sind eher Teil mehrerer sozialer

Netzwerksegmente als das sie sich selbst ein zusammengehörendes persönliches Netzwerk schaffen. Minderjährige Kinder im Haushalt begünstigen dichte Netzwerke und soziale Beziehungen zu nahen Verwandten und Bekannten. Andererseits wird der Umgang mit Arbeitskollegen eingeschränkt. Ältere Personen haben kleinere und dichtere Netzwerke. Sie verlieren Beziehungen zu Arbeitskollegen und Freunden, gewinnen allerdings mehr nachbarschaftliche Beziehungen. Die Bedeutungslosigkeit von Immobilität und Wohnortwechsel liegt möglicherweise an den geringen Fallzahlen dieser beiden handlungsbeschränkenden Situationen. Sie sind zu niedrig, als dass sich ein Effekt bemerkbar machen würde. Während Immobilität verstärkt zu nachbarschaftlichen Beziehungen führt, verhindert ein Wohnortwechsel gerade die Beziehungen zu Nachbarn.

Von Bedeutung sind die beiden Kontrollvariablen des individuellen Status Geschlecht und Familienstand. Frauen haben größere Netzwerke als Männer, die sich durch weniger Beziehungen zu Organisationsmitgliedern auszeichnen. Unverheiratete Akteure haben kleinere Netzwerke, die überdurchschnittlich aus Beziehungen sekundärer Kontexte, insbesondere Bekanntschafts- und Freundschaftsbeziehungen, bestehen. Dagegen bestehen die persönlichen Netzwerke von verheirateten Personen aus einem größeren Anteil entfernter Verwandter.

Hypothesen	Netzwerk ...		
	Größe	Dichte	Zusammensetzung
Community-Lost-Hypothese	+	+	-
Community-Liberated-Hypothese	+	+	-
Gelegenheitshypothese	+	-	-
Restriktionshypothese	+	-	-

Tabelle 14.1: Ergebnisse der Netzwerkmodelle

Die vielfältigen Effekte von Kapitalausstattung und individuellen Restriktionen führen dazu, dass nur zwei der sechs Hypothesen vorläufig bestätig werden können (siehe Tabelle 14.1). Die Ergebnisse der Siedlungsstruktur sprechen nicht eindeutig für eine der beiden Community-Thesen. Als Erklärungsfaktor liefert die Siedlungsstruktur sowohl Anhaltspunkte für zwei Community-Lost-Hypothesen als auch für zwei Community-Liberated-Hypothesen. Gleichwohl können diese vier Hypothesen aufgrund der unterschiedlichen Positionen der Community-Thesen nur teilweise bestätigt werden. Zu verwerfen sind dagegen die Hypothesen beider Ansätze hinsichtlich der Netzwerkzusammensetzung. Somit ergibt sich, dass sechs der zwölf Hypothesen zu den Unterschieden zwischen persönlichen Netzwerken vorläufig bestätigt werden können und sechs Hypothesen zu verwerfen sind.

Die Ergebnisse zwischen den drei Netzwerkmodellen fallen unterschiedlich aus. Für das Modell der Netzwerkgröße (S. 162) können alle vier Hypothesen vorläufig aufrechterhalten werden. Zusätzlich sind die Kontrollvariablen Geschlecht und

14 Ergebnisdiskussion

Familienstand von Bedeutung für die Netzwerkgröße. Für die Netzwerkdichte (S. 165) können nur die beiden Community-Hypothesen vorläufig bestätigt werden. Die Netzwerkzusammensetzung (S. 169f.) gestaltet sich wesentlich diffiziler als durch die vier Hypothesen angenommen. Zwar müssen alle vier Hypothesen verworfen werden, aber dennoch beeinflussen Siedlungsstruktur, ökonomisches Kapital, die individuellen Restriktionen Introversion, Kinder im Haushalt und Lebensalter sowie die Kontrollvariablen Geschlecht und Familienstand die Anteile der einzelnen sozialen Kontexte.

Die erklärten Varianzen und damit die Stärken der einzelnen Effekte auf die abhängigen Variablen sind relativ niedrig. Die Netzwerkmodelle erzeugen nur moderate Vorhersageverbesserungen zwischen 5,3 und 13,7 Prozent (gemessen am R^2). Substanziell stärkere Beziehungen zwischen den unabhängigen Variablen und der persönlichen Netzwerke wären erwartbar gewesen. Bereits Fischer (1982a: 33) sieht sich mit diesem Problem konfrontiert, denn er schreibt, dass hinter den gefundenen Effekten große Variationen individueller und idiosynkratischer Art liegen. Auch Diewald (1991: 251) vermutet aufgrund vielschichtiger Ergebnisse eine Pluralisierung von Beziehungsmustern. Die Ergebnisse der Netzwerkmodelle zeigen, dass Siedlungsstruktur, Kapitalausstattung und individuelle Restriktionen nur teilweise die persönlichen Netzwerke und damit die soziale Integration erklären können. Meiner Meinung nach haben die geringen erklärten Varianzen und nur teilweise bestätigten Hypothesen mehrere Gründe.

Erstens wird die zweistufige Wahl von Netzwerkpersonen des Constrained-Choice-Modells aufgrund des verwendeten Datenmaterials nur hinsichtlich der Handlungsgelegenheiten und Handlungsrestriktionen betrachtet. Diese beeinflussen das Beziehungspotenzial und damit die Investitionsentscheidung in eine soziale Beziehung (vgl. Abbildung 5.1, S. 69). Aber neben diesen sozialstrukturellen Merkmalen wird die Wahl einer Netzwerkperson durch eine Investitionsentscheidung bestimmt, die auf den Präferenzen Egos basiert. Entscheidungsgrundlage sind bestimmte Beziehungs- als auch Netzwerkmerkmale, die in den drei Netzwerkmodellen keinen Eingang gefunden haben.

Die Vorhersage persönlicher Netzwerke würde sich verbessern, wenn neben den die Handlungsbasis bestimmenden Merkmalen zusätzlich eine auf Nutzen und Kosten basierte Investitionsentscheidung für einzelne soziale Beziehungen vorgenommen würde. Die Höhe der Investitionen in eine Beziehung bestimmt die Zugehörigkeit zum Netzwerk. Je höher die Investition ist, desto stärker ist die Netzwerkperson in das persönliche Netzwerk integriert. Wie die Untersuchungen von Busschbach (1996) und Bunt (2000) zeigen, ist ein solches auf die tatsächliche Wahl einer Netzwerkperson abgestelltes Investitions-Struktur-Modell durchaus erfolgreich. Daraus lässt sich der Schluss ziehen, dass eine zukünftige Analyse persönlicher Netzwerke durch den expliziten Bezug auf Investitionsentscheidungen erfolgreicher ist.

Zweitens wird das persönliche Netzwerk als Resultat der Investitionsentscheidungen betrachtet. Allerdings trägt die Netzwerkgestaltung prozessualen Charakter. Eine Netzwerkperson wird nicht einmalig aus dem Beziehungspotenzial ausgewählt, um dann fortwährend zum persönlichen Netzwerk zu gehören. Ein realistischeres

Modell geht von einem ständigen Überdenken der Investitionsentscheidungen aus. Sobald sich die Situation zum Beziehungspartner ändert, werden die Investitionsbemühungen überdacht. Daraus ergibt sich, dass sich die Investitionen in eine soziale Beziehung im Laufe der Zeit ändern (vgl. Wellman 1981: 180).

Werden die Investitionen drastisch reduziert, kann dies zum Abbruch der Beziehung führen. Der Abbruch einer sozialen Beziehung ist häufig auf einen veränderten Entscheidungsspielraum zurückzuführen. Insbesondere wichtige Lebensereignisse führen dazu, dass soziale Beziehungen gekappt werden. So rufen Veränderungen in der Lebenssituation (Heirat, Geburt eines Kindes, Scheidung, Tod des Partners, Körperbehinderung usw.), Veränderungen in der Arbeitssituation (Arbeitsplatzwechsel, veränderte Arbeitszeiten, Arbeitsplatzverlust usw.) oder Veränderungen in der Wohnsituation, Veränderungen in den persönlichen Netzwerken hervor. Daneben führen Änderungen gesellschaftlicher Rahmenbedingungen, wie etwa die Transformation in Ostdeutschland (Völker 1995, Kropp 1998), zum Abbruch bestehender Beziehungen. Ferner führen Änderungen in den Interessen oder dem Lebensstil zu Veränderungen im Netzwerk.

Da die vorliegende Untersuchung auf einer Querschnittsuntersuchung basiert, kann der langfristige Wandel persönlicher Netzwerke nicht erforscht werden. Ferner verdecken die Querschnittsdaten die kurzfristige Dynamik persönlicher Netzwerke. Die erhobenen Beziehungen werden in den Netzwerkmodellen als feste Strukturen betrachtet, unabhängig davon, ob sie gerade erst zustande gekommen sind oder kurz vor der Auflösung stehen. In diesen Fällen wären die Investitionsentscheidungen dicht am Schwellenwert für beziehungsweise gegen die Netzwerkperson. In zukünftigen Untersuchungen sollte dem Prozesscharakter persönlicher Netzwerke stärker Beachtung geschenkt werden.

Drittens sind die Operationalisierungen einiger Netzwerkparameter und der dahinter stehenden theoretischen Konstrukte zu überdenken. Dies betrifft vor allem die Netzwerkdichte und die Primär-Sekundär-Unterscheidung der sozialen Kontexte. Die Netzwerkdichte entspricht nicht dem echten Dichteverhältnis von tatsächlichen Beziehungen zu möglichen Beziehungen. Es ist ein Hilfskonstrukt, dass die Dichte einzelner Netzwerksegmente misst, die sich auf die diversen sozialen Kontexte stützen. Das Dichtemaß ist demzufolge ein Indikator der Verbundenheit verschiedener sozialer Kontexte. Ein Netzwerkmodell, das die tatsächliche Dichte verwendet, mag genauere Ergebnisse erzielen. Allerdings lässt sich dieses Vorhaben nur schwerlich in die Praxis umsetzen. Die meisten bisherigen Untersuchungen griffen allerdings auf den gleichen oder einen ähnlichen Dichteindikator zurück. Zukünftige Untersuchungen könnten darauf ausgerichtet sein, die Netzwerkdichte adäquater zu operationalisieren.

Problematischer stellt sich die Zuordnung sozialer Beziehungen zu sozialen Kontexten dar. Wie die Modelle der Netzwerkzusammensetzung belegen, fällt es schwer diese Zuordnung aufrechtzuerhalten. Sicherlich ergeben sich, bedingt durch die Investitionsentscheidungen, aber auch durch auferlegte Handlungsrestriktionen, Veränderungen in der Zusammensetzung persönlicher Netzwerke. Allerdings schlagen Hypothesen fehl, die sich pauschal auf die Primär-Sekundär-Zuordnung der Kontexte verlassen. Der Integrationsverlust primärer Kontexte und der Ersatz beziehungsweise die Ergänzung durch sekundäre Kontexte sollten eher als Leitthesen denn empirisch prüfbare Hypothesen angesehen werden. Die Untersuchung der Zusammensetzung persönlicher sozialer Netzwerke bedarf situationsspezifischer Analysen der einzelnen Komponenten, um testbare Hypothesen zu erzeugen. Die weiter oben erwähnten Investitionsentscheidungen können einen ersten Anhaltspunkt darstellen. Bisherige Studien, die sich vertiefend mit sozialen Kontexten beziehungsweise Netzsegmenten befassen, konzentrieren sich überwiegen auf einzelne Kontexte, wie Familienbeziehungen, Nachbarschaften oder Freundschaften. Die Integration aller Kontexte in die Untersuchung der Netzwerkzusammensetzung stellt eine zukünftige große Herausforderung der netzwerkorientierten Community-Forschung dar.

Ein vierter Grund für die schwache Erklärungsleistung der Netzwerkmodelle kann in der Nichtbeachtung der sozialen Austauschbeziehungen innerhalb der Netzwerke liegen. Die Feinstruktur der Netzwerke, insbesondere die Differenzen innerhalb der Netzwerke auf der Beziehungsebene, wird völlig außer Acht gelassen. Die persönlichen Netzwerke werden völlig losgelöst von inhaltlichen Beziehungen untersucht. Es mag aber bedeutungsvoll sein, welche Unterstützungsressourcen in welcher Richtung durch die sozialen Beziehungen fließen. Verschiedene Unterstützungen erfordern unterschiedlich gestaltete persönliche Netzwerke. Aber dieser inhaltliche Bezug fehlt in den Netzwerkmodellen. Allgemein wird nur von Unterstützungsnetzwerken gesprochen, ohne zwischen den verschiedenen Unterstützungen zu differenzieren.

Diesen Kritikpunkt wirft bereits Fischer (1982a) auf. Sicherlich ist es nicht legitim, Beziehungs- und Unterstützungsparameter auf die Ebene der persönlichen Netzwerke aufzusummieren, sonst könnte man ökologischen Fehlschlüssen unterliegen. Eine Lösung bieten Mehrebenenmodelle. Insgesamt ist das Constrained-Choice-Modell persönlicher Netzwerke zu inflexibel, um die Integrationsdifferenzen zwischen Stadt- und Landbewohnern adäquat zu beschreiben. Diesem letzten Kritikpunkt wird durch den expliziten Bezug auf Austauschmodelle informeller sozialer Unterstützung Rechnung getragen.

14.2 Der Inhalt des sozialen Kapitals: informelle soziale Unterstützung

Insgesamt werden acht Hypothesen für ein Austauschmodell informeller sozialer Unterstützung hergeleitet (Kapitel acht, S. 95ff.). Diese acht Hypothesen werden an vier Unterstützungsmodellen analysiert. Die fünf Hypothesen Community-Liberated-Hypothese, Spezialisierungshypothese, Nutzenhypothese, Kostenhypothese und Kooperationsabsicherungshypothese können in allen Unterstützungsmodellen vorläufig bestätigt werden (siehe Tabelle 14.2). Die Community-Lost-, die Gelegenheits- und die Restriktionshypothesen konnten nur in einigen Unterstützungsmodellen teilweise nachgewiesen werden.

Die Siedlungsstruktur beeinflusst kaum die soziale Unterstützung. Es zeigen sich lediglich drei Effekte: Vorortbewohner erhalten mehr emotionale Unterstützung (S. 177), Innenstadtbewohner erhalten weniger gesellige Unterstützung (S. 184) und Stadtrandbewohner erhalten eher multiplexe Unterstützung (S. 187). Die überwiegende

Insignifikanz der Siedlungsstrukturvariablen stützt die Community-Liberated-Hypothese (S. 99). Dagegen kann die Community-Lost-Hypothese (S. 98) lediglich für die Geselligkeitsunterstützung und dort auch nur teilweise aufrechterhalten werden. Auffällig ist, dass die in ihren persönlichen Netzwerken eingeschränkteren Großwohnsiedlungsbewohner das gleiche Unterstützungsniveau erreichen wie die Landbewohner. Auch wenn es Unterschiede in den einzelnen Unterstützungsdimensionen gibt, so kann man doch von einem insgesamt geringen Effekt der Siedlungsstruktur auf den Austausch sozialer Unterstützung innerhalb persönlicher Netzwerke ausgehen. Mit anderen Worten, Stadtbewohner werden überwiegend in gleichem Maße sozial unterstützt wie Landbewohner.

Die Kapitalausstattung (Gelegenheitshypothese S. 99) beeinflusst nur teilweise die soziale Unterstützung. Während das Humankapital emotionale und multiplexe Unterstützung fördert, bleibt das ökonomische Kapital in dieser Hinsicht neutral. Keinen Einfluss hat die Kapitalausstattung auf instrumentelle und gesellige Unterstützung. Während das ökonomische Kapital einen größeren Effekt auf einzelne Aspekte der Netzwerkgestaltung hat, bewirkt das Humankapital teilweise eine gesteigerte Unterstützung.

Gering ist auch der Einfluss der fünf individuellen Restriktionen (Restriktionshypothese S. 99) auf die soziale Unterstützung. Introversion und Kinder im Haushalt sind völlig wirkungslos. Immobilität senkt die Wahrscheinlichkeit geselliger Unterstützung. Mit zunehmendem Alter erhalten Egos weniger instrumentelle Unterstützung. Eine nicht vorhergesagte positive Wirkung hat der Wohnortwechsel auf die instrumentelle Unterstützung. Eine Erklärung des unerwarteten Effekts mag darin liegen, dass durch das einschneidende Umzugsereignis das persönliche Netzwerk stärker als üblich mobilisiert wird. Die besondere Situation eines Wohnortwechsels bezieht sich ausschließlich auf stärkere instrumentelle Unterstützung und nicht auf andere Unterstützungsaspekte. Die gesteigerte instrumentelle Unterstützung hat ihre Ursache in der Einmaligkeit der Situation des Wohnortwechsels. Nachdem eine gewisse Zeitspanne verstrichen ist, wird die instrumentelle Unterstützung wieder auf ein normales Niveau absinken. Betrachtet man alle Indikatoren der individuellen Restriktionen über alle Unterstützungsaspekte hinweg, muss man zum Schluss kommen, dass diese Faktoren nur einen marginalen Effekt auf die Wahrscheinlichkeit informeller sozialer Unterstützung haben.

Die beiden Kontrollvariablen Geschlecht und Familienstand wirken sich lediglich auf die Geselligkeitsunterstützung signifikant aus. Frauen und verheiratete Personen werden eher gesellig unterstützt als Männer und unverheiratete Personen respektive. Hinsichtlich der anderen Unterstützungsaspekte bleiben die beiden Kontrollvariablen wirkungslos.

Die Spezialisierungshypothese (S. 101) kann in allen vier Unterstützungsmodellen vorläufig bestätigt werden. Allerdings ergibt die empirische Analyse, dass die nahen Verwandten nicht die alles überragenden sozialen Unterstützer sind. Zweifelsohne leisten sie multiplexe Unterstützung, aber das gilt bis auf die entfernten Verwandten auch für die anderen sozialen Kontexte. Hinsichtlich der emotionalen Unterstützung leisten Arbeitskollegen spezialisiertere Hilfe. Für die instrumentelle Unterstützung sind

Nachbarn und Freunde eindeutig besser spezialisiert. Das die nahen Verwandten nicht besonders stark auf die drei Unterstützungsdimensionen spezialisiert sind, zeigt sich durch die insignifikanten Effekte der Organisationsmitgliedschaft und der Bekanntschaft. Mit anderen Worten, Organisationsmitglieder und Bekannte leisten im gleichen Umfang emotionale, instrumentelle und gesellige Unterstützung wie nahestehende Familien- und Verwandtschaftsmitglieder. Der globale Spezialisierungseffekt größerer Netzwerke zeigt sich hinsichtlich der instrumentellen und der multiplexen Unterstützung. Gleichwohl ist dieser Effekt nicht sonderlich relevant für die Erklärung informeller sozialer Unterstützung.

Die Nutzen- (S. 102) und Kostenhypothesen (S. 102) können ebenfalls für alle vier Unterstützungsmodelle vorläufig bestätigt werden. Während die Statushomogenität sich auf alle vier Aspekte sozialer Unterstützung auswirkt, beeinflusst die Prestigeheterogenität lediglich die emotionale und die multiplexe Unterstützung. Zu beachten ist, dass Statushomogenität für die meisten Aspekte sozialer Unterstützung positiv ist. Lediglich die instrumentelle Unterstützung ist auf Netzwerkpersonen mit unähnlichen Fähigkeiten und Fertigkeiten angewiesen. Dieser Nützlichkeitsaspekt stellt sich im entsprechenden Modell wie vorhergesagt ein. Der Kostenfaktor Entfernung wirkt sich auf alle vier Unterstützungsmodelle aus. Je größer die Entfernung zwischen Ego und unterstützender Netzwerkperson ist, desto geringer ist die Wahrscheinlichkeit des Unterstützungsaustauschs.

Schließlich kann die Kooperationsabsicherungshypothese (S. 115) in der Wirkung auf die informelle soziale Unterstützung vorläufig bestätigt werden. Allerdings haben die verschiedenen Aspekte der Absicherung unterschiedliche Wirkungen. Der Schatten der Vergangenheit soll durch die Stärke der Beziehung repräsentiert werden. Dieser Faktor spiegelt die vertrauensvollen, gegenseitigen, stark frequentierten und verpflichtenden Aspekte einer Beziehung wider. Aufgrund geringer Korrelationen ist von diesem Stärke-Faktor die Beziehungsdauer zu trennen. Starke Beziehungen sind nicht immer auch langfristige Beziehungen. Dennoch ist die Beziehungsdauer neben der Stärke in die empirische Analyse eingegangen, weil sie vor allem für den Schatten der Vergangenheit von großer Bedeutung ist. Sowohl die Stärke als auch die Dauer einer Beziehung besitzen eine große Bedeutung für die soziale Unterstützung. Während die Stärke der Beziehung durchweg den Hypothesen entspricht, hat die Beziehungsdauer lediglich auf die emotionale Unterstützung keinen Einfluss. Zu beachten ist, dass aufgrund der speziellen Situation geselliger Unterstützung der Schatten der Vergangenheit nicht belangreich ist. Entsprechend haben Stärke und Beziehungsdauer keinen Effekt auf diese Unterstützungsdimension.

Der zweite Aspekt der Kooperationsabsicherungshypothese (S. 115) bezieht sich auf den Schatten der Zukunft. Ein hohes Zukunftspotenzial ermöglicht emotionale, gesellige und multiplexe, nicht aber instrumentelle Unterstützung. Eine Erklärung, warum das Zukunftspotenzial einer Beziehung keinen Effekt auf die instrumentelle Unterstützung hat, könnte darin liegen, dass diese Unterstützungsdimension eher auf Gelegenheitshilfen basiert. Gleichwohl man sich auf dauerhafte, vertrauensvolle Beziehungen verlässt, muss die gelegentliche, eher selten in Anspruch genommene instrumentelle Unterstützung nicht durch häufige zukünftige Interaktionen abgesichert werden. Andererseits wird nicht erwartet, dass gesellige Unterstützung durch ein hohes Zukunftspotenzial abgesichert wird. Das dies dennoch der Fall ist, kann an der gegenwärtigen Kontakthäufigkeit liegen. Im Gegensatz zur instrumentellen Unterstützung wird gesellige Unterstützung relativ häufig bereitgestellt und in Anspruch genommen. Eine gegenwärtig hohe Kontaktfrequenz wird für die entsprechenden Beziehungen auf die zukünftige Kontakthäufigkeit projiziert.

Schließlich wird laut Hypothese die Kooperationsabsicherung durch die Netzwerkeinbettung bereitgestellt. Insbesondere dichte Netzwerke ermöglichen die Absicherung informeller sozialer Unterstützung. Allerdings lässt sich dieser Effekt in keinem Unterstützungsmodell nachweisen. Die Netzwerkdichte hat praktisch keinen Einfluss auf den Austausch sozialer Unterstützung. Bereits in Willmotts Analyse zeigt sich, dass die Dichte der Freundschaftsnetzwerke keinen Effekt auf das Ausmaß der Hilfe und Unterstützung hat (Willmott 1987: 78). Ursachen können im verwendeten Indikator für die Netzwerkdichte und in der starken Absicherung durch zeitliche Einbettung liegen. Der Dichteindikator misst, ob sich die Netzwerkpersonen untereinander gut kennen, nicht jedoch, in welchem Maße Austauschhandlungen zwischen den Netzwerkpersonen vollzogen werden, die für die Wirkung der Netzwerkeinbettung nötig sind. Andererseits kann die große Bedeutung zeitlicher Einbettung eine zusätzliche Netzwerkeinbettung überflüssig machen.

Hypothesen	Unterstützung ...			
	emotional	instrumentell	gesellig	multiplex
Angebot an Netzwerkpersonen zur informellen sozialen Unterstützung				
Community-Lost-Hypothese	-	-	+	-
Community-Liberated-Hypothese	+	+	+	+
Gelegenheitshypothese	+	-	-	+
Restriktionshypothese	-	-	+	-
Spezialisierungshypothese	+	+	+	+
Auswahl einer Netzwerkperson zur informellen sozialen Unterstützung				
Nutzenhypothese	+	+	+	+
Kostenhypothese	+	+	+	+
Absicherungshypothese	+	+	+	+

Tabelle 14.2: Ergebnisse der Unterstützungsmodelle

Im Vergleich zu den Netzwerkmodellen können wesentlich mehr Hypothesen vorläufig bestätigt werden (siehe Tabelle 14.2). Die Unterstützungsmodelle stützen in großem Maße die Hypothesen des Community-Liberated-Ansatzes. Die Kapitalausstattung und die individuellen Restriktionen haben nur teilweise Effekte auf den Ressourcenaustausch in persönlichen Netzwerken. So müssen fünf der acht Hypothesen verworfen werden. Dagegen sind Spezialisierungs-, Nutzen-, Kosten- und Kooperationsabsicherungshypothesen sehr stabil, weil sie in allen vier Unterstützungsmodellen vorläufig bestätigt werden. Dennoch schwankt die Bedeutung der einzelnen unabhängigen Variablen zwischen den vier Austauschmodellen informeller sozialer Unterstützung.

Im Vergleich zu den Netzwerkmodellen schneiden die Unterstützungsmodelle hinsichtlich der Vorhersageverbesserung und der Bestätigung der Hypothesen deutlich besser ab. Dies liegt daran, dass neben sozialstrukturellen Gelegenheits- und Restriktionsmerkmalen individuelle Beziehungsmerkmale zur Erklärung herangezogen werden. Während sich die sozialstrukturellen Merkmale in beiden Modelltypen stets auf den Entscheidungsspielraum Egos bezogen, nehmen die individuellen Beziehungsmerkmale auf die Vor- und Nachteile der Auswahl einer Unterstützungshandlung Bezug. Dennoch können zukünftige Untersuchungen ein detaillierteres Bild der Unterstützungsmodelle liefern. Zunächst können die vorgestellten Mehrebenenmodelle weiterentwickelt werden.

Eine mögliche Erweiterung liegt in der Einführung einer dritten Siedlungsstrukturebene, die ein genaueres Bild der Verhältnisse zwischen den Siedlungsstrukturen beschreibt. Zur Verdeutlichung der Stadt-Land-Unterschiede können die verwendeten Indikatoren durch spezifische Aggregatvariablen, die den tatsächlichen Handlungskontext aller Akteure einer Siedlungsstruktur beschreiben, wie Bevölkerungsdichte, Arbeitslosenquote, Kriminalitätsraten oder durchschnittliche Netzwerkgrößen, ergänzt werden (vgl. Sampson 1988, 1991). Die Signifikanzen der Zufallskomponenten auf der ersten Ebene können durch Cross-Level-Interaktionen zumindest teilweise erklärt werden. Ein Beginn solcher Analysen könnte in der Siedlungsstruktur liegen. Durch Cross-Level-Interaktionen ließen sich Fragen nach intervenierenden Wirkungen der Siedlungsstruktur auf die Effekte der Stärke, Homogenität, Entfernung usw. beantworten. Interaktionseffekte zwischen Variablen einer Ebene stellen ebenso Erweiterungen der Mehrebenenmodelle dar, die bisher nicht berücksichtigt wurden. Für Interaktions- und Cross-Level-Effekte sind spezifischere Hypothesen als die aufgestellten Unterstützungshypothesen nötig.

Ein zweiter Ansatzpunkt bezieht sich auf eine inhaltliche Erweiterung hinsichtlich des Unterstützungsaustauschs. Neben den drei zentralen Dimensionen emotionaler, instrumenteller und geselliger Unterstützung ist es möglich, weitere Dimensionen, wie Informationsaustausch oder finanzielle Unterstützung zu untersuchen. Ferner sollte die Analyse nicht nur auf die Unterstützungsdimensionen beschränkt, sondern auf einzelne Unterstützungsarten erweitert werden. Dadurch wird ein umfassenderes Bild des Einflusses der Sozialstruktur Egos und seines persönlichen Netzwerks auf die informelle soziale Unterstützung erstellt.

Einen weiteren Bereich zukünftiger Forschung stellen Analysen der gegenseitigen Unterstützung dar. In den vorgestellten Modellen wird die soziale Unterstützung einzelner Akteure durch ihre persönlichen Netzwerke untersucht. Erkenntnisreicher sind aber Analysen, die den tatsächlichen Austausch sozialer Unterstützung zwischen den Personen eines sozialen Netzwerks untersuchen. Dazu ist allerdings eine erweiterte Datenbasis notwendig - mit dem vorhandenen Datenmaterial kann lediglich der bilaterale Austausch analysiert werden. Trotz der Erklärung sozialen Kapitals durch

Netzwerk- und Unterstützungsmodelle sind noch viele Fragen sozialer Unterstützungsnetzwerke zu lösen.

Fazit

Ausgangspunkt dieser Arbeit ist der Zusammenhang zwischen Siedlungsstruktur und sozialer Integration. Es ist das Ziel, theoretische, inhaltliche und empirische Kritikpunkte der soziologischen Debatte um diesen Zusammenhang aufzugreifen und Lösungsversuche anzubieten. Die soziale Integration von Stadt- und Landbewohnern wird unter dem Gesichtspunkt des sozialen Kapitals betrachtet. Soziales Kapital wirkt durch den Austausch sozialer Ressourcen innerhalb sozialer Strukturen. Durch den Einsatz moderner Analyseverfahren, wie soziale Netzwerkanalyse und Mehrebenenanalyse, und moderner theoretischer Modelle erschien die Untersuchung des Austauschs informeller sozialer Unterstützung innerhalb persönlicher Netzwerke geeignet. Ausgehend von einer struktur-individualistischen Betrachtungsweise wird das soziale Kapital von Stadt- und Landbewohnern in Gestalt persönlicher Netzwerke und sozialen Unterstützungsaustauschs durch Modelle untersucht, die neben den Gelegenheiten und Restriktionen des Entscheidungsspielraumes durch individuelle Entscheidungen geprägt sind. Das verwendete Datenmaterial ermöglicht einen direkten Stadt-Land-Vergleich einer ostdeutschen Stadtregion. Dabei stellt sich heraus, dass der sozialstrukturell bedingte Entscheidungsspielraum einen kleineren Erklärungsanteil einnimmt als individuelle Beziehungsmerkmale. Dies stellt ein wichtiges Ergebnis in der Diskussion um den Einfluss der Siedlungsstruktur auf das soziale Kapital von Personen dar.

Die Community-Lost-These besagt, dass städtisches Leben persönliche Beziehungen zerstört oder zumindest abschwächt, dass Stadtbewohner als eine Konsequenz ihrer Siedlungsstruktur von ihren Verwandten entfremdet, ohne Freunde und einsam leben, höchstens ruhelos von einer oberflächlichen Beziehung zur nächsten ziehen. Die Komplexität von Städten schwächt soziale Beziehungen. Für Park (1925) und die Chicagoer Schule ist die Desintegration der Preis für die Freiheit des Individuums in den Städten. Die Community-Liberated-These verneint nicht, dass städtische Siedlungsstrukturen für das individuelle Leben Konsequenzen haben. Sie bestreitet aber, dass urbanes Leben in soziale Isolation und Desintegration führt. Die „subkulturelle Theorie des Urbanismus" (Fischer 1982a) meint, dass Bevölkerungsgröße und Bevölkerungsdichte zu einer Vielzahl unterschiedlicher und intensiver sozialer Welten führt. Städte sind sozial heterogener als Landgemeinden. Die Bildung solcher sozialen Welten impliziert, dass die allgemeine Qualität persönlicher Beziehungen in Städten und Landgemeinden ähnlich, aber der typische Lebensstil unterschiedlich ist. Personen in Stadt und Land managen gleichermaßen ihre hilfreichen und bedeutungsvollen Beziehungen, aber die Arten der Personen, die sie kennen, unterscheiden sich.

Die vorliegende Arbeit zeigt, dass die Kombination der klassischen stadtsoziologischen Community-Thesen und moderner auf dem struktur-individualistischen Programm basierender theoretischer Modelle fruchtbare Ergebnisse erzielt. Verbindet man erstens die Community-Thesen mit einem Constrained-Choice-Modell persönlicher Netzwerke, zeigt sich, dass sich mit Ausnahme der Großwohnsiedlungen Stadt- und Landbewohner in ihren persönlichen Netzwerken nicht unterscheiden. Verknüpft man zweitens die Community-Thesen mit einem Entscheidungsmodell der Auswahl eines Unterstützungspartners, zeigt sich, dass Stadt- und Landbewohner in gleichem Maße sozial unterstützt werden. Selbst die in den persönlichen Netzwerken benachteiligten Großwohnsiedlungsbewohner unterscheiden sich nicht signifikant von Bewohnern anderer Siedlungsstrukturen im Austausch informeller sozialer Unterstützung. Lediglich die Innenstadtbewohner erhalten weniger gesellige Unterstützung. Daraus ist der Schluss zu ziehen, dass mit den genannten Ausnahmen Stadtbewohner und Landbewohner durch ihre persönlichen Unterstützungsnetzwerke gleichermaßen über soziales Kapital verfügen. Die unterschiedslose Ausstattung mit sozialem Kapital bedeutet für die beiden Bevölkerungsgruppen gleichwertige soziale Integration.

Methodischer Anhang

A. Auszug aus dem Fragebogen mit den verwendeten Variablen

Im Folgenden sind die Fragen der Netzwerkstudie thematisch geordnet aufgeführt, die für die Datenanalyse in dieser Arbeit von Bedeutung sind. Die Interviewerinnen haben bei jeder Frage die Möglichkeit, fehlende Angaben als weiß nicht oder keine Angabe zu kennzeichnen. In den Fragen, die Netzwerkpersonen betreffen, wird das Wort PERSON als Platzhalter verwendet. Anstelle des Wortes PERSON erscheint der jeweilige Name der Netzwerkperson auf dem Bildschirm der Interviewerin.

Siedlungsstruktur
Bedingt durch die Stichprobenziehung ist die Siedlungsstruktur vorab bekannt und muss deshalb nicht in der Befragung erhoben werden.

Humankapital
61. Frage: Welchen höchsten Schulabschluss haben Sie? Haben Sie ...
Antwortvorgaben: die Schule ohne Abschluss verlassen / einen Hauptschulabschluss oder Volksschulabschluss / einen Realschulabschluss oder die mittlere Reife / einen Abschluss der polytechnischen Oberschule (10. Klasse oder vor 1965 8. Klasse) / die Fachhochschulreife / die allgemeine oder fachgebundene Hochschulreife (Abitur) / einen Fachhochschulabschluss / einen Hochschulabschluss / die Promotion / einen anderen Schulabschluss, nämlich:____
63. Frage: Sind Sie/waren Sie ...
Antwortvorgaben: Arbeiter (-> gehen Sie zu 63_1) / Angestellter (-> gehen Sie zu 63_2) / Beamter, Richter oder Berufssoldat (-> gehen Sie zu 63_3) / Landwirt / Selbstständiger oder Unternehmer (-> gehen Sie zu 63_4) / mithelfender Familienangehöriger
63_1. Frage: Sind Sie/waren Sie ...
Antwortvorgaben: ungelernt / angelernt oder Teilfacharbeiter / gelernter oder Facharbeiter / Vorarbeiter oder Kolonnenführer / Meister, Polier oder Brigadier
63_2. Frage: Sind Sie/waren Sie Angestellter ...
Antwortvorgaben: mit einfacher, ausführender Tätigkeit nach Anweisung? ggf.: Zum Beispiel Verkäufer, Kontorist oder Stenotypist / mit einer schwierigen Tätigkeit, die Sie nach allgemeiner Anweisung selbstständig erledigen? ggf.: Zum Beispiel Sachbearbeiter, Buchhalter oder technischer Zeichner / mit selbstständiger Leistung in verantwortlicher Tätigkeit beziehungsweise mit begrenzter Verantwortung für Personal? ggf.:

Zum Beispiel Prokurist, Abteilungsleiter beziehungsweise Meister im Angestelltenverhältnis / mit umfassenden Führungsaufgaben und Entscheidungsbefugnissen? ggf.: Zum Beispiel Direktor, Geschäftsführer oder Mitglied eines Vorstandes
63_3. Frage: Sind Sie/waren Sie ...
Antwortvorgaben: Beamter in einfachen Dienst ggf.: bis einschließlich Oberamtsmeister / Beamter im mittleren Dienst ggf.: von Assistent bis einschließlich Hauptsekretär, Amtsinspektor / Beamter im gehobenen Dienst ggf.: von Inspektor bis einschließlich Oberamtsrat / Beamter im höheren Dienst, Richter ggf.: von Rat aufwärts
63_4. Frage: Haben Sie/hatten Sie ...
Antwortvorgaben: keinen oder einen weiteren Mitarbeiter beziehungsweise Partner / 2 bis 9 Mitarbeiter / 10 und mehr Mitarbeiter

ökonomisches Kapital
22. Frage: Hatten Sie in letzter Zeit ernste finanzielle Probleme?
Antwortvorgaben: ja / nein
64. Frage: Wie hoch ist das monatliche Nettoeinkommen Ihres Haushalts?
ggf.: Ich meine dabei die Summe, die sich aus Lohn, Gehalt, Einkommen aus selbstständiger Tätigkeit, Rente, oder Pension jeweils nach Abzug der Steuern und Sozialversicherungsbeiträge ergibt. Rechnen Sie bitte auch die Einkünfte aus öffentlichen Beihilfen, Einkommen aus Vermietung, Verpachtung, Wohngeld, Kindergeld, und sonstige Einkünfte hinzu.
Antwortvorgaben: bis 1.000 DM / bis 2.500 DM / bis 4.500 DM / bis 6.000 DM / mehr als 6.000 DM

Introversion
Einleitung: Im Folgenden lese ich Ihnen vier Aussagen vor. Sagen Sie mir bitte für jede Aussage, ob diese auf Sie persönlich zutrifft oder nicht.
17_1. Frage: Ich habe gerne viele Leute um mich herum.
17_2. Frage: Ich bin ein fröhlicher, gut gelaunter Mensch.
17_3. Frage: Ich unterhalte mich wirklich gerne mit anderen Menschen.
17_4. Frage: Ich bin gerne im Zentrum des Geschehens.
Antwortvorgaben für alle vier Items: Trifft das auf Sie ... überhaupt nicht zu / eher nicht zu / weder zu noch nicht zu / eher zu / völlig zu

Immobilität
23. Frage: Kommt es öfter vor, dass Sie Personen aus Ihrem Verwandten- und Bekanntenkreis aufsuchen wollten, diese Personen aber nicht aufsuchten, weil Sie Schwierigkeiten hatten, dorthin zu kommen?
Antwortvorgaben: ja / nein

minderjährige Kinder im Haushalt
Einleitung: Die folgenden Fragen beziehen sich auf Personen aus Ihrem Verwandten- und Bekanntenkreis.
24. Frage: Welche Personen gehören zu Ihrem Haushalt?

ggf.: Nennen Sie mir bitte den Vornamen und den ersten Buchstaben des Nachnamens. Die Namen dieser Personen benötige ich nur, um weitere Fragen entsprechend zuordnen zu können.
41. Frage: Wie alt ist PERSON?

Wohnortwechsel
6. Frage: Wie lange wohnen Sie in Ihrem Ort?
Antwortvorgabe: Wohndauer in Jahren

Alter
60. Frage: In welchem Jahr sind Sie geboren?

Geschlecht
Das Geschlecht wird in der Kontaktaufnahme vor Beginn der Befragung festgestellt.

Familienstand
9. Frage: Welchen Familienstand haben Sie?
Antwortvorgaben: Sind Sie ...verheiratet und leben mit dem Ehepartner zusammen / verheiratet und leben vom Ehepartner getrennt / ledig / geschieden / verwitwet

Netzwerkgröße
Zur Bestimmung der Netzwerkgröße werden folgende 17 Namensgeneratoren verwendet. Es kann eine unbegrenzte Menge von Personen genannt werden.
Einleitung: Die folgenden Fragen beziehen sich auf Personen aus Ihrem Verwandten- und Bekanntenkreis.
24. Frage: Welche Personen gehören zu Ihrem Haushalt?
ggf.: Nennen Sie mir bitte den Vornamen und den ersten Buchstaben des Nachnamens. Die Namen dieser Personen benötige ich nur, um weitere Fragen entsprechend zuordnen zu können.
25. Frage: Mit welchen Personen trafen Sie sich in letzter Zeit in Ihrer Freizeit?
ggf.: Ich meine damit zum Beispiel den Besuch kultureller und gastronomischer Einrichtungen sowie Freizeiteinrichtungen oder einen Besuch zu Hause.
26. Frage: Mit welchen Personen haben Sie Ihren letzten Geburtstag gefeiert?
27. Frage: Mit welchen Personen sprachen Sie in letzter Zeit über Ihre gemeinsamen Hobbys oder Freizeitinteressen?
28. Frage: Wenn Sie in der letzten Zeit nur etwas Kleines benötigten, beispielsweise eine Tasse Zucker oder ein paar Schrauben und das Geschäft, in dem Sie diese Dinge gewöhnlich einkaufen, war geschlossen. Von welchen Personen haben Sie sich die benötigten Dinge geliehen?
29. Frage: Und welchen Personen haben Sie solche kleinen Dinge, wie eine Tasse Zucker oder ein paar Schrauben, in der letzten Zeit geliehen?
30. Frage: Welche Personen, die nicht zu Ihrem Haushalt gehören, haben Ihnen in letzter Zeit bei Aufgaben im Haushalt, wie malern, Möbel rücken, kochen, sauber machen oder Reparaturen geholfen?

31. Frage: Und welchen Personen haben Sie bei solchen Aufgaben im Haushalt in letzter Zeit geholfen?
32. Frage: Wenn man seine Wohnung für eine Weile verlässt, dann übergibt man anderen Leuten die Wohnungsschlüssel, um auf die Wohnung aufzupassen, die Blumen zu gießen oder Dinge in der Wohnung zu überprüfen. Wenn Sie und Ihre Familie in letzter Zeit für eine Weile Ihre Wohnung verließen, welche Personen passten auf Ihre Wohnung auf?
33. Frage: Und für welche Personen passten Sie in letzter Zeit auf die Wohnung auf, als diese Personen abwesend waren?
34. Frage: Mit welchen Personen besprachen Sie in letzter Zeit Ihre beruflichen Angelegenheiten, wie Arbeitsprobleme, die Sie lösen mussten, Entscheidungen, die Sie treffen mussten oder Möglichkeiten, wie Sie Ihre Arbeit besser erledigen konnten?
35. Frage: Welche Personen besprachen in letzter Zeit mit Ihnen deren berufliche Angelegenheiten?
36. Frage: Um sich im Leben besser zurechtzufinden, verlässt man sich auf Ratschläge und Meinungen von anderen Menschen, wenn man wichtige Entscheidungen zum Beispiel über die Familie oder die Arbeit zu treffen hat. Von welchen Personen nahmen Sie in letzter Zeit Ratschläge an, wenn es um wichtige Entscheidungen ging?
37. Frage: Und welchen Personen erteilten Sie in letzter Zeit einen Ratschlag bei wichtigen Entscheidungen?
38. Frage: Mit welchen Personen sprachen Sie in letzter Zeit über wichtige persönliche Angelegenheiten, wie Dinge, über die Sie sich ärgerten oder freuten?
39. Frage: Und welche Personen haben mit Ihnen in der letzten Zeit über deren persönliche Angelegenheiten gesprochen?
40. Frage: Sie haben mir eine Menge von Personen genannt, mit denen Sie verkehren. Sagen Sie mir, ob es Personen in Ihrem Verwandten- und Bekanntenkreis gibt, die Sie noch nicht genannt haben, die aber für Sie in der letzten Zeit in irgendeiner Weise wichtig waren.

Netzwerkdichte
Zur Bestimmung der Netzwerkdichte wird ein Verfahren verwendet, wonach bis zu fünf Namen von Netzwerkpersonen aus fünf verschiedenen sozialen Kontexten durch die Interviewerin notiert werden. Wenn mindestens drei Namen notiert werden, wird die Netzwerkdichte mit der 59. Frage erhoben.
Interviewerin: Notieren Sie für die fünf Items 47_1, 47_2, 47_3, 47_4 und 47_5 jeweils den erstgenannten Namen.
Hinweis: Sollte ein Name bereits vergeben sein, notieren Sie den nächsten, noch nicht genannten Namen.
59. Frage: Kennen sich die Personen einander gut?
Antwortvorgaben: ja / nein

sozialer Kontext
Das Konstrukt sozialer Kontext wird aus mehreren Variablen gebildet. Mehrfachnennungen werden nach folgender hierarchischer Regel geordnet (der erste

auftretende Kontext bestimmte die Zuordnung): 1. nahe Verwandtschaft (Partner, Kinder, Eltern und Geschwister), 2. entfernte Verwandtschaft, 3. Nachbarschaft, 4. Arbeitsplatz, 5. Organisationsmitgliedschaft, 6. Bekanntschaft und 7. Freundschaft.
46. Frage: Ist PERSON mit Ihnen verwandt?
Antwortvorgaben: Ehe- oder Lebenspartner / Sohn / Tochter / Enkelsohn / Enkeltochter / Bruder / Schwester / Vater / Mutter / Großvater / Großmutter / Onkel / Tante / Neffe / Nichte / Cousin / Cousine / Schwager / Schwägerin / Schwiegervater / Schwiegermutter / Schwiegersohn / Schwiegertochter / sonstige Verwandtschaft / nicht verwandt
47_1. Frage: Sind sie gemeinsam Mitglied in einer Organisation?
Antwortvorgaben: ja / nein
47_2. Frage: Ist PERSON ein Arbeitskollege?
Antwortvorgaben: ja / nein
47_3. Frage: Ist PERSON ein Nachbar?
Antwortvorgaben: ja / nein
47_4. Frage: Ist PERSON ein Bekannter?
Antwortvorgaben: ja / nein
47_5. Frage: Ist PERSON ein Freund?
Antwortvorgaben: ja / nein

Statushomogenität
Die Variable Statushomogenität ist ein additiver Index der Konstrukte Altershomogenität, Geschlechtshomogenität und Familienstandshomogenität, wobei Alter, Geschlecht und Familienstand von Befragtem und der jeweiligen Netzwerkperson verglichen werden.
41. Frage: Wie alt ist PERSON?
42. Frage: Interviewerin: Tragen Sie das Geschlecht von PERSON ein!
Hinweis: Das Geschlecht ergibt sich zumeist aus dem angegebenen Namen der Netzwerkperson. In unschlüssigen Fällen fragen die Interviewerinnen nach.
43. Frage: Ist PERSON ...
Antwortvorgaben: verheiratet und lebt mit dem Ehepartner zusammen / verheiratet und lebt vom Ehepartner getrennt / ledig / geschieden / verwitwet

Prestigeheterogenität
Die Variable Prestigeheterogenität ist ein additiver Index der Konstrukte Bildungsheterogenität und Erwerbsstatusheterogenität, wobei Bildungsabschluss und Erwerbsstatus von Befragtem und der jeweiligen Netzwerkperson verglichen werden.
44. Frage: Hat PERSON das Abitur?
Antwortvorgaben: ja / nein
45. Frage: Ist PERSON ...
Antwortvorgaben: erwerbstätig (auch Wehr-/Ersatzdienst, freiwilliges soziales Jahr) / gegenwärtig nicht erwerbstätig (arbeitslos, Umschulung, ABM, Kurzarbeit) / nicht mehr erwerbstätig (Rentner, Pensionär, Vorruhestand) / noch nicht erwerbstätig (Kind, Schüler, Student, Lehrling)

Entfernung
51. Frage: Wieweit lebt PERSON von Ihnen entfernt? Können Sie mir sagen, wie viel Zeit Sie benötigen, um PERSON zu besuchen?
Antwortvorgaben: bis 5 Minuten / bis 15 Minuten / bis 30 Minuten / bis 1 Stunde / bis 2 Stunden / mehr als 2 Stunden

Stärke der Beziehung
Die Stärke der Beziehung ist ein Konstrukt aus Vertrauen, Verpflichtungen, gegenseitiger häufiger Inanspruchnahme, Kontakthäufigkeit und Beziehungsdauer.

Vertrauen
55. Frage: Vertrauen Sie PERSON ...
Antwortvorgaben: sehr stark, / stark, / etwas, / nur schwach oder / misstrauen Sie PERSON?

Verpflichtung
56. Frage: Wie stark fühlen Sie sich verpflichtet, PERSON bei Bedarf zu unterstützen?
Antwortvorgaben: Fühlen Sie sich ... sehr stark, / stark, / etwas, / nur schwach oder / überhaupt nicht verpflichtet?

gegenseitige häufige Inanspruchnahme
49. Frage: Wie häufig nahm PERSON Sie für persönliche Angelegenheiten in Anspruch?
Antwortvorgaben: überhaupt nicht / selten / gelegentlich / häufig / sehr häufig
50. Frage: Wie häufig nahmen Sie PERSON für persönliche Angelegenheiten in Anspruch?
Antwortvorgaben: überhaupt nicht / selten / gelegentlich / häufig / sehr häufig

Kontakthäufigkeit
Die Variable Kontakthäufigkeit wird aus den Kontakthäufigkeiten dreier Kontaktarten bestimmt, wobei die Antwort mit dem häufigsten Kontakt die Gesamtkontakthäufigkeit bestimmt.
52. Frage: Wie häufig telefonieren Sie und PERSON miteinander?
Antwortvorgaben: täglich / mindestens einmal die Woche / mindestens einmal im Monat / mindestens einmal im Jahr / seltener / gar nicht
53. Frage: Wie häufig haben Sie und PERSON schriftlichen Kontakt?
ggf.: Zum schriftlichen Kontakt zählen Postkarten, Briefe, Faxe, Telegramme, E-Mails und Quix-Mails.
Antwortvorgaben: täglich / mindestens einmal die Woche / mindestens einmal im Monat / mindestens einmal im Jahr / seltener / gar nicht
54. Frage: Wie häufig sehen Sie PERSON persönlich?
Antwortvorgaben: täglich / mindestens einmal die Woche / mindestens einmal im Monat / mindestens einmal im Jahr / seltener / gar nicht

Beziehungsdauer
48. Frage: Wie langen kennen Sie PERSON?
Antwortvorgabe: Bekanntheitsdauer in Jahren

Zukunftspotenzial
57. Frage: Wie häufig werden Sie in Zukunft noch mit PERSON zusammenkommen, sich gegenseitig helfen oder einfach nur Dinge gemeinsam tun?
Antwortvorgaben: überhaupt nicht / selten / gelegentlich / öfter / häufig / sehr häufig

emotionale Unterstützung
Konstrukt aus den Fragen 34, 36 und 38. Wird eine Netzwerkperson mindestens bei einem dieser drei Namensgeneratoren genannt, liegt emotionale Unterstützung vor.

instrumentelle Unterstützung
Konstrukt aus den Fragen 28, 30 und 32. Wird eine Netzwerkperson mindestens bei einem dieser drei Namensgeneratoren genannt, liegt instrumentelle Unterstützung vor.

Geselligkeitsunterstützung
Konstrukt aus den Fragen 25, 26 und 27. Wird eine Netzwerkperson mindestens bei einem dieser drei Namensgeneratoren genannt, liegt Geselligkeitsunterstützung vor.

Multiplexität der Unterstützungsarten
Konstrukt aus den Fragen 25, 26, 27, 28, 30, 32, 34, 36 und 38. Wenn eine Netzwerkperson lediglich auf einen dieser neun Namensgeneratoren genannt wird, gilt diese Beziehung als uniplex, wird sie hingegen mindestens auf zwei Namensgeneratoren genannt, ist die Beziehung multiplex.

Multiplexität der Unterstützungsdimensionen
Konstrukt aus den Variablen emotionale Unterstützung, instrumentelle Unterstützung und Geselligkeitsunterstützung. Multiplexität liegt vor, wenn eine Netzwerkperson in mindestens zwei Dimensionen Unterstützung leistet.

B. Missing-Value-Analyse

Die Variablen ökonomisches Kapital, Introversion und Immobilität aus der Gruppe der Sozialstrukturvariablen und die Variablen Statushomogenität, Prestigeheterogenität, Entfernung, Stärke der Beziehung, Beziehungsdauer und Zukunftspotenzial aus der Gruppe der Beziehungsvariablen werden Missing-Value-Analysen unterzogen. Zwei Gründe sprechen für diese Missing-Value-Analysen. Erstens führen fehlende Werte der Sozialstrukturvariablen zu einem überproportional hohen Datenverlust in den Mehrebenenmodellen, weil ein fehlender Wert im Durchschnitt den Verlust von Daten aus elf Beziehungen bedeutet. Zweitens haben die fehlenden Werte pro Variable nur einen sehr geringen Anteil von 0,2% bis 5,9%. Die Behandlung der fehlenden Werte wird im Folgenden pro Variable erläutert.

ökonomisches Kapital
Die Variable ökonomisches Kapital hat den höchsten Anteil fehlender Werte (5,9%). Aufgrund der hohen Korrelation der Schulbildung mit dem ökonomischen Kapital werden die fehlenden Werte durch die Bildungsvariable berechnet.

Introversion
Die Variable Introversion weist mit 0,4% einen äußerst geringen Anteil fehlender Werte auf. Die fehlende Werte werden aufgrund des Skaleniveaus durch den Median ersetzt.

Immobilität
Die fehlenden Werte der Variablen Immobilität (0,2%) werden durch den Modalwert ersetzt.

Statushomogenität
Für die Bearbeitung der fehlenden Werte der Variablen Statusheterogenität (1,8%) wird auf die vorhandenen Werte der einzelnen Konstrukt-Komponenten zurückgegriffen, um die fehlenden Werte zu ersetzen. Fehlen die Werte aller Konstrukt-Komponenten, wird der Modalwert eingesetzt.

Prestigeheterogenität
Für die Bearbeitung der fehlenden Werte der Variablen Prestigeheterogenität (4,3%) wird ebenfalls auf die vorhandenen Werte der einzelnen Konstrukt-Komponenten zurückgegriffen, um die fehlenden Werte zu ersetzen. Fehlen die Werte aller Konstrukt-Komponenten, wird der Modalwert eingesetzt.

Entfernung
Fehlende Entfernungsangaben (0,7%) werden durch das arithmetische Mittel ersetzt.

Stärke der Beziehung
Die Stärke der Beziehung weist einen geringen Anteil von 1,5% fehlender Werte aus.

Aufgrund der Berechnung dieses Konstrukts mittels einer Faktorenanalyse werden die fehlenden Werte durch den arithmetischen Mittelwert ersetzt. Eine entsprechende Prozedur wird für die Variable Beziehungsdauer (0,6% fehlende Werte) angewandt.

Zukunftspotenzial
Fehlende Angaben des Zukunftspotenzials (0,1%) werden durch den Median ersetzt.

Für zwei Konstrukte kann keine Missing-Value-Analyse durchgeführt werden. Die Konstruktion der Variablen Netzwerkdichte bringt einen sehr hohen Anteil fehlender Werte (29,5%) mit sich. Eine Behandlung der fehlenden Werte würde zu stark verzerrten Ergebnissen führen. Die sieben Variablen der sozialen Kontexte unterliegen zwar nur einem geringen Anteil fehlender Werte (1,0%), allerdings gibt es keine hinreichend begründbare Zuordnungsregel für fehlende Werte.

Literaturverzeichnis

Agresti, Alan, 1990: *Categorical Data Analysis*. New York: Wiley.

Alpheis, Hannes, 1989: Kontext- und Mehrebenenanalyse: neue Perspektiven für den Netzwerk-Ansatz? S. 145-158 in: Ernst von Kardorff, Wolfgang Stark, Robert Rohner und Peter Wiedemann (Hg.): *Zwischen Netzwerk und Lebenswelt: soziale Unterstützung im Wandel; wissenschaftliche Analysen und praktische Strategien*. Band 2 der Reihe Gemeindepsychologische Perspektiven. München: Profil.

Antonucci, Toni C., 1985: Social Support: Theoretical Advances, Recent Findings and Pressing Issues. S. 21-37 in: Irwin G. Sarason und Barbara R. Sarason (Hg.): *Social Support: Theory, Research and Applications*. Dordrecht: Nijhoff.

Axelrod, Robert, 1995: *Die Evolution der Kooperation*. München: Oldenbourg.

Babchuck, N. und A. Booth, 1969: Voluntary Association Membership: a Longitudinal Analysis, *American Sociological Review* 34: 31-45.

Bahrdt, Hans P., 1961: *Die moderne Großstadt: soziologische Überlegungen zum Städtebau*. Reinbek: Rowohlt.

Baldassare, Mark, 1977: Residential Density, Household Crowding, and Social Networks. S. 101-115 in: Claude S. Fischer, Robert M. Jackson, C. Ann Stueve, Kathleen Gerson und Lynne McCallister-Jones, with Mark Baldassare: *Networks and Places: Social Relations in the Urban Setting*. New York: Free Press.

Barnes, John A., 1954: Class and Committees in a Norwegian Island Parish, *Human Relations* 7: 39-58.

Barnes, John A., 1972: *Social Networks*. Reading: Addison-Wesley.

Barrera, Manuel Jr., 1986: Distinctions Between Social Support Concepts, Measures, and Models, *American Journal of Community Psychology* 14 (4): 413-445.

Bechtloff, Volker, 1993: *Computergestützte Befragungssysteme bei der Datenerhebung und ihr praktischer Einsatz in der Bundesrepublik Deutschland*. Münster: LIT.

Becker, Gary, 1975: *Human Capital*. New York: Columbia University Press.

Becker, Ulrike und Peter M. Wiedemann, 1989: Der Nutzen entscheidungsanalytischer Techniken für die Analyse sozialer Unterstützung. S. 129-143 in: Ernst von Kardorff, Wolfgang Stark, Robert Rohner und Peter Wiedemann (Hg.): *Zwischen Netzwerk und Lebenswelt: soziale Unterstützung im Wandel; wissenschaftliche Analysen und praktische Strategien*. Band 2 der Reihe Gemeindepsychologische Perspektiven. München: Profil.

Beggs, John J., Valerie A. Haines und Jeanne S. Hurlbert, 1996: Revisiting the Rural-Urban Contrast: Personal Networks in Nonmetropolitan and Metropolitan Settings, *Rural Sociology* 61 (2): 306-325.

Bergmann, Klaus, 1970: *Agrarromantik und Großstadtfeindschaft*. Meisenheim: Hain.

Bernard, H. Russell und Peter D. Killworth, 1979: Deterministic Models of Social Networks. S. 165-186 in: Paul W. Holland und Samuel Leinhardt (Hg.): *Perspectives on Social Network Research*. New York: Academic Press.

Bertram, Hans, 1995: Regionale Vielfalt und Lebensform. S. 157-195 in: Hans Bertram (Hg.): *Das Individuum und seine Familie: Lebensformen, Familienbeziehungen und Lebensereignisse im Erwachsenenalter*. Opladen: Leske + Budrich.

Bertram, Hans, 1996: Familienentwicklung und Haushaltsstrukturen. S. 183-215 in: Wendelin Strubelt u.a. (Hg.): *Städte und Regionen: räumliche Folgen des Transformationsprozesses*. Opladen: Leske + Budrich.

Bien, Walter (Hg.), 1994: *Eigeninteresse oder Solidarität: Beziehungen in modernen Mehrgenerationenfamilien*. Opladen: Leske + Budrich.

Blau, Peter M., 1964: *Exchange and Power in Social Life*. New York: Wiley.

Blau, Peter M., 1982: Structural Sociology and Network Analysis: an Overview. S. 273-279 in: Peter V. Marsden und Nan Lin (Hg.): *Social Structure and Social Network Analysis*. Beverly Hills: Sage.

Boissevain, Jeremy, 1974: *Friends of Friends: Networks, Manipulators, and Coalitions*. Oxford: Basil Blackwell.

Bott, Elisabeth, 1957: *Family and Social Network*. London: Tavistock.

Bourdieu, Pierre, 1983: Ökonomisches Kapital, kulturelles Kapital, soziales Kapital. S. 183-198 in: Reinhard Kreckel (Hg.): *Soziale Ungleichheiten*. Göttingen: Schwartz.

Bourdieu, Pierre, 1985: The Forms of Capital. S. 241-258 in: J. G. Richardson (Hg.): *Handbook of Theory and Research for the Sociology of Education*. New York: Greenwood.

Breiger, R.L., 1976: Career Attributes and Network Structure: a Blockmodel Study of a Biomedical Research Speciality, *American Sociological Review* 41: 117-135.

Broese van Groenou, Marjolein, Eric van Sonderen und Johan Ormel, 1990: Test-Retest Reliability of Personal Network Delineation. S. 121-136 in: Cornelius P.M. Knipscheer und Toni C. Antonucci (Hg.): *Social Network Research: Substantive Issues and Methodological Questions*. Amsterdam: Swets und Zeitlinger.

Bryk, Anthony S. und Steve W. Raudenbush, 1992: *Hierarchical Linear Models: Applications and Data Analysis Methods*. London: Sage.

Bührer, Susanne, 1997: *Soziales Kapital und Wanderungsentscheidungen: zur Bedeutung sozialer Bezugsgruppen im Prozeß der Entstehung von Wanderungserwägungen, Wanderungsabsichten und Wanderungen*. Hamburg: Kovac.

Bunt, Gerhard G. van de, 2000: *Friendship at Work: an Actor-oriented Statistical Network Model for Friendship Networks Through Time*. Paper präsentiert auf der Fifth International Conference on Social Science Methodology, Köln.

Burt, Ronald S., 1980: Models of Network Structure, *Annual Review of Sociology* 6: 79-141.

Burt, Ronald S., 1982: *Toward a Structural Theory of Action: Network Models of Social Structure, Perception, and Action*. New York: Academic Press.

Burt, Ronald S., 1984: Network Items and the General Social Survey, *Social Networks* 6: 293-339.

Burt, Ronald S., 1992: *Structural Holes*. Cambridge: Harvard University Press.

Büschges, Günter, Martin Abraham und Walter Funk, 1996: *Grundzüge der Soziologie*. München: Oldenbourg.

Buskens, Vincent, 1999: *Social Networks and Trust*. Amsterdam: Thela Thesis.

Busschbach, Jooske T. van, 1996: *Uit het Oog, uit het Hart? Stabiliteit en Veranderingen in Persoonlijke Relaties*. (Aus dem Auge, aus dem Sinn? Stabilität und Veränderungen in persönlichen Beziehungen) Amsterdam: Thesis.

Campbell, Karen E. und Barrett A. Lee, 1991: Name Generators in Surveys of Personal Networks, *Social Networks* 13: 203-221.

Campbell, Karen E. und Barrett A. Lee, 1992: Sources of Personal Neighbor Networks: Social Integration, Need, or Time? *Social Forces* 70 (4): 1077-1100.

Campbell, Karen E., Peter V. Marsden und Jeanne S. Hurlbert, 1986: Social Resources and Socioeconomic Status, *Social Networks* 8: 97-117.

Cohen, S. und T.A. Wills, 1985: Stress, Social Support and the Buffering Hypothesis, *Psychological Bulletin* 98: 310-357.

Coleman, James S., 1988: Social Capital in the Creation of Human Capital, *American Journal of Sociology* 94 Supplement: S95-S120.

Coleman, James S., 1995a: *Grundlagen der Sozialtheorie*. Band 1: Handlungen und Handlungssysteme. München: Oldenbourg.

Coleman, James S., 1995b: *Grundlagen der Sozialtheorie*. Band 2: Körperschaften und die moderne Gesellschaft. München: Oldenbourg.

Craven, Paul und Barry Wellman, 1973: The Network City, *Sociological Inquiry* 43: 57-88.

Dasgupta, Partha, 1988: Trust as a Commodity. S. 49-72 in: Diego Gambetta (Hg.): *Trust: Making and Breaking Cooperative Relations*. Oxford: Blackwell.

Dewey, Richard, 1974: Das Stadt-Land-Kontinuum. S. 45-54 in: Peter Atteslander und Bernd Hamm (Hg.): *Materialien zur Siedlungssoziologie*. Köln: Kiepenheuer und Witsch.

Diaz-Bone, Rainer, 1997: *Ego-zentrierte Netzwerkanalyse und familiale Beziehungssysteme*. Wiesbaden: Deutscher Universitätsverlag.

Diewald, Martin, 1991: *Soziale Beziehungen: Verlust oder Liberalisierung? Soziale Unterstützung in informellen Netzwerken*. Berlin: Edition Sigma.

Diewald, Martin, 1995: „Kollektiv", „Vitamin B" oder „Nische"? Persönliche Netzwerke in der DDR. S. 223-260 in: Johannes Huinink, Karl Ulrich Mayer, Martin Diewald, Heike Solga, Annemette Sörensen und Heike Trappe (Hg.): *Kollektiv und Eigensinn: Lebensverläufe in der DDR und danach*. Berlin: Akademie Verlag.

Duijn, Marijtje A.J., Jooske T. van Busschbach und Tom A.B. Snijders, 1999: Multilevel Analysis of Personal Networks as Dependent Variables, *Social Networks* 21: 187-209.

Durkheim, Emile, 1988 [1883]: *Über soziale Arbeitsteilung: Studie über die Organisation höherer Gesellschaften*. Frankfurt a.M.: Suhrkamp, 2. Auflage.

Dykstra, Pearl A., 1990: Disentangling Direct and Indirect Gender Effects on the Supportive Network. S. 55-65 in: Cornelius P.M. Knipscheer und Toni C. Antonucci (Hg.): *Social Network Research: Substantive Issues and Methodological Questions*. Amsterdam: Swets und Zeitlinger.

Elster, Jon, 1987: *Subversion der Rationalität*. Frankfurt a.M.: Campus.

Engel, Uwe, 1998: *Einführung in die Mehrebenenanalyse: Grundlagen, Auswertungsverfahren und praktische Beispiele*. Opladen: Westdeutscher Verlag.

Engeli, Christian, 1999: Die Großstadt um 1900: Wahrnehmung und Wirkungen in Literatur, Kunst, Wissenschaft und Politik. S. 21-51 in: Clemens Zimmermann und Jürgen Reulecke (Hg.): *Die Stadt als Moloch? Das Land als Kraftquell? Wahrnehmungen und Wirkungen der Großstädte um 1900*. Basel: Birkhäuser.

Feld, Scott L., 1981: The Focused Organization of Social Ties, *American Journal of Sociology* 86 (5): 1015-1035.

Feld, Scott L., 1982: The Structured Use of Personal Associates, *Social Forces* 62 (3): 640-652.

Fischer, Claude S., 1976: *The Urban Experience.* New York: Harcourt, Brace und Jovanovich.

Fischer, Claude S., 1977a: Perspectives on Community and Personal Relations. S. 1-17 in: Claude S. Fischer, Robert M. Jackson, C. Ann Stueve, Kathleen Gerson und Lynne McCallister-Jones, with Mark Baldassare: *Networks and Places: Social Relations in the Urban Setting.* New York: Free Press.

Fischer, Claude S., 1977b: Network Analysis and Urban Studies. S. 19-37 in: Claude S. Fischer, Robert M. Jackson, C. Ann Stueve, Kathleen Gerson und Lynne McCallister-Jones, with Mark Baldassare: *Networks and Places: Social Relations in the Urban Setting.* New York: Free Press.

Fischer, Claude S., 1982a: *To Dwell among Friends: Personal Networks in Town and City.* Chicago: University of Chicago Press.

Fischer, Claude S., 1982b: What do we Mean by „Friends"? An Inductive Study, *Social Networks* 3: 287-306.

Fischer, Claude S., Robert M. Jackson, C. Ann Stueve, Kathleen Gerson und Lynne McCallister-Jones, with Mark Baldassare, 1977: *Networks and Places: Social Relations in the Urban Setting.* New York: Free Press.

Fischer, Claude S. und S.J. Oliker, 1983: A Research Note on Friendship, Gender, and the Life Cycle, *Social Forces* 62: 124-133.

Fischer, Claude S. und C. Ann Stueve, 1977: „Authentic Community": the Role of Place in Modern Life. S. 163-186 in: Claude S. Fischer, Robert M. Jackson, C. Ann Stueve, Kathleen Gerson und Lynne McCallister-Jones, with Mark Baldassare: *Networks and Places: Social Relations in the Urban Setting.* New York: Free Press.

Flap, Henk D., 1987: De Theorie van het Sociale Kapitaal (Die Theorie des sozialen Kapitals), *Antropologische Verkenningen* 6:14-27.

Flap, Henk D., 1988: *Conflict, Loyalty, and Violence. The Effects of Social Networks on Behaviour.* Frankfurt a.M.: Lang.

Flap, Henk D., 1999: Creation and Returns of Social Capital: a new Research Program, *Tocqueville Review* 20 (1): 5-26.

Flap, Hendrik D. und Nan D. de Graaf, 1986: Social Capital and Attained Occupational Status, *Netherlands Journal of Sociology* 22: 145-161.

Franz, Peter, 1986: Der „Constrained Choice"-Ansatz als gemeinsamer Nenner individualistischer Ansätze in der Soziologie, *Kölner Zeitschrift für Soziologie und Sozialpsychologie* 38: 32-54.

Frey, James H., Gerhard Kunz und Günther Lüschen, 1990: *Telefonumfragen in der Sozialforschung.* Opladen: Westdeutscher Verlag.

Friedrichs, Jürgen und Wolfgang Jagodzinski, 1999: Theorien sozialer Integration. S. 9-43 in: Jürgen Friedrichs und Wolfgang Jagodzinski (Hg.): *Soziale Integration.* Sonderheft 39 der Kölner Zeitschrift für Soziologie und Sozialpsychologie. Opladen: Westdeutscher Verlag.

Fuchs, Marek, 1994: *Umfrageforschung mit Telefon und Computer.* Weinheim: Beltz.

Gans, Herbert J., 1962: *The Urban Villagers.* New York: Free Press.

Gans, Herbert J., 1967: *The Levittowners.* New York: Pantheon.

Goldstein, Harvey, 1995: *Multilevel Statistical Models.* London: Edward Arnold.

Gottlieb, Benjamin H., 1981: Preventive Interventions Involving Social Networks and Social Support. S. 201-232 in: Benjamin H. Gottlieb (Hg.): *Social Networks and Social Support.* Beverly Hills: Sage.

Graaf, Nan D. de und Henk D. Flap, 1988: „With a little Help from my Friends": Social Resources as an Explanation of Occupational Status and Income in West Germany, the Netherlands, and the United States, *Social Forces* 67: 452-472.

Gräbe, Sylvia, 1991: Reziprozität und Stress in „Support"-Netzwerken: neue Perspektiven in der familiensoziologischen Netzwerkforschung, *Kölner Zeitschrift für Soziologie und Sozialpsychologie* 43: 344-356.

Granovetter, Mark S., 1973: The Strength of Weak Ties, *American Journal of Sociology* 78 (6): 1360-1380.

Granovetter, Mark S., 1979: The Theory-Gap in Social Network Analysis. S. 501-518 in: Paul W. Holland und Samuel Leinhardt (Hg.): *Perspectives on Social Network Reseach*. New York: de Gruyter.

Granovetter, Mark S., 1982: The Strength of Weak Ties: a Network Theory Revisited. S. 105-130 in: Peter V. Marsden und Nan Lin (Hg.): *Social Structure and Social Network Analysis*. Beverly Hills: Sage.

Granovetter, Mark S., 1985: Economic Action and Social Structure: the Problem of Embeddedness, *American Journal of Sociology* 91: 481-510.

Granovetter, Mark S., 1992: Problems of Explanation in Economic Sociology. S. 25-55 in: Nitin Nohria und Robert G. Eccles (Hg.): *Networks and Organizations*. Boston: Harvard Business School Press.

Güth, Werner und Hartmut Kliemt, 1993: Menschliche Kooperation basierend auf Vorleistungen und Vertrauen. S. 253-277 in: Philipp Herder-Dorneich u.a. (Hg.): Jahrbuch für Politische Ökonomie 12. Tübingen: Mohr.

Hahn, Alois, Hans A. Schubert und Hans-Jörg Siewert, 1979: *Gemeindesoziologie: eine Einführung*. Stuttgart: Kohlhammer.

Hamm, Bernd, 1973: *Betrifft: Nachbarschaft: Verständigung über Inhalt und Gebrauch eines vieldeutigen Begriffs*. Düsseldorf: Bertelsmann Fachverlag.

Haug, Sonja, 1997: *Soziales Kapital: ein kritischer Überblick über den aktuellen Forschungsstand*. Mannheim: Mannheimer Zentrum für europäische Sozialforschung.

Häußermann, Hartmut, 1989: Stadt und Kultur. S. 639-642 in: Max Haller, Hans-Joachim Hoffmann-Nowotny und Wolfgang Zapf (Hg.): *Kultur und Gesellschaft: Verhandlungen des 24. Deutschen Soziologentags, des 11. Österreichischen Soziologentags und des 8. Kongresses der Schweizerischen Gesellschaft für Soziologie*. Frankfurt a.M.: Campus.

Henry, Jules, 1958: The Personal Community and its Invariant Properties, *American Antropologist* 60: 827-831.

Hill, Paul B., 1987: Unterschiedliche Operationalisierungen von egozentrierten Netzwerken und ihr Erklärungsbeitrag in Kausalmodellen, *ZUMA-Nachrichten* 21: 45-57.

Hofferth, Sandra L., Johanne Boisjoly und Greg J. Duncan, 1999: The Development of Social Capital, *Rationality and Society* 11 (1): 79-110.

Hofferth, Sandra L. und John Iceland, 1998: Social Capital in Rural and Urban Communities, *Rural Sociology* 63 (4): 574-598.

Hoffmeyer-Zlotnik, Jürgen H.P., 1987: Egozentrierte Netzwerke in Massenumfragen: ein ZUMA-Methodenforschungsprojekt, *ZUMA-Nachrichten* 20: 37-43.

Hoffmeyer-Zlotnik, Jürgen H.P., 1993: Operationalisierung von „Beruf" als zentrale Variable zur Messung von sozio-ökonomischen Status, *ZUMA-Nachrichten* 32: 135-141.

House, J.S., D. Umberson und K.R. Landis, 1988: Structures and Processes of Social Support, *Annual Review of Sociology* 14: 293-318.

Hox, J. J., 1995: *Applied Multilevel Analysis*. Amsterdam: TT-Publ.

Hradil, Stefan, 1995: Die Modernisierung des Denkens: Zukunftspotentiale und „Altlasten" in Ostdeutschland, *Aus Politik und Zeitgeschichte* (Beilage zur Wochenzeitung Das Parlament) B20/95 vom 12.5.1995: 3-15.

Hunter, Albert und Stephanie Riger, 1986: The Meaning of Community in Community Mental Health, *Journal of Community Psychology* 14: 55-71.

Hurlbert, Jeanne S. und Alan C. Acock, 1990: The Effects of Marital Status on the Form and Composition of Social Networks, *Social Science Quarterly* 71 (1): 163-174.

Irving, Henry W., 1977: Social Networks in the Modern City, *Social Forces* 55 (4): 867-880.

Jackson, Robert M., 1977: Social Structure and Process in Friendship Choice. S.59-78 in: Claude S. Fischer, Robert M. Jackson, C. Ann Stueve, Kathleen Gerson und Lynne McCallister-Jones, with Mark Baldassare: *Networks and Places: Social Relations in the Urban Setting.* New York: Free Press.

Kadushin, Charles, 1966: Friends and Supporters of Psychotherapy: on Social Circles in Urban Life, *American Sociological Review* 31: 786-802.

Kadushin, Charles, 1981: Notes on Expectations of Reward in N-Person Networks. S. 235-254 in: Peter M. Blau und Robert K. Merton (Hg.): *Continuities in Structural Inquiry.* Beverly Hills: Sage.

Kapferer, Bruce, 1969: Norms and the Manipulation of Relationships in a Work Context. S. 181-244 in: J. Clyde Mitchell (Hg.): *Social Networks in Urban Situations: Analyses of Personal Relationships in Central African Towns.* Manchester: Manchester University Press.

Keller, Suzanne, 1968: *The Urban Neighborhood: a Sociological Perspective.* New York: Random House.

Keupp, Heiner und Bernd Röhrle (Hg.), 1987: *Soziale Netzwerke.* Frankfurt a.M.: Campus.

Klages, Helmut, 1968: *Der Nachbarschaftsgedanke und die nachbarliche Wirklichkeit in der Großstadt.* Stuttgart: Kohlhammer.

Klovdahl, Alden S., 1989: Urban Social Networks: some Methodological Problems and Possibilities. S. 176-210 in: Manfred Kochen (Hg.): *The Small World.* Norwood: Ablex.

Kochen, Manfred (Hg.), 1989: *The Small World.* Norwood: Ablex.

Költringer, Richard, 1997: *Richtig fragen heißt besser messen: optimale Formulierungstechniken für Umfragen.* Mannheim: Forschung Raum und Gesellschaft.

König, Rene, 1977: Großstadt. S. 42-145 in: Rene König (Hg.): *Handbuch der empirischen Sozialforschung.* Band 10. Stuttgart: Enke.

Korte, Charles, 1980: Urban-Nonurban Differences in Social Behavior and Social Psychological Models of Urban Impact, *Journal of Social Issues* 36: 29-51.

Korte, Charles, 1983: Help-Seeking in a City: Personal and Organizational Sources of Help. S. 255-271 in: Arie Nadler, Jeffrey D. Fischer und Bella M. DePaulo (Hg.): *New Directions in Helping.* Band 3: Applied Perspectives on Help-Seeking. New York: Academic Press.

Kreft, Ita und Jan de Leeuw, 1998: *Introducing Multilevel Modeling.* London: Sage.

Kreiselmaier, Jutta und Rolf Porst, 1989: *Methodische Probleme bei der Durchführung telefonischer Befragungen: Stichprobenziehung und Ermittlung von Zielpersonen, Ausschöpfungen und Non-Response, Qualität der Daten.* Mannheim: Zentrum für Umfragen, Methoden und Analysen.

Kreps, David M., 1990: Corporate Culture and Economic Theory. S. 90-143 in: James Alt und Kenneth Shepsle (Hg.): *Perspectives on Positive Political Economy.* New York: Cambridge University Press.

Kropotkin, Peter, 1920: *Gegenseitige Hilfe in der Tier- und Menschenwelt.* Leipzig: Theodor Thomas.

Kropp, Per B., 1998: *Berufserfolg im Transformationsprozess: eine theoretisch-empirische Studie über die*

Gewinner und Verlierer der Wende in Ostdeutschland. Amsterdam: Thesis.

Laireiter, Anton, 1993: Begriffe und Methoden der Netzwerk- und Unterstützungsforschung. S. 15-44 in: Anton Laireiter (Hg.): *Soziales Netzwerk und soziale Unterstützung: Konzepte, Methoden und Befunde.* Bern: Huber.

Laireiter, Anton und Urs Baumann, 1989: Theoretische und methodologische Kriterien der Operationalisierung der Konstrukte „Soziales Netzwerk" und „Soziale Unterstützung". S. 216-224 in: Dietrich Rüdiger, Wolfgang Nöldner, Dieter Haug und Elisabeth Kopp (Hg.): *Gesundheitspsychologie: Konzepte und empirische Beiträge. Förderung von Gesundheit und Bewältigung von Krankheit.* Regensburg: Roderer.

Laireiter, Anton, Josef Ganitzer und Urs Baumann, 1993: Soziale Netzwerke und Unterstützungsressourcen als differentielle Konstrukte - Bezüge zu sozialen und demographischen Variablen. S. 88-100 in: Anton Laireiter (Hg.): *Soziales Netzwerk und soziale Unterstützung: Konzepte, Methoden und Befunde.* Bern: Huber.

Laumann, Edward O., 1966: *Prestige and Association in an Urban Community: an Analysis of an Urban Stratification System.* Indianapolis: Bobbs-Merrill.

Laumann, Edward O., 1969: The Social Structure of Religious and Ethnoreligious Groups in a Metropolitan Community, *American Sociological Review* 34: 182-197.

Laumann, Edward O., 1973: *Bonds of Pluralism.* New York: Wiley.

Laumann, Edward O., Peter V. Marsden und David Prensky, 1983: The Boundary Specification Problem in Network Analysis. S. 18-34 in: Ronald S. Burt und Michael J. Minor (Hg.): *Applied Network Analysis: a Methodological Introduction.* Beverly Hills: Sage.

Laumann, Edward O. und Franz U. Pappi, 1973: New Directions in the Study of Community Elites, *American Sociological Review* 38: 212-230.

Liebow, Elliot, 1967: *Tally's Corner.* Boston: Little und Brown.

Lin, Nan, 1982: Social Resources and Instrumental Action. S. 131-145 in: Peter V. Marsden und Nan Lin (Hg.): *Social Structure and Social Network Analysis.* Beverly Hills: Sage.

Lin, Nan, 1986: Conceptualizing Social Support. S. 17-30 in: Nan Lin, Alfred Dean und Walter Ensel (Hg.): *Social Support, Live Events, and Depression.* Orlando: Academic Press.

Lin, Nan, Ensel, Walter M. und John C. Vaughn, 1981: Social Resources and Strength of Ties: Structural Factors in Occupational Attainment, *American Sociological Review* 46: 393-405.

Lindenberg, Siegwart M., 1985: An Assessment of the New Political Economy: its Potential for the Social Sciences and for Sociology in Particular, *Sociological Theory* 3: 99-114.

Litwak, Eugene, 1985: *Helping the Elderly: the Complementary Roles of Informal Systems.* London: Guilford Press.

Litwak, Eugene und Ivan Szelenyi, 1969: Primary Group Structures and Their Functions: Kin, Neighbors, and Friends, *American Sociological Review* 34: 465-481.

Liu, William T. und Robert W. Duff, 1972: The Strength in Weak Ties, *Public Opinion Quarterly* 36: 361-366.

Loury, Glenn C., 1977: A Dynamic Theory of Racial Income Differences. S. 153-186 in: P.A. Wallace und A.M. La Mond (Hg.): *Women, Minorities, and Employment Discrimination.* Lexington: Heath.

Ludwig-Mayerhofer, Wolfgang und Waldemar Greil, 1993: Soziales Netzwerk/soziale Unterstützung - zum Verhältnis persönlicher und sozialer Ressourcen. S. 78-87 in: Anton Laireiter (Hg.): *Soziales Netzwerk und soziale Unterstützung: Konzepte, Methoden und Befunde.* Bern: Huber.

Macaulay, Stewart, 1963: Non-contractual Relations in Business, *American Sociological Review* 28: 55-66.

Maddala, G.S., 1983: *Limited-dependent and Qualitative Variables in Econometrics*. Cambridge: Cambridge University Press.

Marsden, Peter V., 1982: Brokerage Behavior in Restricted Exchange Networks. S. 201-218 in: Peter V. Marsden und Nan Lin (Hg.): *Social Structure and Social Network Analysis*. Beverly Hills: Sage.

Marsden, Peter V., 1987: Core Discussion Networks of Americans, *American Sociological Review* 52: 122-131.

Marsden, Peter V., 1990: Network Data and Measurement, *Annual Review of Sociology* 16: 435-463.

Marsden, Peter V. und Karen E. Campbell, 1984: Measuring Tie Strength, *Social Forces* 63 (2): 482-501.

Marsden, Peter V. und N.E. Friedkin, 1994: Network Studies of Social Influence. S. 3-25 in: Stanley Wasserman und J. Galaskiewicz (Hg.): *Advances in Social Network Analysis: Research in the Social and Behavioral Sciences*. Thousand Oaks: Sage.

Marsden, Peter V. und Nan Lin (Hg.), 1982: *Social Structure and Social Network Analysis*. Beverly Hills: Sage.

Massey, Douglas S. und Nancy A. Denton, 1994: *American Apartheid: Segregation and the Making of the Underclass*. Cambridge: Harvard University Press.

McCallister, Lynne und Claude S. Fischer, 1978: A Procedure for Surveying Personal Networks, *Sociological Methods & Research* 7 (2): 131-148.

Milgram, Stanley, 1967: The Small World Problem, *Psychology Today* 22: 61-67.

Minor, Michael J., 1983: New Directions in Multiplexity Analysis. S. 223-244 in: Ronald S. Burt und Michael J. Minor (Hg.): *Applied Network Analysis: a Methodological Introduction*. Beverly Hills: Sage.

Mitchell, J. Clyde, 1969: The Concept and Use of Social Networks. S. 1-50 in: J. Clyde Mitchell (Hg.): *Social Networks in Urban Situations: Analyses of Personal Relationships in Central African Towns*. Manchester: Manchester University Press.

Mitgau, J. Hermann, 1941: Verstädterung und Großstadtschicksal genealogisch gesehen, *Archiv für Bevölkerungswissenschaften und Bevölkerungspolitik* 11 (6): 339-364.

Mohler, Peter Ph. und Uwe Pfenning, 1987: Egozentierte Netzwerke in Massenumfragen 3: Datenorganisation in einer SIR-Datenbank, *ZUMA-Nachrichten* 20: 51-56.

Moreno, Jacob L., 1954: *Die Grundlagen der Soziometrie: Wege zur Neuordnung der Gesellschaft*. Köln: Westdeutscher Verlag.

Nadel, Siegfried F., 1957: *The Theory of Social Structure*. London: Cohen und West.

Neyer, Franz-Josef, 1994: *Junge Erwachsene im Kontext ihrer sozialen Netzwerke*. Hamburg: Kovac.

Ningel, Rainer und Wilma Funke (Hg.), 1995: *Soziale Netze in der Praxis*. Göttingen: Hogrefe.

O'Reilly, Patrick, 1988: Methodological Issues in Social Support and Social Network Research, *Social Science and Medicine* 26 (8): 863-873.

Pappi, Franz U. (Hg.), 1987: *Methoden der Netzwerkanalyse*. München: Oldenbourg.

Pappi, Franz U. und Christian Melbeck, 1988: Die sozialen Beziehungen städtischer Bevölkerungen. S. 223-250 in: Jürgen Friedrichs (Hg.): *Soziologische Stadtforschung*. Sonderheft 29 der Kölner Zeitschrift für Soziologie und Sozialpsychologie. Opladen: Westdeutscher Verlag.

Pappi, Franz U. und Gunter Wolf, 1984: Wahrnehmung und Realität sozialer Netzwerke: Zuverlässigkeit und Gültigkeit der Angaben über beste Freunde im Interview. S. 281-300 in: Heiner Meulemann und Karl-Heinz Reuband (Hg.): *Soziale Realität im Interview*. Frankfurt a.M.: Campus.

Park, Robert E., 1925: The City: Suggestions for the Investigation of Human Behavior in the Urban Environment. S. 1-46 in: Robert E. Park, Ernest W. Burgess und Roderick D. McKenzie (Hg.): *The City*. Chicago: University of Chicago Press.

Petermann, Sören, 2001: *Soziale Vernetzung städtischer und ländlicher Bevölkerungen am Beispiel der Stadt Halle. Abschlussbericht und Codebuch*. Der Hallesche Graureiher 2001-2. Forschungsberichte des Instituts für Soziologie. Halle: Martin-Luther-Universität Halle-Wittenberg.

Pfenning, Astrid und Uwe Pfenning, 1987: Egozentrierte Netzwerke: verschiedene Instrumente - verschiedene Ergebnisse?, *ZUMA-Nachrichten* 21: 64-77.

Pfenning, Uwe, 1995: *Soziale Netzwerke in der Forschungspraxis: zur theoretischen Perspektive, Vergleichbarkeit und Standardisierung von Erhebungsverfahren sozialer Netzwerke. Zur Validität und Reliabilität von egozentrierten Netz- und Namensgeneratoren*. Darmstadt: DDD.

Piel, Edgar, 1987: *Im Geflecht der kleinen Netze: vom deutschen Rückzug ins Private*. Zürich: Edition Interform.

Poel, Mart G.M. van der, 1993: *Personal Networks: a Rational-Choice Explanation of their Size and Composition*. Lisse: Swets und Zeitlinger.

Porst, Rolf, 1991: *Ausfälle und Verweigerungen bei einer telefonischen Befragung*. Mannheim: Zentrum für Umfragen, Methoden und Analysen.

Portes, Alejandro, 1998: Social Capital: its Origins and Applications in Modern Sociology, *Annual Review of Sociology* 24: 1-24.

Prosch, Bernhard, 1999: *Die Absicherung von Lieferbeziehungen*. Frankfurt a.M.: Lang.

Raub, Werner, 1996: *Effects of Temporal Embeddedness on Ex Ante Planning under Incomplete Information*. Working Paper. Utrecht: Universität Utrecht.

Raub, Werner und Thomas Voss, 1981: *Individuelles Handeln und gesellschaftliche Folgen*. Darmstadt: Luchterhand.

Raub, Werner und Thomas Voss, 1986: Die Sozialstruktur der Kooperation rationaler Egoisten: zur „utilitaristischen" Erklärung sozialer Ordnung, *Zeitschrift für Soziologie* 15 (5): 309-323.

Raub, Werner und Jeroen Weesie, 1990: Reputation and Efficiency in Social Interactions: an Example of Network Effects, *American Journal of Sociology* 96: 626-654.

Raub, Werner und Jeroen Weesie, 1991: *The Management of Matches: Decentralized Mechanisms for Cooperative Relations with Applications to Organizations and Households*. Utrecht: Universität Utrecht.

Reisenzein, Elisabeth, Urs Baumann, Anton Laireiter, Gertraud Pfingstmann und Kurt Schwarzenbacher, 1989: Interviewleitfaden „SONET" zur Erfassung von Sozialem Netzwerk und Sozialer Unterstützung: theoretische Grundlagen, Konstruktion und empirische Befunde. S. 225-232 in: Dietrich Rüdiger, Wolfgang Nöldner, Dieter Haug und Elisabeth Kopp (Hg.): *Gesundheitspsychologie: Konzepte und empirische Befunde. Förderung von Gesundheit und Bekämpfung von Krankheit*. Regensburg: Roderer.

Reisenzein, Elisabeth, Urs Baumann und Rainer Reisenzein, 1993: Unterschiedliche Zugänge zum sozialen Netzwerk. S. 67-77 in: Anton Laireiter (Hg.): *Soziales Netzwerk und soziale Unterstützung: Konzepte, Methoden und Befunde*. Bern: Huber.

Riehl, Wilhelm H., 1908 [1854]: Stadt und Land. S. 87-132 in: Wilhelm H. Riehl: *Die Naturgeschichte des Volkes als Grundlage einer deutschen Sozialpolitik*. Band 1: Land und Leute. Stuttgart: Cotta.

Röhrle, Bernd, 1994: *Soziale Netzwerke und soziale Unterstützung*. Weinheim: Beltz.

Rusbult, C.E., 1980: Satisfaction and Commitment in Friendships, *Representative Research in Social Psychology* 11: 96-105.

Sahner, Heinz, 1996: Städte im Umbruch. S. 447-480 in: Wendelin Strubelt u.a. (Hg.): *Städte und Regionen: räumliche Folgen des Transformationsprozesses*. Opladen: Leske + Budrich.

Sampson, Robert J., 1988: Local Friendship Ties and Community Attachment in Mass Society: a Multilevel Systemic Model, *American Sociological Review* 53: 766-779.

Sampson, Robert J., 1991: Linking the Micro- and Macrolevel Dimensions of Community Social Organization, *Social Forces* 70 (1): 43-64.

Sandefur, Rebecca L. und Edward O. Laumann, 1998: A Paradigma for Social Capital, *Rationality and Society* 10 (4): 481-501.

Schelling, Thomas C., 1971: Dynamic Models of Segregation, *Journal of Mathematical Sociology* 1: 143-186.

Schenk, Michael, 1983: Das Konzept des sozialen Netzwerkes. S. 88-104 in: Friedhelm Neidhardt (Hg.): *Gruppensoziologie: Perspektiven und Materialien*. Sonderheft 25 der Kölner Zeitschrift für Soziologie und Sozialpsychologie. Opladen: Westdeutscher Verlag.

Schenk, Michael, 1984: *Soziale Netzwerke und Kommunikation*. Tübingen: Mohr.

Schenk, Michael, Peter Ph. Mohler und Uwe Pfenning unter Mitwirkung von Renate Ell, 1992: Egozentrierte Netzwerke in der Forschungspraxis: Ausschöpfungsquoten und Validität soziodemographischer Variablen, *ZUMA-Nachrichten* 31: 87-120.

Scholz, Heike, 2001: *„Vertrauen ist der Anfang von allem": experimentelle Untersuchung der kooperationsfördernden Wirkung von Pfändern im Vertrauensspiel*. Diplomarbeit. Nürnberg: Wirtschafts- und sozialwissenschaftliche Fakultät der Friedrich-Alexander-Universität Erlangen-Nürnberg.

Schubert, Herbert J., 1990: *Private Hilfenetzwerke: Solidaritätspotentiale von Verwandtschaft, Nachbarschaft und Freundschaft. Ergebnisse einer egozentrierten Netzwerkanalyse*. Band 145 der Reihe Materialien des IES. Hannover: Institut für Entwicklungsplanung und Strukturforschung.

Schweizer, Thomas, 1996: *Muster sozialer Ordnung: Netzwerkanalyse als Fundament der Sozialethnologie*. Berlin: Reimer.

Scott, John, 1991: *Social Network Analysis: a Handbook*. London: Sage.

Serbser, Wolfgang, 1997: *Handeln und Struktur in der soziologischen Situationsanalyse: zur Verknüpfungsproblematik mikro- und makrosoziologischer Perspektiven in der anwendungsorientierten Stadt- und Regionalsoziologie*. Berlin: VWF.

Shulman, N., 1975: Lifecycle Variations in Patterns of Close Relationships, *Journal of Marriage and the Family* 37: 813-822.

Shumaker, Sally A. und Arlene Brownell, 1984: Toward a Theory of Social Support: Closing Conceptual Gaps, *Journal of Social Issues* 40 (4): 11-36.

Simmel, Georg, 1993 [1903]: Die Großstädte und das Geistesleben. S. 192-204 in: Georg Simmel: *Das Individuum und die Freiheit: Essais*. Frankfurt a.M.: Fischer.

Snijders, Chris, 1996: *Trust and Commitment*. Amsterdam: Thesis.

Snijders, Tom A.B., 1999: Prologue to the Measurement of Social Capital, *Tocqueville Review* 20 (1): 27-44.

Snijders, Tom A.B. und Roel J. Bosker, 1999: *Multilevel Analysis: an Introduction to Basic and Advanced Multilevel Modeling*. London: Sage.

Snijders, Tom, Marinus Spreen und Ronald Zwaagstra, 1995: The Use of Multilevel Modeling for Analysing Personal Networks: Networks of Cocaine Users in an Urban Area, *Journal of Quantitative Anthropology* 5: 85-105.

Sonderen, Eric van, Johan Ormel, Els Brilman und Chiquit van Linden van den Heuvell, 1990: Personal Network Delineation: a Comparison of the Exchange, Affective and Role-Relation Approach. S. 101-120 in: Cornelius P.M. Knipscheer und Toni C. Antonucci (Hg.): *Social Network Research: Substantive Issues and Methodological Questions*. Amsterdam: Swets und Zeitlinger.

Spengler, Oswald, 1922: *Der Untergang des Abendlandes: Umrisse einer Morphologie der Weltgeschichte*. München: Beck.

Statistisches Landesamt Sachsen-Anhalt, 2000a: *Statistische Berichte des Statistischen Landesamtes Sachsen-Anhalt: Bevölkerung, Haushalt und Familie*. Halle: Statistisches Landesamt Sachsen-Anhalt.

Statistisches Landesamt Sachsen-Anhalt, 2000b: *Statistisches Jahrbuch 2000 des Landes Sachsen-Anhalt: Teil 1: Landesergebnisse sowie Übersicht Bundesgebiet und Bundesländer*. Halle: Statistisches Landesamt Sachsen-Anhalt.

Tilburg, Theo van, 1990: Support in Close Relationships: is it Better to Assess the Content or the Type of Relationships? S. 151-160 in: Cornelius P.M. Knipscheer und Toni C. Antonucci (Hg.): *Social Network Research: Substantive Issues and Methodological Questions*. Amsterdam: Swets und Zeitlinger.

Tönnies, Ferdinand, 1991 [1887]: *Gemeinschaft und Gesellschaft: Grundbegriffe der reinen Soziologie*. Darmstadt: Wissenschaftliche Buchgesellschaft, Neudruck der 8. Auflage von 1935.

Trezzini, Bruno, 1998: Konzepte und Methoden der sozialwissenschaftlichen Netzwerkanalyse: eine aktuelle Übersicht, *Zeitschrift für Soziologie* 27: 378-394.

Uehara, Edwina, 1990: Dual Exchange Theory, Social Networks, and Informal Social Support, *American Journal of Sociology* 96: 521-557.

Veiel, Hans O.F., 1985: Dimensions of Social Support: a Conceptual Framework for Research, *Social Psychatry* 20: 156-162.

Veiel, Hans O.F. und Wolfgang Ihle, 1993: Das Copingkonzept und das Unterstützungskonzept: ein Strukturvergleich. S. 55-63 in: Anton Laireiter (Hg.): *Soziales Netzwerk und soziale Unterstützung: Konzepte, Methoden und Befunde*. Bern: Huber.

Verbrugge, Lois, 1977: The Structure of Adult Friendship Choices, *Social Forces* 56: 576-597.

Völker, Beate, 1995: *„Should auld acquaintance be forgot ...?" Institutions of Communism, the Transition to Capitalism, and Personal Networks: the Case of East Germany*. Amsterdam: Thesis.

Völker, Beate und Henk Flap, 1997: The Comrades` Belief: Intended and Unintended Consequences of Communism for Neighbourhood Relations in the Former GDR, *European Sociological Review* 13 (3): 241-265.

Wasserman, Stanley und Katherine Faust, 1994: *Social Network Analysis: Methods and Applications*. Cambridge: Cambridge University Press.

Weber, Max, 1990 [1922]: Die nichtlegitime Herrschaft (Typologie der Städte). S. 727-814 in: Max Weber: *Wirtschaft und Gesellschaft: Grundriß der verstehenden Soziologie*. Tübingen: Mohr, 5. Auflage.

Weesie, Jeroen, 1988: *Mathematical Models for Competition, Cooperation, and Social Networks*. Dissertation. Utrecht: Universität Utrecht.

Wegener, Bernd, 1987: Vom Nutzen entfernter Bekannter, *Kölner Zeitschrift für Soziologie und Sozialpsychologie* 39: 278-301.

Wellman, Barry, 1979: The Community Question: the Intimate Networks of East Yorkers, *American Journal of Sociology* 84: 1201-1231.

Wellman, Barry, 1981: Applying Network Analysis to the Study of Support. S. 171-200 in: Benjamin H. Gottlieb (Hg.): *Social Networks and Social Support*. Beverly Hills: Sage.

Wellman, Barry, 1983: Network Analysis: some Basic Principles. S. 155-200 in: Randall Collins (Hg.):

Sociological Theory. San Francisco: Jossey-Bass.

Wellman, Barry, 1988: The Community Question Re-evaluated. S. 81-107 in: Michael P. Smith (Hg.): *Power, Community and the City: Comparative Urban and Community Research.* Band 1. New Brunswick: Transaction Books.

Wellman, Barry, 1990: The Place of Kinfolk in Personal Community Networks, *Marriage and Family Review* 15: 195-228.

Wellmann, Barry, Peter Carrington und Alan Hall, 1988: Networks as Personal Communities. S. 130-184 in: Barry Wellman und Stephen D. Berkowitz (Hg.): *Social Structure: a Network Approach.* Cambridge: Cambridge University Press.

Wellman, Barry und Robert Hiscott, 1985: From Social Support to Social Network. S. 205-222 in: Irwin G. Sarason und Barbara R. Sarason (Hg.): *Social Support: Theory, Research and Applications.* Dordrecht: Nijhoff.

Wellman, Barry und Barry Leighton, 1979: Networks, Neighborhoods, and Communities: Approaches to the Study of the Community Question, *Urban Affairs Quarterly* 14 (3): 363-390.

Wellman, Barry und Scot Wortley, 1989: Brother's Keepers: Situating Kinship Relations in Broader Networks of Social Support, *Sociological Perspectives* 32 (3): 273-306.

Wellman, Barry und Scot Wortley, 1990: Different Strokes from Different Folkes: Community Ties and Social Support, *American Journal of Sociology* 96: 558-588.

Whyte, William F., 1955: *Street Corner Society.* Chicago: University of Chicago Press.

Wilcox, Brian L. und Eric M. Vernberg, 1985: Conceptual and Theoretical Dilemmas Facing Social Support Research. S. 3-20 in: Irwin G. Sarason und Barbara R. Sarason (Hg.): *Social Support: Theory, Research and Applications.* Dordrecht: Nijhoff.

Williamson, Oliver E., 1985: *The Economic Institutions of Capitalism.* New York: Free Press.

Willmott, Peter, 1987: *Friendship Networks and Social Support.* London: Policy Studies Institute.

Wireman, Peggy, 1984: *Urban Neighborhoods, Networks, and Families: New Forms for Old Values.* Lexington: Heath.

Wirth, Louis, 1974: Urbanität als Lebensform. S. 42-66 in: Ulfert Herlyn (Hg.): *Stadt- und Sozialstruktur.* München: Nymphenburger.

Wolf, Christof, 1993: Egozentrierte Netzwerke: Datenorganisation und Datenanalyse, *ZA-Informationen* 32: 72-94.

Wolf, Christof, 1995: Sozio-ökonomischer Status und berufliches Prestige: ein kleines Kompendium sozialwissenschaftlicher Skalen auf Basis der beruflichen Stellung und Tätigkeit, *ZUMA-Nachrichten* 37: 102-136.

Wolf, Christof, 1996: *Gleich und gleich gesellt sich: individuelle und strukturelle Einflüsse auf die Entstehung von Freundschaften.* Hamburg: Kovac.

Young, Michael und Peter Willmott, 1957: *Family and Kinship in East London.* London: Routledge und Kegan Paul.

Zimmermann, Clemens und Jürgen Reulecke (Hg.), 1999: *Die Stadt als Moloch? Das Land als Kraftquell? Wahrnehmungen und Wirkungen der Großstädte um 1900.* Basel: Birkhäuser.

Personenverzeichnis

Acock, Alan C. 72
Agresti, Alan 97
Alpheis, Hannes 174
Antonucci, Toni C. 85, 100
Axelrod, Robert 109, 110

Babchuck, N. 61
Bahrdt, Hans P. 13, 21, 25, 28, 31, 34
Baldassare, Mark 16, 74
Barnes, John A. 51, 52, 54, 57, 58, 114
Barrera, Manuel Jr. 53, 86, 87
Baumann, Urs 55, 56, 86
Bechtloff, Volker 133
Becker, Gary 40
Becker, Ulrike 87, 88, 92
Beggs, John J. 73, 76, 79
Bergmann, Klaus 21, 31, 34
Bernard, H. Russell 53
Bertram, Hans 15, 16, 79, 135
Bien, Walter 12, 15, 128
Blau, Peter M. 43, 92
Boissevain, Jeremy 43, 66, 90, 93, 111
Booth, A. 61
Bosker, Roel J. 172
Bott, Elisabeth 51, 53
Bourdieu, Pierre 39, 40, 41, 42
Breiger, R.L. 53
Broese van Groenou, Marjolein 55
Brownell, Arlene 85
Bryk, Anthony S. 172
Bührer, Susanne 53
Bunt, Gerhard G. van de 195
Burt, Ronald S. 13, 16, 42, 45, 46, 51, 53, 58, 61, 62, 73, 114
Büschges, Günter 39
Buskens, Vincent 104, 108
Busschbach, Jooske T. van 13, 15, 56, 66, 73, 74, 75, 88, 89, 92, 94, 102, 118, 121, 122, 124, 157, 174, 195

Campbell, Karen E. 13, 15, 56, 70, 113, 114, 155
Carrington, Peter 13
Cohen, S. 53
Coleman, James S. 13, 39, 40, 41, 42, 45, 46, 47, 48, 85, 92, 94, 96, 104
Craven, Paul 31, 32, 51, 76

Dasgupta, Partha 104
Denton, Nancy A. 43
Dewey, Richard 13, 29, 33

Diaz-Bone, Rainer 15, 54
Diewald, Martin 15, 16, 28, 56, 71, 72, 99, 115, 118, 119, 122, 126, 127, 195
Duff, Robert W. 114
Duijn, Marijtje A.J. 174
Durkheim, Emile 21, 24
Dykstra, Pearl A. 72

Elster, Jon 39
Engel, Uwe 172
Engeli, Christian 28, 37

Faust, Katherine 51, 174
Feld, Scott L. 64, 65, 66, 67, 68, 76, 100
Fischer, Claude S. 11, 13, 16, 33, 34, 38, 51, 53, 55, 60, 61, 66, 67, 68, 69, 70, 72, 73, 74, 76, 77, 78, 79, 80, 81, 90, 99, 100, 102, 118, 121, 123, 125, 126, 127, 128, 129, 139, 150, 151, 152, 195, 197, 203
Flap, Henk D. 13, 15, 16, 45, 46, 53, 79, 80, 81, 85, 115, 118, 121
Franz, Peter 69
Frey, James H. 133
Friedkin, N.E. 174
Friedrichs, Jürgen 38
Fuchs, Marek 133
Funke, Wilma 53

Gans, Herbert J. 12
Goldstein, Harvey 172
Gottlieb, Benjamin H. 85, 86
Graaf, Nan D. de 45, 46, 53
Gräbe, Sylvia 85
Granovetter, Mark S. 45, 53, 62, 108, 113, 114, 174
Greil, Waldemar 53
Güth, Werner 104

Hahn, Alois 23, 30, 35, 66, 101
Hall, Alan 13
Hamm, Bernd 26, 35
Haug, Sonja 13
Häußermann, Hartmut 37
Henry, Jules 56
Hill, Paul B. 55
Hiscott, Robert 88, 149, 150
Hofferth, Sandra L. 16, 94, 100
Hoffmeyer-Zlotnik, Jürgen H.P. 55, 143
House, J.S. 16, 45, 70, 71, 98
Hox, J.J. 172
Hradil, Stefan 33

Hunter, Albert 53
Hurlbert, Jeanne S. 13, 72

Iceland, John 16, 100
Ihle, Wolfgang 85
Irving, Henry W. 77, 166

Jackson, Robert M. 68, 69, 102
Jagodzinski, Wolfgang 38

Kadushin, Charles 52, 54, 94
Kapferer, Bruce 58
Keller, Suzanne 15, 79, 80, 121
Keupp, Heiner 53
Killworth, Peter D. 53
Klages, Helmut 15, 35
Kliemt, Hartmut 104
Klovdahl, Alden S. 55
Kochen, Manfred 57
Költringer, Richard 149
König, Rene 13, 28, 29, 34, 35, 36, 37
Korte, Charles 86, 99
Kreft, Ita 172
Kreiselmaier, Jutta 139
Kreps, David M. 104, 110
Kropotkin, Peter 26, 30, 31, 35
Kropp, Per B. 16, 53, 139, 196

Laireiter, Anton 14, 55, 56, 61, 74, 75, 79, 80, 81, 86
Laumann, Edward O. 13, 43, 45, 55, 58, 61, 73, 101, 102, 153, 157
Lee, Barrett A. 15, 56
Leeuw, Jan de 172
Leighton, Barry 11
Liebow, Elliot 12
Lin, Nan 43, 45, 53, 85, 121
Lindenberg, Siegwart M. 96
Litwak, Eugene 61, 100
Liu, William T. 114
Loury, Glenn C. 40
Ludwig-Mayerhofer, Wolfgang 53

Macaulay, Stewart 107
Maddala, G.S. 97
Marsden, Peter V. 13, 16, 43, 51, 61, 73, 113, 114, 155, 174
Massey, Douglas S. 43
McCallister, Lynne 55
Melbeck, Christian 13, 16, 73, 74, 76, 79
Milgram, Stanley 57
Minor, Michael J. 90
Mitchell, J. Clyde 52, 63, 64
Mitgau, J. Hermann 12, 21, 25, 26
Mohler, Peter Ph. 173
Moreno, Jacob L. 51, 62

Nadel, Siegfried F. 62
Neyer, Franz-Josef 15
Ningel, Rainer 53

O'Reilly, Patrick 85, 86, 87
Oliker, S.J. 72

Pappi, Franz U. 13, 16, 51, 55, 73, 74, 76, 79
Park, Robert E. 12, 203
Petermann, Sören 141
Pfenning, Astrid 56, 157
Pfenning, Uwe 55, 56, 59, 157, 173
Piel, Edgar 34, 70
Poel, Mart G.M. van der 68, 73
Porst, Rolf 139
Portes, Alejandro 42, 43, 45
Prosch, Bernhard 104, 107

Raub, Werner 38, 46, 103, 104, 108, 109, 111, 112
Raudenbush, Steve W. 172
Reisenzein, Elisabeth 55, 118, 121, 127
Reulecke, Jürgen 28, 37
Riehl, Wilhelm H. 12, 21, 25, 26
Riger, Stephanie 53
Röhrle, Bernd 53, 85
Rusbult, C.E. 66

Sahner, Heinz 136
Sampson, Robert J. 53, 61, 70
Sandefur, Rebecca L. 43, 45
Schelling, Thomas C. 43
Schenk, Michael 14, 31, 51, 55, 79, 90, 91, 113, 126, 152
Scholz, Heike 108
Schubert, Herbert J. 139
Schweizer, Thomas 113, 114
Scott, John 51
Serbser, Wolfgang 13
Shulman, N. 61
Shumaker, Sally A. 85
Simmel, Georg 12, 22, 23, 24, 25
Snijders, Chris 104, 108
Snijders, Tom A.B. 15, 85, 172, 174
Sonderen, Eric van 55, 56
Spengler, Oswald 12
Stueve, C. Ann 102
Szelenyi, Ivan 61, 100

Tilburg, Theo van 100
Tönnies, Ferdinand 21
Treiman, Donald J. 143
Trezzini, Bruno 174

Uehara, Edwina 92, 93, 103

Veiel, Hans O.F. 85, 86, 88
Verbrugge, Lois 13, 69, 102, 192
Vernberg, Eric M. 85
Völker, Beate 15, 16, 79, 80, 81, 115, 118, 121, 174, 196
Voss, Thomas 38, 103, 104

Wasserman, Stanley 51, 174
Weber, Max 21, 22, 23, 24, 26, 36
Weesie, Jeroen 46, 107, 108, 109, 110, 111, 112
Wegener, Bernd 114
Wellman, Barry 11, 12, 13, 16, 31, 32, 43, 51, 52, 53, 54, 56, 58
Whyte, William F. 12

Wiedemann, Peter M. 87, 88, 92
Wilcox, Brian L. 85
Williamson, Oliver E. 107
Willmott, Peter 12, 13, 56, 61, 65, 66, 67, 68, 74, 75, 77, 78, 80, 81, 93, 101, 113, 114, 121, 122, 126, 127, 128, 139, 149, 200
Wills, T.A. 53
Wireman, Peggy 15
Wirth, Louis 12, 23, 24, 25, 26, 27, 30, 31, 32, 33, 60, 151

Wolf, Christof 68, 69, 143, 173
Wolf, Gunter 55
Wortley, Scot 61, 88, 89, 113, 114, 118, 119, 121, 122, 123, 124, 126, 127, 128, 157

Young, Michael 12, 61

Zimmermann, Clemens 28, 37

Stichwortverzeichnis

Action-Set, 64
Affective-Approach, 55, 149
Akteur, 39, 67, 92
Anreiz, 103, 104, 109
Arbeitsplatz, 60, 65, 100, 118, 123, 151, 178, 184, 198
Austauschmodell, 92, 93, 95, 197

Bekanntschaft, 60, 100, 123, 151, 199
Bevölkerungsdichte, 23
Bevölkerungsgröße, 23
Bevölkerungsheterogenität, 24
Beziehungsdauer, 114, 154, 155, 179, 182, 185, 188, 191, 199, 211
Beziehungspotenzial, 65, 66, 69
Bildung, 142

Communication-Set, 64
Community Liberated, 28, 31, 34-37, 70, 73, 76, 78, 98, 117, 120, 123, 126, 161, 164, 167, 178, 180, 183, 186, 189, 192, 198
Community Lost, 27, 35, 70, 73, 76, 78, 98, 117, 120, 123, 126, 161, 164, 167, 178, 180, 183, 186, 189, 192, 198
Community Question, 43, 44
Community Saved, 28
Constrained-Choice-Modell, 64, 69, 192

Degree, 59
Diskontfaktor, 110

Ego, 55, 93
Einbettung, 108
Einkommen, 143
emotionale Unterstützung, 88, 117-120, 158, 160, 176-179, 211
Entfernung, 102, 153, 179, 182, 185, 188, 191, 199, 210, 212
Entscheidungsalternative, 96
Entscheidungsspielraum, 67, 69, 97
Entscheidungstheorie, 67, 96
Exchange-Approach, 55, 149

Familienstand, 71, 72, 142, 147, 163, 171, 194, 198, 207
Fokustheorie, 64, 65
Freiwilligkeit, 60, 61
Freundschaft, 60, 61, 65, 66, 100, 118, 121, 123, 127, 151, 181, 188, 189, 199

Gelegenheiten, 67, 70
Gemeinschaft, 22, 25, 31
Geschlecht, 71, 139, 141, 142, 147, 163, 171, 194, 198, 207
gesellige Unterstützung, 89, 123-125, 158, 160, 183-185, 211
Gleichgewichtsanalyse, 106
Graphentheorie, 58, 59
Großstadtkritik, 21, 36

Handlung, 38-41, 92, 104
Haushaltsstruktur, 144
Humankapital, 40, 41, 70, 145, 161, 165, 167, 178, 180, 186, 189, 193, 198, 205

Immobilität, 71, 147, 166, 168, 183, 194, 198, 206, 212
individuelle Restriktionen, 70, 71, 74, 77, 80, 99, 118, 120, 123, 127, 147, 163, 166, 168, 178, 180, 183, 187, 193, 198
individueller Status, 70, 71, 75, 78, 147, 163, 166, 183, 194
Informationseffekt, 108, 109, 111
Institutionalisierung, 30
instrumentelle Unterstützung, 89, 120-122, 158, 160, 179-182, 211
Intensität, 113, 154
Interaktion, 64
Interesse, 93
Intimität, 113, 114, 154
Introversion, 71, 147, 163, 166, 168, 193, 198, 206, 212
Investitionsentscheidung, 45
Iteration, 109, 110

Kanten, 58
Kapitalausstattung, 70, 74, 79, 99, 118, 120, 123, 126, 145, 161, 167, 178, 180, 183, 189, 193, 198
Kinder im Haushalt, 71, 147, 163, 166, 168, 194, 198, 206
Knoten, 58
Kontakthäufigkeit, 114, 154, 155, 210
Kontrolle, 93
Kontrolleffekt, 108, 109, 112
Kooperationsabsicherung, 103, 111, 113, 115, 119, 122, 125, 129, 179, 182, 185, 188, 191, 199
Kosten der Beziehung, 102, 119, 122, 124, 128, 179, 182, 185, 188, 191, 199

Kosten der Kooperation, 106, 108, 110, 124

Landbewohner, 23, 45
Lebensalter, 71, 139, 141, 142, 147, 163, 166, 168, 180, 194, 198, 207

Managementproblem, 76
Matrix, 59
Mehrebenenanalyse, 172
Morallösung, 107, 108
Multiplexität, 90, 125-129, 160, 186, 187, 189-191, 211

Nachbarschaft, 26, 35, 60, 65, 100, 121, 123, 151, 178, 180, 184, 199
Namensgeneratoren, 55, 149
Netzwerk, 43, 45, 46, 52, 54, 56, 64, 72, 192
Netzwerkabgrenzung, 57, 58
Netzwerkanalyse, 45, 51-54, 58, 61, 92
Netzwerkdichte, 59, 60, 76, 78, 112, 115, 150, 165, 166, 179, 182, 185, 191, 200, 208
Netzwerkeinbettung, 111, 112
Netzwerkgestaltung, 64, 67
Netzwerkgröße, 59, 73, 75, 76, 128, 149, 161, 163, 164, 178, 185, 188, 189, 199, 207
Netzwerkperson, 55, 93, 103
Netzwerkzusammensetzung, 60, 78, 81, 150, 152, 167, 168, 171
Nutzen der Beziehung, 101, 119, 121, 124, 128, 178, 182, 185, 188, 190, 199

ökonomischer Austausch, 47
ökonomisches Kapital, 40, 41, 71, 146, 161, 165, 167, 180, 186, 189, 193, 198, 206, 212
Organisationsmitgliedschaft, 60, 65, 100, 123, 151, 199

Prestigeheterogenität, 102, 118, 128, 153, 154, 178, 182, 185, 188, 191, 199, 209, 212
Primär-Sekundäre-Unterscheidung, 25, 32, 36, 60, 61, 127, 151, 152

Reputation, 46, 111, 112, 115
Ressource, 40, 41, 45-48, 85, 86, 92
Restriktion, 67, 68, 70
Reziprozität, 47, 113, 114, 154
Ringaustausch, 94, 95
Role-Approach, 55

Schatten der Vergangenheit, 109, 113

Schatten der Zukunft, 109, 115
Siedlungsstruktur, 24, 37, 68, 70, 98, 136, 144, 145, 167, 178, 180, 186, 189, 192, 197
soziale Beziehung, 21, 37, 45, 62, 63
soziale Integration, 21, 32, 37, 38, 45
soziale Struktur, 38, 40-43, 45-47, 108
sozialer Austausch, 42, 44, 47, 67, 85, 92, 93, 95
sozialer Kontext, 33, 60, 64, 65, 67, 99, 150, 151, 208
soziales Kapital, 38-46, 48, 85
Sozialstruktur, 141
sozio-ökonomischer Status, 142
Spezialisierung der Beziehung, 99, 100, 118, 121, 123, 128, 178, 180, 184, 188, 189, 198
Stadt-Land-Unterschied, 21, 29, 33, 37
Stadtbegriff, 23, 24, 29
Stadtbewohner, 23, 45, 68
Stärke der Beziehung, 113, 114, 119, 128, 154, 155, 179, 182, 185, 188, 191, 199, 210, 212
Statushomogenität, 101, 118, 128, 153, 178, 182, 185, 188, 191, 199, 209, 212
Stellung im Beruf, 143
struktur-individualistisches Programm, 38, 39

Unterstützung, 44, 45, 47, 85, 86, 92, 98, 99, 101, 103, 116, 197, 200
Unterstützungsarten, 87, 89
Unterstützungsdimensionen, 87-89

Verbindung, 55, 56
Verpflichtung, 41, 42, 44, 46, 47, 94, 114, 154, 155, 210
Verstädterung, 22
Vertragslösung, 107
Vertrauen, 41, 44, 48, 103, 109, 110, 114, 154, 155, 210
Verwandtschaft, 25, 27, 60, 65, 100, 118, 121, 123, 127, 151, 178, 181, 188, 198

Wahlfreiheit, 33, 60
Wohnortwechsel, 71, 147, 163, 166, 168, 180, 194, 198, 207

Zeit, 113, 114, 154
Zeitknappheit, 71, 147
zeitliche Einbettung, 109
Zukunftspotenzial, 115, 155, 179, 182, 185, 188, 191, 199, 211, 213